Probeliegen

Torsten Körner

PROBELIEGEN

Geschichten vom Tod

Scherz

Erschienen bei Scherz, einem Unternehmen
der S. Fischer Verlag GmbH, Frankfurt am Main

© S. Fischer Verlag GmbH, Frankfurt am Main 2011

Satz: Dörlemann Satz, Lemförde
Druck und Bindung: CPI – Ebner & Spiegel, Ulm
Printed in Germany

ISBN 978-3-502-15132-6

Inhalt

Als ich starb

Der Tag, an dem ich starb, war ein schöner Tag.

Morgens hatte ich eine Runde im Park gedreht. Das trockene Herbstlaub knackte unter jedem Schritt. Der Boden war weich, die Sonne löste die letzten Nebel auf. Ich lief durch einen wunderbar heiteren Herbstfilm, einen Werbespot für Gelungenes Leben. Mütter blickten entzückt in ihre Kinderwagen und lallten weltvergessen dem Nachwuchs zu, ein Obdachloser balancierte gutgelaunt eine Bierflasche auf dem Kopf, ein 1-Euro-Jobber harkte Blätter zusammen und wackelte dabei mit den Hüften (den MP-3-Player am Gürtel), eine Schulklasse trat eine Wanderung an, lachend, schubsend, rufend, grölend, unbekümmert. Der schicksalsergebene Lehrer hatte jede Hoffnung auf Ordnung aufgegeben und trottete wie ein großes Kind hinter ihnen her. Ein Fuchs machte sich ohne Eile auf den Heimweg.

Ich hatte keine Pläne für den Tag, zumindest keine großen. Ich würde ein bisschen an unserer Zukunft basteln, vielleicht ein paar Ideen lostreten; ansonsten musste ich nachmittags die Kinder vom Kindergarten abholen, und abends würde ich dann einen alten Freund, den ich lange nicht gesehen hatte, auf ein Bier treffen. Meine Sorgen waren überschaubar und altvertraut, nichts, was mir Angst machte, würde heute um die Ecke biegen, kein Schrecken in Sicht.

Im Felsenkeller, dieser hartnäckigsten aller Raucherkneipen, die man früher nur unter akuter Erstickungsgefahr betreten konnte, galt inzwischen das Rauchverbot. Wenn man eintrat, prallte man gleich gegen die krummen Rücken der Stammtrinker, die immer am Tresen saßen, weil der Zapfhahn in ihrer unmittelbaren Reich- und Sichtweite lag. Mein Freund war noch nicht da; ich zwinkerte der somnambulen Wirtin zu, empfing ein kaum merkliches Nicken als Gegenleistung und steuerte ohne weiteren Zwischenfall nach hinten, wo sich eine Reihe von runden Zweiertischen befand.

Ich hatte kaum Platz genommen, als sich eine junge Frau neben mir niederließ, ohne auf eine Einladung zu warten, ohne mich zu fragen. Sie sah auffällig und nichtssagend zugleich aus. Sie trug einen jener mausgrauen Geschäftsanzüge, die die Auszubildenden einer Bank im dritten Lehrjahr tragen. Zu dieser Berufsuniform passte jedoch nicht die lange weiße Haarsträhne, die von ihrem ansonsten pechschwarzen Haar abstach und viel länger war als der Rest. Ebenso wenig fügten sich der silberne Ring in ihrem Nasenflügel und ein auffälliger Schlagring an ihrer rechten Hand in das Bild einer biederen Angestellten. Obwohl sie bestimmt schon fünfundzwanzig Jahre alt war, zeigten sich auf ihrer Stirn ein paar Pickel, so als sei sie gerade in die Pubertät gekommen. Ich hatte sie hier noch nie gesehen und war bereit, sie mit einer geschmeidigen Floskel von meinem Tisch zu vertreiben. Ich war nicht neugierig auf ihre Geschichte.

»Ich erwarte jemanden!«

Sie verzog keine Miene.

»Vielleicht können Sie mich aufklären …?«

»Ich muss Sie bitten mitzukommen. Machen Sie es mir nicht schwer! Sie sind so gut wie tot.«

Sie entzündete eine Zigarette, sog den Rauch gierig ein, ohne ihn wieder preiszugeben. Er blieb verschwunden.

»Ist das ein Scherz? Wo ist die Kamera? Wohin soll ich winken?«

»Es tut mir leid, aber Sie sind gerade gestorben und ich habe nun einmal Dienst. Ich bin Volontärin in der Abteilung ›Plötzliches und unvermutetes Ableben‹, und ich habe heute noch einige andere Kandidaten zu überführen. Ihnen ist ein

Gefäß nahe des Herzens geplatzt, bitte verschonen Sie mich mit detaillierten Nachfragen, ich bin keine Medizinerin. Wenn Sie es wünschen, können Sie dazu in der Abteilung ›Ursachen und Gründe‹ ein kostenloses Gutachten in Auftrag geben.«

»Ich dachte immer, der Tod wäre ...?«

»Ein Mann? Ein Skelett? Ein Schädel? Vergessen Sie's, Folklore, Klischees und ortsgebundene Bilder. Andere Länder, andere Tode. Wenn ich Sie jetzt bitten darf? Bin spät dran!«

»Gibt es irgendetwas, was ich tun kann, um zu einem späteren Zeitpunkt von Ihnen ...?«

»Alles, was Sie waren, haben Sie selbst bestimmt. Alles, was Sie jetzt sind, gehört nicht mehr Ihnen.«

»Ich muss aber noch ...«

»Nein, Sie dürfen gehen!«

Erst jetzt merkte ich, dass mein Kopf auf der Tischplatte lag, allerdings schien das hier niemand zu stören. Es sah aus, als ob ich schliefe. Um mich herum nahm das Leben seinen Lauf. Die Wirtin steuerte auf mich zu, jemand umarmte eine Frau, am Nebentisch wurden kraftvoll Karten auf den Tisch geschmettert, ein Raucher sog gierig an einer unangezündeten Zigarette, der Koch schob ein dampfendes Sauerkraut über die Durchreiche, Gläser wurden aneinandergeschlagen, Gelächter. Und ich starb. War schon tot. Abgeholt. Von einer Volontärin. Vielleicht sollte ich mir doch erst einmal ihren Ausweis zeigen lassen? Vielleicht war's ein Irrtum?

Auf dem Weg nach draußen kam mir mein Freund entgegen. Er blickte suchend in den Raum. Ich hätte ihm gerne noch mal auf die Schulter geschlagen. Ich streifte seinen Arm. Er merkte nichts.

Dann schrie der Wecker.

Ich lebte.

Noch.

9

Von einem, der auszog,
das Sterben zu finden

Ich gehöre nicht zu den Menschen, die sich von Träumen erschrecken lassen, aber dieser fiel auf fruchtbaren Boden. Ich bin jetzt dreiundvierzig Jahre alt. Stehe ich nicht mitten im Leben? Warum sollte ich mich mit dem Thema Tod und Sterben beschäftigen? Liegt mein Tod nicht in weiter Ferne? Wer sich mitten im Leben glaubt und damit in Sicherheit, vertraut einer fadenscheinigen Floskel. Jeder ist dem Tod jederzeit nah, wir wissen nur nicht, welche Gestalt er annimmt, wann er kommt und warum gerade jetzt. Ich habe noch nie einen Toten gesehen, habe noch nie jemanden beim Sterben begleitet und bin dem Tod meistens dort ausgewichen, wo ich mit ihm hätte in Berührung kommen können. Das Thema Sterben und Tod hat mich zwar immer angezogen und interessiert, aber die direkte Begegnung habe ich gescheut oder verpasst. Ich erinnere mich, dass ich mich während des Studiums bei der studentischen Jobvermittlung Heinzelmännchen als Leichenwäscher bewarb, doch der Job war offenbar wegen des vergleichsweise hohen Stundenlohns von vierzehn Mark begehrt und bereits vergeben.

Ich bin ein ängstlicher Mensch. Vielleicht liegt es an der Schule. Ich habe die Schule gehasst, blieb sitzen und kam mir vor wie ein Greis, als ich das Abitur ablegte. Zu spät. Dieses »Zu-Spät« sitzt mir seither im Nacken. Ich gehe durchs Leben, als hätte ich immerzu einen großen Haufen unerledigter Hausaufgaben im Gepäck, als drohe mir eine mächtige Deadline: »Kommst du nicht rechtzeitig ins Ziel,

11

erfüllst du die Aufgaben nicht; hältst du den Termin nicht ein, dann stirbst du.« Vielleicht kann ich diese Empfindung überwinden? Ich warte nicht mehr, bis mich der Tod holt, bis mich eine schlechtgekleidete Volontärin überführt und mein Leben für beendet erklärt. Vielleicht hat mein Sterben schon begonnen, und ich habe bloß nichts davon bemerkt? Vielleicht wird um mich herum gestorben, ohne dass ich davon bisher Notiz genommen habe?

Ich will die Augen aufmachen, das Sterben suchen, dem Tod entgegengehen. Meinen Tod werde ich hoffentlich nicht finden, aber das Licht, das vom Sterben auf mein Leben fällt, will ich nutzen, um besser zu sehen, um meine Ängste besser dimensionieren zu können. Jeder, der nur ein klein wenig die Augen öffnet, findet den Tod überall. Jetzt, wo ich dies schreibe, blickt er mich an. Ich wohne im vierten Stock. Auf der anderen Seite der Straße stand auf gleicher Höhe stets ein Mann, der zu mir herüberblickte. Er war pensioniert, aber noch nicht alt. Er hatte viel Zeit. Als wir uns einmal auf der Straße trafen, gab er mir zu verstehen, dass es nicht einfach sei, die Zeit ohne Arbeit zu füllen. Er blickte oft zu mir herüber. Fast täglich. Dann aber sah ich ihn lange Zeit nicht. Nur seine Frau bewegte sich hinter den Gardinen und saß abends allein am Tisch. Einige Wochen später traf ich den Mann auf der Straße, besser, wir gingen aneinander vorbei und grüßten uns höflich. Er war ganz mager geworden, sein Gesicht war schmal, die Haut rosig. Er sah gut aus, aber doch todkrank. Ich wagte nicht, ihn anzusprechen, sein Körper erzählte alles. Er war bald tot. Leberkrebs. Wir kannten uns nicht gut, aber ich hätte mich dennoch gerne von ihm verabschiedet. Er war ein Nachbar. Jetzt fehlt er meinem Tag. Als ich gerade vom Schreiben aufblickte, dachte ich, er stünde wieder an seinem Platz. Aber es war wohl nur die Sonne, die sich spiegelte oder der Schatten seiner Frau.

Das Märchen von einem, der auszog, das Fürchten zu

lernen, hat mich als Kind sehr beeindruckt. Der Junge war dumm, hieß es da, aber furchtlos. Ein vermeintliches Gespenst stieß er im stockfinsteren Kirchturm die Treppe hinunter, er nahm Gehenkte vom Galgen ab, um sie am Lagerfeuer zu wärmen, er kegelte mit Totenschädeln und versuchte, einen eiskalten Leichnam zu wärmen, indem er ihn zu sich ins Bett legte und den Toten an sich rieb. Doch vor nichts gruselte es ihm. »Ach, wenn mir doch nur gruselte!«, seufzte er. Weil er durch seine Furchtlosigkeit ein Schloss von Gespenstern befreite, gab man ihm die Königstochter zur Frau. Sie lehrte ihn schließlich das Gruseln, indem sie des Nachts einen Eimer mit kalten, zappelnden Fischen über ihn ausschütten ließ. Jetzt wusste er, was es heißt, sich zu gruseln.

So will auch ich ausziehen, ein bisschen dumm, aber neugierig, furchtlos hoffentlich und zärtlich zu den Toten. Ist es blöd oder barmherzig, einen Gehenkten ans Lagerfeuer zu setzen? Ich will das Sterben und den Tod suchen, will überallhin gehen, wo diese beiden zu finden sind, und will nicht wegschauen, wenn es ans Sterben geht. Ich will die Geschichten vom Tod erzählen, die mir begegnen, und von den Menschen, die ihr Leben lassen müssen. Ich möchte mich selbst und meinen Körper befragen: »Wo beginnt das, was man Sterben nennt?« Ich will Hospize besuchen, Bestattungsunternehmen, Krankenhäuser, Alten- und Pflegeheime, ich will dorthin gehen, wo die meisten Menschen heutzutage sterben. Aber ich will das Sterben auch dort suchen, wo man glaubt, man sei sicher vor ihm, dort, wo man dagegen ankämpft oder vor ihm flieht. Vielleicht finde ich das letzte Bye-Bye auch im Fitnessstudio, im Bio-Supermarkt oder bei den Dreharbeiten eines Pornofilms? Ich will mir nicht diktieren lassen, wo ich den Tod zu suchen habe, denn dann hätte er schon gewonnen. Ja, ich werde auch über Friedhöfe spazieren, aber möglicherweise ist der Besuch

13

eines Sonnenstudios, einer Modenschau oder einer Talkshow ebenso ergiebig. Ich will nichts auslassen, denn mit dem Tod kommt man überall hin. Und ich will dem Tod zuhören, denn der Tod ist der älteste Erzähler der Menschheit. Seine Geschichten handeln verlässlich davon, wie es uns geht und wer wir sind.

Dem Tod zuhören, heißt Leben lernen.

Rainer Maria Rilke hat in seinem Roman »Die Aufzeichnungen des Malte Laurids Brigge« bereits 1910 das moderne Sterben und den modernen Tod skeptisch und desillusioniert beschrieben. Mit Blick auf ein großstädtisches Krankenhaus urteilt sein Held Malte: »Jetzt wird in 559 Betten gestorben. Natürlich fabrikmäßig. Bei so enormer Produktion ist der einzelne Tod nicht so gut ausgeführt, aber darauf kommt es auch nicht an. Die Masse macht es. Wer gibt heute noch etwas für einen gut ausgearbeiteten Tod? Niemand. Sogar die Reichen, die es sich doch leisten könnten, ausführlich zu sterben, fangen an, nachlässig zu werden; der Wunsch, einen eigenen Tod zu haben, wird immer seltener. Eine Weile noch, und er wird ebenso selten sein wie ein eigenes Leben. Gott, das ist alles. Man kommt, man findet ein Leben, fertig, man hat es nur anzuziehen. Man will gehen oder man ist dazu gezwungen: nun, keine Anstrengung: Voilà votre mort, monsieur. Man stirbt, wie es gerade kommt; man stirbt den Tod, der zu der Krankheit gehört, die man hat (denn seit man alle Krankheiten kennt, weiß man auch, dass die verschiedenen letalen Abschlüsse zu den Krankheiten gehören und nicht zu den Menschen; und der Kranke hat sozusagen nichts zu tun).«

Dieser Bewusstlosigkeit und Konformität des Sterbens, diesem gesichtslosen Verschwinden, diesem nummerierten Abstreichen, dieser nüchternen Bilanzierung und leidenschaftslosen Ausradierung möchte ich begegnen. Können wir noch einen eigenen Tod sterben? Haben sich die alles einebnenden Tendenzen, die Rilke so hellsichtig beschreibt, seither nicht verstärkt? Haben wir eine Chance, unseren Tod mit unserem Leben sprechen zu lassen? Und was kann uns das Sterben der anderen für unser Leben und unseren Tod lehren? Ich fürchte jedoch schon jetzt, noch bevor meine Reise beginnt, dass dieses Buch keine Ratschläge zutage fördert, mit denen man sich wappnen kann. Jeder stirbt für sich allein. Das hier wird kein Trostbuch oder Trauerratgeber. Dennoch will ich die Hoffnung nicht aufgeben, etwas zu lernen, was mein Leben eigener macht.

Was der Tod wirklich ist, ist uns unzugänglich, weil er, wenn überhaupt, nur im Licht eines Blitzes erfasst werden kann, das das Letzte ist und zugleich die Finsternis. »Und doch«, schreibt Michel de Montaigne in seinen Essais, »glaube ich, können wir uns irgendwie mit dem Tod vertraut machen und ihn sozusagen probieren. Wir können ihn zwar nicht ganz und vollständig erfahren, aber doch so weit, dass diese Erfahrung nicht nutzlos ist, weil sie uns Kraft und Halt gibt: Wenn wir auch nicht wirklich hinkommen können, so können wir doch in die Nähe gelangen; wir können Erkundungsfahrten unternehmen; und wenn wir auch nicht bis zum Geheimnis des Todes vordringen, so ist es uns doch möglich, die Wege, die dahin führen, zu sehen und uns mit ihnen schon vertraut zu machen.«

Zuerst einmal gehe ich zum Arzt. Wissen Sie noch, wie das ist, wenn Ihnen der Arzt das kalte Ohr seines Stethoskops gegen die Brust drückt?

Bitte jetzt nicht atmen!

Danke! Und jetzt wieder normal weiteratmen.

Ein Strahl Hoffnung

Wenn Sie ein Herz in den Schnee pissen, sind Sie vermutlich jung, und das ganze Leben liegt noch vor Ihnen. Aus der dampfenden Mitte dieser winterlichen Liebeserklärung steigt eine Hoffnung auf, die an kein Ende zu kommen scheint. Genauso ungestüm und lebendig dürften Sie sich fühlen, wenn Sie mit Ihrem besten Freund auf dem Schulklo oder im Wald um die Wette pinkeln, um die Leistungskraft Ihres kleinen Feuerlöschers auszuprobieren. Der Strahl steigt hell, das Leben ist schön.

Aber als ich kürzlich meinen Arzt aufsuchte, musste ich mir eingestehen, dass diese Zeiten längst vorbei sind. Es war das erste Mal, dass mein Hausarzt jünger war als ich. Früher waren die Ärzte, zu denen ich ging, ältere Herren mit Glatze oder silbernem Haarkranz, mit beeindruckend buschigen Augenbrauen, weißkittlige Herrscher im Reich des Körpers und seiner Defekte; dieser hier hatte zwar auch wenig Haare auf dem Kopf, hatte aber eindeutig einige Jahre nach mir die große Bühne betreten.

»Dann erzählen Sie mal. Was kann ich für Sie tun, Herr Körner?«

Mein Arzt sah mich erwartungsvoll an, freundlich, das Gesicht zeigte ein zuversichtliches, aufnahmebereites, dienstleistungswilliges, gut ausgebildetes, ungeduldig-anspornendes Warten. Legen Sie los! Sie sind nicht der Einzige, den der Schuh drückt! Frei weg von der Leber! Raus mit der Sprache, meine Brötchen wollen auch gebacken und meine Angestellten bezahlt sein. Er malte Fragezeichen in die Luft. Lächelte.

»Ich möchte mich gerne einmal auf Herz und Nieren untersuchen lassen. Ich war lange nicht beim Arzt und will demnächst einen Marathon mitlaufen. Außerdem – vielleicht können Sie mir da gleich was verschreiben – muss ich unglaublich oft pinkeln, und meine Frau sagt auch, lass dich mal untersuchen. In unserem Alter (ich blinzle ihm verschwörerisch zu) heißt es doch, man müsse auch oder gerade an die Prostata denken.«

»Was für Beschwerden haben Sie denn beim Wasserlassen, Herr Körner?«

»Mein Strahl ist grundsätzlich nicht so ein munter ins Becken springender, gelöster, zuversichtlicher und zielstrebiger Strahl, sondern er stockt, stottert geradezu, er muss immer neuen Anlauf nehmen und tröpfelt dann kümmerlich aus, ohne sich zu einem klaren Ende durchringen zu können. Er scheint sich auch in einem sensiblen Dialog mit seiner Umwelt zu befinden, denn er reagiert auf Stress und Belastung. Und er setzt selten Ausrufezeichen! Und manchmal kommt es mir vor, als lasse ich sehr viel mehr Wasser, als ich Flüssigkeit zu mir genommen habe. Das habe ich besonders bei meinem ersten Marathon im letzten Jahr als störend empfunden. Ich musste vor dem Lauf mindestens zehnmal in die Büsche. Andere Männer und ihr Strahl scheinen sich grundsätzlich einiger zu sein, sie ziehen an einem Strang, ich meine, sie kommen, sie urinieren, als ob sie mit einer Axt ein Stück Holz spalten, und dann gehen sie wieder …«

Mein Arzt lacht und unterbricht mich.

»Sie haben sich ja doch den einen der anderen Gedanken gemacht, Herr Körner?!«

»Gibt es auch nervöse Blasen? Ich habe das Gefühl, dass meine Blase unmittelbar meine Stimmungen widerspiegelt.«

Er nickt.

»Machen Sie sich keine Sorgen, Herr Körner, wir werden uns das mal mit dem Ultraschall anschauen, da kann man ziemlich gut sehen, ob da irgendetwas nicht stimmt oder unnormal vergrößert ist. Zunächst aber darf ich Sie zur Blutabnahme bitten, und dann machen Sie gleich ein EKG.«

Die Arzthelferin, die mir das Blut abnahm, machte ihre Sache gut. Meine Venen sind schlecht zu sehen, und ich habe es oft erlebt, dass die Arzthelferinnen drei- oder viermal zustechen mussten, ehe sie fündig wurden. Diese hier fand gleich die richtige Stelle. Dann maß sie meinen Blutdruck und befestigte die Kontakte für das EKG auf meiner Brust.

»Kürzlich hatte ich einen Patienten, den musste ich erst rasieren, damit die Plättchen hielten. Der war so behaart, nichts hielt!«

Ich war froh, nicht allzu stark behaart zu sein. Ich schloss die Augen und wartete. Dann wurde ich zum Doktor gebeten. Er rieb meinen Bauch und meine Brust mit Gel ein und drang mit dem Schallkopf in mein Inneres vor.

»Wenn Sie Ihren Kopf drehen, können Sie zuschauen.« Ich bemühte mich, seinen Erläuterungen zu folgen, doch die Organe, die er erkannte, waren für mich körnige, undeutliche, unruhige Schatten. »Das sieht doch alles sehr gut aus, Herr Körner. Soweit ich jetzt sehen kann, ist alles in Ordnung. Die Prostata ist nicht vergrößert, alles ganz normal.«

»Ich weiß, dass das keine seriöse Frage ist, aber können Sie mir sagen, wie alt ich werde?«

Er stutzte kurz.

»Sie kennen die durchschnittliche Lebenserwartung des Mannes?«

»Etwa dreiundachtzig Jahre?«

Er lachte. »Die durchschnittliche Lebenserwartung des Mannes beträgt etwa sechsundsiebzig Jahre. Das traue ich Ihnen, so wie ich Sie jetzt sehe, zu.«

Ich war ein bisschen enttäuscht, so sehr im Durchschnitt zu liegen. »Nicht mehr? Und dann?«

19

Dumme Frage!

»Na, dann ist irgendwann der Ofen aus!«

Ich werde diesen Ausdruck nie vergessen. Es war nicht unbedingt eine feinfühlige oder originelle Metapher, die mein Arzt da benutzt hatte, aber sie war wünschenswert klar und eindeutig. Ofen aus! Feuer aus! Alles aus!

Ich bat meinen Arzt, mir einen kleinen Bericht über seine Untersuchungen zu schreiben. Als Gedächtnisstütze. Um etwas in der Hand zu haben. Um meine Gesundheit auf Papier nach Hause tragen zu können.

Zuerst kam die Rechnung.

Zwei Wochen später folgte der knappe Bericht, aber erst, nachdem ich wiederholt die Arzthelferin gebeten hatte, den Herrn Doktor daran zu erinnern.

Sehr geehrter Herr Körner,

ich freue mich, Sie als neuen Patienten in unserer Praxis begrüßen zu dürfen! Heute möchte ich Ihnen zusammenfassend über die durchgeführten Untersuchungen berichten.

Ihre Diagnosen lauten: Erfreulicherweise konnte ich keine Diagnosen erheben!

Sie stellten sich zu einer eingehenden Vorsorgeuntersuchung in unserer Praxis vor. Sie rauchen nicht und treiben viel Sport (Marathonlauf).

Die körperliche Untersuchung war altersentsprechend normal. Gleiches gilt für die Ultraschalluntersuchungen des Bauches, des Halses und des Herzens. Besonders erfreulich: Die Gefäßinnenhaut Ihrer Halsschlagadern ist mit 0,4 mm nicht verdickt. Sie weisen somit kein erhöhtes Risiko für Herzinfarkt oder Schlaganfall auf!

Da Sie unter vermehrtem Harndrang beim Joggen leiden, verordnete ich Ihnen probehalber Vesicur. Dies sollten Sie bei Bedarf einnehmen.

Die Laborwerte, die Sie in der Anlage finden, waren ohne krankhafte Besonderheiten.
Zusammenfassend sind Sie bei hervorragender Gesundheit!

Ich wünsche Ihnen viel Erfolg und verbleibe mit den besten Wünschen

Mein Arzt ist ein Mann mit Gefühl und Witz. Man beachte, an welchen Stellen er die Ausrufezeichen gesetzt hat! Ich werde mich nun selbst untersuchen und befragen müssen. Die Reise geht nach hinten los.

Das unsterbliche Kind

Über Kinder, kleine Kinder, hat der Tod keine Macht. Ihre Welt ist ganz und gar heil, selbst wenn ein großes Unglück sie trifft: Puppe vergessen, Mutter verschwunden, winterkaltes Händchen, Himbeereis in den Sand gefallen. Solche Tränensturzbäche bringen wir, die Erwachsenen, die Wissenden, kaum noch zustande. Das Unwissen um die Welt, um den Tod hüllt das Kind ein wie ein warmer Mantel, es ist umsponnen von Scherben, Bruchstücken, Splittern, die ihm alles, die ihm ein Kosmos sind, weil sich alles fügt und verbindet. Wo wir nur Trümmer sehen, abgerissene Fäden, sieht das Kind noch ein Ganzes. Das Kind braucht keinen Himmel, weil es ihn in sich trägt. In seiner Hand, seiner Jackentasche oder der Falte seines Pullovers. Kinder können die Zeit verzaubern, weil sie die Uhr noch nicht lesen können. Die Zeit beißt sich an ihnen die Zähne aus. Wo aber beginnen Kinder zu sterben? Wo gewinnt der Tod seine Macht über sie?

Hat die Geschichte ohne mein Wissen angefangen? Schon mein Vorname trägt einen Tod in sich. In dem Dorf, in dem ich aufwuchs, waren meine Eltern Zugezogene. Sie waren Flüchtlinge aus der Deutschen Demokratischen Republik, die in der Bundesrepublik Deutschland niemanden kannten und keine Verwandten besaßen. Sie freundeten sich deshalb mit einer Familie an, die ebenfalls fremd und zugezogen war. Das Ehepaar Karl hatte drei Söhne und eine Tochter. Herr Karl war Kfz-Meister, betrieb eine kleine Tankstelle und eine Autowerkstatt. Ich erinnere ihn als großen, immer freundlichen Mann mit ölverschmierten Händen, der stets nach Benzin roch, viel rauchte, graublaue Overalls trug und Kinder sehr mochte. Ihr jüngster Sohn hieß Torsten. Meinen Eltern gefiel der nordische Name so gut, dass sie die Nachbarn fragten, ob sie etwas dagegen hätten, wenn auch ich auf diesen Namen getauft würde. Karls waren einverstanden, freuten sich. Nur der katholische Pfarrer, der mich taufen sollte, freute sich nicht. Er weigerte sich, diesen ganz und gar heidnischen und unchristlichen Namen ins Taufregister einzutragen. Nur unter Protest fand er sich schließlich dazu bereit und kündigte zugleich an, er werde mir bei der Taufe eigenmächtig einen christlichen, einen statthaften Namen verleihen, ihn sozusagen in die Luft sprechen, einen ordentlichen Namen, der mich begleiten sollte.

In der Nacht, in der bei meiner Mutter die Wehen einsetzten, war Hilfe vonnöten. Die nächste größere Stadt war vierzig Kilometer entfernt, und meine Eltern besaßen kein Auto. Der erste Nachbar, bei dem meine Eltern anklopften, öffnete nicht, wie verabredet, die Tür. Deshalb klingelte mein Vater bei Karls, wo ihm sofort aufgemacht wurde. Herr Karl unterhielt zugleich einen Abschleppdienst, weshalb er spätnachts oft zu Unfällen gerufen wurde. Und so fuhr er meine Eltern nach Oldenburg, wo ich geboren wurde.

Kaum zwei Monate darauf passierte etwas Furchtbares. Torsten, mein Namenspatron, wachte morgens auf und hatte plötzlich schneeweiße Beine, die über und über mit roten Punkten bedeckt waren, so als ob ihn jemand mit einer heißen Nadel gestochen hätte. Seine Mutter suchte mit ihm, ihrem zweijährigen Jungen, sofort den Hausarzt auf und erhielt noch am selben Tag die niederschmetternde Diagnose, dass ihr Sohn an Leukämie erkrankt sei. Es gab keine Rettung. Während ich heranwuchs, starb der ältere Torsten in nächster Nähe. Ich habe kein verlässliches Bild von ihm, denn als er starb, war ich kaum zwei Jahre alt, aber das häufige Reden über ihn, das familiäre Erinnern an ihn, macht ihn mir zu einer präsenten Kindheitsfigur, zu einer Schattengestalt, die ich gleichsam im Augenwinkel erinnere. Ich kann kein Bild von ihm haben und habe doch eines. Eines, das sich entzieht, sobald man anfängt, es zu beschreiben.

Torsten starb im Alter von vier Jahren. Am Tag seines Todes informierte die behandelnde Ärztin die Eltern und gab ihnen zu verstehen, dass es mit ihrem Sohn »zu Ende« ginge. Frau Karl rief daraufhin ihre Eltern in Hamburg an, die sich sofort auf den Weg machten, um sich von ihrem Enkelkind zu verabschieden. Wusste der Junge, dass der Wunsch nach einem Eis sein letzter Wunsch sein sollte? Schließlich saßen alle an seinem Bett, die Eltern und die Großeltern, und sahen ihn an. Der schlafende Junge wachte noch einmal auf, hob das bleiche Köpfchen, blickte in die Runde, lächelte und schloss die Augen.

In meiner eigenen Familie erlebte ich als Kind zunächst keinen Trauerfall. Die erste Trauer galt Tieren. Die Kaninchen, die geschlachtet wurden. Die zum Ausbluten aufgehängt wurden. Am Tag zuvor hatte ich sie noch mit Gras und Mohrrüben gefüttert, und jetzt hingen die felllosen, unheimlich roten Körper im Schuppen. Ein Nachbar, geübt in solchen Dingen, hatte ihnen mit einem Knüppel das Genick gebrochen. »Geh da nicht hin! Schau dir das nicht an!«

Dann eine Maus! Eine Spitzmaus, die ich im Wald jagte, unter Kiefern und Tannen. Ich sehe noch den Nadelteppich, der unter den Bäumen liegt. Ich falle, stürze und erdrücke das Tierchen unabsichtlich mit dem Knie. Die reglose Maus. Ich stupse sie vorsichtig mit einem Ast an. Rührt sich nicht mehr … Bekommt ein Grab unter den Bäumen und wird nicht vergessen, ein Leben lang!

Dann der erste Mord. Stichlinge werden aus einem trüben Graben gefangen. Die kleinen stacheligen Fische werden mit dem Marmeladenglas oder dem Kescher herausgeholt, dann viviseziert, mit dem Stöckchen, dem Fuß, dem Glas, einer Scherbe. Wie die zappeln, immer noch leben, bis sie ganz und gar zerstückelt und ohne Leben sind. Kriegen auch kein Grab, bleiben liegen auf dem Asphalt und sind schon am nächsten Tag kaum noch zu finden. Man merkt schon – auch als Kind – hier geht alles durcheinander. Entdecker-freuden gepaart mit der Lust am Quälen, Gewissensbisse und Empathie, Trauer und das Gefühl, etwas ganz Beson-deres getan zu haben, etwas, was man nicht tun soll und des-halb geheim halten muss. Kann man aber doch stolz drauf sein, denn man hat das Kind, das man ist, verändert, auch wenn man noch nicht weiß, wie und wohin. Etwas kommt in Gang.

»Meinst du, die Fische merken was?«

»Klar, die haben doch Augen, aber Regenwürmer nich'.«

»Und wo ist das Herz?«

»Muss da auch irgendwo sein!«

»Ich finde es nicht!«

Der Tod von Tieren ist häufig der erste Anlass für Kin-der, nach dem Tod zu fragen. Wohin gehen sie? Sind sie jetzt woanders? Kommen sie nicht mehr wieder? Erwachsene, die stets glauben, dass Kinder Trost nötig haben, wenn sie dem Tod begegnen, erfinden dann Katzen-, Hunde- oder Spat-zenhimmel und wollen keinesfalls den Gedanken zulassen, dass es einen totalen Abschied, ein totales Ende, eine völlige Auflösung und spurlose Auslöschung geben könne. Eltern überführen die Tierseele in halbdurchlässige Sphären, die für die Kinder nicht zugänglich sind, die aber von den Tie-ren verlassen werden können, damit diese Zeugen unseres Weiterlebens werden können oder wie Schutzengel das Kind begleiten. Wer tröstet da eigentlich wen? Erfinden wir, die Erwachsenen, diese narkotisierenden Geschichten nicht für uns selbst? Für manchen Erwachsenen ist der Tierhimmel der letzte Himmel, den er bauen mag, den er sich selbst als Himmelsbaumeister zutraut. Ich baue mir keine Himmel und pflege auch keinen intimen Umgang mit Gott, ich lasse ihn aber vor den Augen meiner Kinder als mythische Macht unangetastet und erwecke ihn von Zeit zu Zeit aus kulturellen Überlegungen zum Leben. Sollen sie ihn doch selbst zertrümmern, wenn sie irgendwann einmal die Lust dazu haben. Umso mehr überraschen mich bisweilen ihre engagierten Dialoge, in denen Gott unvermittelt und quicklebendig auftaucht. Der folgende Wortwechsel entspann sich kürzlich zwischen meinem Sohn (sechs Jahre) und meiner ältesten Tochter (vier Jahre) aus heiterem Himmel. Meine Frau und ich hatten zuvor über den Tod eines entfernten Bekannten gesprochen.

Meine Tochter (verwundert): »Erst wird man geboren, dann wartet man, und dann ist man tot. Gott ist ein bisschen der Beste.«

Er (mit Nachdruck): »Jesus ist der Beste!«

Sie: »Weil Jesus kann nach dem Sterben wieder aufstehen.«

Er (belehrend): »Gott kann sowieso nicht sterben!«

Sie (triumphierend): »So wie Pippi Langstrumpf, die kann auch nicht sterben, weil sie die Stärkste ist.«

Er (herablassend): »Aber die gibt es ja gar nicht, deswegen kann sie auch nicht sterben!«

Sie (schlussfolgernd): »Doch die gibt's, sonst müssten Herr Nilson und Kleiner Onkel doch verhungern.«

Wenn ich diese Dialoge höre, weiß ich, dass das Kind, das ich war, auch über den Tod nachdenken und sprechen konnte, ohne in seine unmittelbare Nähe geraten zu sein, ohne Angst zu haben, den Tod in mein Leben einzuladen, nur weil ich ihn beim Namen genannt oder verspottet hatte. Kinder haben keine angeborene Scheu vor dem Tod, die wird ihnen erst durch uns anerzogen und nahegebracht. Die

Verleugnung des Todes halten wir für ein Zeichen von Vitalität, und fast abergläubisch versuchen wir, dieses Thema von unseren Kindern fernzuhalten, als könnten allein die Symbole, Metaphern, die ganze Nomenklatur des Todes unsere Kinder und uns selbst wie eine ansteckende Krankheit befallen.

Die Woche nach dem Tod meiner Großmutter war sehr schön. So schön, dass ich diese Tage bis heute als angenehme, als glückliche Zeit erinnere. Meine Großeltern mütterlicherseits lebten in Leipzig; nach der Flucht meiner Eltern 1960 wurde mein Großvater verhaftet, weil man ihn verdächtigte, ein Mitwisser gewesen zu sein und den Republikflüchtlingen geholfen zu haben. Daraufhin konnten meine Eltern einige Jahre nicht in die DDR einreisen, dennoch brach der Kontakt zu den Großeltern nie ab. Mit dem Besuch Willy Brandts 1970 in Erfurt begannen sich die deutsch-deutschen Beziehungen zu entspannen, Reiseerleichterungen traten in Kraft, und meine Eltern wagten sich wieder in ihre alte Heimat. Zumindest für einige Tage. Ich habe meine Großmutter in Leipzig immer sehr gemocht.

Als sie 1976 starb, war ich zehn Jahre alt. Ich erinnere mich an die Nacht, in der das Telefon klingelte und meine Mutter so seltsam schluchzte.

Einige Tage nach ihrem Tod, sie starb mit zweiundsechzig Jahren in einem Leipziger Krankenhaus, fuhren meine Eltern mit meinem älteren Bruder nach Leipzig, um sich von ihr zu verabschieden und an der Trauerfeier teilzunehmen. Mir, dem Kleinen, wollte man den Anblick der toten Großmutter nicht zumuten. Ich wurde deshalb für einige Tage in der Obhut von Familie Karl zurückgelassen, die inzwischen gute Freunde meiner Eltern geworden waren. Die Tage waren schön, weil sie anders waren. Erst viele Jahre später – und ich weiß nicht, wann das anfing – habe ich den Verlust meiner Großmutter wirklich gespürt, angenommen, habe ich gemerkt, dass da eine Leerstelle ist, die nie aufgefüllt werden kann.

Vielleicht lassen sich Kinder in diesem Alter noch nicht so sehr vom Tod erschrecken, weil sie das Unwiderrufliche nicht akzeptieren, weil sie das Verschwinden gar nicht als ein finales Verschwinden fassen können oder wollen. Schließlich sind jüngere Kinder gewiefte Schamanen, die allen Dingen und Tieren eine Seele zuweisen, für die ein Stöckchen ebenso eine Seele und einen Geist besitzt wie ein Hund, ein Teddy oder ein Gummibärchen. Gegenüber Gummibären verspürte ich manchmal eine gewisse Beißhemmung, weil der Gummibär doch Schmerz empfinden müsste, oder? Er besaß doch eine Gestalt, so putzige Beinchen, Ärmchen, ein Köpfchen, also musste er doch auch ein Innenleben haben? Ich weiß nicht mehr, ob diese Überlegungen auch nur einem Gummibären eine Schon- und Galgenfrist einbrachte, aber das Hineinversetzen in das Ding, das Gummitier, dieser Wechsel der Perspektive, diese Preisgabe meines Ichs und Annahme einer Gummi-Identität, bringt mir das Kind, das ich war, und seine Kräfte sehr nahe. Wie unglücklich war ich, wenn ich mit meinen Eltern im Wald spazieren ging, etwas fand, sagen wir eine wertvolle Batterie, ein Bonbonpapier voller Geheimbotschaften, eine alte Seeräuberdose oder einen sprechenden Kiesel, und ich diese dann, diese Rätseldinge, im Wald zurücklassen musste! Warum wollen Eltern das grundsätzlich nicht verstehen, warum zwingen sie uns, so untreu und gleichgültig gegenüber den Dingen zu werden? Vielleicht fangen wir an zu sterben, wenn wir den Glauben an unsere animistischen Kräfte verlieren, wenn wir keine Geborgenheit mehr finden zwischen den Dingen, weil wir ihnen keine Geborgenheit mehr schenken können.

Wenn ich in die Vergangenheit schaue und mich frage, wann ich das erste Mal an meine eigene angeborene Sterblichkeit dachte und sie fürchtete, will mir nichts einfallen, vorerst noch nicht. Dagegen fällt es mir leicht, das Auftauchen des ersten Selbstmordgedankens in meiner Biographie zu lokalisieren. Ich ging in die dritte Klasse der Grundschule, ich war also acht oder neun Jahre alt. Ich fuhr morgens allein mit dem Rad zur Schule, der Autoverkehr jener Jahre war noch überschaubar, erst recht auf dem Land. Und ich höre den Satz, den Gedanken noch ganz deutlich, so als hätte ich ihn erst gestern ausgesprochen: »Wenn du eine Brille bekommst, dann bringst du dich um!« Ich wusste damals nicht einmal, wie das geht, sich umbringen, aber der offenkundigen Angst vor einer Brille musste ich mit einer gewissen verbalen Radikalität begegnen.

Was ich hier noch auskramen möchte, ist die Geschichte von Max und Moritz, die mir, wie ich vermute, das erste Mal ein Empfinden der Unumkehrbarkeit des Todes vermittelte. Max und Moritz sind, in heutiger Terminologie, Intensivtäter, die ein ganzes Dorf durch ihre Streiche terrorisieren. Sie erdrosseln arglose Hühnchen und stehlen der trauernden Witwe Bolte das gebratene Geflügel aus der Pfanne, sie lassen den Schneider Böck hinterlistig ins kalte, reißende Wasser plumpsen, sie füllen die Pfeife ihres Lehrers mit Schwarzpulver, stecken Maikäfer in das Bett ihres Onkels Fritz, gefräßig stehlen sie die Brezeln des Bäckers und schlitzen endlich die Getreidesäcke des Bauern auf. Der ist es auch, der sie packt, in einen Sack steckt und die zappelnden Burschen zum Müller trägt, wo sie, auf Nimmerwiedersehen, in einen Trichter der Mühle geworfen werden. »Rickeracke! Rickeracke! Geht die Mühle mit Geknacke.« Und jetzt ist es aus mit ihnen! Aus! Aus! Aus! Es gibt kein Zurück. Da liegen sie, geschrotet, in Stücken.

Das ist aber noch nicht das grausige Ende. Wilhelm Busch, der Autor, lässt dann auch noch die Schrotkörner, die am Boden liegend die Konturen der Jungen nachbilden,

von zwei Gänsen verzehren. »Doch sogleich verzehret sie /
Meister Müllers Federvieh.« Und da wurde mein kindlicher
Animismus in seine Schranken gewiesen, denn die Jungen
wurden nicht nur zermahlen, sondern auch noch gefressen
und verdaut. An dieser Stelle wurde mir immer bange, denn
hier spürte ich schon als Kind, dass ich an eine Grenze geriet
und es mir nicht gelingen würde, Max und Moritz wiederzu-
beleben, es sei denn, die Geschichte ginge wieder von vorne
los. Die würde aber immer wieder mit dem Tod der Kinder enden. Kein Ausweg. Mich erstaunte vor allem, dass das
ganze Dorf keine Trauer zeigte, sondern sogar froh war, die
Bösewichte so entsorgt zu wissen. Ich weiß noch, dass ich
immer nach Auswegen gesucht habe: Warum sind sie nicht
geflohen? Warum hat der Bauer kein Mitleid mit ihnen gehabt? Vielleicht kann man die geschroteten Kinder wieder
zusammenkleben? Doch Wilhelm Busch scheint genau gewusst zu haben, wie man solche Kinderhoffnungen über-
listet.

Die Gänse speisen die Toten in eine bildlose Unterwelt
ein, denn im Magen einer Gans existieren nun mal keine Geschichten.

Käthe

Als Käthe starb, bin ich davongelaufen, weil ich ihr Sterben fürchtete. Wo und wann beginnt eigentlich unsere Geschichte? Warum musste ich mich überhaupt in das Leben dieses fremden Menschen einmischen?

Genaugenommen nahm unsere Geschichte im Jahr 1987 ihren Anfang, als ich meinen Zivildienst in einem Altenzentrum ableistete. In den zwanzig langen Monaten betreute ich alte Menschen. Ich habe in diesem Abschnitt meines Lebens die Überzeugung gewonnen, dass man sich jenseits des eigenen Berufes ehrenamtlich für Menschen engagieren sollte. Man bereichert das eigene Leben, wenn man den beruflich und familiär definierten Aufgabenkreis verlässt, um fremde Menschen zu unterstützen. Das hat, finde ich, erst einmal wenig mit Nächstenliebe, sondern eher etwas mit Selbstachtung zu tun. Man kann durch ehrenamtliche Tätigkeiten den Begriff der Selbstbereicherung auch einmal aus seinem negativen Assoziationsfeld lösen und ihn positiv wenden.

Nachdem ich mein Studium beendet hatte, fühlte ich eine soziale Austrocknung, eine Art kommunikative und soziale Eindimensionalität. Alles war Zweck, zielgerichtet, alles war zukunftsorientiert. Das Leben schien wieder einmal auf eine Art Qualifizierungsmaßnahme zusammengeschrumpft zu sein. In meinem neuen Viertel stieß ich auf eine Sozialstation, die ihr Büro gleich in meiner Nähe unterhielt. Ich fragte, ob ich jemandem helfen könne, ob es jemanden gäbe, der isoliert sei, jemanden, der sich über einen Kontakt freuen würde? Die Leiterin bat mich um etwas Zeit, man würde überlegen, wer in Frage käme. Nach einiger Zeit er-

33

hielt ich die Einladung, eine Ausflugsfahrt in den Botanischen Garten mitzumachen. Ich sollte die Betreuung einer alten Dame übernehmen, die im Rollstuhl saß. Das war Käthe. Wir verstanden uns auf Anhieb. Sie war zweiundachtzig Jahre alt. Käthe besaß Humor, sie war, trotz ihrer vielen Gebrechen, fast immer fröhlich, zuversichtlich. Wir freundeten uns an und verabredeten, dass ich sie einmal in der Woche besuche. Nach etwa einem Jahr vertraute sie mir einen Hausschlüssel an, so dass ich jetzt jederzeit Zugang zu ihrer Wohnung hatte.

Käthe war infolge von Diabetes mellitus der rechte Unterschenkel amputiert worden, außerdem litt sie an Parkinson. Sie war, so drückte es einmal eine ihrer Pflegerinnen aus, »multimorbide«. Durch die Parkinson-Krankheit waren Käthes Bewegungen sehr verlangsamt, manchmal wirkten sie wie eingefroren. Sie aß dann wie in Zeitlupe, die Gabel schien in der Luft stillzustehen, dann nahm sie einen neuen Anlauf, sie sammelte alle Kräfte, konzentrierte ihren Willen auf einen Punkt und brachte die Gabel dem schon geöffneten Mund wieder ein Stückchen näher. Ihr Essen war immer kalt, wenn sie endlich fertig war, obwohl ich es ihr während der Mahlzeit manches Mal in der Mikrowelle erwärmte.

An manchen Tagen waren ihre Augen durch die zahlreichen Medikamente so lichtempfindlich, dass sie sie kaum öffnen konnte. Sie sah mich, wenn ich sie begrüßte, kurz an und schloss die Augen wieder. Ihre Haltung im Rollstuhl – und sie saß immer, auch zu Hause, im Rollstuhl – war völlig instabil, immer rutschte sie zur rechten Seite weg, so dass man sie hochziehen und geradezu justieren musste. Dazu war es nötig, hinter den Rollstuhl zu treten, die Arme unter ihren Achseln durchzustecken, auf ihrer Brust zu verschränken und sie schließlich so hochzuhieven. Diese Übung war, sofern man sie nicht gekonnt ausführte, für den Rücken äußerst belastend, denn obwohl Käthe eine kleine Person war,

war sie durch ihre Immobilität, ihre Unfähigkeit mitzuarbeiten und durch ihr Übergewicht ziemlich schwer.

Käthes Verfassung war sehr unterschiedlich und stark von ihrer Tagesform abhängig. Manchmal war sie sehr wach, gesprächig und aufmerksam, an anderen Tagen fiel ihr das Sprechen schwer, das Zuhören schien sie auch zu überfordern, und sie saß wie ein Häufchen Elend in ihrem Rollstuhl. Aber Käthe hatte stets ein Ziel, und das lautete: »Ich gebe meine Wohnung nie auf.« Sie mochte über Schmerzen klagen – die hatte sie zweifelsohne reichlich –, aber ich habe sie nie jammern hören, es war nicht ihre Art. Sie wollte nicht ins Altersheim, auch wenn die Betreuung und Pflege in ihrer eigenen Wohnung sehr viel teurer war. Drei- bis viermal am Tag kamen verschiedene Pflegekräfte der Sozialstation zu ihr. Sie wurde morgens aus dem Bett gehoben, angekleidet, in den Rollstuhl gesetzt und mit Frühstück versorgt. Dann kam jemand gegen Mittag, bereitete ihr eine warme Mahlzeit, gab ihr Medikamente und ließ sie dann wieder allein. Am späten Nachmittag oder am frühen Abend wurde ihr ein Abendbrot serviert, ehe man sie schließlich auszog und ins Bett brachte. Am nächsten Tag ging alles wieder von vorne los. Etwa alle zwei Wochen nahm sie an einem Ausflug teil, der meistens in den Botanischen Garten, in den Zoo, in einen Park oder auf einen der Berliner Seen oder Kanäle führte.

Ihre Wohnung im ersten Stock besaß vier Zimmer, Küche, Bad und drei Balkone. Diese Wohnung seit Jahrzehnten gehalten zu haben, bedeutete ihr viel, sie gehörte zu ihrem Selbstverständnis. Sie war einmal verheiratet gewesen und hatte aus dieser Ehe zwei Kinder, aber irgendwann hatte sie sich scheiden lassen und die Kinder allein großgezogen. Ihr Mann muss sie sehr verletzt, oft betrogen und vielleicht geschlagen haben, sie wollte nicht so recht mit der Sprache heraus, obwohl sie oft von dieser Zeit erzählte. Sehr viel lieber und noch häufiger erzählte sie von ihren Eltern und ihrer Kindheit in Steglitz. Wenn es ihr richtig gutging, schickte sie mich nach hinten, wo sich im Flur ein in die Wand eingelassener Schrank befand. Hier waren Fotoalben, Briefe und Dokumente gelagert. Wir blätterten in Fotoalben, und sie beschwor noch einmal die alten Zeiten. In den dreißiger Jahren hatte sie eine Ausbildung zur biologisch-technischen Assistentin gemacht, sie liebte Pflanzen, vor allem Blumen, und schwärmte von ihrem Großvater, der ihr im Grunewald die Natur nahegebracht hatte. Sie wünschte sich hin und wieder, dass wir einen Ausflug dorthin machen, wo sie mit ihrem Großvater Pilze gesammelt hatte. Dann setzte uns der Bus in der Nähe des Waldes ab, ich schob den Rollstuhl so gut es ging über Stock und Stein, und musste doch bald kapitulieren, wenn der Weg zu uneben wurde, wenn es bergauf oder bergab ging oder sich der Stuhl im Sand festfuhr. Sie war dann traurig, weil sie alles an damals erinnerte, aber doch alles anders und für sie schwer erreichbar war. Dennoch liebte sie diese Ausflüge, sehnte sie geradezu herbei, als könne noch einmal der Großvater zwischen den Bäumen hervortreten und sie an die Hand nehmen.

Ebenso sehr ging sie gerne einkaufen, am liebsten nach Steglitz zu Karstadt oder Wertheim. Sie hatte Enkel und Urenkel und die wollte sie, wenn Geburtstage anstanden, mit Geschenken bedenken. Sie war wählerisch, ließ sich vieles zeigen und studierte die Waren eingehend, bevor sie etwas kaufte. Ich mochte diese Kaufhausbesuche nicht, weil Käthes Langsamkeit nicht immer auf Verständnis stieß bei den Verkäufern oder anderen Kunden, und es gleichzeitig schwer war, Käthes Erwartungen zu befriedigen. Schämte ich mich für ihre Gebrechlichkeit? War mir ihre offenkundige Hinfälligkeit in diesem bunten Warentempel unangenehm? Oder war es nur die Anstrengung, den Rollstuhl durch enge Gänge zu manövrieren, ihren Dolmetscher zu spielen und die rasende Zeit, die mir im Nacken saß? Je enger unsere Beziehung wurde, desto schwieriger wurde es für mich, diese Termine in meinem Alltag unterzubringen. Ab und zu nahm ich die Kinder zu ihr mit. Sie mochte die Kinder, nahm sie, wenn sie sich kräftig genug fühlte, auf den Arm und vergaß nie, sie zu ihren Geburtstagen zu beschenken. Allerdings fingen die Kinder irgendwann an, sie zu fürchten, weil die Wohnung so dunkel war, weil Käthe so reglos im Rollstuhl saß und für ihre Ohren so komisch sprach. Außerdem langweilten sie sich, weil sie nicht herumtoben konnten.

Im Laufe der Jahre ließen Käthes Kräfte nach. Trotzdem wollte sie auf keinen Fall ihre Wohnung verlassen. Mitunter verlor sie den Realitätssinn. Dann lud sie mich und meine Familie zum Heiligabend ein und wollte uns bekochen. Sie, der es schwerfiel, alleine ein Glas zu halten, wollte einen großen Braten in den Ofen schieben und dazu verschiedene Gemüse und Kartoffeln zubereiten. Sie hätte sich nicht einmal ein Ei in die Bratpfanne schlagen können, dennoch plante sie ein großes Festessen mit mehreren Gängen. Ebenso abenteuerlich waren ihre Pläne, ihre Wohnung umzugestalten. Sie wollte schwere Kleiderschränke umsetzen und meinte, wir könnten das zusammen schon schaffen. Dabei saß sie fast den ganzen Tag an ihrem Schreibtisch, sah Fernsehen und erreichte die anderen Zimmer nur, wenn sie dort jemand hinschob. Manchmal, wenn es an ihrer Tür klingelte, versuchte sie an guten Tagen, selbst dorthin zu fahren und zu öffnen, doch es konnte passieren, dass sie ihre Kräfte überschätzte: Ehe sie zur Tür kam, war der Besucher längst wieder weg, und für den Rückweg war sie zu schwach. Dann saß sie da mitten im Flur in ihrem Rollstuhl, schief und zur Seite gerutscht, und musste mitunter stundenlang warten, ehe der nächste Pfleger kam und sie aus ihrer misslichen Lage befreite.

Wenn ich sie am Sonntag besuchte, sahen wir fast immer zusammen Fernsehen. Das war unser Ritual. Da bei Käthe der Fernseher ohnehin fast ununterbrochen lief, konnte man sich zwanglos dazugesellen. Wir kommentierten, was wir sahen, oder plauderten ein wenig dabei. Sie liebte Reisereportagen, Natur- und Tierfilme, schreckte aber auch vor billigen Agenten- oder Monsterfilmen nicht zurück. Wir sahen alte amerikanische Serien wie »Bezaubernde Jeannie«, »Die Addams Family« oder »Verliebt in eine Hexe«. Da sie nicht gut hörte, dröhnte der Fernseher in der entsprechenden Lautstärke. Ich konnte gut verstehen, dass der Fernseher ihr bester Kamerad war. Er war immer da. Im Gegensatz zu den Pflegekräften, die nach zwanzig Minuten zum nächsten Bedürftigen eilen mussten und fast immer abgehetzt waren, im Gegensatz zu mir, der sich einmal in der Woche für zwei Stunden blicken ließ, oder im Gegensatz zu ihren Verwandten, die sie besuchten. Es gibt viele alte Menschen, die viel isolierter als Käthe sind, dennoch verbrachte sie unendlich viel Zeit allein. Und da wurde eben der Fernseher ihr zuverlässiger, treuer Begleiter, ihr Tor zur Außenwelt. Auch im Schlafzimmer stand ein Gerät, das sie einschaltete, sobald sie am frühen Abend ins Bett gebracht worden war.

Im Sommer schob ich Käthe manchmal auf ihren Balkon, wo wir Schach spielten. Da sie kaum an die Sonne kam, musste man ihr Gesicht und die Arme gründlich eincremen oder sie in den Schatten setzen, sonst bekam sie ganz schnell einen Sonnenbrand. Sie ließ es sich nicht nehmen, ihre Blumen zu beschneiden und verwelkte Blüten abzupflücken. Sie tat alles, um so etwas wie Autonomie zu bewahren, auch wenn sie vollkommen abhängig war und nicht einmal allein zur Toilette gehen konnte. So wurde der Schreibtisch ihre kleine Welt, ein Kosmos, an dem alles seinen festen Platz hatte und einnehmen musste. Das Telefon, Postkarten, Fernsehzeitschriften, Scheren, Stifte, Lupen, Klebestifte, Brieföffner, Spiegelchen, Schmierpapiere, Servietten, Medikamente, verschiedene Greifwerkzeuge und Teleskopstöckchen, mit denen sie ihr kleines Reich dirigierte. Wenn man in diese Ordnung eingriff oder sie durch Unachtsamkeit oder Flüchtigkeit störte, wurde sie ungehalten, sie dirigierte einen dann so lange, bis das Ding wieder seinen angestammten Platz gefunden hatte und für sie erreichbar war.

Ich besuchte Käthe viereinhalb Jahre lang. Ich konnte ihr sicherlich nicht immer alles geben, was sie sich von mir wünschte, aber ich habe versucht, sie zu begleiten. Ich brachte ihr Blumen mit oder Weinbrandbohnen. Wenn ich eintrat und sie fragte: »Na, Käthe, was gibt's Neues?«, entgegnete sie gewitzt: »Was soll's Neues geben? Das Alte ist noch nicht alle!«

Eines Tages, als ich sie wieder einmal am Sonntag besuchen wollte, war sie nicht da. Die Wohnung war leer, alle Lichter aus. Mir wurde mulmig. Ich rief auf der Sozialstation an und erfuhr, dass sie im Krankenhaus lag, ihr Zustand hatte sich verschlechtert.

Nach einer Woche war sie wieder da und lebte ihr Leben. Sie gab so schnell nicht auf. Sie beklagte sich, dass ich sie nicht im Krankenhaus besucht hatte, und dann sahen wir wieder fern. Doch sie wurde über Monate und Monate immer schwächer. Noch einmal musste sie ins Krankenhaus: Sie bekam unvermittelt starkes Nasenbluten, der ganze Schreibtisch war voller Blut, und sie war zu schwach, jemanden anzurufen. Ihr Kopf hing kraftlos herab und sank auf den Tisch. So vergingen einige Stunden, ehe eine Nachbarin, die auch einen Schlüssel hatte, sie fand. Doch Käthe kehrte wieder zurück.

Wieder ging eine Woche zu Ende, und ich machte mich mit schlechtem Gewissen auf den Weg zu Käthe, weil ich unsere Verabredung zuletzt zweimal hatte ausfallen lassen müssen. Wirklich? Musstest du? Ging es nicht anders? Wenn mit ihr alles in Ordnung war, dann sah ich schon von außen das helle Neonlicht, das immer eingeschaltet war. Das hieß, dass sie an ihrem Schreibtisch saß und Fernsehen schaute. Heute jedoch war das Licht aus. Ich öffnete die Tür und fand Käthe noch im Schlafzimmer. Sie lag in einem extra herbeigeschafften Bett, das offenbar besser geeignet war, um sie darin zu versorgen und zu pflegen. Ich hatte sie drei Wochen nicht gesehen. Sie schlief. Mir schien es so, als ob sie starb. Ihr Kopf war nach hinten gebogen, wirkte überdehnt. Sie trug kein Gebiss, und dadurch wirkte das ohnehin abgemagerte Gesicht noch ausgezehrter, die Knochen traten stark hervor, ihre Gesichtszüge verschwanden hinter dem Schädel, der jetzt aus dem Fleisch hervortrat und von Tod sprach. Ich hielt diesen Anblick nicht lange aus. Sie atmete schwer, ihr Brustkorb hob und senkte sich, als ob eine große Last auf ihm liege. Ihr Mund stand offen, ihre Lippen waren rissig. Ich hatte Angst, dass sie plötzlich erwachte, dass sie mich anblicken und nicht erkennen würde. Ich dachte, sie wäre jetzt eine ganz andere, die mich mit bitterer Stimme fragen würde, wo ich denn in der letzten Woche gewesen sei. Ich wagte nicht, sie zu berühren.

Ein paar Tage später wiederholte ich meinen Besuch, aber auch diesmal schlief sie und registrierte mich nicht. Als ich aus dem Haus trat, traf ich eine ihrer Pflegerinnen. Ja, es ginge ihr sehr schlecht, sagte sie, sie vermied es aber auffällig, vom Sterben zu sprechen. Ich ging dann nicht wieder hin. Wagte es nicht. Ich fuhr nur vorbei. Es war jetzt immer dunkel. So vergingen einige Wochen. Da erreichte mich eines Tages ein Anruf. Es war ihr Sohn. Ich war nicht zu Hause, und so hinterließ er eine Nachricht auf meinem Anrufbeantworter. »Ich weiß nicht«, sagte er, »ob ich jetzt richtig bin, aber ich glaube, Sie waren ein bisschen mit meiner Mutter befreundet. Ich wollte Ihnen mitteilen, dass meine Mutter gestorben ist. Der Termin für die Beerdigung steht noch nicht fest.« Das war's. Ich versuchte nicht herauszufinden, wann die Beerdigung stattfinden würde.

Einige Wochen später traf ich beim Einkaufen in meinem Viertel Käthes Lieblingspflegerin, die sich auch die meiste Zeit um sie gekümmert hatte. Sie erzählte mir, dass Käthe schließlich zu Hause gestorben sei. Und Käthe hatte Glück: Als sie starb, war sie nicht allein, sondern ihre Pflegerin hielt ihre Hand.

Ich will nicht mehr vor dem Sterben davonrennen. Vor dem Tod. Auch deshalb will ich dieses Buch schreiben.

»Was gibt's Neues, Käthe?«

Meine Nachbarn, die Toten

Es hat die ganze Nacht geregnet. Schwere Tropfen, die laut auf das Zink der Fenstersimse schlugen. Es ist Ende Oktober. Zerstörte Regenschirme in den Abfalleimern, ein verlorener Handschuh steckt auf der Spitze eines Zaunes. Die dreigezackten Platanenblätter liegen in großen, feuchten Haufen auf Straßen und Bürgersteigen. Auch Farben können sterben, denke ich, alles geht unter in einem braunen Brei. Die Formen lösen sich auf, die Blätter verklumpen. Gibt man nicht Acht, stürzt man leicht. Ein Leichenwagen fährt durch unsere schmale Straße, ich winke dem Fahrer zu.

Allerseelen steht vor der Tür, das Fest, an dem wir der Toten gedenken. Ich bin nicht nach Mexiko geflogen, was ich für kurze Zeit erwogen hatte. In Mexiko wird Allerseelen als »Dia de Muertos« gefeiert, laut, fröhlich, bunt, ausgelassen. Man lädt die Toten zu sich ein, besucht sie auf den Friedhöfen, feiert Feste mit ihnen und betrachtet sie so, als säßen sie unter uns. Jürgen, ein alter Freund, der eine Mexikanerin geheiratet hat, lebt inzwischen in Mexiko City und lud mich ein, ihn an diesen Feiertagen zu besuchen. Er erzählte mir von den Schaufenstern, die dann mit Totenschädeln und Gerippen geschmückt werden, von den Süßigkeiten für Kinder, die die Form von Knochen, Schädeln oder Skeletten haben, von kleinen Särgen aus Marzipan und Brot und Brötchen in Knochenform. Damit die Toten ihren Weg vom Friedhof in ihre Häuser finden, markieren die Familien den Weg mit Blütenblättern. Man errichtet zu Hause Altäre, die man mit Blumen, Kerzen und Heiligenbildchen schmückt, man kredenzt Tequila, stellt die Lieblingsspeisen des Toten bereit und vergisst auch Zigaretten nicht, sofern der Tote ein leidenschaftlicher Raucher war.

Doch einmal ganz davon abgesehen, dass ich ein leidenschaftlicher Stubenhocker bin und der Auffassung anhänge, dass sich das meiste Unglück vermeiden ließe, wenn die Menschen daheimblieben, waren es zuerst inhaltliche Überlegungen, die mich den Flug nach Mexiko absagen ließen.

Wenn wir, wie es immer so schön heißt, den Tod aus unserem Alltag verdrängen, dann will ich ihn doch auch dort suchen: In meinem Alltag, meinem Leben, in meiner Umgebung, meinem Viertel und in meiner Stadt. Natürlich werde ich Ausflüge machen müssen und Reisen unternehmen, aber in erster Linie will ich das Sterben in meiner nächsten Nähe entdecken und es vor allem aus meinem Blickwinkel betrachten. Ich will, bei all den Geschichten, denen ich begegnen werde, meine Individualität verteidigen, den subjektiven Faktor hochhalten, denn ansonsten hätte ich das Gefühl, dem Sterben und dem Tod auszuweichen, sie als Phänomene einer nüchternen Untersuchung zu beschreiben. Ich glaube nicht, dass ich mit diesem Beharren auf dem Ich, mit dieser Verteidigung meines Blicks, mich von der kollektiven Geschichte des Sterbens lösen, einen besonders originären Tod erzwingen oder Freund Hein zähmen kann. Jeder Tod stellt uns vor ein Rätsel, und jedes Sterben stellt ein perfides Wunder dar, auch wenn das Individuum in den Myriaden des Untergangs völlig versinkt, auch wenn das Töten im vergangenen Jahrhundert geradezu industrialisiert wurde und auch wenn nur eins gewiss ist: Wir müssen sterben. (Ein Satz, der in dreihundert Jahren vielleicht dröhnendes Gelächter auslöst, weil der Tod bezwungen ist.) Dennoch werde ich bei der Suche nach meinem »Gegenstand« an meinem Erleben festhalten, denn ich habe nur dieses Leben zu verteidigen und habe nur meinen Tod zu sterben. Und wenn auch sonst alles in Zweifel zu ziehen ist, alles unsicher und ungeklärt, meinen Tod wird mir niemand streitig machen (oder vielleicht doch?), und ich muss mit niemandem um ihn konkurrieren.

Ich winkte den Leichenwagen, die durch unsere engen Straßen fuhren, erst seit kurzer Zeit zu. Die schwarzen Wagen nahmen immer dieselben Wege und verschwanden plötzlich in einer unscheinbaren Toreinfahrt mitten zwischen den Altbauten. Kaum jemand hätte hier ein Bestattungsunternehmen vermutet. Im Hinterhof eines dicht bebauten Wohnviertels. Die Toten waren meine unmittelbaren Nachbarn, kaum hundert Meter von mir und meiner Familie gingen sie ein und aus. Kamen an. Lagen. Warteten. Zogen in Särge um. Wurden wieder weggefahren. Morgens sah man die schwarz gekleideten Männer auf dem Bürgersteig zusammenstehen, reden, rauchen. Zweimal in der Woche kam ein großer Lastwagen und lieferte Särge an. Die Straße war dann gesperrt, die bis zur Decke ineinandergestapelten Särge wurden ausgeladen und in den Hinterhof gefahren. Wenn sie am Nachmittag geliefert wurden, kam es hin und wieder vor, dass ich mit den Kindern vorbeikam. Als mein Sohn das erste Mal die Särge bewusst wahrnahm, blieb er stehen und beobachtete das Ausladen.

»Was machen die da?«

»Die Männer laden Särge aus!«

»Was sind das, Särge?«

»Wenn ein Mensch gestorben ist, legt man ihn in einen Sarg aus Holz, und dann wird er in dem Sarg beerdigt.«

»Damit er nicht friert?«

»Die Toten schlafen so fest, die frieren nicht.«

»Und wenn die aufwachen? Frieren die dann oder steigen die wieder aus?«

»Nein, Tote schlafen für immer, und der Sarg ist ihr Bett in der Erde.«

»Kann ich auch so ein Bett haben? Mit Deckel?«

45

Ich wusste also weder etwas über Tote noch über Särge. Ich konnte meinem Sohn keine vernünftige Erklärung anbieten. Ich musste an diesen Dialog zurückdenken, als ich das erste Mal durch die Toreinfahrt schritt, in der die Leichenwagen Tag für Tag eintauchten. Ich hatte mir vorgenommen, diese Welt zu erkunden. Ich wollte hier ein Praktikum machen. Den Toten begegnen. Das erste Mal einen Sarg tragen. Ich hatte mich vorher nicht angemeldet und wusste nicht, was mich erwartete.

Der Hof war leer. Sehr lang, sehr tief. Ein gieriger Schlauch, von Mauern umstellt. Links eine große Garage mit hohen, hölzernen Torflügeln. Rechts davon drei normale Garageneinfahrten. Dazwischen verengte sich der Hof noch einmal. Ich ging langsamer. Gab es kein Schild, keine Klingel? Wohin? Immer noch kein Mensch. Am Ende des Hofes führte eine Metalltreppe nach oben. Das Büro? Am Fuß der Treppe stand ein weiteres Tor offen, Särge stapelten sich. Ich blickte kurz hinein, ein Mann, schwarze Hose, weißes Hemd, stand mit dem Rücken zu mir, fegte den Raum aus. Wandte sich nicht um. Ich stieg nach oben. Mir war mulmig zumute. Ich war über mich selbst und das mulmige Gefühl überrascht. Vielleicht doch ein anderes Buch schreiben? Als ich oben eintrat, kamen mir zwei Sargträger entgegen. Wir gingen grußlos aneinander vorbei. Endlich das Büro.

»Guten Tag, ist der Chef zu sprechen?«

»Wie können wir Ihnen denn weiterhelfen?«

»Ich würde gerne den Chef sprechen? Ist er da?«

Der Mann hinter dem Tresen wendete den Kopf nach hinten, wo sich ein Mann mit Lesebrille über eine Akte beugte.

»Herr Eibe, da möchte Sie jemand sprechen!«

Der Chef. Kam mir entgegen. Wir standen im Flur. Die Sargträger drückten sich an uns vorbei. Tach und Tach! Ich stammelte etwas von Buchprojekt und Praktikum. Der Chef war geistesgegenwärtig genug, mich in sein Büro zu bitten.

Ein Tisch, vier Stühle. Der Raum war klein, spartanisch eingerichtet. Als ich mich setzte, bot mir Herr Eibe einen Espresso an. Erst jetzt fiel mir die Espressomaschine in seinem Rücken auf. Der Raum lag im Halbdunkel, durch die Jalousien fiel trübes Licht.

Herr Eibe war gar nicht überrascht. Ich wäre da nicht der Erste, und ein Fotograf wäre auch schon mal da gewesen. Kein Problem, machen wir. Ich fühlte mich willkommen. Wurde aufgeklärt. Informiert. Mein erster Irrtum wurde korrigiert. Nein, nein, die Kurt Eibe KG, ein Familienbetrieb, der seit 1910 in dritter Generation geführt wurde, war kein Bestattungsunternehmen, sondern war vom Großvater als Lastfuhrwesen erworben worden. Daraus entstand 1928 das »Luxus-Braut- und Beerdigungsfuhrwesen«. Ich staunte über die geschäftliche Engführung von Bräuten und Beerdigungen. Irgendwann im Laufe der Firmengeschichte schienen die Bräute verschwunden zu sein. Aus Angst vor dem Tod? Heute war die Firma ein Bestattungsfuhrwesen, das die meisten Dienstleistungen, die der klassische Bestatter in seinem Büro an die Kunden verkauft, ausführte: Überführungen, Trägerdienste, Kondolenzdiener, Feierbetreuungen, Sarglagerhaltung, Behördenservice, Räume für Aufbewahrung und Abschiedsräume.

Während Herr Eibe das ganze Spektrum seiner Dienstleistungen präsentierte, konnte ich mir das Büro genauer anschauen. Ich war am rechten Fleck, hier erzählten die Dinge Geschichten von den letzten Dingen. An der rechten Wand stand ein Garderobenständer, auf dem eine Reihe von schweren, schwarzen Mänteln hing. Die Mäntel hatten eine starke, sofort ins Auge springende Aura. Ich wunderte mich, dass der Garderobenständer diese Last tragen konnte, denn die Mäntel schienen mit aller Macht zum Boden zu streben. Sie sahen lebendig aus, so als ob in ihnen noch die Träger steckten, stumme Todesboten wachten gleich hier hinter der

Tür. Der Eindruck wurde noch durch die dunklen, lackglänzenden Schirmmützen verstärkt, die obenauf lagen. Da standen zehn schweigende Diener, hörten mit, und in ihren Mänteln hing das ganze Gewicht der Erde. Von ihnen ging unabweisbar etwas Unheimliches aus, weil diese Mäntel es ernst meinten, weil mit ihnen kein Geschäft zu machen war, weil in ihrer Wolle etwas Uraltes steckte, ein Abtreten und Ableben, das keinen Widerspruch, keinen Aufschub duldete. Grimmige Mäntel? Gab es so was? Herr Eibe war meinem Blick gefolgt: »Ja, das sind schöne Mäntel, aber meine Frau meint auch, dass die in meinem Büro nichts zu suchen haben!«

Er zeigte auf die Wand neben der Garderobe. Das sollte ich mir mal anschauen. Da fanden sich zwölf Fotos, die meisten schwarzweiß, alle gerahmt. Sie zeigten durch die Jahrzehnte die Entwicklung der firmeneigenen Bestattungswagen von der Pferdekutsche bis zum Mercedes-Transporter. Den Anfang machte eine vierrädrige Kalesche. Der Kutscher saß aufrecht auf dem Bock, der Zylinder glänzte. Mit diesem Wagen waren offenbar noch die Bräute unterwegs. Es folgte ein Kutschwagen, der an jeder Seite vier Fensterchen hatte. Der Sarg wurde gezeigt, ausgestellt, keinesfalls versteckt. Der nächste Bestattungswagen war ein Schauspiel für sich und machte aus dem Tod großes Theater: ein Viersäulenwagen, von zwei Pferden gezogen, reich verziert, viel Schnitzwerk, zwei Laternen an jeder Seite, vorne und hinten jeweils ein Kreuz, Engelchen thronten über allem, außerdem innen viele Rüschen und Spitzen und Brokat. Der Wagen war zu allen Seiten offen, der Sarg schwebte gleichsam durch die Straßen. Man konnte sich das Aufsehen vorstellen, das dieser mobile Leichenpalast erregte. Die letzte Fahrt sollte ein Schauspiel sein, ein Ereignis, das erst durch die öffentliche Würdigung, durch den kollektiven Blick zum Ereignis wurde. Der Sarg wie ein Thron. In und mit diesem Wagen konnte der Bürger für eine Fahrt zum König aufsteigen und eine wahrhaft königliche Ausfahrt aus der Welt absolvieren, eine Fahrt, die den Einzug in eine prachtvollere Sphäre versprach. Mitte der zwanziger Jahre ging die Ära der Bestattungskutschen zu Ende. Der erste motorisierte Wagen, Modell »Elite«, zeigte sich. Auch er war noch reich mit Ornamenten bedacht, auch er gab den Blick auf den Sarg noch frei und trennte das Private noch nicht vom Öffentlichen, auch er sah noch mehr als Trauer, Schmerz und Distanz. Der Tod wurde noch nicht versteckt, noch nicht aus den Straßen, von den Plätzen verbannt. Der Wagen – oben auf dem Dach trug er eine Krone – sprach noch vom Triumph über das irdische Leben und vom Weg in den Himmel.

Mit dem Ende des Zweiten Weltkriegs begann ein neuer Abschnitt, ein tiefer historischer Abschnitt war spür- und sichtbar. Die Firma Eibe erwarb im Sommer 1945 einen Maybach-Bestattungswagen, den zuvor die Rote Armee requiriert hatte. Der Maybach begann, den Sarg zu verstecken. Die Fenster waren kleiner und wurden durch schwarze Gardinen verhüllt, der Sarg verschwand aus dem Blickfeld der Passanten. In dieser Zeit, der unmittelbaren Nachkriegszeit, in der überall noch Tote zu sehen waren, herumlagen, noch nicht beerdigt waren, in der noch vor aller Augen gestorben wurde, sollte der Tod unscheinbar gemacht werden. Der Wunsch, die Toten diskret und distanziert aus der Alltagswelt zu schaffen, wurde mächtig, weil im Dritten Reich zu viel gestorben und für das Sterben geworben worden war. Der Tod saß den Deutschen offenbar so sehr in den Gliedern, dass sie ihn von nun an mit aller Macht verbannen wollten.

Das Wirtschaftswunder brachte den Opel Blitz, der wie ein langes, kastenförmiges Graubrot aussah. Auch seine hinteren Fenster waren mit Gardinen verhüllt, so als ob der Tote im Rückraum seine letzte Wohnung bezogen hätte –

man wunderte sich nur, dass keine Geranien aus den Fensterscheiben wuchsen. Schnittiger kam ein Jahrzehnt später ein flacher Mercedes-Benz 190 mit Pollmann-Aufbau daher. Das waren Wagen, die schnell fahren konnten, und ich begann zu begreifen, dass die Geschwindigkeit des Motors der beschaulichen Erdenausfahrt den Garaus machte. Eine Pferdekutsche zuckelte gemächlich durch die Straßen, jeder konnte, wenn er wollte, mit den Blicken Anteil nehmen. Die Autos jedoch brachten die Särge durch ihr Tempo um die Ecke und raubten sie schon deshalb der allgemeinen Wahrnehmung. Und heute? Die Mercedes-Transporter, die jetzt mit den Toten unterwegs sind, sehen, abgesehen davon, dass sie schwarz sind, wie gewöhnliche Lieferwagen aus. Keine Zierde, kein freier Blick, keine feierliche Fahrt. Die Toten rasen über die Autobahnen, und vorne im Cockpit schauen die Leichenträger auf das Navigationsgerät.

Herr Eibe war enthusiastisch. Das drückte sich schon im Leitsatz seiner Firma aus. In dem schönen, farbig gestalteten Firmenprospekt hieß es unter der Überschrift »Unsere Philosophie: ›Jeht nicht‹ – jibts nicht … und klappen muss et doch!!« Genauso war es! Er kannte jeden in der Branche und wollte sich für mich und das Buch einsetzen. Sein freundlicher Tatendrang brachte mich zum Schwitzen. Er rief gleich einen Kollegen und Freund an, der in einem der größten Berliner Bestattungsinstitute arbeitete. Ob ich nicht auch ein Praktikum bei einem italienischen Sarghersteller absolvieren wolle, den kenne er gut? Noch einen Espresso? Ich konnte mein Praktikum jederzeit beginnen. Ich würde als ganz normaler Sargträger mitlaufen und in alle Verrichtungen eingewiesen. Was ich dann daraus mache, war letztendlich meine Sache. Ich würde inkognito antreten, niemand würde vorher ausdrücklich über mein Vorhaben informiert. Ich wurde gebeten, weiße Hemden und schwarze Schuhe zu tragen. Der Rest der Bekleidung wurde gestellt. Die Tochter von Herrn Eibe brachte mich nach unten. Auch sie arbeitete mittlerweile in der Firma. Die ganze Familie wohnte seit Generationen im Vorderhaus, der Firmensitz war zugleich der Wohnsitz. Wir schüttelten uns die Hände. Die Toten waren dort unten. Sie zeigte auf eine Stahltreppe, die in den Keller führte. Die Räume waren vollklimatisiert. Ob ich schon jetzt einen Blick auf die Toten werfen könnte? Ich stellte mir selbst die Frage, verwarf sie aber und verließ den Hof.

Bis bald!

Der erste Tote

Heute hatte ich das erste Mal einen Toten gesehen.

Der Tag fing hektisch an. Man musste mindestens eine Viertelstunde vor Dienstbeginn auf dem Hof sein, damit man sich in Ruhe einkleiden konnte. Und da für mich noch ein Anzug ausgesucht werden musste, war ich spät dran. Ich bekam einen schwarzen Anzug, der etwas breit an den Schultern und etwas kurz an den Beinen war, aber ansonsten fabelhaft passte. Über mein kurzärmliges weißes Hemd wurde eine schwarze Weste gestreift. Der Kollege, der mich einkleidete, band mir die schwarze Krawatte. Es war ein ungewöhnlich warmer Herbsttag.

Dann ging es hinaus. Wir waren sechs Mann auf dem Wagen. Zunächst stand nur eine Sargfeier auf dem Programm, ob wir noch andere Termine bekommen würden, würde sich erst im Laufe des Tages zeigen. Wir mussten nach Pankow, einem Stadtteil im Osten. Der Verkehr war dicht, der Fahrer gab Gas. Jetzt bloß nicht in einen Stau geraten! Ich fühlte mich verantwortlich für den Zeitdruck. Der Tote, ein alter Mann, war schon an Bord. Er wurde von uns zum Friedhof gefahren, dort sollten wir den Sarg ausladen, ihn in die Kapelle tragen, die Angehörigen sollten sich verabschieden, wir den Sarg wieder einladen und dann den Toten zurück zum Hof fahren, wo er dann in der Kühlkammer auf seine Fahrt zum Krematorium warten müsste.

Im Laufe der nächsten Woche lernte ich, dass jeder Tote viele Fahrten hinter sich bringt, ehe er die letzte Ruhe findet. Wir sollten uns nicht einbilden, dass wir unsere Ruhe haben, nur weil wir tot sind.

Unsere Mannschaft bestand aus einem Festangestellten und vier Aushilfen. Und mir. Einer von ihnen war ein Ingenieur, der demnächst eine neue Stelle in seinem erlernten Beruf antreten würde. Er war als Sargträger der Langzeitarbeitslosigkeit entflohen.

Ein großes, ein ständiges Thema für die Sargträger war das Tragen des Sarges. Kopf- und Fußtragen waren feste Wendungen. Wer den Kopf trug, trug am Kopfende, dort, wo es schwerer war, wer Fuß trug, trug das Fußende, hier ging es leichter, deshalb war es begehrter. »Die, die in der Mitte tragen, tragen praktisch nichts«, sagten sie, aber das stimmte nicht, ich habe in der Mitte getragen, und »nichts« fühlte sich anders an.

Wir erreichten den Friedhof trotz aller Hindernisse pünktlich, trugen den Sarg in die Kapelle und warteten auf die Angehörigen. Ich wurde eingewiesen. »Nimm den Angehörigen die Blumen und Kränze ab, sofern sie es wünschen! Hast du dein Handy ausgeschaltet? Feg noch einmal die Ladefläche des Wagens sauber! Schau immer auf den Vordermann und mach es ihm nach! Kehre den Angehörigen nicht den Rücken zu, wenn du die Blumen aufhebst! Stell dich dort hin, an den Fuß der Treppe, und warte, bis alle in der Kapelle sind!«

Während der Trauerfeier blieben wir draußen. Die Männer schrieben SMS oder spielten sich per Bluetooth lustige Filme auf ihre Handys. Und sie rauchten. Alle.

Nachdem die Trauerfeier beendet war, nahmen wir den Sarg auf ein Kommando hoch, trugen ihn hinaus und schoben ihn wieder in den Wagen, den wir unmittelbar vor der Kapelle geparkt hatten. Ich war, zusammen mit einem anderen Kollegen, eingeteilt, die Blumen zum Grab zu tragen. Da die Angehörigen des Toten nicht darauf warten sollten, bis wir Blumenträger vom Grab zurückgekehrt waren, weil sie sehen wollten, wie der Tote davonfuhr, ehe sie selbst davonfuhren, mussten wir quer über den Friedhof laufen, um zu einem hinteren Ausgang zu gelangen, wo der Wagen dann auf uns wartete. So war es verabredet. Es wurde immer wärmer, die Gebinde und Sträuße waren schwer, das weiße Hemd unter dem schwarzen Anzug war nass.

Der Blumenträger an meiner Seite war jünger als ich. Vielleicht Mitte zwanzig. Während wir über den weitläufigen Friedhof gingen, erzählte er aus seinem Leben. Hinter ihm lag eine lange Drogenkarriere. Nein, keine harten Sachen, aber er hatte exzessiv gekifft, auch ab und zu Kokain. Nach einer Überdosis hatte er eine Therapie begonnen und kämpfte sich ins Leben zurück. Er litt an ADS, dem Aufmerksamkeitsdefizitsyndrom, und seitdem er das wusste und seine Krankheit medikamentös behandelt wurde, ging es ihm besser – sagte er. Er hatte ein Studium abgebrochen, wollte es aber wieder beginnen. Sein Therapeut hatte ihm geraten, seine Geschichte aufzuschreiben. Jetzt sollte es ein Buch werden, es sollte »Der Sargträger« heißen, und darin sollte alles Platz finden, was er erlebt hatte. Er rang um Worte, es sprudelte aus ihm heraus, manches Mal ließ er einen Satz unvollendet in der Luft hängen, dann begann er einen neuen Gedanken und ließ diesen ebenfalls unvollendet. Seine Arme wirbelten herum, als könnte er die Worte, die ihm manchmal fehlten, wie Äpfel pflücken. Er mochte nicht, was er tat, aber der Job als Sargträger gab ihm die Freiheit, sich neu zu orientieren, ohne dass ihm bei der Arbeit jemand ständig auf den Füßen stand. Einigen Kollegen, sagte er, fehle es an Respekt vor den Toten.

Während wir sprachen, suchten wir den Ausgang, aber je länger wir suchten, desto deutlicher wurde uns, dass wir uns verlaufen hatten. Unser Wagen war längst weg, und weit und breit war niemand zu sehen, den wir fragen konnten. Wir gingen noch einmal zurück zum Hauptausgang, aber dort standen noch die Angehörigen und unterhielten sich.

Wir traten den Rückzug an, stießen in eine andere Richtung vor und fanden endlich ein Häuschen, wo offensichtlich die Friedhofsverwaltung untergebracht war. Dort zeigte sich auch ein Tor, von dem aus man zur Straße gelangte. Aber das Haus war leer, und das Tor war verschlossen. Wir untersuchten es mehrfach, so als könnten wir nicht glauben, was uns passiert. »Das gibt's doch gar nicht!« Wir rüttelten daran. Eine alte Frau kam uns entgegen. »Ist dort ein Ausgang?« Sie hatte die Frage nicht verstanden – oder? Sie ging unbeeindruckt weiter und verschwand hinter einer dichten Zypressenhecke. Ich schlug vor, über einen der grüngestrichenen, brusthohen Zäune zu klettern, aber was half uns das, den ausgemachten Treffpunkt hätten wir dann immer noch nicht erreicht. Es war eine Odyssee. »So was Blödes!« Mein Kollege ließ sich auf meinen fahrlässigen Vorschlag nicht ein, Sargträger im schwarzen Anzug hätten schließlich ihre Würde zu verteidigen und kletterten nicht einfach über einen Zaun. Endlich fanden wir ein kleines Seitentor, das der richtige Ausgang hätte sein können. Jetzt waren wir immerhin schon mal draußen, aber der Wagen blieb verschwunden. Und da der Kollege die Telefonnummern der anderen nicht hatte, konnten wir auch niemanden anrufen. Da tauchte der schwarze Wagen in der Ferne doch noch auf. Wir winkten, als ob wir zwei Schiffbrüchige wären, die auf einer einsamen Insel am Horizont ein Schiff vorbeisegeln sehen. Der Spott der anderen hielt sich in Grenzen. Wir machten einen recht abgekämpften Eindruck. Es war still im Wagen, und wir fuhren über die Stadtautobahn zurück.

Als wir zurück auf dem Hof waren, sah ich das erste Mal einen Toten. Einer der Träger öffnete im Keller unvermittelt einen Sarg, um sich den Toten anzusehen. Ein alter Mann. Würdevoll lag er da, im Anzug, die Hände gefaltet, die Augen geschlossen. Er sah irgendwie unecht aus. Eine Wachspuppe, dachte ich. Er hatte eine eigene Aura, ich konnte es schwer in Worte fassen. Die Toten strahlten offenbar ein besonderes Licht aus; dieser hier war so starr, so stumm und so sehr auf sich selbst bezogen, als wüsste er, dass er, so wie er dalag, ein ganzes Leben bezeugen müsste. Er sah aus, als wüsste er unendlich viel mehr als wir, und erinnerte mich an einen strengen Lehrer, der unter den geschlossenen Lidern noch einen scharfen Blick auf uns wirft. Dieser da, dachte ich, braucht nicht einmal mehr Augen, um uns zu sehen. Er sah aus wie eine Erzählung, wie ein großes, felsenfestes Wort, und ich merke, während ich das aufschreibe, dass der Tote über mich lacht, weil ich seiner Erzählung nicht gewachsen bin.

Hinter dem ersten Kühlraum, dem Vorkühlraum, lag der eigentliche Kühlraum, hier war es noch einige Grade kälter; hier wurden die Toten aufgebahrt, wenn sie längere Zeit auf ihre Beerdigung oder Einäscherung warten mussten. Einer der Träger sagte zu mir: »Jetzt keinen Schreck bekommen, der Herr Schmitz richtet gerade eine Leiche her!« Herr Schmitz war einer der wenigen Bestatter, die ihre Toten noch selbst einbetteten. Er hatte einige Kurse absolviert, um thanatopraktische Kenntnisse zu erwerben. Der Begriff »Thanatopraxie« kommt aus dem Altgriechischen. »Thanatos« ist in der griechischen Mythologie der Gott des Todes, und die »Praxia« bezeichnet das Handwerk an sich. Unter Thanatopraxie versteht man demnach alle Tätigkeiten, die dazu dienen, die Leiche hygienisch und ästhetisch so zu behandeln, dass sich die Angehörigen würdevoll von ihren Toten verabschieden können – sofern sie den Leichnam noch einmal sehen wollen. Gerade schwer entstellte Tote, die Opfer eines Unfalls oder einer Gewalttat wurden, müssen umfassend kosmetisch behandelt und rekonstruiert werden. Zu den wichtigen Aufgaben eines Thanatopraktikers gehören ebenfalls konservierende Maßnahmen, um die Verwesungsvorgänge zu verzögern oder aufzuhalten.

Die Frau, die Herr Schmitz unter den Händen hatte, war eine ältere Frau. Sie war nackt und sah aus, als ob ihr ganzer Körper verbrüht worden wäre. Rot, fast überall rot. Ihr Kopf war nach hinten verdreht, die Lider geschlossen. Ihr Mund wirkte eingefallen, so als ob sie kein Gebiss mehr trüge. Vom Kehlkopf abwärts zog sich eine wulstige, zopfartige Narbe fast bis zur Scham. Die alleinstehende Frau war tot in ihrer Wohnung gefunden worden, und weil die Todesursache unklar war, hatte der Staatsanwalt eine Obduktion angeordnet. Ich war über diesen Anblick nicht schockiert, er machte mir keine Angst, aber ich spürte, wie sich die Eindrücke fest in meinem Kopf verknoteten, verdickten, sich unumstößlich einlagerten. Auch diese Leiche zeigte eine besondere Plastizität, sie stach mir in die Augen, als gehörte ihr noch eine Dimension mehr, die ich nur ahnen, aber nicht wirklich wahrnehmen konnte. Aber auch sie erweckte den Eindruck von Künstlichkeit, sie wirkte wie ein Film in meinem Leben, und für Momente begann sich mein eigenes Leben wie ein Film anzufühlen, so als ob die Toten die Realität außer Kraft setzen könnten.

Ich ging an diesem Tag beschwingt nach Hause, pfeifend, ich freute mich, noch am Leben zu sein und mich bewegen zu können. Ich hatte mir die Hände gewaschen und den schwarzen Anzug in meinen Spind gehängt. Ich freute mich an dem Blau meiner Jeans; das weiße kurzärmelige Hemd, das ich trug, war jetzt wieder getrocknet.

Der zweite Tag würde mich beschwerter entlassen, der Tod forderte sein Recht und drückte mich zu Boden. Die Toten warfen ihr Licht auf die Lebenden, und ich bildete mir ein, hinter jedem Gesicht, das mir in den Straßen begegnete, die Totenmaske zu sehen.

Wir fuhren zu einem Friedhof in Weißensee, wo wir eine Senke machen sollten. Der Mann, den es zu senken galt, war sechsundachtzig Jahre alt geworden. Ich musste in diesem Augenblick an die durchschnittliche Lebenserwartung des Mannes denken und das Verdikt meines neuen Hausarztes: »Dann ist irgendwann der Ofen aus!« Der Sarg war in einem Geräteschuppen zwischen verschiedenen Rasenmähern, Harken und Schaufeln abgestellt. Wir fuhren ihn auf einem Wagen zur Kapelle, trugen ihn hinein und warteten auf die Angehörigen. Es war eine kleine Trauergemeinde, vielleicht fünfzehn bis zwanzig Gäste, aber es war immerhin eine Trauergemeinde. In Großstädten wie Berlin finden viele Begräbnisse ohne jeden Gast, ohne Angehörige, Freunde oder Bekannte statt. Ich hatte den Sarg beim Tragen als sehr schwer empfunden und fragte mich, ob wir es schaffen würden, ihn ohne Probleme zu senken. Zwei der Träger waren erkennbar über sechzig, ich traute weder ihren noch meinen Körperkräften. Doch als ich mit einem der Alten ins Gespräch kam, änderte ich meine Meinung. Der Mann sah aus wie der alte Hindenburg, dichtes weißes Haar, ein Bürstenhaarschnitt. Genauso dicht und struppig vital war der schlohweiße Schnauzbart. Der Mann war starker Raucher und trug eine Brille mit dicken Gläsern. Er war schon zweiundsiebzig Jahre alt und arbeitete immer noch als Sargträger. Ja, in den fünfziger Jahren habe er im Ruhrgebiet im Bergbau gearbeitet, als dann die ersten Zechen schlossen, kehrte er nach Berlin zurück und arbeitete als Kohlenträger. Fünfunddreißig Jahre habe er Kohlen geschleppt. Jeder weiß, wie zäh und stark Kohlenträger sind, was sie jeden Tag schleppen, und mein Misstrauen in seine Körperkräfte war augenblicklich verschwunden. Die Kohlenträgerzeit sei eine gute Zeit für ihn gewesen. Es gab gute Trinkgelder, manchen Schnaps und manches Frühstück. Wenn er genug Geld verdient hatte, ließ er die Kohlen Kohlen sein, packte den

Wohnwagen voll und fuhr mit seiner Frau durch ganz Europa. Sogar bis nach Marokko seien sie gekommen. Und erst, wenn der letzte Pfennig ausgegeben worden war, ging es zurück nach Berlin.

Nachdem die Trauerfeier vorbei war, nahmen wir den Sarg auf, trugen ihn hinaus und fuhren ihn auf einem Rollwagen zum Grab. Mir war vorher genau erklärt worden, was ich zu machen hätte. In der Mitte gehen, vorsichtig auf das Stahlblech treten, das das Grab einfasst, mein Seilende hochnehmen, den Balken beiseiteschieben, den Sarg ein wenig austarieren, aber eigentlich nur locker absenken, schließlich zur Seite treten und nach hinten abgehen. Auf keinen Fall dabei an den Angehörigen vorbeimarschieren. Ich kam mir wie ein Schauspieler vor, der auf dem Theater eine stumme, aber ungemein wichtige Rolle auszuführen hat. Die Enge der Grabstätte machte diese Senke ein bisschen kompliziert. Es soll schon Sargträger gegeben haben, die ins Grab stürzten oder den Sarg unkontrolliert hinabfallen ließen, aber ich hielt diese Geschichten für Schauermärchen. Wir nahmen unsere Stellung ein, hoben das Seilende hoch und den Sarg an und stießen die Balken, auf denen der Sarg über dem offenen Grab gelegen hatte, mit dem Fuß beiseite. Jetzt lief mir das Seil langsam durch die Hände, der Sarg senkte sich, und ich verfolgte ihn mit meinem Blick, mit meinem ganzen Kopf und meinem Oberkörper. Mein Nebenmann zischte etwas wie »Rücken« und »gerade«, aber ich konnte die Wörter in keinen Zusammenhang bringen und beugte mich weiter vor. Ich muss wie eine vertrocknete Primel ausgesehen haben, die traurig den Kopf hängenlässt.

Ich blickte sehr konzentriert auf den Sarg, bemühte mich, vollends ernsthaft und würdig auszusehen. Ich wollte ein Sargträger-Musterschüler sein und nahm an, eine tiefe Verbeugung wäre am offenen Grab genau die richtige und angemessene Körperhaltung, um meine Anteilnahme und meine

Professionalität zum Ausdruck zu bringen. Für einen kurzen Augenblick erfasste mich ein leichter Schwindel, weil ich mir einbildete, die Blicke der Trauergemeinde würden sich auf meinem Rücken zu einem Gewicht verdichten, das mich selbst nach unten drückte, und ich hörte schon, wie man mich mit Schimpf und Schande davonjagte, weil ich kopfüber auf den Sarg gestürzt war, aber schließlich riss mich ein dumpfes Geräusch aus solchen Träumereien. Der Sarg hatte den Boden erreicht, ich ließ das Seil los und ging ab. Hinterher sagte man mir, dass man beim Senken gerade stehenbleiben müsse, die Träger sollten eine aufrechte Phalanx bilden, dazu müsse man den Rücken durchdrücken, und man dürfe keinesfalls, so wie ich es getan hatte, mit dem Oberkörper nach vorne sinken.

Nach der Senke fuhren wir zurück auf den Hof. Es waren zwei Einbettungen vorzunehmen, bei denen auch ich, sofern ich es mir zutraute, hier und da Hand anlegen konnte. Die Toten lagen im Keller in einer Art Wandregal. Dort wurden sie herausgezogen, die meisten waren in weiße Plastikfolien eingeschlagen. Dann hob man sie in den Sarg, kleidete sie an, schloss ihnen die Augen, den Mund, kämmte ihnen die Haare, faltete ihnen die Hände und legte zuletzt eine Decke bis auf Brusthöhe über sie. Obwohl die Sargträger nicht besonders grob mit den Leichen umgingen, sah es doch so aus. Alles geschah schnell, ohne Innehalten, ohne jede erkennbare Beziehung zwischen dem Toten und dem Sargträger. Sie waren und blieben einander fremd. Die Sargträger verrichteten ihr Handwerk an den Toten, und die Toten schwiegen. Sie sagten nicht: »Jetzt aber mal Vorsicht, junger Mann!« oder »Dieses Hemd mag ich aber gar nicht, wer hat das denn ausgesucht?« oder »Können Sie mir bitte das Kissen ein wenig zurechtrücken?« Nein, nichts von alledem, sie schwiegen unerbittlich, und auch die Sargträger hatten ihnen nichts zu sagen. Die erste Tote, die eingebettet wurde, war eine achtundneunzigjährige Frau, nur noch Haut und Knochen. Ich musste unwillkürlich an die Leichen in den Konzentrationslagern denken, die ich so oft im Fernsehen gesehen hatte. Genauso sah diese alte Frau aus. Ihr Gesicht war so eingefallen, dass man nur noch den nackten Schädel zu sehen glaubte. Gegen diesen Körper stach der Teddy, den ihr jemand mitgegeben hatte und der ihr nun in den Sarg folgte, merkwürdig plüschig ab. Nach dieser alten Frau wurde eine deutlich jüngere Frau eingebettet. Sie war zweiundsechzig Jahre alt, wirkte aber wesentlich jünger. Auf den Zetteln an den Zehen der Toten und den Karten, die am Sarg befestigt wurden, wurde grundsätzlich keine Todesursache vermerkt, deshalb fragte ich mich, woran diese Frau wohl gestorben war. Ihre Haut war gelblich, ansonsten zeigte sie aber keine auffallenden Krankheitsspuren. Die Augen waren halb geöffnet, ihr Mund stand ein wenig offen. Auf dem Unterarm klebte ein briefmarkengroßes Foto, das vermutlich ihre beiden Enkelkinder zeigte. Auch dieser Frau wurde ein Teddy mit in den Sarg gelegt. Einer der Sargträger vernähte ihr mit einer großen Nadel den Mund, was ich als äußerst unangenehmen Anblick empfand. Ich musste mir innerlich vorsagen, dass die Tote die Stiche nicht spürte. Sie sah nach dem Vernähen des Mundes völlig anders aus. Obwohl ich sie nicht kannte, sagte ich unwillkürlich zu ihr: »So hast du nie ausgesehen, das bist du nicht.«

Nach den Einbettungen mussten wir vier Tote ins Krematorium nach Ruhleben überführen, ins »Krema«, wie wir sagten. Mir kam es vor, als ob wir Schuhkartons transportierten. Der Transport an sich, das Reinschieben, Rausholen, Herumfahren, Absetzen etc. machte die Särge zu Kisten, deren Inhalt uns gleichgültig ließ. Die Zufahrt zum Krematorium erinnerte an eine Bunkeranlage, das Krematorium selbst war versteckt, von außen kaum einsehbar. Zwischen uns und den Angestellten vor Ort wurden nicht viele Worte gewechselt, man kannte sich, schob einander die Särge zu, hob noch mal den Deckel, und dann bis zum nächsten Mal!

Anschließend, wir waren ausnahmsweise gut in der Zeit, gönnten wir uns eine kleine Stärkung an einer der trostlosesten Imbissbuden, die ich jemals erlebt hatte. Die windschiefe Bude befand sich mitten im Industriegebiet, das Publikum setzte sich aus Lkw-Fahrern, Handwerkern und uns zusammen. Der Mann hinter dem Tresen versuchte, mich übers Ohr zu hauen. Er maulte ein bisschen, entschuldigte sich jedoch nicht, rückte das Geld aber anstandslos heraus. Drei schwarze Männer kauten schweigend Currywurst und Pommes. Die Würste sahen aus wie verbrannte Finger. Links von uns befand sich ein Busfriedhof, auf dem eine Reihe von alten Reise- und Linienbussen vor sich hin rottete, zerschlagene Fensterscheiben, zerfledderte Sitze, aufgerissene Dächer, verrostete Verkehrsschilder. Über diese automobile Ruhestätte spannte sich eine Brücke, die irgendwann aufgegeben oder gar nicht erst zu Ende gebaut worden war. Mein Blick fiel auf die Straße vor uns, dort donnerte gerade ein mit Sand beladener Tieflaster vorbei. Die Straße, an der wir standen, hieß tatsächlich »Freiheit«.

Es war jetzt schon spät am Nachmittag, aber der Tag war noch nicht zu Ende. Eine Polizeiabholung stand noch an. So nannte man Einsätze, bei denen der Tote von der Polizei beschlagnahmt wurde, weil die Todesursache ungewiss war, ein Gewaltdelikt vorlag oder weil kein Hausarzt des Toten erreicht werden konnte. Wenn der Bestatter losfährt, weiß er nicht, was ihn erwartet. Es kann sich um einen Selbstmörder handeln, es kann ein Toter sein, der seit Wochen in seiner Wohnung gelegen hat, es kann aber auch jemand sein, der im Kreise seiner Familie zu Hause verstorben ist. Ich machte mich auf das Schlimmste gefasst. Wir fuhren nach Steglitz, einer ruhigen und bürgerlichen Wohngegend. Die Tür des Hauses, das uns angegeben worden war, stand schon offen;

man erwartete uns. Wir stiegen in den dritten Stock. Klopften. Eine Frau öffnete die Tür, neben ihr stand eine weitere Frau, die in ihr Taschentuch weinte. Die Frauen waren offenbar die Tochter und die Ehefrau des Toten. Sie führten uns in das Sterbezimmer. Dort lag ein alter Mann. Neben ihm auf dem Nachttischchen lagen seine Medikamente. Er war erst vor wenigen Stunden gestorben. Er sah irgendwie beleidigt aus.

Der Chef unseres Teams fragte die Angehörigen, ob sie sich noch einmal verabschieden wollten? »Nein, davon kommt er auch nicht zurück.« Nur die Tochter strich ihrem Vater noch einmal über die Wange und sagte: »Nun schlafe tief!«, dann verließ sie das Zimmer, und wir waren mit dem Toten allein. Es war ein schwerer, beleibter Mann. Wir zogen uns dünne Latexhandschuhe an, schlugen die Bettdecke zurück. Es roch. Wenn wir sterben, kommt es manchmal zu einem unwillkürlichen Kotabgang, weil die Muskeln erschlaffen, unser letzter Stuhlgang. Der Reißverschluss der Trageliege, die wir mitgebracht hatten, wurde aufgezogen. Der Tote trug keine Unterhose, er war unten nackt, und der Anblick des kleinen, reglosen Glieds trieb mir fast Tränen in die Augen. Als wir den Toten vom Bett auf die Bahre hievten, wackelte sein Bauch hin und her, fast konnte man meinen, er lebte. Dann schnallten wir ihn fest und trugen ihn hinaus. Die Wohnung war klein, enge Flure, ebenso das Treppenhaus, ein Neubau. Schon um den Toten aus der Wohnung zu bekommen, mussten die beiden Träger die Trage ankippen, da der Mann sonst nicht durch die Haustüre passte. Die Frau schluchzte noch einmal heftig und überlegte, ob sie den Toten bis nach unten begleiten sollte, aber unser Wortführer riet ab. Er wusste, dass das Tragen durch das Treppenhaus kein leichtes Manöver werden würde und keinen erbaulichen Anblick bot. Schon an der ersten Biege entglitt uns die Bahre um ein Haar, einer der Träger – man trägt immer zu zweit – musste kurz absetzen, verdrehte sich empfindlich die Hand. Ich versuchte mitzuhelfen, nun trugen wir zu zweit am Kopf, aber ich hatte das Gefühl, nur zu stören. Hatte ich jemals etwas Schwereres getragen? Ich ging in die Knie, konnte das Gewicht kaum halten, mit letzter Kraft schoben wir den Toten in den Wagen. Oben stand seine Frau am Fenster und sah herunter. Wir schauten nicht zurück.

Dieser Einsatz war bisher am bedrückendsten für mich. Die Plötzlichkeit, mit der wir in dieses fremde Leben eindringen mussten, überwältigte mich, alles war unserem Blick ausgeliefert, und wir kamen wie Komplizen des Todes daher, denn schließlich waren wir es, die den noch warmen Toten aus seiner Welt abtransportierten. Selbst wenn der Mann schon lange krank gewesen sein mochte, sein Verschwinden aus der Welt, der Übergang von seiner Wohnung in unseren Keller, den er nie zuvor gesehen, den er sich nie hatte träumen lassen und der ihm gegenüber vollkommen gleichgültig war, hatte etwas Erschreckendes. Ein scharfer Schnitt. Alles, was uns gerade noch umgab, muss von einer Sekunde zur anderen ohne uns auskommen und verändert seinen Charakter. Stirbt ein Mensch, ordnet sich das Leben, das ihn umfängt, neu, Familien nehmen eine andere Aufstellung, Gefühle wechseln die Temperatur, die Wohnungen verändern ihr Aussehen, die Dinge, die dem Verschwundenen gehören, landen auf dem Müll, in unserer Erinnerung oder sie werden zum Eigentum eines anderen. Etwas verändert sich, aber es besteht kein Zweifel, dass alles auch ohne uns auskommt, dass die Welt die Lücke, die wir hinterlassen, so perfekt schließt, dass es uns schon zu Lebzeiten vorkommen muss, als könnten wir gar keine Lücke reißen, als gäbe es uns nicht.

Als wir über die Stadtautobahn zum Hof zurückfuhren, musste ich noch einmal an das Gesicht des Toten denken. Die Toten sehen einsam aus, aber auch unendlich »vielsam«, denn sie sind Teil einer Totenwelt, die so viel größer ist als die unsere. Wie viele Menschen sind gestorben, seit es Menschen gibt? Können wir es uns leisten, mitleidig auf die Toten herabzusehen? Ist es nicht umgekehrt? Schauen sie nicht mitleidig auf uns? »Was seid ihr bloß für arme Geschöpfe«, mögen sie denken, »ihr wisst gar nichts. Haltet euch fest an dem bisschen Herzschlag, dem bisschen Atem, dem bisschen Blut und glaubt, das sei alles.« Jeder sein kleines Privatuniversum, jeder sein All und Alles. Aber den Tod lässt das kalt. Wir lassen ihn kalt.

Mein dritter Tag ist nur noch in Bruchstücken zu haben. Ich war am Abend zu müde, um mich gleich an den Computer zu setzen und das Erlebte aufzuschreiben. Es war auf jeden Fall ein sehr warmer Tag, schon frühmorgens stand dicke Luft in den Straßen. Ich erinnere mich kaum noch an die Mitfahrer, da man jeden Tag in anderer Zusammenstellung hinausfuhr. Ein junger Mann war dabei, ein spilliges Kerlchen mit hervortretenden Augen, ein Kindergesicht, das zugleich uralt aussah, auf seiner trockenen Unterlippe klaffte ein tiefer Riss, die wenigen Haare standen kurz und stoppelig vom Kopf ab. Jetzt, einige Tage vor dem Monatsende, hatte er keinen Cent mehr in der Tasche. Ich bot an, ihm eine Bratwurst und Pommes zu kaufen, das lehnte er ab. Er trank nur eine Cola. Wir fuhren hinaus aus der Stadt, irgendwo ins Umland nach Brandenburg, wo wir eine Senke machen mussten. Der Sarg stand bereits in der Kapelle, wir fuhren also die fünfzig Kilometer nur, um den Sarg aus der Kirche zu tragen und ihn zu senken. Alles andere hatte der Bestatter vor Ort bereits erledigt. Diese Tour werde ich vor allem deshalb nicht vergessen, weil wir uns hoffnungslos verfuhren. Dabei hatte jeder Wagen ein Navigationsgerät an Bord. Aber der Fahrer hatte offenbar ein falsches Ziel eingegeben, und so fuhren wir kilometerweit durch einen Fichtenwald. Die Schlaglöcher wurden immer tiefer, und ich fürch-

66

tete einen Achsenbruch, wir wurden bei jedem Knall in unsere Sitze gedrückt, und es klang, als ob jemand mit einem schweren Hammer auf den Wagen einschlagen würde.

Am nächsten Tag hatte ich frei. Ich hatte das Bedürfnis, mir etwas zum Anziehen zu kaufen. Vielleicht einen Pullover? Etwas ganz Frisches, Neues überstreifen! Mir eine neue Haut geben, etwas Unverbrauchtes auf den Leib. Ich kaufte mir einen Kapuzenpullover, und in den nächsten Wochen kaufte ich mir noch drei weitere. Noch nie in meinem Leben hatte ich derartig viele Kapuzenpullover gekauft und auch noch getragen. Ich entdeckte in meinem Freundes- und Bekanntenkreis immer mehr Männer jenseits der vierzig, die solche Pullis trugen. Was mochte es mit dieser rasanten Kapuzenpullover-Vermehrung auf sich haben? Machten die alle Praktika in Bestattungsunternehmen? Suchten sie in diesem Kleidungsstück die frische Beweglichkeit früherer Tage? Einer erzählte mir, die Kapuze würde ihn frühmorgens auf dem Weg zur Arbeit tröstend bergen. Ein anderer schätzte die Lässigkeit dieses Kleidungsstücks und meinte, die Kapuzenjacke würde das Drinnen zum Draußen machen und das Draußen zum Drinnen, oder anders gesagt, dieses Kleidungstück sei sehr kompatibel und – auch in seinen Arbeitswelten – akzeptiert (er war Designer). Zwei gaben zu, erst im fortgeschrittenen Alter zu dieser Art von Pullover gefunden zu haben, und die Vermutung, der Pullover befriedige ihre Sehnsucht nach Jugendlichkeit, sei möglicherweise nicht ganz falsch. Allerdings, fügte einer der beiden hinzu, erinnere ihn der Kapuzenpullover auch immer an Mönche oder Sportler, und beides wäre er in seinem Leben gerne einmal gewesen. Mit diesem Pullover könne er seinem Hang nach Askese und Sportlichkeit nachgeben, Teilzeit-Mönch, Teilzeit-Sportler. Sicher gibt es einen tiefen Zusammenhang zwischen Mode und Sterblichkeit. Ist Mode nicht der Versuch, die Schönheit über die Vergänglichkeit triumphieren zu lassen? Und ist nicht die Mode selbst äußerst kurzlebig und vergänglich?

Mein letzter Tag als Sargträger begann. Jetzt war ich schon geübt. Bewegte mich zielstrebig auf dem Hof, stieg ohne zu zögern die Stahltreppe hoch, murmelte den anderen Aushilfen ein flüchtiges »Morgen« zu, schüttelte denen die Hand, die ich kannte, und ging an meinen Spind, wo mein schwarzer Anzug schon auf mich wartete. Dann schaute ich auf den Dienstplan, der im Umkleideraum ausgehängt war, um zu sehen, mit wem ich heute fahren sollte und was anstand. Zuerst hatten wir eine Sargfeier in Lankwitz. Es war wieder stickig heute, wir hängten die Jacken über die Lehnen der Vordersitze, schoben die schwarzen Mützen in ein Fach. Ich saß neben einem, dessen hohe Stirn tiefe Narben zeigte. Später erzählte er, dass er vor einigen Jahren einen schweren Autounfall mit knapper Not überlebt hatte und mehrere Wochen im Koma gelegen hatte. Auf dem Weg zum Friedhof rief er vom Handy aus seinen Präsidenten an. Wen er denn da anrufe, wollte einer wissen, er kenne doch sowieso niemanden:

»Wen rufst du denn an? Du kennst doch niemanden außer deiner Mutter?«

»Ruhe, du weißt doch gar nicht, was das ist, ein Präsident!«

»Du bist jedenfalls keiner!«

»Mann, guck auf die Straße, oder willste wieder einen zerschrotten?«

»Hab ich mir den Kopf kaputtgemacht oder du?«

»Hirni! Pass auf, oder willste die Oma gleich hinten einladen?«

»Ach, die hat doch sowieso schon ihr Zettelchen am Fuß!«

Die Männer wollten nicht viel voneinander wissen. Nur wenige kannten sich gut, obwohl sie seit Jahren miteinander fuhren. Erzog der Tod, der sie stets begleitete, zu dieser Art von Witz? War das schwarzer Humor? Sie wirkten auf jeden Fall sehr unsentimental. Als der Mann mit der narbigen Stirn von seinem Präsidenten erzählen wollte, wollte das niemand hören. »Kau mir kein Ohr ab!« Ich fragte ihn trotzdem, weil ich wissen wollte, was das für ein Präsident war. Der Mann war überrascht. Er hatte eine hohe, fliehende Stirn, wenige Haarsträhnen warfen sich quer über den Kopf, die Nase spitz, die Brille eckig. Er blühte regelrecht auf, als ich Neugier zeigte. Er war Mitglied in einem Western Club, der sich »Dodge City« nannte. Die Mitglieder kleideten sich in historische Western- und Cowboy-Kostüme, sie hantierten mit Colts und doppelläufigen Winchesterbüchsen und spielten historische Duelle und berüchtigte Schießereien nach. Er selbst verkörperte Frank James, den Bruder des berühmten Banditen und Revolverhelden Jesse James.

Unterdessen waren wir angekommen und warteten im Schatten der Kapelle auf die Angehörigen. Sie kamen langsam, bedächtig, ihr Schmerz verlangsamte die Bewegungen. Oder war es der Friedhof, der die Körper dirigierte? Der Ort drosselt das Tempo, hier galten andere Geschwindigkeiten. Doch Frank James fühlte sich daran jetzt nicht mehr gebunden. Durch meine Nachfragen hatte ich einen kaum zu vermutenden Elan geweckt. Er erzählte. Er spielte mit großer Geste die besten Szenen der Westerngeschichte nach, taumelte, sank, von Bleigewittern getroffen, beinahe zu Boden, warf den Kopf nach hinten, ließ den Körper zucken, betrat mit verwegenem Blick einen Saloon und schob einen imaginären Stetson mit dem Daumen in den Nacken. Ich versuchte ihn zu bremsen, warf bedeutsame Blicke auf die Trauergemeinde, dämpfte meine Stimme. Er nahm das kurz auf, drehte sich zu den Trauergästen um, maß die Entfernung, zog an der Zigarette und machte weiter. Sie waren, in voller Montur, auch schon auf dem Deutsch-Amerikanischen Volksfest aufgetreten, und demnächst wollte der Präsident organisieren, dass sie als Statisten bei einem Film mitwirkten. Ihre Duell-Choreographien erforderten einiges Training, die Kostüme und die Waffen müssten in Schuss gehalten werden, und Nachwuchssorgen hätten sie auch.

Als die Angehörigen in der Kirche verschwunden waren, erfuhren wir, dass wir hier gar nicht mehr gebraucht wurden. Wir verließen unverrichteter Dinge wieder den Friedhof. Frank James steckte den Colt ins Holster.

Auf dem Plan stand nun eine Heimabholung. Das Heim befand sich irgendwo im Berliner Umland. Diesmal erledigte das Navigationsgerät zuverlässig seinen Dienst. Wir hielten ein kleines Stück vor dem Haupteingang des Altenheims. Einer von uns ging hinein, um zu fragen, wo wir vorfahren sollten, ob es einen für uns bestimmten Eingang gäbe. Er kam zurück, ein Stückchen weiter am Weg sollte es ein kleines Tor geben, dort würde man uns empfangen. Wir fanden dieses Tor zunächst nicht, fuhren vor und zurück, stiegen aus, standen ratlos herum.

Endlich fanden wir das Tor. Wir gingen zu dritt hinein. Eine Mitarbeiterin kam uns entgegen. Es wurde kurz darüber beratschlagt, welchen Weg wir gehen sollten. Möglichst wenige Heimbewohner sollten uns und den Abtransport der Leiche sehen. Die Tote lag allein in ihrem Zimmer. Ich weiß nicht mehr, wie sie aussah. Wir hoben sie vom Bett gleich in den Sarg. Sie fühlte sich kühl an. Als wir sie hinüberheben wollten, stieß der Körper leicht an den Rand des Sarges. »Pass doch auf!« Niemand bemerkte uns, als wir das Heim verließen. Einer der Sargträger meinte, das Hinüberheben der Leiche wäre dilettantisch gewesen, in einem Hospiz dürfte man sich so einen Fehler nicht erlauben. Wenn man da mit dem Körper an den Sarg stieß, gäbe es einen Höllenärger, da würde genau auf solche Details geachtet. Wir fuhren wieder zurück in die Stadt.

Wenn wir, die Bestatter, die Transporteure des Todes, uns so unauffällig wie möglich verhalten sollen, warum fahren wir dann immer noch mit einem schwarzen Wagen und in schwarzen Anzügen durch die Welt? Ist es dieses geringfügige Maß an Trauer und Tradition, das man sich in dieser Gesellschaft noch gestattet, das man zulassen will? Oder müssen wir kenntlich bleiben, damit die, die den Tod fliehen, uns schon von weitem erkennen und uns aus dem Weg gehen können? Ist in einer weitgehend säkularisierten Gesellschaft die Farbe Schwarz der letzte Restbestand an Trauerbrauchtum, auf das sich alle noch einigen und einlassen können?

Ich kam mir wie ein schwarzer, unheilvoller Vogel vor. Wir fuhren durch die Straßen, und kaum jemand ließ sich auf einen engeren Blickkontakt mit uns ein, obwohl ich merkte, dass man uns deutlicher wahrnahm als einen Wagen mit, sagen wir einmal, Heizungsbauern. Man sah uns im Augenwinkel, im Rückspiegel. Wir gingen zwar, wie alles, unter im Gewühl der Stadt, aber wir blieben ein dunkler Unruheherd, wir waren ein mobiler Riss quer durchs kollektive Gemüt und die herrschende Betriebsamkeit.

Meine letzte Fahrt mit dem Leichenwagen stand an. Wir sollten eine Tote aus der Pathologie eines Krankenhauses abholen. Auch hier, auf dem Krankenhausgelände, wurden wir, so gut es ging, dem Blickfeld der Öffentlichkeit entzogen. Wir parkten vor einem rückseitigen Eingang und mussten auf einen Aufzug warten, der uns nach unten fuhr.

Die Pathologien, da, wo in Krankenhäusern die Leichen liegen, sind fast immer im letzten Winkel des Gebäudes versteckt, am besten tief unter der Erde, und die Gänge sind schummrig beleuchtet, lang und unwirtlich. Hierher verliert sich kaum ein Mensch. Nur der Pathologe, seine Helfer und wir.

Es dauerte lange, bis jemand auf unser Klingeln reagierte.

Der Aufzug kroch. Der Pathologe, der uns unten empfing, war ein Hüne mit schiefen Schultern, kahlem Schädel
und melancholischen, leicht verschwitzten Augen. Er schlug
einen gemütlich-humorvollen Tonfall an. »Na, Jungs, wen
wollt ihr denn holen?« Wir waren unter uns. Totenmänner,
die mit den Leichen lebten. Der Riese im weißen Kittel lud
uns ein: »Na, dann kommt mal mit!« Wir gingen in den
Kühlraum. In den Stahlregalen lagen die Toten. Der Pathologe machte eine kleine Totenführung. »Der da hat im
Restaurant gesessen, den Mund zu voll genommen und ist
erstickt.« Er blickte suchend um sich. »Na, wo ist sie denn,
unsere kleine Martha?« Er fand sie. Es war eine große, statt-
liche und beleibte Frau. »Martha hat zu viel Kuchen gegessen. Jetzt liegt sie hier, die Martha!« Wir legten sie auf einen
Scherenwagen, fuhren sie aus dem Kühlraum hinaus und
begannen, sie einzubetten. Zunächst einmal mussten wir
sie anziehen. Um ihr eine Unterhose anziehen zu können,
mussten wir die Beine hochstemmen. Zuletzt zog ich ihr
noch die Schuhe an. Es war ein Paar glänzender Lackschuhe,
Modell Betty. Meine Augen wurden feucht. »Komisch, dass
ich es bin, der dir die letzten Schuhe anzieht, Martha.« Ich
fragte mich, wer ihr die ersten Schuhe ihres Lebens angezogen hatte. »Sicher die Eltern, so lange, bis du es dann selber
konntest. Ob diese Schuhe deine Lieblingsschuhe waren?
Wie viele Paar Schuhe hast du überhaupt in deinem Leben
getragen? Was ist alles passiert zwischen deinen ersten und
diesen letzten Schuhen?« Und jetzt mit Modell Betty ins
Krematorium. Mir kam meine Rührung klebrig vor, aber ich
konnte mich nicht dagegen wehren. Ich versuchte, ihr die
Schuhe so behutsam wie möglich anzuziehen. Ihre Beine
waren zwar geschwollen, aber die Füße waren recht klein, so
dass es ein Leichtes war. Ich machte eine doppelte Schleife.
Für die lange Reise. Dann fuhren wir hoch. Der Pathologe
war verschwunden.

Als wir wieder auf dem Hof waren, luden wir Martha aus und fuhren sie in den Keller. Hier blieb sie und wartete.

Herr Eibe bat mich noch zu einem Gespräch in sein Büro. Er wollte wissen, wie es mir ergangen war. »Nehmen Sie einen Espresso?«

Ich bin jetzt reicher. Die Begegnung mit den Toten hat mich verändert. Alles, was man begrifflich über den Tod und das Sterben wissen kann, was man sich anlesen oder durch die Medien erfahren kann, ist nicht alles. Erst in der unmittelbaren Begegnung mit den Toten bekommt die eigene Sterblichkeit eine tiefe Sinnlichkeit. Erst jetzt weiß ich, was ich schon lange wusste: Auch ich werde so enden. Die Hinfälligkeit meines Körpers ist mir jetzt deutlicher, ich spüre schon jetzt, wie mich manches verlässt. Vielleicht geht dieses Gefühl wieder verloren, aber ich bin nachsichtiger mit mir, mit anderen. Ein bisschen friedlicher ist es in mir. Ein kleines bisschen friedlicher, immerhin. Für heute. Und morgen? Meine Koordinaten, nach denen ich lebe, sind mir verdächtig geworden. Solange man lebt, kann man sich bewegen. Und sich bewegen lassen. Wenn sich nichts mehr rührt, sollte man sich fragen, ob man lebt.

Morbus Pop

Was machen Sie, wenn ein Riss durch Ihre Welt geht, wenn Sie gerne mit jemandem sprechen würden, aber niemand da ist, weil alle schon schlafen, verreist sind oder weil man nicht weiß, ob man den oder die noch als Freund betrachten darf oder doch schon eher zu seinen Feinden zählen muss? Was machen Sie dann, wenn niemand Ihnen antwortet, und es ist stiller als sonst?

Ich höre Popmusik. Ich setze mich in meinen roten Sessel, setze die Kopfhörer auf, fahre die Lautstärke hoch und bin dann noch einmal der alte langhaarige Headbanger, der entfesselte Drummer, der entrückte Sänger, der in seligen Spasmen tief in den Schmerztopf greift und sich im Gefühl suhlt, der Verlassenste der Verlassenen zu sein. Popmusik kennt keine metaphysischen Himmel, in die man flüchten kann, sondern sie ist so diesseitig und sterblich wie nur irgendetwas. Popmusik verspricht Seligkeit im Augenblick und zugleich perfekte Vergänglichkeit. Wenn ich Popmusik höre, nähre ich mich von der Trostlosigkeit allen Lebens und kleide meine Seele in Posen, die um ihre Kurzlebigkeit wissen. Pop tröstet durch ihre absolute Trostlosigkeit. Wenn ich Popmusik höre, muss ich – leider nur zu oft im übertragenen Sinne – schluchzen über die Zerbrechlichkeit des Menschen, über sein Eintagsfliegengesumm und seine kosmische Wichtigtuerei, und selbst das Lied, das ich höre, muss gar kein Nummer-Eins-Hit gewesen sein, es wird noch sein La-La-La scheppern, wenn ich längst vermodert bin. Wenn ich Popmusik höre, ahne ich, wie kalt es da draußen ist, da, wo Sie jetzt sind und leben und sich behaupten und vielleicht

Popmusik hören. Ich bin, als Teil eines Massenpublikums, als Ich-Sager, der längst keine individuellen Ausbeulungen mehr beansprucht, unendlich verloren in größtmöglicher Gesellschaft, und in diesem widersprüchlichen Zustand fühle ich mich tatsächlich geborgen, in der überlaufenen Leere, der meditativen Zappelei, der vielfältigen Einfalt des Pops. Wenn ich Pop höre, fühle ich meine Sterblichkeit besonders, und ich frage mich, ob Pop mich in ein heimtückisches Sterben getrieben hat, das sich als blühendes Leben tarnt. Wann fing das an, Morbus Pop?

Das halbe Jahr, in dem ich Sänger einer Heavy-Metal-Band war, will ich gar nicht dazuzählen, will ich gar nicht als Ursache und Beginn dieser Krankheit auffassen. Ich war siebzehn. Die eine Hälfte unseres kümmerlichen Repertoires bestand aus Liedern von Bands wie »Judas Priest«, »Saxon« oder »AC/DC«, die wir mehr schlecht als recht nachspielten, die andere Hälfte bestand aus selbstgeschriebenen Songs, wozu ich einige Texte im holprigsten Englisch beitragen durfte. *School* reimte sich auf *fool*, *killer*, *murder*, *dying*, und *crying* oder *your time is running out* waren als Signalwörter und Floskeln auch sehr beliebt. Gestorben wurde in diesen Balladen mit Freude. Warum bloß? Ich schätze, diese vitalen Ornamente und Metaphern des Todes waren nichts anderes als die geballte Faust in der Tasche. Die achtziger Jahre waren an sich ein Jahrzehnt, in dem die Welt auf den sicheren Untergang zusteuerte, es schien nur noch eine Frage der Zeit zu sein, wann der große Big Bang um die Ecke bog, wann der nukleare Sensenmann sein scharfes Messer schwingen würde. Von heute aus betrachtet lag über allen Dingen ein apokalyptischer Schein, ein endzeitliches Zittern durchzog die Gespräche, die Beziehungen, die Biographien und die medialen Phantasien. In keinem anderen Land der Welt – und diesen Umstand trug man bei sich wie ein Bewusstseinsorgan – waren die Vernichtungsressourcen so verdichtet wie in der Bundesrepublik. Die atomar bestückten Mittelstreckenraketen schliefen unruhig in unterirdischen Bunkeranlagen, jederzeit konnten sie, als ob sie ein Eigenwille steuern und lenken würde, erwachen und ihre Zerstörungskraft freisetzen. Nachts zerfraß der saure Regen die Wälder, und das Wort »Waldsterben« trat seinen Siegeszug durch unsere Köpfe und die Welt an. Das Krisenbewusstsein war ein deutscher Exportschlager, und weil wir, die geteilten Deutschen, die schwärzeste Vergangenheit aufzuweisen und vor allem zu verantworten hatten, war es nur legitim, dass unsere Ängste und Warnungen greller ausfielen als irgendwo sonst auf der Welt. Nenas Hit »99 Luftballons« (1984), der erzählt, wie eine Traube von roten Luftballons einen verheerenden Atomkrieg auslöst, stürmte weltweit die Hitparaden. Und gab uns die Entwicklung nicht recht? Die Katastrophe von Tschernobyl schien ja nur den Anfang zu markieren, bald würde der Erdball in die Luft fliegen.

Kinofilme wie »Mad Max« mit Mel Gibson oder »Terminator« mit Arnold Schwarzenegger spielten mit diesen Untergangsszenarien und zeigten eine Welt, wie sie nach einem atomaren Inferno aussehen würde. Zu unserem mentalen Gepäck gehörte der rote Knopf, über dem in unserer Vorstellung immerzu ein nervöser Finger schwebte. Der rote Knopf war so etwas wie ein generationsspezifisches Magengeschwür, das durch neue Aufrüstungsrunden und konfrontative Politiker immerzu gereizt wurde. Über unseren Köpfen knallte es, der Überschallknall der Düsenflieger war die tägliche Dosis Dritter Weltkrieg, und da ich im Tieffluggebiet Nummer eins aufwuchs, das in der Bundesrepublik die meisten Übungsflüge zu verzeichnen hatte, gewöhnte ich mich an einen Zustand permanenter Alarm- und Gefechtsbereitschaft.

Als wir eines Morgens aus dem Schulbus stiegen, hatte der Krieg begonnen. Der gesamte Parkplatz der Schule und weite Teile des Schulhofes waren mit unterschiedlichsten Militärfahrzeugen besetzt, grünbraune Tarnnetze spannten sich, Panzerrohre zielten ins Blaue, große Mannschaftszelte waren aufgeschlagen. Gefechtskarten wurden entfaltet, Rucksäcke geschultert, Funkgeräte knisterten, und Stiefel wurden geputzt. Ein paar Tage lang hielt dieses großräumige Waffenspiel die kleine Stadt in Atem, die Blauen zogen gegen die Roten ins Feld, so viel weiß ich noch, und dann war der Spuk wieder vorbei.

Aber zumindest der Krieg in uns tobte weiter, und ich vermute, dass der Pop unser smarter Gefechtskopf war, mit dem wir die Welt der Generäle, Lehrer, Bundeskanzler und Industriellen bekämpften. Während die Welt von kalten Kriegern regiert wurde, wuchsen wir zu sentimentalen Kriegern heran, die mit dem Pop die Apokalypse emotional antizipierten und hin und her gerissen wurden zwischen Genuss und Leiden, zwischen Angst und Hoffnung, zwischen Euphorie und Depression. Die Welt war dermaßen kaputt, das war schon wieder in Ordnung! Man konnte jeden Tag untergehen, aber man konnte das auch verschieben, man konnte seinen Führerschein machen, im Baggersee baden, die nächste Platte von »The Smith« kaufen, sich eine Latzhose einfärben, sich ein Ohrloch stechen lassen, die Freunde zum Tee einladen oder ein Gedicht für die Schülerzeitung schreiben. Oder man konnte den Kriegsdienst verweigern, ja man musste den Kriegsdienst verweigern, wenn man nicht gedrillt, zum Töten ausgebildet und zum Sterben gemustert werden wollte. Stark und einschneidend war die Entscheidung zwischen Zivil- und Kriegsdienst, eine biographische Wegscheide, ein Grenzzaun zwischen zwei Lagern.

Ich absolvierte meinen Zivildienst in Köln. Das Altenzentrum, in dem ich arbeitete, lag mitten in Chorweiler, das war eine wüste, problembeladene, triste Trabantenstadt am Rande der Domstadt Köln. Weil die Mieten billig waren und

niemand hier wohnen wollte, der es sich leisten konnte, woanders zu wohnen, wohnten hier diejenigen, die hier wohnen mussten, weil ihnen das Geld oder die Kraft fehlte,
Alternativen zu entwickeln. Chorweiler war eine tote Stadt,
oder sagen wir mal, eine moribunde Stadt, denn die kühnen
sozialreformatorischen Träume von Leben, Arbeit, Konsum
und Freizeit auf engstem Raum waren hier gescheitert. Der
öffentliche Raum war verödet, die Kriminalitätsrate hoch
und das Quartier in jeder Beziehung heruntergekommen.
Das Altenzentrum selbst verstärkte diesen Eindruck, denn
es stand wie ein schweigsam-abweisender Klotz in der Gegend, der die Alten nicht zu beherbergen, sondern sie zu ver-
schlucken schien. Gleich gegenüber lag, verborgen hinter
begrünten Wällen und Zäunen, das Bundesamt für Verfas-
sungsschutz und verstärkte den Eindruck menschenfeind-
licher Künstlichkeit.

Doch obwohl ich mich sträubte, landete ich schließlich
doch im Altenheim in Chorweiler und fühlte mich wie einer
von den Alten, die jetzt ihre Endstation erreicht zu haben
schienen. Bei meinem Vorstellungsgespräch hatte man mir
den Platz auch damit schmackhaft gemacht, dass ich ein
eigenes Zimmer beziehen könnte, was man als Zivildienst-
leistender nicht immer erwarten konnte. Als ich aber mit
einer großen Sporttasche nach Chorweiler fuhr, um meinen
Dienst anzutreten, hieß es, es sei im Augenblick kein Zimmer frei. Deshalb wurde ich in das Zimmer eines Leidens-
genossen einquartiert. Allerdings interpretierte er sein Leid
auf ganz andere und für mich wiederum sehr leidvolle Weise.
Mein Mitbewohner hing der düsteren Richtung des Pop
an. Er trug immer schwarze Kleidung (röhrenenge Jeans,
T-Shirts mit Toten- oder Monsterköpfen), hatte lange, fisse-
lige, schwarz gefärbte Haare, die Augen waren dunkel mit
einem Kajalstift umrandet, der Teint leichenblass. Eine
Nachtgestalt. Wir lagen in einem Doppelstockbett. Er un-

ten, ich oben. Klar, er war nicht begeistert darüber, dass man mich in sein Zimmer, sein Reich gesteckt hatte, aber ich dachte, wir würden schon miteinander auskommen. Zumindest dachte ich das bis zur ersten Nacht. Er bestand darauf, zum Einschlafen laute Musik zu hören, außerdem musste das Licht brennen, Zigaretten mussten glimmen. Er hörte düstere Sachen von »Sisters of Mercy«, »The Cult« oder »Joy Divison«, Lieder, die ihren Schmerz in großen Kübeln in das kleine Zimmer gossen. Als nach ein paar Tagen zwischen uns keine weitere Verständigung mehr möglich war, bat ich die Heimleiterin um ein anderes Zimmer. Da es jedoch kein Zimmer gab und ich dennoch auf einem eigenen Zimmer bestand, verfiel Frau Matt schließlich auf eine ungewöhnliche Lösung. Das Altenzentrum hatte in einem gerade fertiggestellten Flügel eine neue Station eröffnet, dort waren vor allcm diejenigen untergebracht, die an Demenz oder an Alzheimer litten, dort lagen jene, die bettlägerig und schwer pflegebedürftig waren, hier waren die untergebracht, die niemals mehr zurückkommen würden, die, die Windeln trugen, die, die wie seelenlose Roboter über die Gänge schlurften, und die, die darauf warteten, dass ihre Mama sie abholen käme. Und weil diese Station noch nicht vollkommen belegt war, bekam ich ein Zimmer hier zwischen den Alten.

Abends, wenn ich zum Schlafen in mein spärlich möbliertes Zimmer ging, das noch nach frischer Farbe roch, wurde die Station abgeschlossen, so dass keiner von den Verwirrten fortlaufen konnte. Andere mussten in ihren Betten fixiert werden, weil sie sich sonst selbst verletzt hätten oder weil sie motorisch so unruhig waren, dass sie aus ihren Betten gefallen wären. Da in dem Zimmer noch keine Vorhänge oder Jalousien angebracht waren, wurde es nie richtig dunkel, und der orangene Schein der Bogenlampen legte sich auf die Wände wie eine psychedelische Tapete. Ich setzte dann den Kopfhörer meines Walkmans auf und ließ »The Smith« die

Rufe der Alten übertönen, die nicht verstanden, wo sie waren, warum und wohin das alles mit ihnen noch führen sollte. Morrissey, der charismatische Sänger der Band, spülte einem den Tod so wehmutsvoll und zugleich so lebensverliebt in die Ohren, dass man gar nicht wusste, was man nun zuerst machen sollte: Leben oder sterben oder leben, um zu sterben, oder sterben, um endlich einmal zu leben. Und wenn, so schmachtete er, ein Doppeldeckerbus jetzt in uns krachen würde, wäre es himmlisch, an deiner Seite zu sterben, hier in der Nacht, hier im Auto mit dir, und wenn ein Zehntonner uns jetzt beide umnieten würde, wäre es ein Vergnügen, ein Privileg, an deiner Seite abzutreten. Und so fuhr ich mit Morrissey durch die Nacht, ab und zu krochen die Scheinwerfer eines Autos über die Zimmerdecke, und wenn die blaue Dreiviertelstunde mit »The Smith« vorbei war, drehte ich mich zur Wand und schlief ein.

Obwohl ich in den zwanzig Monaten, die ich Zivildienst leistete, niemals einen Toten sah, sah ich doch viele Menschen, die starben. Still starben, vor sich hin starben, langsam ausglühten. Sie saßen in kleinen Zimmern, die mit ein paar Resten ihres früheren Mobiliars vollgestopft waren, schwere, dunkle Eichenwände, klobige Sessel und Vitrinen, Möbel, an denen noch ihr früheres Leben haftete. Sie hatten den Sprung in das Heim nicht geschafft und haderten mit ihrem Schicksal. Manche kamen mit diesem Einschnitt nicht zurecht, sie schlugen keine Wurzeln mehr, mochten sich nicht noch mal eingewöhnen und sich dem Rhythmus des Heims unterwerfen. Und dann war das Zimmer eines Tages leer, ein neuer Bewohner zog ein. Ich fühlte mich jung genug, um das, was den Alten passierte, nicht für meinen eigenen Weg zu halten. Ich hielt es für unvorstellbar, dass mir so was widerfahren könnte, denn was ihnen geschah, wirkte wie ein schlechter, selbstverantworteter Lebensfilm, den ich auf keinen Fall erleiden würde. Ich war kurzsichtig genug, nur den Einzelfall zu sehen oder eine Kette von Einzelfällen, die mit dem Sterben und der allgemeinen Zukunft des Sterbens nichts zu tun hatte.

Ich hätte es besser wissen können, zumal mir das fremde Sterben Tag für Tag begegnete, mitunter mit peinigender Eindringlichkeit. Ich arbeitete im psychosozialen Dienst des Altenheims, wir organisierten Ausflugsfahrten, Veranstaltungen, wir machten Besuche, halfen beim Einkaufen, hielten Händchen oder hörten einfach nur zu. Zu unseren Aufgaben gehörte es auch, Heimbewohner, die ins Krankenhaus kamen, zu besuchen. Eines Tages war ich wieder einmal an der Reihe. Die Mehrzahl derjenigen, die ins Krankenhaus kamen, kannte man nicht. Oft waren es Heimbewohner, die kurz zuvor in das Altersheim eingezogen waren, wo sich ihr Zustand jedoch keineswegs stabilisierte. Dann gingen sie ins Krankenhaus, kehrten noch einmal zurück, um kurze Zeit später wieder ins Krankenhaus zu wechseln, wo sie dann starben. Die alte Frau, die ich besuchen sollte, erlebte ihren siebenundachtzigsten Geburtstag im Krankenhaus, und so hatten wir ihr einen Geschenkkorb arrangiert, den ich überreichen sollte. Als ich auf der Station des Krankenhauses eine Pflegerin nach dem Zimmer von Frau Schmitt fragte, gab man mir eine flüchtige Auskunft. Ich klopfte an die betreffende Tür, trat ein und stand mitten in einer familiären Sterbeszene. Um das Bett von Frau Schmitt herum standen ein halbes Dutzend Angehörige, alle ernst, alle dunkel und feierlich gekleidet. Frau Schmitt starb. Ihr Brustkorb war nach oben gedrückt, so als würde sie sich aufbäumen. Der Mund stand offen. Jemand hielt ihre Hand. Es war kaum noch Leben in der Frau, vielleicht war sie auch gerade gestorben. Ich stand wie versteinert da, wusste nicht wohin. Ich weiß nicht mehr, was ich stotterte, aber einer der Angehörigen bat mich, das Zimmer zu verlassen. Ich ging fort und warf den Geschenkkorb ins nächste Gebüsch.

In dieser Zeit rettete mich Popmusik vor den Alten, ihrem Altsein, ihrem Vorbeisein, ihrem Gerede davon, nicht mehr leben zu wollen, ihrer betäubenden Hinfälligkeit, ihrer Perspektivlosigkeit, die mit meiner eigenen Perspektivlosigkeit korrespondierte. Wenn man zwanzig Jahre alt ist, dann sind zwanzig Monate Zivildienst eine verdammt lange Zeit. Diese Zwangszeit wölbte sich bei Beginn meines Dienstes so endlos vor und über mir, dass ich das Altersheim auch für mich wie eine Endstation wahrnahm. Pop war ein Antidot gegen diese Depressionen. Der Pop, den ich hörte, war selbst oft genug depressiv, aber das Rollenspiel, zu dem er mich einlud, war größer als das Leben um mich herum. Warum gingen mir Morrisseys Balladen vom Tod näher zu Herzen als das institutionalisierte Sterben um mich herum? »Girlfriend in a coma, I know, I know, its serious«, zwitscherte Morrissey. Pop dispensierte mich vom Tod, vom Sterben, von meiner kleinteiligen Depression und pumpte mich auf mit Gefühl, Zuversicht, mit Ersatzleben, mit fiktiven Toden, die ich nicht zu sterben hatte. War ich zu jung, um mich mit dem Sterben der anderen wirklich auseinanderzusetzen? Ich empfand viele Alte als Tyrannen, totale Fremde, an die ich zufällig gekettet war und die mich mit ihren Geschichten zu Boden zogen. Das Gefühl, von ihnen zu lernen, mich durch sie bereichern zu lassen, ihr Schicksal solidarisch zu begleiten, weil es dereinst das meine sein könnte, stellte sich nur selten ein. Bloß so werden wollte ich nicht, kein nörgelnder alter Mann im Rollstuhl, der niemals lachte und die Zivildienstleistenden wie Untergebene kommandierte.

In den achtziger Jahren war das Phänomen des untoten Pop, die zähe Wiederkehr des Immergleichen, noch nicht abzusehen. Seitdem das zwanzigste Jahrhundert hinter uns liegt, werden uns die Pop-Dekaden des vergangenen Jahrhunderts wieder und wieder um die Ohren gehauen. »Die besten Hits der siebziger, achtziger und neunziger Jahre!«, plärrt es auf jedem Sender. Doch diesen Stücken fehlt – aus dem historischen Erleben gerissen – jenes besondere Fluidum, von dem Pop nun einmal lebt. Im Pop vermählen sich Augenblicksfunke und Zeitgeist zu einem prickelnden Gefühl, das man nur dann ganz fasst, wenn das Gefühl, das der Pop stimuliert, ein gegenwärtiges, ein vitales, ein uns berührendes ist. Fernsehen und Radio quellen jedoch über vor toten Songs, weil an ihnen nur noch Erinnerungen kleben, weil man noch mal und noch mal etwas Abgelebtes hervorholt und daran herumnagt, ohne jenen alten Zauber zu finden, den man einst spürte. Natürlich können auch alte Popsongs noch einen starken Reiz ausüben, aber dann müssen sie uns zufällig über den Weg laufen, sie müssen von uns gefunden werden und nicht umgekehrt. Heute hat man das Gefühl, als ob die alten Popsongs uns auflauern, als ob wir umstellt sind von Retromaschinisten, die uns wieder und wieder mit den Lieblingsstücken unserer Jugend verwöhnen wollen. Vielleicht ahnten »The Who« diese geriatrische Entwicklung des Pop, als sie zornig bellten: »Hope I die before I get old«, und vielleicht war es auch das, was Debbie Harry von »Blondie« meinte, als sie sang: »Die young, stay pretty.« Wussten diese Pophelden, dass das Leben poppiger war als der Pop und dass man in den Pophimmel nur durch den Verlust des Lebens aufsteigen kann? Vielleicht ist die Totenhalle des Pop und Rock deshalb mit so vielen Stars bevölkert, weil sie die Kluft zwischen Pop und Leben nicht mehr ertragen konnten, weil sie nur durch den Poptod dem Tod entkommen konnten und sich in eine Platte verwandelten, die bis in alle Ewigkeit aufgelegt werden würde. Sie gestalteten ihre Unsterblichkeit, bevor ihnen das Leben bewies, dass sie sterblich sind. Und weil aus unserem Alltag das Sterben vertrieben worden ist, darf auch der Pop nicht sterben und muss wieder und wieder reanimiert werden.

Und ich? Ich werde vom Pop nicht lassen können, auch wenn ich mich jedes Mal schon zu alt fühle für die Gefühle, Posen und Bilder, die er mir anbietet und in mir auslöst. Nein, mein Zorn ist nicht euer Zorn, und das, wovon ihr singt, das war ich einmal. Vielleicht sollte ich den Pop nicht so schwer nehmen, aber der antiquarische, der museale und konservierende Popsinn, der sich überall breitmacht, der die alten Songs wie Tafelsilber behandelt, macht mich krank. Gerade weil Pop oder besser die Popindustrie mir zeigen will, ich sei jung geblieben, wenn ich nur wolle, wenn ich mich nur einlasse auf das ewige Gestern, komme ich mir unendlich alt vor. Man muss loslassen können, wenn man sich nicht vor der Zeit mehr tot als lebendig fühlen will. Sonst wird man urplötzlich von der Einsicht erschlagen, dass einem die Gegenwart nicht mehr gehört, weil sie nur noch aus verkleideten Vergangenheiten besteht.

Es wird ein Wetter sein

Der alte Indianerhäuptling hat sein Leben gelebt. Er ist satt. »Es ist ein guter Tag, um zu sterben«, sagt er zu seinem Enkel und tritt aus dem Zelt. Er zeigt auf einen Berg. Dort will er hinauf, auf die Spitze, um seinen Göttern nah zu sein, um noch einmal mit ihnen zu sprechen und dann in die ewigen Jagdgründe einzugehen. Sein weißes Haar leuchtet, sein verwittertes, faltenreiches Gesicht zeugt von Reife, Erfüllung und Ausgeglichenheit. Er weiß, was er will. Es ist ein gutes Sterbewetter. Ein leichter Wind, zarte Wolken, Sonne. So steigt er mit seinem vor Verwunderung stummen Enkel langsam hinauf. Er ist wirklich ein sehr alter Mann. Oben angekommen, stößt er seinen mit Federn geschmückten Stab in die Erde, tanzt und dankt seinen Göttern für alles, was sie ihm geschenkt haben. Die Autorität des Alten scheint grenzenlos. Er will sterben, also wird er sterben. Er legt sich auf den Boden, breitet ein Fell unter seinen Kopf und schließt die Augen. Sein Enkel sieht ihm immer noch voller Ehrfurcht und Respekt zu. Wind kommt auf, die Wolken schieben sich zusammen und verbergen die Sonne. Erste Tropfen fallen, und bald prasselt ein schwerer, kalter Regen herunter. Der alte Häuptling zuckt zusammen, das Wetter spielt nicht mit. Kann man würdevoll sterben, wenn einem so ein garstiger Regen ins Gesicht klatscht? Er steht wieder auf, stützt sich auf seinen Enkel und verschiebt das Sterben. Und sagt gelassen: »Manchmal funktioniert der Zauber, aber manchmal eben auch nicht!« Und so lebt er noch lange fort.

Diese Szene stammt aus dem urkomischen und zugleich todtraurigen Western »Little Big Man« mit Dustin Hoffman. Sie zeigt, dass das Wetter keine Rücksicht auf uns nehmen wird, wenn wir sterben, es wird vermutlich von unserem Sterben überhaupt keine Notiz nehmen, warum sollte es auch? Aber eins ist gewiss: Es wird sein, und wir werden vielleicht eine Bedeutung in ihm sehen wollen.

Wenn ich sterbe, wird ein Wetter sein. Es wird Schnee sein, es wird Wind sein, Regen, Wolken, vielleicht liegt Tau auf dem Gras, vielleicht hängt ein Morgennebel in den Straßen oder es wird Nacht sein und kalt sein. Irgendetwas davon wird sein. Und dann werde ich nicht mehr sein. Es wird aber nicht nur das Wetter sein, sondern es wird auch jemanden geben, der das Wetter sieht, es beschreibt, unter dem Wetter leidet oder es genießt. Es wird immer so sein, wie es jetzt gerade ist, und doch ganz anders, weil ich fehlen werde. Das spielt für das Wetter keine Rolle, denn mein Sein ist nicht wesentlich für den Regen oder den Schnee, aber der Wind und die Sonne sind wesentlich für mich. Habe ich eigentlich, solange ich noch lebte, dem Wetter die gehörige Aufmerksamkeit geschenkt? Hat das Wetter Grund, sich über mich zu beklagen? War ich ein leidenschafts- und gedankenloser Wetterhinnehmer, war ich unempfindlich und unempfänglich für die Schönheiten oder die Widerwärtigkeiten des Wetters? Man sollte morgens vor die Tür treten und das Wetter begrüßen: »Guten Morgen, liebes Wetter! Gut geschlafen?« Oder aber schimpfen: »Sag mal, was fällt dir überhaupt ein, mir so den Tag zu versau'n?« Möglicherweise leidet das Wetter unter unserer Ignoranz!

Wenn ich es recht bedenke, hat es das Wetter gut mit mir gemeint. Ich lebe in einer gemäßigten Wetterzone, das bedeutet, dass mir das Wetter nie an den Kragen wollte. Kein Wirbelwind, der mir die Knochen brach, keine Sturmflut, die mich ertränkt hätte, keine Hitze, die mich hätte ausdörren können. Aber wer weiß … vielleicht hätte mir ein unausgewogeneres, leidenschaftlicheres Wetter besser getan? Wo war der Schnee im Winter, den ich schon als Kind vermisst habe? Wo waren all die warmen Sommertage geblieben, die ich mir immer dann gewünscht hatte, wenn das Wetter so durchschnittlich grau und angepasst und so bürokratisch daherkam? Ja, das gibt es, bürokratisches Wetter, Wetter nach Dienstplan, Wetter ohne Überraschungen, Wetter, das man zwischen den Fingern zerreiben konnte, und nichts blieb. Aber es gab auch die Tage, an denen es das Wetter mehr als gut mit mir meinte, ja, ich kann es nicht anders sagen, es leuchtete und erleuchtete mich, in gewisser Weise. Manchmal war die Luft schneidend klar, und alle Dinge, Häuser, Bäume und Menschen traten plötzlich deutlicher und irgendwie auch schöner hervor. Das Licht und die Luft, die Architektur der Wolken und die Temperatur machten die Dinge und die Welt fassbar, alles, was sonst mit einem Fragezeichen versehen herumstand, was fragwürdig, hässlich, fragmentiert, kleinlich und unscheinbar war, gewann eine nie geahnte Größe und Evidenz. Ja, natürlich, diese Kirche musste hier stehen und an keinem anderen Ort der Welt. Und ich stand zwischen all den Gebäuden – mein Blick schien mehr zu sehen als sonst – er drang tiefer vor, alles schob sich zu einem stimmigen Gesamtbild ineinander, und auch ich wäre für jemand anders ein Passant, der seine unumstößliche Berechtigung in diesem Ensemble besaß. Ich war ich, und das Wetter war der Autor, der Maler, das Wetter war verantwortlich für meine Unumstößlichkeit, weil ich dem Wetter einen kurzen Wahrnehmungsrausch und existentielle Hellsichtigkeit verdankte, und schon schob sich eine ausladende Wolke vor die untergehende Sonne, und mein Wetterrausch war rasch vorbei.

Falls ich im späten Herbst sterben sollte, wäre ich einverstanden. Allerdings hoffe ich, dass mir noch so viel Zeit bleibt, dass bis dahin die Ära der Laubsauger und Laubpuster überwunden ist. Falls so ein Ding in meiner Sterbestunde den Betrieb aufnehmen sollte, würde ich nicht sterben, sondern mich zu Tode ärgern. Ich hoffe, mir bleibt dann noch die Kraft, wie der alte Häuptling aufzustehen, um den Höllenlärm zu beenden. Das Wetter wird man hinnehmen müssen, aber nicht diese Folter.

Vom Sterben der Dinge

Menschen und Tiere sterben, Dinge auch? Die Schlagersängerin Alexandra, die 1969 tödlich verunglückte, als sie mit ihrem Mercedes ein Stoppschild übersah, über eine Kreuzung fuhr und von einem Lkw gerammt wurde, sang einst mit rauchtiefer Trauer: »Mein Freund, der Baum, ist tot, er fiel im frühen Morgenrot!« Würde man das Gleiche über einen Tisch oder Stuhl singen und sagen? Kaum. Aber wer schon einmal an einem Haus vorbeigekommen ist, das bald abgerissen werden soll und deshalb mit Planen verhängt ist, der hat vielleicht eine Ahnung davon oder ein Gespür dafür, dass den Dingen ein Leben innewohnt, das ihnen abhandenkommen kann, ein Leben, das nicht uns allein gehört.

Als das Jahr zu Ende ging, rutschte ich, so will ich es nennen, in eine Ding-Krise. Alles um mich herum schien alt, unbrauchbar und leblos. Die Dinge erdrückten mich, unsere Wohnung kam mir vollgestopft vor, und ich versuchte, alles wegzuschmeißen, was ich nur wegschmeißen konnte. Aber jedes Ding schien sich gegen die rasche Entsorgung zu wehren. Droht man den Dingen mit ihrer Zerstörung, werden sie plötzlich lebendig. Auf Zetteln standen Telefonnummern, die in Zukunft noch wichtig sein konnten, die ich aber nicht mehr zuzuordnen vermochte. Nichtssagende Briefe wehrten sich wortreich gegen den Papierkorb, staubfangende Souvenirs drohten mit Erinnerungsverlust, alte Dokumente taten hochwichtig und unentbehrlich, sperrige Möbel wussten um unsere magere Haushaltskasse, die ihre baldige Ablösung unwahrscheinlich machte, alte Fotos erzählten verflossene, rührselige Geschichten, längst abgelegte Kleidungsstücke faselten von Gelegenheiten, die für sie maßgeschneidert sein würden, vergilbte Bücher gaben sich als unverzichtbare Kulturbotschafter aus, und die Aktenordner bezeugten unumstößlich und schwergewichtig, dass ich gelebt und gearbeitet hatte.

Wie traurig, dachte ich, dass du all diese Dinge brauchst, um dich lebendig zu fühlen. Aber brauchen die Dinge auch dich, um ihrer Bestimmung und Form gerecht zu werden? Es ist ja zwischen uns und den Dingen eine alte Geschichte, zwischen Subjekt und Objekt, zwischen den flackernden Schatten an einer Höhlenwand und dem wahrhaft Seienden, zwischen dem Ding an sich und den Erscheinungen, die uns in unserer Alltagswelt umgeben. Aber diese Theorien von Platon bis Kant sind längst verstorben, und mit ihrem Sterben scheinen auch die Dinge ihre Seele verloren zu haben – nicht jedoch ihr Leben. Das Leben, das die Dinge leben, leihen wir ihnen, oder zumindest glauben wir, dass wir es sind, die sie zum Leben erwecken, wenn wir sie aus dem Regal des Supermarktes ziehen, wenn wir sie zusammenbauen oder wenn wir sie uns anliefern lassen. Plötzlich stehen sie da und sind Teil unseres Lebens. Wo waren sie vorher? Was haben sie ohne uns gemacht? Darüber zerbrechen wir uns nur noch selten den Kopf. Wir haben uns die Dinge radikal angeeignet, sie sollen nützlich oder schön sein oder aber beides. Unsere Hand leiht ihnen Funktion, unser Auge schenkt ihnen Schönheit. Das Design ist ein Schönheitswille, der den Dingen das Schöne aufzwingt. Design wirkt deshalb oft erzwungen, und die Schönheit des Gegenstands schmeckt bisweilen nach Kette. Aber irgendwann ist das Leben der Dinge abgelaufen, und wir werfen sie weg, lassen sie zurück, zerlegen oder ersetzen sie. Wir erwerben ein Ding nur noch im seltensten Fall, um es zu vererben. Wir ketten die Dinge unumkehrbar an uns, sind aber zugleich recht gleichgültig ihnen gegenüber. Das Verfallsdatum haben wir den Dingen gleich mit auf den Weg gegeben, denn wer traut oder wünscht sich heute noch ein bruchloses Leben, ein Leben mit den immer selben Dingen als Wegbegleiter? Gerade der Wechsel der Dinge, die rasche Wachablösung dessen, was unserem Alltag sein Gesicht verleiht, verspricht uns Lebendigkeit, so als würden wir es nicht ertragen, wenn uns ein Ding von der Wiege bis zur Bahre begleiten würde. Wirkt unser Leben nicht gleich länger, wenn wir Generationen von Dingen überleben? Wie viele Autos haben wir gefahren? Auf wie vielen Stühlen haben wir gesessen, welche Gläser haben wir auf den Boden geworfen? Wie viele Handys haben wir ans Ohr gepresst? Würde uns unser Leben nicht kurz vorkommen, wenn wir diese Gegenstände nur an einer Hand abzählen könnten? Wenn wir aber, ganz zuletzt, fast schon angekommen am Ende, zurückblicken könnten und alle Ding-Ketten mustern könnten, würden wir uns dann nicht verlieren in dem rasenden Wechsel? Wo hast du in all diesen Jahren, in all diesen Farben, Formen und Modellen gesteckt? Konnte kein Ding es dir recht machen?

Die, die gegen die Ding-Flut bei Lebzeiten opponieren, die sich nach Stabilität und Orientierung im Dinglichen sehnen, bestellen die Dinge des täglichen Lebens bei »Manufactum«, einem Quelle-Katalog für gehobene Geschmacksschichten. Hier finden all diejenigen ihre Dinge, die von einem Ding eine Geschichte erwarten, eine Biographie, ein nachweisbares Herkommen, die etwas besitzen wollen, was von Hand gemacht ist, eben »Manufactum«, denn Dinge, die von Dingen gemacht sind, sind, so ein landläufiges Ressentiment, unbeseelt. Wenn ich jedoch all die Dinge im »Manufactum«-Katalog sehe, die mir dort angeboten werden, und wenn ich die dazugehörigen Texte lese und Abbildungen betrachte, komme ich mir vor wie in einem großen, versteinerten Museum verblichener Gesten, Handgriffe und Handreichungen. Nehmen wir nur einmal das Thema Rasur. Zunächst einmal ereifert sich der »Manufactum«-Katalog gegen Elektrorasierer und fünfschneidige Rasierhobel, ehe dann das eigene Rasieruniversum entfaltet wird. Natürlich wird ein traditionelles Solinger Rasiermesser empfohlen, das man an einem »Abziehriemen aus Juchtenleder« schärfen kann. Und wo gibt es die Rasiercreme für den Mann von Welt, der die oberflächliche Massenware ablehnt? »No. 9 Curzon Street, im Herzen des Stadtteils Mayfair, ist die Heimat von Geo. F. Trumper, Londons berühmtestem ›Barber's Shop and Gentleman's Perfumery‹. Seit 1875 kümmert man sich dort um das Haupthaar sowie die gründliche Rasur britischer Gentlemen und beliefert die anspruchsvolle Kundschaft mit Rasierseifen und Duftwässern. Die in den Gewölben unter dem Ladenlokal hergestellten Produkte wurden in der gehobenen Londoner Gesellschaft und am englischen Königshof schnell sehr populär. Königin Viktoria erhob Trumper in den Rang eines Hoflieferanten, fünf weitere Royal Appointments folgten bis heute. Trumpers Rasiercreme aus der Tube entwickelt einen ebenso feinporigen Schaum von sahnig-steifer Konsistenz wie eine feste Rasierseife. Man gibt dazu eine kleine Menge der Creme auf die Handfläche oder in ein Gefäß und schlägt sie mit einem feuchten Dachshaarpinsel auf. Die Creme ermöglicht eine gründliche Rasur, hinterläßt die Gesichtshaut weich und gepflegt und besitzt einen dezenten angenehmen Duft. Für das bestmögliche Resultat empfiehlt Trumper die Rasur nach dem Bad oder der Dusche.«

Kann man durch die Auswahl von bestimmten Dingen gegen die Zeit rebellieren? Kann man, indem man sich mit Dingen umgibt, die Langsamkeit und Bedächtigkeit versprechen, das eigene Leben entschleunigen, die Zeit aufhalten? Kann mir der Dachshaarpinsel die verlorene Zeit zurückbringen und mich zu einem Gentlemen machen? Dinge mögen partiell als kleine Zeitmaschinen funktionieren, mit denen wir nostalgische Bedürfnisse befriedigen, aber die Gesamtheit der Dinge hat für solche Reminiszenzen nur Spott übrig. Die Dinge und wir entwickeln im kollektiven Dialog eine Zeit, die ihre Zeit hat. Der lebendige Dialog zwischen den Dingen und uns schafft die Gegenwart. Wenn dieser Dialog ins Stocken kommt, nur noch tröpfelt und abstirbt, dann bleiben die stummen Dinge zurück. Aber auch das, was in uns mit den Zurückgelassenen kommuniziert hat, verändert sich oder bleibt ebenso zurück. Nicht selten sind es nicht wir, die die Dinge zurücklassen, weil sie maulfaul und stumm sind, sondern die neuen Dinge lassen uns zurück, weil wir der Praxis, die sie uns vorschreiben, nicht folgen können oder folgen wollen, weil wir anfangen zu schweigen, wenn sie reden.

Als mich zum Jahreswechsel die Ding-Krise erwischte, merkte ich bald, dass mich weder ein »Manufactum«- noch ein »Ikea«-Katalog vor dem Zweifel an den Dingen retten konnte, obwohl »Ikea« natürlich das Gegenteil versprach. »Wohnst du noch oder lebst du schon?«, wurde ich hinterlistig gefragt, und damit gab man mir zu verstehen, dass die richtige Auswahl meiner Möbel die Antwort auf mein Dilemma darstellen würde. Doch als ich mich dann kurz nach Weihnachten durch die »Ikea«-Welt quälte und durch die hintertriebene Wegführung zwangsweise durch alle Wohnbereiche geschleust wurde, war mir klar, dass hier keine Rettung zu finden war. »Ikea« versprach zwar die größtmögliche Vitalität, aber tatsächlich bringt »Ikea« natürlich die größtmögliche Sterblichkeit, andere würden sagen Flexibilität. Bei »Ikea« kaufen die gänzlich Desillusionierten, die die Dinge aus dem Regal ziehen, auf ihren Wagen werfen und zukunftswillig zur Kasse schieben. Dabei stoßen sie ständig mit Leuten zusammen, die genau die gleichen Dinge auf ihre Wagen werfen und ebenso zielstrebig und aufbruchsbesessen zur Kasse streben. Das Geheimnis des »Ikea«-Dings ist seine Geheimnislosigkeit, seine Transparenz. Das »Ikea«-Ding kuscht, es ist opportunistisch, ich setze es zusammen, stelle es hin, werfe es weg, wenn es schäbig wird, wenn ich mich scheiden lasse, wenn ich die Wohnung aufgebe. Das »Ikea«-Ding strahlt spontan Euphorie und Optimismus aus, sackt aber im Alltag in sich zusammen und verliert jeden Esprit.

Wenn mich aber weder »Ikea« noch »Manufactum« retten konnten oder aber nicht die richtigen Antworten auf meine Fragen bereithielten, dann steckte hinter meinem Überdruss an den Dingen vielleicht etwas ganz anderes? Oder hinter den Dingen steckten ganz andere Dinge? Vielleicht die letzten Dinge? Dann war es also gar nicht der ganze Krimskrams, der mich unglücklich machte, sondern das, was durch ihn kommuniziert, ausgedrückt oder repräsentiert wurde. Ich war mir sicher, dass ich mein Problem nicht würde lösen können, wenn ich die Dinge einfach austauschte, in der Hoffnung, dass der Glanz der neuen Dinge auf mich abstrahlt. Dann würde ich mich ja zum Ding unter Dingen machen, ja, ich würde den Dingen die Herrschaft über mich einräumen. Ich musste also nicht so sehr die Dinge austauschen, sondern mein Verständnis von ihnen, meinen Dialog mit ihnen verändern. Die Dinge würden sich nicht mit mir unterhalten wollen, wenn ich mit ihnen weiterhin so barsch und gleichgültig umgehen würde wie bisher. Man kann Dinge zwar kaufen, aber um sie wirklich zu besitzen, muss man sie erwerben, sich bewerben um ihre Gunst, ohne sich jedoch von ihnen abhängig zu machen, ohne von ihnen Rettung zu erwarten. Kinder stehen den Dingen in großer Freiheit gegenüber. Dinge, die uns kostbar erscheinen, sind ihnen gleichgültig, und loser Tand sind für sie die schönsten Dinge. Sie sprechen auch noch mit den Dingen, billigen ihnen Geheimnisse zu und schmücken sie mit selbsterfundenen Rätseln. Kinder können um Dinge Tränen vergießen, weil das Ding ein Wesen hat oder ein Wesen ist. Das mag jetzt sehr metaphysisch klingen, so als ob ich annehmen würde, hinter den Dingen steckten die wirklichen Dinge, aber gerade das meine ich nicht. Das Leben steckt zwischen den Dingen und uns, in der täglichen Praxis, aber auch in der imaginären Interaktion. Wir könnten ohne Dinge nicht mehr sein, aber unser Sein sollte mehr als die Summe unserer Dinge sein. Wenn ein Baumarkt dieser Tage das Kommando ausgibt: »Mach dein Ding!«, dann könnte man doch zur Abwechslung mal die Parole formen: »Lass dein Ding!« oder »Lieb dein Ding!« Das Ding wartet nicht darauf, von uns erlöst zu werden, und umgekehrt wird es uns nicht erlösen. Aber wenn wir darauf verzichten, für die Dinge der Tyrann zu sein, der Lebensspender, der alles in der Hand hat, dann söhnen sich die Dinge vielleicht auch wieder mit uns aus.

Am liebsten, das spürte ich während meiner Ding-Krise zwischen den Jahren, hätte ich mich selbst gerne entsorgt und gegen einen anderen ausgetauscht. Wie oft hatte ich mich selbst als ein ungeliebtes Ding betrachtet, eine unvollkommene Version dessen, der ich hätte sein können? Ich trete gerne aus mir heraus, um mich von außen zu beobachten, aber wenn man plötzlich feststellt, dass man fast nur noch außer sich ist und sich wie ein Ding betrachtet, dann sollte man versuchen, wieder in sich selbst einzutreten, sonst wird man auch von den anderen nur noch als Ding behandelt und wundert sich über die Gleichgültigkeit, die man hervorruft. Und wie oft hatte ich andere wie ein Ding in den Blick genommen? Wie ein Ding behandelt? Es müsste, nahm ich mir vor, im neuen Jahr also weniger darum gehen, mich mit Dingen zu umgeben, die zu mir passen, sondern bei mir selbst einzukehren, um mich gegen eigenwillige und fremdwillige Verdinglichung zu wehren. Du kannst nicht wissen, ob alle Welt von dir erwartet, dass du möglichst gleichförmig bist, dass du bereitwillig in den Einkaufskorb springst, den man dir entgegenhält. Ist das da überhaupt ein Einkaufskorb, den dir Herr Groß entgegenhält? Und ist das ein Einkaufskorb, den du Frau Zügig zum Platznehmen anbietest? Sich verdingen, das tat früher vor allem das Gesinde, man verdingte sich als Knecht oder als Laufbursche, und in diesem Ausdruck, sich verdingen, steckt die Preisgabe des Ichs. Es ist ganz egal, wer diesen Brief überbringt, Hauptsache, er wird gebracht. Es bringt. Im Miteinander einander auf die Verdingung aufmerksam machen, das wäre einmal ein Liebesdienst, ein Beweis, dass man sich dem anderen fürsorglich zuwendet, selbst da, wo von Geschäften die Rede ist.

Und der Tod? Ist er ein Ding? Das ganz große Ding, das mich bedingt? Auf letzte Dinge kann man warten, man kann ihrer harren, »vor Furcht verschmachten«, wie es in der Bibel heißt. Aber dann wäre der Tod ein letztes Zuletzt. Dabei ist er der Begleiter von Anfang an, vom ersten Tag, vom ersten Schrei. Jedes Zuerst kann heute schon ein Zuletzt sein, und manches letzte Mal kreuzte und kreuzt meinen Weg. Es ist nicht der Tod, der mir alles nimmt, sondern ich habe ein Leben lang daran gearbeitet, dem Tod alles zu nehmen, was mir am Herzen lag. Manches Ding hätte ich nicht zum Leben erwecken können, manches war tot, bevor ich es entdeckte, andere Dinge sterben, weil ich ihnen alles abverlange, andere leben gerade deshalb auf und belohnen mich mit ihrem Sterben.

Wenn ich sterbe, werden die Dinge noch da sein, mit denen ich lebe und lebte. Ob andere sie an sich nehmen möchten? Sind meine Dinge dann noch meine? Oder kommt dann die Dingabfuhr und bringt alles auf die Dingkippe? Ob ich dann, kalt und bleich, nur noch Ding bin? Oder darf ich endlich Ding sein und sein?

Obduktion

Nein, ich müsse mich nicht schämen, wenn mir übel würde, wenn ich mich übergeben müsse, sagt der Gerichtsmediziner, der wie ein kalifornischer Surfer aussieht, braungebrannt und locker, das passiere immer mal wieder, auch erfahrenen Polizisten, nur bitte, sag rechtzeitig Bescheid, damit du uns nicht im Saal umkippst und dir da noch was aufschlägst, ist ja hart der Fliesenboden, und überhaupt, eine unangenehme Sache so ein Sturz, also, wenn du merkst, dass dir irgendwie schwindlig wird, gib ein Zeichen oder setz dich hin.

Es ist ein Tag im Spätsommer, tagsüber ist es noch warm, aber morgens ist es bereits frisch, und so friere ich, als ich in meiner dünnen Sommerjacke vor dem gerichtsmedizinischen Institut in Berlin-Moabit warte. Bevor wir in den Sektionssaal gehen, wo die Toten bereits auf den Tischen liegen und warten, muss der Rechtsmediziner, den ich begleite, noch die Akten der Kriminalpolizei studieren und sich mit den Kollegen absprechen. Hier im Landesinstitut für gerichtliche und soziale Medizin werden Leichen obduziert, bei denen die Todesursache unklar ist oder offenkundig ein Verbrechen vorliegt. Dann ordnen Staatsanwälte oder Gerichte die innere Leichenschau an. Der Rechtsmediziner weiß noch nicht, wen er heute auf den Tisch bekommt. In dem schmalen Büro sitzen zwei Ärzte und ein Sektionsassistent. Wir beugen uns über die Kriminalakten, dünne rote Schnellhefter. Offenbar finden die Leben der Toten auf wenigen Blättern Platz.

»Was haben wir denn?«

»Zwei Faule!«

»Nur zwei heute?«

»Na und einen Selbstmörder!«

»Bleibt es bei den dreien?«

»Kann noch der Autounfall dazukommen, wissen wir noch nicht.«

Ich frage, was »Faule« sind.

Faule sind Faulleichen, also Tote, die bereits stark verfault sind und in den Zustand der Verwesung übergegangen sind.

Wir beugen uns über die Akten, auch ich darf hineinsehen. Bei den Faulen handelt es sich um zwei Frauen, die tot in ihrer Wohnung aufgefunden wurden. Ein Gewaltverbrechen liegt offenkundig nicht vor, zumindest die Polizei und der Gerichtsmediziner haben dafür am Fundort keine Spuren entdeckt. Keine Spuren eines Kampfes, keine Anzeichen eines Einbruchs, in einem Fall war die Haustür von innen abgeschlossen. Die Frauen sind vermutlich eines natürlichen Todes gestorben, allerdings könne man das erst durch eine Obduktion bestimmen.

»Und der Selbstmörder? Es ist doch klar, woran er gestorben ist. Warum wird er obduziert?«

»Selbstmörder werden grundsätzlich obduziert, um die genaue Todesursache zu bestimmen.«

Nach einer Tasse Kaffee gehen wir zum Sektionssaal. Ich spüre, dass mein Herz schneller schlägt. Der Anblick eines friedlichen Toten ist etwas anderes als der Blick auf einen Körper, dem Kopf, Brust und Bauch aufgesägt und gestemmt werden. Wir sehen durch eine Scheibe in den Sektionssaal. Die Toten liegen am anderen Ende des Saales. Distanz. Abstand. Ich sehe einen schwarzen Hügel. Sonst nichts. »Alles klar?«, fragt mein Begleiter. – »Alles bestens!«, gebe ich betont lässig zurück. Habe ich nicht schon alles gesehen, was man sehen kann? Sind Fernsehen, Kino und Internet nicht immerzu Obduktionsmaschinen, die alles zerschneiden, alles aufwühlen, alles sezieren? Und was ist denn eine Obduktion gegen die Vivisektionen der Medien, die eben nicht nur das Tote, sondern am liebsten das Lebendige, das Zappelnde aufschneiden und ausweiden? Okay, denke ich, du wirfst jetzt ein bisschen Kulturkritik als Beruhigungstablette ein. Lass gut sein! Geh einfach rein!

Wir ziehen uns um.

In dem Sektionssaal stehen fünf Sektionstische. Das Licht ist nüchtern, kalt. Von der Decke hängen Fliegenfänger, so wie ich sie vor allem aus den Bauernküchen auf dem Land kenne. Auf den klebrigen Streifen kämpfen ein paar müde gewordene Fliegen um ihr Leben. Ich halte mich an meinem Notizbuch fest. Es sind mehrere Ärzte im Raum, einige Studenten und zwei Sektionsassistenten, deren Hauptaufgabe darin besteht, die Leichen für die Obduktion vorzubereiten, sie zu öffnen und sie wieder zu schließen. Zuerst wird der Selbstmörder in Augenschein genommen. Der Rechtsmediziner beginnt mit der äußeren Leichenschau, wobei der gesamte äußere Körper betrachtet, befühlt, betastet und beschrieben wird. Der Arzt hält ein Diktaphon, in das er seine Beobachtungen und Befunde spricht. Es ist, könnte man sagen, eine sehr genaue und detaillierte Körperbeschreibung, das Anfertigen eines Körperbildes. Der Tote wurde bereits gewogen und vermessen. Er ist ein alter Mann, neunundsiebzig Jahre alt. Er ist in seiner Wohnung auf den Balkon getreten, hat einen Stuhl vor die Balkonbrüstung gestellt und ist dann in die Tiefe gesprungen. Fremdeinwirkung wird ausgeschlossen. Der Tote, so stand es in der Akte, lebte mit einem deutlich jüngeren Mann zusammen. Über die Motive für seinen Selbstmord kann man nur Mutmaßungen anstellen, da er keinen Abschiedsbrief hinterlassen hat. Hatte der alte Mann Angst, verlassen zu werden? Fühlte er sich im Stich gelassen oder hatte ihn der Lebensmut verlassen, weil er an Parkinson litt? Der Tote stammte ursprünglich aus Frankreich. Lebte er im Streit mit seinen Angehörigen? Was für ein Leben hatte er in Frankreich zurückgelassen? All das werden wir heute nicht erfahren. Der Mann ist schmal, die Augen sind leicht geöffnet. Auf den ersten Blick sieht der Körper überraschend unverletzt aus, jedenfalls nicht deformiert oder schrecklich entstellt. Blutergüsse, ja, Abschürfungen, auch am Schädel eine größere tiefere Wunde, aber der Mann wirkt nicht zerschmettert. Für einen Neunundsiebzigjährigen sieht der Körper äußerst gepflegt und fit aus. Die Haut ist blass, ein eher rothaariger Typ, ein paar Sommersprossen. Der Schädel wird befühlt, an der Nase geruckelt, Ohren und Mund studiert, der Mann wird umgedreht, die Arme angehoben.

Ich konzentriere mich auf diesen Toten. Die beiden Faulleichen, die hinter mir liegen, versuche ich zu ignorieren, was mir aber schwerfällt, weil sie bestialisch stinken. Andererseits macht mir dieser Gestank nichts aus. Ich nehme ihn wahr, aber er lässt mich nicht würgen.

Der Selbstmörder wird vom Sektionsassistenten aufgeschnitten. Das klingt so, als ob man mit einer Geflügelschere arbeitet. Das Fleisch schnappt und schmatzt, Knochen krachen, die Rippen werden durchtrennt, so dass schließlich das gesamte Sternum, das Brustbein, wie eine schwere Platte aus dem Körper entnommen wird. Dahinter kommen die inneren Organe zum Vorschein. Von diesem Augenblick an … kann ich keine geordneten Aufzeichnungen mehr wiedergeben. Mir wird schwindelig. Allerdings nur für kurze Zeit, so dass ich mich ermahne, ich solle mich setzen. Aber dieser physiologische Moment, dieser physiologisch begründete Schwindel wird durch einen psychologischen Schwindel abgelöst, der bleibt, der mich fest im Griff hat, aber mich nicht umfallen lässt. In diesem Moment, als ich glaube, ich werde gleich stürzen, verdichten sich die olfaktorischen, die visuellen und die akustischen Eindrücke und steigern sich miteinander. Es ist allein die nüchtern-sachliche Haltung der Mediziner, deren forschende Blicke vollkommen kalt und präzise über die Körper und die Organe wandern, die mich davon abhält zu glauben, ich befände mich in einem monströsen Kabinett, einer Schau des Schreckens, in einem Splatterfilm. Die Schädelsäge kreischt, die Gesichtshaut wird nach vorn geklappt, der Schädel wird mit einem lauten Plopp geöffnet, jemand legt ein Herz auf den Tisch, zwei Hände greifen tief in den Bauchraum, das Blut rinnt vielfarbig in den Abfluss, die Fliegen zappeln auf ihrem Honigbett an der Decke, und die schillernden Faulleichen nölen: »Komm, komm auch mal an unseren Tisch, junger Mann!«

Dieses Drama findet aber nur in meinem Kopf statt, denn die Mediziner erledigen ihre Arbeit mit einer forschenden Neugier, die allein dem Gegenstand, der Sache, dem Ding, dem Organ, dem Bluterguss oder der Vene gilt. Sie studieren den Körper mit leidenschaftsloser Leidenschaftlichkeit, sie sehen weder sich noch den Toten, sie sehen einen Prozess, eine Entwicklung, sie sehen Ursache und Wirkung, sie sehen Fragen und suchen Antworten. Ihre Handgriffe, Blicke und Haltungen werden von einem durch die Jahrhunderte tradierten Wissen geformt, ein Wissen, das, um ein Wissen zu werden, sich gegen Glaube und Aberglaube behaupten musste und selbst unter dem Verdacht stand, ein gotteslästerliches Verbrechen zu sein.

Das anatomische Theater des 16. Jahrhunderts gibt uns noch heute eine Vorstellung davon, wie gewagt und revolutionär, wie umstürzlerisch dieser Blick in den offenen Körper einst war. In diesen anatomischen Theatern, die sich vor allem in den großen Städten in Frankreich, Italien und den Niederlanden befanden, sezierten die Anatomen ihrer Zeit vor Publikum. In den kreisförmigen Sälen, deren Sitzränge wie in einem Amphitheater steil anstiegen, fand sich die wirtschaftliche und geistige Elite einer Stadt ein, um dem unerhörten Ereignis beizuwohnen. Londoner Bürger und Adlige pilgerten sogar nach Amsterdam, weil dieses unerhörte Ereignis im damaligen London noch kaum ausgeübt wurde. In einer Zeit, in der sich die Menschen langsam an den Gedanken gewöhnten, dass sich die Erde um die Sonne dreht und nicht umgekehrt, verlangte es den Renaissancemenschen auch nach Körpereinsichten. Was würde aus dem Leib entspringen? Ein Teufel oder ein Engel? Würde man die Seele aufsteigen und davonfliegen sehen? Würde man dem Schöpfergott auf die Spur kommen und herausfinden, wie er den Menschen macht? Wie ist der Dialog zwischen dem Körper und dem Geist zu denken? Wie wächst der Mensch im Mensch? Warum stirbt er?

Der Arzt Andreas Vesalius, der im 16. Jahrhundert die moderne Anatomie durch seine mutigen Forschungen begründete, stahl sich seine Toten noch von Friedhöfen oder er schnitt die Gehenkten von den Galgen ab, andere Tote waren für ihn tabu, weil die Kirche Pietät verlangte. Die Kirche sah den menschlichen Körper, das Werk und den Leib Gottes, durch den Wissensdurst der Anatomen geschändet, es stand dem Menschen nicht zu, in den göttlichen Bauplan einzugreifen und in den göttlichen Mikrokosmos Einblicke zu begehren. Der Anatom war sozusagen ein Mann des Teufels, ein Ketzer, ein Glaubensabtrünniger. Vesalius war der Erste, der menschliche Leichname in großer Zahl sezierte und seine Erkenntnisse umfassend beschrieb. Er veröffentlichte im Jahr 1543 sein epochemachendes, reich illustriertes Werk »De humani corporis fabrica« (»Über den Bau des menschlichen Körpers«). In den Jahrhunderten zuvor hatten die Anatomen wegen der kirchlichen Denk- und Forschverbote vor allem Tiere zergliedert und die dergestalt gewonnenen Einsichten auf den menschlichen Körper übertragen.

Seit jenen Tagen sind die Anatomen immer weiter und tiefer in den Körper vorgedrungen, und ihr schneidender Blick ist für mich wie ein Kompass in diesem Wirbel aus Blut, Eingeweiden und Knochen, aus extremen Bildern, in dieser Körperschlacht, die mir meinen eigenen Körper in seiner Vergänglichkeit und Verderblichkeit so drastisch vor Augen hält.

Indem ich mir diesen Blick zu eigen mache, den registrierenden, den fragenden, werde ich mit den Eindrücken ganz gut fertig. Der Rechtsmediziner zerschneidet jetzt das Gehirn des Mannes. Ich darf es berühren, ich soll es berühren. Wie fühlt es sich an? Wie ein schlaffer, nicht richtig aufgepumpter Ball? Oder doch eher wie ein fester Pudding? Wie ein aufgequollenes Gummibärchen? Das Gehirn, das in der Regel 1200 bis 1300 Gramm wiegt, wird nun in zwölf säuberliche Scheiben zerschnitten. Dann nehme ich das Herz in die Hand. Wie oft hat dieser treueste Muskel geschlagen? Drei Milliarden Mal? Vier Milliarden Mal? Trotz solcher Gedanken bleibt es ein Stück totes Fleisch in meiner Hand. Im Übrigen ist es sehr wichtig, welche Eigenschaftswörter der Rechtsmediziner wählt, um seinen Toten und sein Körpergelände zu beschreiben. Und beschrieben wird vor allem das, was abweicht, was kein normales Aussehen zeigt, beispielsweise ist etwas »breiig«, »zerfließlich«, »gallertartig«, »erhaben«, »lederartig«, »derb«, »perforiert«, »nekrotisch«. Ich betrachte Leber, Herz, Milz, Nieren und Magen. Der Mageninhalt ist noch gut zu erkennen, kurz vor seinem Tod hat der Selbstmörder Spinat gegessen.

Ich lerne, dass sich die Rechtsmediziner über jedes ungewöhnliche Detail freuen, aber »freuen« ist vielleicht doch ein zu starkes Wort, ungewöhnliche Körperzustände wecken ihr besonderes Interesse, sie leben, blühen auf, sie ziehen Kollegen hinzu, fachsimpeln, staunen, »Hast du so was schon mal gesehen?«, ihr bohrender Eifer bekommt plötzlich etwas Enthusiastisches, weil der Tote die Bahnen der Routine verlässt und sie fordert, weil sie etwas Neues lernen.

In diesem Fall geht es um einen Hirnschrittmacher, der etwas oberhalb des Bauches sitzt und von dem zwei Kabel ausgehen, die unter der Haut bis in den Schädel führen, wo zwei Sonden unter der Schädeldecke sitzen und das Gehirn mit elektrischen Impulsen stimulieren. Diese tiefe Hirnstimulation wird vor allem bei Menschen, die an Parkinson erkrankt sind, angewendet. Der silberne Impulsgeber im Bauchraum hat etwa die Größe einer Zigarettenschachtel. Mich frappiert, dass ein Mensch offenbar problemlos solche Implantate mit sich herumschleppen kann, dass sich das Künstliche so gut mit dem Organischen verträgt, dass es sich vom Bauch bis ins Gehirn erstreckt. Ich muss an den Herzschrittmacher meines Vaters denken, dessen lautes Ticken mich immer erschreckt hat. Nichts hält den Cyborg auf, und mit ihm, dem Wesen, das Menschen und Maschinen zum Cyborg vermählt, wird sich auch unser Sterben verändern.

Ich bin ein wenig enttäuscht, wie primitiv der innere Mensch aussieht. Nein, ich hatte nicht erwartet, den Sitz der Seele zu entdecken, ich hatte auch nicht geglaubt, im Gehirn Spuren von Geist anzutreffen, aber ein bisschen weniger blutig, fleischig, knochig und muskulär hatte ich den Menschen doch gedacht. Die ganze Konstruktion wirkt nicht besonders geheimnisvoll, nicht besonders filigran, eher so, dass man denkt, ein Wunder, dass das funktioniert, ein Wunder, dass wir denken, fühlen, dass wir gehen, stehen, dass wir lieben, hassen können, ein Wunder, dass diese simple Mechanik aus Muskeln und Knochen uns hält. So wie der Mann da liegt, ist er nur ein anderes zu Tode gekommenes Tier. Erst die Akte erschließt mir den Menschen, verleiht ihm eine Geschichte und Individualität. Vielleicht ist es aber auch mein ungeschulter Blick, der nur das Grobe erkennt, an ihm klebenbleibt und nicht weiter vordringt.

Eine Obduktion dauert in der Regel zwei bis drei Stunden, nach dem Selbstmörder sind die beiden Faulleichen an der Reihe. Sie sind schwarz bis zur Unkenntlichkeit. Die jüngere, kleinere Frau ist etwas weniger stark verfault, aber auch bei ihr kann ich – sosehr ich mich auch anstrenge – keine Gesichtszüge mehr erkennen. Doch während sie nur im Oberkörperbereich schwarz ist, ist ihre Nachbarin vollkommen verfault, von Kopf bis Fuß. Die Jüngere wird mir vor allem deshalb im Gedächtnis bleiben, weil sie wie ich in Oldenburg geboren war. Über ihre Wohnung hieß es in der Akte, es sei eine »typische Messie-Wohnung« gewesen, und die Frau habe beruflich früher irgendetwas »mit Mode« zu tun gehabt. Sie sei zuletzt am 25. August lebend gesehen worden. Heute ist der 4. September.

Die ältere der beiden Frauen sieht aus wie ein schwarzer Walfisch, der aus den tiefsten Tiefen eines lichtlosen Meeres aufgetaucht ist und nun mit geblähtem Bauch am Strand liegt. Sie hat eine Woche oder zwei in ihrer Wohnung gelegen, ehe man sie fand. Und da es warm war in den letzten Tagen, ist sie kaum noch als Mensch zu erkennen. Das Schwarz, das sie trägt, ist aber kein totes, regloses Schwarz, es ist ein schillerndes Schwarz, mit braunen, grünen und grauen Untertönen, mit schlierigen Leuchtbahnen und trüb schimmernden Pfützen. Dieses faulige Schwarz hat eine fast bösartige Präsenz, denn dieses Schwarz scheint nicht einfach für einen physiologischen Prozess zu stehen, sondern für das Schicksal der Frau, die in ihrer Wohnung umkippte – vielleicht war es ein Infarkt, ein Schlag – und die dann einfach liegenblieb und starb. Hat sie jemand vermisst? Vielleicht lebte sie noch einige Stunden, vielleicht war sie sofort tot? Genau lässt sich das nicht mehr ermitteln, dazu ist sie bereits zu verwest. Das Einzige, was von der Frau blieb, von ihrem Leben, sind ihre leuchtend roten Zehennägel, die sie noch kurz vor ihrem Tod frisch lackiert haben muss, denn dieses

Rot ist frisch und deutlich. »Faulleichen sind gerade in Großstädten wie Berlin weitverbreitet«, sagt der Rechtsmediziner. Oft sind es alleinstehende Frauen, die kaum noch Kontakte pflegen oder nur sehr wenige. Dass diese Einsamen fehlen, merkt man nicht, aber irgendjemand beschwert sich über den Geruch, und dann kommt der Hausmeister mit der Polizei. Das Fenster steht offen, die Fliegen riechen das Aas, und dann gibt es kein Halten. Die Tote ist von Hunderten weißen, wimmelnden Maden durchsetzt, ein Bild, das mich überrascht, weil ich dachte, die Tiere würden getötet, aber nein, sie dürfen ihr Werk tun, sofern sie nicht der Hand oder dem Messer des Rechtsmediziners in die Quere kommen. Die Tote ist so verfault, dass ihr Körper nicht mehr viel erzählen kann. Ein Gesicht gibt es nicht mehr. Das Hirn ist fast nur noch eine grün-braune Brühe, die Organe sind auch weitgehend zersetzt, alles ist eine breiige, stinkende Jauche.

Für den Rechtsmediziner sind das keine Bilder, die ihm zusetzen. Er hat schon mal einen Mann untersucht, der wie diese Frauen allein in seiner Wohnung starb und der anschließend von seinem Schäferhund angefressen wurde; und da der Tote keine Hose trug, fraß der Hund den Penis seines Herrn. Dieses Phänomen, man nennt es »postmortalen Tierfraß«, komme immer mal wieder vor, es sei vor allem bei Hunden und Hauskatzen belegt, aber auch ein Hamster sei bereits auf diese Weise in die forensische Fachliteratur eingegangen. Und im Übrigen gäbe es ja auch den rituellen Leichenfraß, ergänzt er, bei den Parsen in Indien, die ihre Toten auf hohen Türmen ablegen, damit sie von den Vögeln gefressen und hinauf in die reinigenden Lüfte getragen werden. Diese Form der Himmelsbestattung, fügt er abschließend hinzu, sei auch in Tibet noch verbreitet. Er könne mir den Aufsatz über den postmortalen Tierfraß einmal schicken, das sei sehr eindrucksvoll dokumentiert und aufgearbeitet.

»Ja, spannend«, sage ich, vielleicht kann ich das irgendwie einbringen in mein Kapitel.

Ich weiß nicht, was ich von diesem Tag in der Gerichtsmedizin in mein Leben, in meinen Schlaf tragen werde.

Mit dem Gerichtsmediziner treffe ich mich noch einmal am Hackeschen Markt in Mitte in einer Bar. Er ist im Dienst. Er hat Bereitschaft. Sollte jemand in dieser Nacht ermordet werden, kann ich ihn zum Fundort begleiten. Doch niemand wird in dieser Nacht in Berlin getötet. Zumindest wird niemand gefunden, der getötet wurde. Einige Tage später trifft per E-Mail tatsächlich der Aufsatz über den postmortalen Tierfraß ein. Ich überfliege ihn und versuche, die beigefügten Polizeifotos nicht zur Kenntnis zu nehmen. Dann treffen wir uns noch einmal zufällig: Der Rechtsmediziner ist nicht nur ein äußerst attraktiver und sympathischer Mann, er spielt auch noch Klavier, und als wir uns auf einem Straßenfest begegnen, hat er dort gerade einige Rock 'n' Roll- und Blues-Standards zum Besten gegeben.

Was wird mir von diesem Tag am meisten in Erinnerung bleiben? Und was macht das mit mir?

Ist es das Gesicht ohne Gesicht?

Das vielsagende Schwarz?

Das Herz in der Hand?

Die blitzenden Sägen, Messer und Scheren?

Das Blut in all seinen Schattierungen und Nuancen?

Die Marmortische mit den Abflüssen?

Die Fliegenfänger?

Es sind auf jeden Fall nicht so sehr die Bilder der Leichen, die mich beunruhigen, sondern eher das, was sich in den Akten fand. Das Leben, das die Toten auf diesen marmornen Tisch gebracht hat. Ihr Sterben, das von Einsamkeit und Verzweiflung, von Isolation und Unglück erzählt.

Was ich lange in Erinnerung behalten werde, ist der verzweifelte Kampf der Fliegenmaden um ihr Leben. Ist das nicht übertrieben? Verzweifelter Kampf? Niedere Tiere wie diese haben doch keine Gefühle! Und doch kann ich diese Würmer nicht vergessen, die aus der Frau herausfielen, als man die Tote vom Tisch nahm und der Sektionsassistent den Tisch mit einem Duschkopf säuberte. Wie das Gewimmel dann in den Ausguss gespült wurde und weg war, auch noch die letzte Made, die schon fast über den Rand des Tisches hinausgekrochen war und dann doch vom feinen Strahl erwischt und fortgerissen wurde. Darf man Mitleid für einen Wurm empfinden?

Unser Leichenschauhaus

Am Tag nach dem Tag in der Gerichtsmedizin hatte ich Lust, Fernsehen zu sehen. Am liebsten wäre mir eine Rund-um-Sorglos-Geschichte gewesen, eine Geschichte, die zwar Tränen und Täler mit sich bringt, aber beides nur als Voraussetzung für eine abschließende Apotheose der Heiterkeit, ein blitzblankes und ungetrübtes »Ja« zum Leben. Doch das erste Bild, das ich sah, erfüllte meine Erwartungen nicht. Ein abgerissener Arm lag auf einem Sofa, und ein Kommissar beugte sich über die verlorenen Gliedmaße. Ich schaltete um, doch auf dem anderen Kanal versuchte gerade ein offenbar Wahnsinniger mit zotteligen Haaren eine Badezimmertür mit einer Axt einzuschlagen, während sich eine schreiende Frau schutzsuchend in eine Ecke drückte. Ich schaltete um und fiel direkt in eine Blutlache, die sich immer weiter ausbreitete, ich zappte das Bild weg und landete in einer Volksmusiksendung. Der Moderator sah aus wie eine motorbetriebene Wachspuppe. Der letzte Versuch, ein friedliches Bild zu entdecken, konfrontierte mich mit den starren, leblosen Augen einer Toten, an der ein Schäferhund leckte.

Ich schaltete ab. Woher kamen all die Erstarrten? Warum wird im Fernsehen so viel gestorben?

Egon Erwin Kisch, der rasende Reporter, schrieb 1925: »Aber in Berlin in der Hannoverschen Straße ist fast täglich die Tafel hochgezogen: ›Leichenschauhaus geöffnet‹ ... Hinter den Schaufenstern der Publikumshalle liegen auf schrägen Brettern mit ihren Kleidern bedeckt die Namenlosen ... Sind Tote hier in den Schaukästen, dann fehlt es ihnen auch an lebenden Besuchern nicht. Die Tafel ›Leichenschauhaus

111

geöffnet‹ ist eine Einladung. Kutscher steigen ab, ihr Gefährt auf der Straße stehenlassend, Schulkinder versuchen einzudringen, aus den Geschäften und Häusern holt der Nachbar den Nachbarn zur unentgeltlichen Schaustellung. ... sie treiben sich in der Halle umher, die mit dem Glasdach und der metallenen Geländerstange wie der Raubtierpavillon des Zoologischen Gartens aussieht; die Lebenden apostrophieren die Toten in den gläsernen Käfigen mit berlinisch-zynischen Bemerkungen. Nach drei Wochen dieses Verkehres der unbekannten Toten mit den Lebenden holt man die Leichen aus ihren Glashäusern, wo ein Ventilatoren- und Röhrensystem sie mit eisiger ammoniakkomprimierter Luft frisch erhalten hat, sperrt sie in einen magistratlich beigestellten Sarg, genannt ›Nasenquetscher‹, und begräbt sie.«

Die Leichenschauhäuser waren eine Erfindung der Kriminalistik des 19. Jahrhunderts, das erste, die Morgue, öffnete in Paris seine Pforten. Unbekannte Tote sollten hier durch die Schaulustigen identifiziert werden. Die Leichenschauhäuser wurden erst nach und nach überflüssig, als die Wissenschaft neue Mittel und Wege gefunden hatte, unbekannte Tote zu identifizieren. Dazu gehörten die Entdeckung der Blutgruppen um 1900 und die Möglichkeit, menschliches Blut nachzuweisen. Damit wurde der öffentliche Blick auf die Leichen entbehrlich und galt bald als verpönt.

Das Leichenschauhaus unserer Tage ist das Fernsehen. Und wir sind seine lebenden, schaulustigen, todesversessenen Besucher. Amerikanische Fernsehserien wie »Six feet under« (Familienalltag eines Bestatters), »Emergency Room« (Liebe, Leid und Dramatik in der Notaufnahme eines Krankenhauses) oder »24« (Superagent Jack Bauer rettet rund um die Uhr die Welt und agiert nebenberuflich als Folterer) spielen in drastischen Bildern mit dem Tod und dem Sterben; die Krimiserien von »CSI: Miami«, »CSI: New York«,

»Navy CIS« bis zum deutschen »CSI«-Nacheiferer »Post Mortem« oder der Serie »Bones«, sie alle öffnen uns Leichen in einer bislang nie gesehenen Art und Weise. Sie wühlen in Leibern und Leichen, als ob hier die guten Einschaltquoten zu entdecken wären, von denen das Fernsehen jede Nacht träumt.

Im Jahr 1920 erkannte der Dichter Oskar Loerke dem Schriftsteller Hans Jenny Jahnn für sein Drama »Pastor Ephraim Magnus« den angesehenen Kleist-Preis zu. Das Stück, das nicht an Minderjährige verkauft werden durfte, entfachte einen Skandal. Jakob und Ephraim, die Söhne des Pastors, sind verzweifelte Sinn- und Seelensucher. Jakob geht in seiner Suche nach Klarheit, in seinem Wunsch, das Geheimnis des menschlichen Lebens zu lüften, so weit, dass er vor einem Mord nicht zurückscheut. Er tötet eine Prostituierte und weidet sie regelrecht aus, um etwas über die Ordnung aller Dinge zu erfahren. Doch die Lektüre des Fleisches und der Gedärme, die Inaugenscheinnahme des Innersten enttäuscht ihn; er kann nichts finden außer Schleim und Blut und Knochen. Er fühlt sich zermalmt, weil es ihm nicht gelang, das große Buch der Natur entziffern und deuten zu können. Und er prophezeit, ebenso sehnsüchtig wie ekstatisch, dass einmal ein »Bildhauer« kommen werde, dem es nicht genüge, die süße und herbe Kontur der Knaben zu meißeln, sondern er werde die »Bäuche aufschneiden und ihre Herzen nehmen, um zu sehen, welche Lust das gibt«.

Wenn man sich das heutige Fernsehprogramm anschaut, dann könnte man meinen, diese Prophezeiung sei nun in Erfüllung gegangen. Wohin man auch sieht, Leichen versüßen uns die Primetime, Leichen kitzeln unsere Spannung, Leichen werden seziert, gedeutet, gelesen, befragt, Leichen sind die Helden unserer TV-Tage. Der Gerichtsmediziner ist eine notorische Figur auf dem Bildschirm geworden, eine

Figur, die nicht länger nur verschroben oder unheimlich ist, ein menschlicher Appendix des Skalpells und ein hohlwangiger und subalterner Zulieferer des Kommissars. Er ist kein monströses Wesen mehr, das monströs sein musste, weil es Tag für Tag etwas Monströses tat. Nein, der Gerichtsmediziner ist eine attraktive Figur, nicht selten eine Frau (nicht selten eine schöne Frau), ein Mensch, der attraktiv sein darf, ein bisschen verrückt vielleicht noch immer (aber immer seltener) und ansonsten ein Meisterfährtenleser, der jede Zelle des menschlichen Körpers, jede Hautschuppe, jedes Haar und jeden Tropfen Blut wie einen Roman aufblättert und liest.

Die Konjunktur der Toten im Fernsehen steht auf dem ersten Blick dem Befund entgegen, dass der Tod aus dem Alltag unserer Gesellschaft immer mehr verbannt wird. Die meisten Menschen, etwa fünfundachtzig Prozent, sterben in unserem Land in Institutionen wie Krankenhäusern oder Altersheimen. Wir fürchten unseren Tod und wollen bei Lebzeiten wenig mit dem Tod zu tun haben. Die meisten Menschen sehen ihren ersten Toten, wenn die Eltern oder nahe Verwandte sterben, ansonsten vollzieht sich das Sterben abseits des öffentlichen Lebens, abseits unseres Alltags, der störungsfrei verlaufen soll. Im Fernsehen hingegen garantiert das Sterben einen todsicheren Unterhaltungswert, denn wo nicht gestorben wird, ist kein Abenteuer, keine Action, keine Verbrecherjagd und Mörderhatz. Der Tote ist der vitale Transmissionsriemen des spannenden Abenteuers und des aufwühlenden Dramas. Während man im Hinblick auf das Fernsehen von einer medialen Nekrophilie sprechen könnte, sind wir in unserem Alltag von einer realen Nekrophobie umgeben.

In vielen Krimiformaten wie den »CSI«-Serien, die gerichtsmedizinisch inspiriert, grundiert oder fundiert sind – und es werden immer mehr –, spielt die Leiche eine immer größere Rolle. Lange vorbei sind die Tage à la »Derrick« oder »Der Kommissar«, als man den oder die Tote nur aus einiger Distanz zu Gesicht bekam, bestenfalls oder – wenn man so will – schlimmstenfalls ein Kameraschuss in weit aufgerissene, lebensleere Augen, das wars. Dann wurde rasch ein Tuch über den Toten gezogen, der Sarg geschlossen, er wurde abtransportiert und weggefahren. Vorbei, vorbei!

Nein, so lieblos gehen wir nicht mehr mit den Toten um. Sie werden zunächst aus allen möglichen Perspektiven umkreist, so als ob der Zuschauer selbst zum Komplizen gemacht werden soll, der Tat und der Aufklärung zugleich. Und dann prasseln auch schon die ersten Dialoge auf das Opfer herab, es werden die Totenstarre, das Wetter, Insektenbefall, der Fundort, die Verletzungen, die Lebensspuren und die Physis in raschem Tempo durchdekliniert; dann geht es ab in die Gerichtsmedizin, wo man den noch stummen Körper zum Sprechen bringt. Er wird aufgeschnitten, die Organe werden entnommen, gewogen, gefärbt, gekocht, schließlich wird das Fleisch studiert und jeder Kanal durchschwommen von der Speiseröhre bis zum Darmausgang. All das geschieht durch die Hand des Gerichtsmediziners, aber auch durch die Maschinen, die er lenkt. So fängt der Tote an zu plaudern – hier werden gern Rückblenden auf die Tat und das verschwundene Leben platziert –, und er parliert geradezu angeregt mit dem Mediziner, den Laboratorien und mit uns. Man könnte den Gerichtsmediziner auch als Orpheus in der Unterwelt verstehen, als einen Orpheus, der mit den Toten sprechen darf, ja, von dem man es sogar erwartet. Der Gerichtsmediziner darf sich – anders als Orpheus auf der Suche nach Eurydike – sogar straffrei und ohne Furcht umdrehen, er muss sich wieder und wieder umdrehen, den Anblick der Toten studieren, um zusammen mit ihnen den Täter zu finden.

Liegen darin nicht Trost und Versprechen? Der Tote wird

wieder zum Leben erweckt, zumindest im Film, denn er ist nicht länger Leiche, sondern er darf auferstehen und sich selbst in die Erzählung einbringen. Die Leiche spricht, und in dem Moment haben wir sie aus ihrer Stummheit erlöst, so wie sie uns aus unserer Stummheit erlöst, denn diese Leichen fordern keine Pietät, sie fordern kein Schweigen, sondern sie wollen, dass wir uns über sie beugen und nicht nachlassen, in ihrer Geschichte zu wühlen. Dabei dürfen wir ruhig laut sein, obszöne Witze machen, über sie lachen, Chips in uns hineinschaufeln, solange wir ihnen unsere ganze Aufmerksamkeit schenken. Die sprechende Leiche stellt auch einen wesentlichen Kunstgriff in erzählerischer Hinsicht dar, denn jetzt ist sie keine Leerstelle der Narration mehr, sondern sie selbst kann als Erzähler und Dramaturg in das Geschehen eintreten.

So bildet sich zwischen den Toten, uns, dem Gerichtsmediziner und seinem Labor eine Allianz, die gegen die Endgültigkeit des Todes kämpft und an der Unsterblichkeit bastelt. Die forensische Hexenküche wird unversehens zum utopischen Ort, an dem die Toten sich mit dem Skalpell, dem Mikroskop und dem Computer vermählen, um in ein anderes, neues Leben zu springen oder in das alte zurückzukehren. Sie, die Toten, werden zu Cyborgs, die vielleicht nicht in den Himmel kommen, aber immerhin in unseren Träumen leben und im Interface ihre Interessen geltend machen. Und das Fernsehen ist das Leichenschauhaus, in dem wir die Toten von ihrer Anonymität erlösen. Und der Mediziner ist endlich jener Prometheus, von dem nur noch die Sage weiß: Er erschafft sich selbst nach seinem Bild und braucht keinen eifersüchtigen Gott zu fürchten, der ihn an einen Felsen nagelt. Es versteht sich, dass dieser gottgleiche Herrscher über die Toten auch mit den Maschinen spricht, als seien sie seine Freunde, seine intimen Lebenspartner. Es gibt keine Datenübertragung, die misslingt, kein Rechenmanöver, das zu schwer ist, und keine Recherche, die ereignislos bleibt. Wo wir einen Toten nur noch in den Bruchstücken seines Lebens erkennen und er uns im Rückblick immer fragmentarisch bleibt, vernetzen die Geräte der TV-Forensiker die Fragmente so bruchlos, dass der Tote in universeller Ganzheit vor uns hintritt. Der so gewonnene Tote ist sogar vollständiger als der ehemals Lebende, denn nun ergänzt all das, was bislang im Schatten und Verborgenen weste, seine Gestalt. Und so steckt in diesen Kriminalfilmen, in ihren vollständigen Rekonstruktionsgewinnen nicht nur die Sehnsucht, die Toten wiederzuerwecken, sondern auch der Wunsch, dass die Maschinen, die uns im Alltag das Leben so schwermachen, endlich einmal richtig zu leben anfangen. Das, was uns im Alltag immer wieder fehlschlägt, wird hier fehlerlos auf einem Niveau vorgeführt, das man eigentlich Science-Fiction nennen müsste. So ist der Gerichtsmediziner ein sehr irdisches Raumschiff, eine Gestalt, die den Schrecken vor den Toten bannt und zugleich die Sehnsüchte bündelt, die dem Gelingen und der Überwindung des Alltäglichen gelten.

Der Tod und die Leichen stehen im Fernsehen aber auch deshalb so hoch im Kurs, weil sie, in den fiktionalen Formaten, ein Höchstmaß an Authentizität, an Glaubwürdigkeit und – paradox genug – Lebendigkeit versprechen. Durch die totale Erzählung von Sterben und Tod kann die fiktionale Erzählung mit den Nachrichten, mit der Wirklichkeit konkurrieren, denn von ihr, der Wirklichkeit, wollen wir gar nicht alles wissen, nicht alles sehen, was es zu sehen und zu zeigen gäbe. Serien wie »Emergency Room« sind auch deshalb so erfolgreich, weil sie uns in das Drama auf Leben und Tod involvieren, weil sie uns zu emotionalen Teilhabern werden lassen und uns zugleich die Möglichkeit bieten, die größtmögliche Distanz aufzubauen, wenn wir spüren, es wird uns zu viel zwischen Defibrillator, Lidocain und Herzstillstand. Das Geschehen im »Emergency Room« zwingt den Zuschauer in eine merkwürdige Rezeptionssituation: maximale Empathie bei gleichzeitiger Dispensierung davon. Wenn wir die Nachrichten sehen und uns das Leid anderer nahegebracht wird, bleiben wir oft kalt und unbeteiligt. Nachrichten machen Distanzen klar, sie verwischen die Individualität und lassen uns die eigene Ohnmacht gegenüber dem präsentierten Geschehen spüren. Wer im Angesicht der Nachrichten mitleiden wollte, sich darauf einließe, wäre bald ein Wrack oder ein Genie der globalen Empfindung. »Emergency Room« hingegen erscheint uns oft realer als die Nachrichten, weil wir uns persönlich angesprochen fühlen und weil die Fiktion mit dem Gestus des großen allwisssenden Erzählers auftritt. Die Nachrichten zeigen nie alles, nicht nur, weil sie darauf verzichten, uns all das Blut zu zeigen, das geflossen ist, weil sie darauf verzichten, die zersprengten und verstreuten Körper allüberall zu zeigen, ob das nun in Kabul oder Bagdad ist. Sie, die Nachrichten, stehen im wahrsten Sinne vor verschlossenen Türen, weil sie nie die Dynamik politischer Konflikte abbilden können, sondern immer nur flüchtige Positionen, Statements, geronnene Communiqués, Sprache und Gesten, die eigens für die Nachrichten und Medien produziert werden.

Der »Emergency Room« hingegen lässt keine Tür unverschlossen, er gibt uns das Gefühl, dass man uns nichts verschweigt, dass wir Augen- und Ohrenzeuge all der Konflikte werden, die das Personal bewegen. Dadurch fühlen wir uns privilegiert, denn eine Serie wie »ER« macht uns glauben, dass wir den Überblick haben und die Komplexität des Ganzen begreifen. Denn der »ER« vermählt das Blut und den splitternden Knochen mit der politischen Rochade, das Herzrasen mit dem abstrakten Gedanken und die Liebe mit dem Tod und dem Leiden.

Möglicherweise versenkt sich das Fernsehen auch deshalb

in einen Blutrausch, weil es im Angesicht des eigenen Untergangs oder zumindest der heraufziehenden medialen Identitätskrise selbst nach Orientierung und Authentizität lechzt und deshalb in seinen Phantasien immer allmächtiger auftritt und die Grenzen dessen, was man zeigen kann und darf, immer mehr hinausschieben muss und will. Dabei steht oft im Vordergrund, was dem Körper passiert, was man dem Körper zufügt, was er erleidet, erduldet, auf sich nimmt, was man ihm zumutet, weil der Körper in unserer durch und durch materialistischen Welt das Schlachtfeld der Hoffnungen und der Ängste geworden ist.

In der rücksichtslosen Beschäftigung mit dem Körper treffen sich bluttriefende Doku-Formate über Schönheitsoperationen, Fettabsaugungen oder Brustvergrößerungen mit Action-Serien wie »24«. Während der Chirurg dem Körper den Makel austreibt, muss Jack Bauer von »24« der Welt das Böse austreiben, und dieser Weg geht nur über den Körper. Insofern ist Jack Bauer ein Kreuzträger wie Jesus, ein Märtyrer, der die Körperqualen für uns alle auf sich nimmt. Denn Jack Bauer ist nicht nur omnipotent, sondern auch omnivulnerabel. Jede Wunde ist Beweis seiner Vitalität. Im Gegensatz zu Gottes Sohn nagelt Bauer aber auch andere ans Kreuz, wenn es sein muss. Und so verbürgt die Folter, dass alles echt ist, was wir sehen, auch wenn es erfunden ist. Die Folter ist das illegitime Mittel, das uns verboten ist, das wir aber still »genießen«, wenn es »unser« Agent für die richtige Sache zur Anwendung bringt. Diese imaginäre Grenzüberschreitung, diese Teilhabe am Verbotenen, spricht vielleicht einen atavistischen Kern unserer Entwicklungsgeschichte an und befriedigt ihn. Klar, wir sind keine Kannibalen mehr, aber der symbolische Verzehr oder besser Konsum des zuckenden Fleisches befriedigt uns tief. Selbst die, die sich entsetzt abwenden und die Hand vor das Gesicht schlagen, konsumieren das Entsetzliche als Ausbruch aus dem Alltäglichen. Und wie könnte man den Alltag besser überwinden, als mit der Teilhabe am Sterben, am Tod, an der Folter und der kosmetischen Korrektur der Körper?

Bei der Betrachtung all dieser Modi fühlen wir uns den Körpern, die da – aus welchen Gründen auch immer – zerlegt werden, überlegen, denn unser Auge zerlegt den fremden Körper mit, und unser Blick viviseziert das lebende Fleisch, während wir uns unsterblich fühlen dürfen, zumindest für die Dauer einer Sendung.

Das Fernsehen gibt der Gesellschaft jene Einblicke und Wahrnehmungen zurück, die in früheren Jahrhunderten selbstverständlich zum öffentlichen Bild gehörten, die man auf dem Marktplatz, dem Schindanger, auf dem Galgenberg oder am Pranger machen konnte. Sterben, Tod, Folter, Hinrichtungen, Epidemien. All das, was früher den Körper verwüstete und weithin sichtbar war, jetzt aber von Institutionen des Heilens, Pflegens und Bewahrens verwaltet und versteckt wird, kehrt durch das Fernsehen zurück. So werden wir, im Angesicht des Fernsehens, wieder zu Kannibalen, weil wir wie Hans Henny Jahnns Fleischdurchwühler Jakob immer noch wissen wollen, was mit unserem Körper geschieht, wo in ihm Rettung stecken könnte, wo in ihm Antworten wohnen, wo wir nicht auf ihn hoffen dürfen, wo wir ihn ohne Strafe quälen dürfen, um unseren Hunger nach Macht, Gegenwehr und Blut zu stillen. Das Fernsehen weckt den Killer in uns und bettet ihn zur Ruh.

In diesem Zusammenhang verdient Dexter Morgan unsere besondere Aufmerksamkeit. Er ist eine besonders listige, manche würden sagen eine besonders perfide Figur, ein Serienheld wie ihn im Augenblick offenbar nur das amerikanische Fernsehen erfinden und erzählen kann. Die Krimi-Serie »Dexter« ist der Albtraum eines jeden Jugendschützers. In jeder Hinsicht. Sie berührt jede Risikodimension, an der sich Jugendschützer gemeinhin orientieren, wenn sie darüber entscheiden, zu welcher Tages- und Nachtzeit eine Sendung im Fernsehen ausgestrahlt werden darf. Die Serie hat das Potential, nachhaltig zu ängstigen, es werden Gewaltdarstellungen in einem Sinne inszeniert, die als gewaltbefürwortend gedeutet werden könnten, und der Protagonist, eben jener smarte Dexter Morgan, führt den Zuschauer in moralische Dilemmata, die man – in Hinblick auf Kinder und Jugendliche – als sozial-ethische Desorientierung verstehen könnte. Wer oder was ist »Dexter«?

Die vielfach ausgezeichnete amerikanische Serie wurde erstmals 2006 von dem Kabelsender Showtime ausgestrahlt, erzielte Rekordquoten, wurde daraufhin von CBS gekauft, einem der größten Fernsehsender der USA, und geht mittlerweile in die sechste Staffel. In Deutschland konnte man die Serie auf Premiere und RTL 2 sehen. Dexter Morgan ist Gerichtsmediziner im Miami-Metro-Police-Departement und hat sich auf die Analyse von Blutspritzern spezialisiert. Diese Disziplin klingt wie erfunden, wie gemacht für das Fernsehen, um ihm möglichst spektakuläre Blutbilder zu geben, doch es gibt diese forensische Hermeneutik tatsächlich. Der Gerichtsmediziner liest die räumliche Verteilung des Bluts, Spritzer, Streifen, Wischer, Tropfen, Lachen, Pfützen, Flecken und rekonstruiert so Flugbahnen des Blutes. Dadurch kann der Gerichtsmediziner bestimmte Positionen von Täter und Opfer bestimmen und – im besten Fall – den äußeren Tathergang erklären. Das Fernsehen labt sich am Blut, dem Ornament des Schreckens, wir haben uns in den letzten Jahren an spektakulär blutverschmierte Räume gewöhnt. Nun ist Dexter aber nicht nur ein Serienkillerjäger, nein, er ist selbst ein Serienkiller und zerlegt seine Opfer äußerst kunstvoll und fachgerecht. Darüber hinaus ist er ein sehr liebenswerter Mensch, mit dem man gerne befreundet wäre. Er ist – nach außen – sensibel, zurückhaltend, rücksichtsvoll und sozial engagiert. Und da wird der Zuschauer in ein hinterhältiges Mitfiebern und in eine schizophrene Empathie gezwungen. Wir bangen mit dem Killer! Wir hoffen, das Monster möge unentdeckt bleiben, mitten unter uns, und zugleich müssen wir, müssten wir, Dexters Taten natürlich verurteilen und verabscheuen. Dexter konfrontiert den Zuschauer mit seinen dunklen Flecken auf der Seele, er zwingt uns vor unser Ich-Tribunal, vor dem wir uns für unsere Emotionen und unser fragwürdiges Engagement rechtfertigen müssen. Dexter, der »Dr. Jekyll und Mr. Hyde«-Nachfahre, ist eine selbstreflexive Figur, die ihre Anziehungskraft auch daraus bezieht, dass in ihr das Genre des Serienkillerfilms variiert und auf die Spitze getrieben wird. Das Liebenswerte und Abscheuliche wird in ihm so eng geführt, dass wir über die Doppelbödigkeit menschlicher Existenz schlechthin nachdenken. Er bedient perfekt die mediale Nekrophilie und unseren medialen Kannibalismus. Mit Dexter kann der serielle Erzähler, das Fernsehen, den Körper, das Sterben und das Blut als Schauwert maximal verdichten und visuell ausbeuten; der Zuschauer hingegen lebt mit Dexter seine blutrünstigen Gewalt- und totalitären Ordnungsphantasien aus, denn Dexter tötet nur diejenigen, die es verdienen, »menschlichen Müll«, dem es gelungen ist, der staatlichen Strafverfolgung zu entkommen. Gleichzeitig kann sich der Zuschauer von seinen schwarzen Phantasien befreien, indem er den postheroischen Helden Dexter in ein erfundenes Spielfeld sperrt und damit nur als besonders ausgetüfteltes Unterhaltungsprodukt versteht. Katharsis light.

Eine extreme Figur wie Dexter wirft natürlich Fragen auf. Wie soll eine Serie wie »Dexter« noch überboten werden? Und dass sie überboten werden muss, liegt in der Natur des Fernsehens ebenso wie in unserer Natur. Oder hat das Fernsehen unsere Natur längst im Griff? Oder ist Teil von ihr? Wenn wir uns Abend für Abend im symbolischen Kannibalismus üben, was sagt das dann aus über unsere Angst vor dem Sterben und den wirklichen Toten? Ist unser Wissen vom Leben nicht unvollständig und beschnitten, wenn wir den Tod im Alltag fliehen und uns stattdessen mit Ersatzmitteln betäuben, die uns zwar mitnehmen, unterhalten, aber uns in Wirklichkeit nichts angehen? Und leidet unsere Fähigkeit, uns in das Leben und Sterben anderer einzufühlen, wenn wir uns all die kalten Perspektiven auf den Tod aneignen, die uns das Fernsehen anbietet? Was suchen wir wirklich, wenn wir in unseren TV-Toten wühlen? Greift das fiktionale Fernsehen vielleicht bald zu dokumentarischen Praktiken, um dem nekrophilen Nervenkitzel noch dichter auf die Fersen zu kommen, um noch authentischer zu sein? Wir suchen den Tod im Fernsehen immer häufiger, aber wir wollen nicht, dass er uns findet. Hüllt uns das Fernsehen in die Illusion, wir hätten Macht über den Tod, wenn wir ihn spektakulärer auftreten lassen als im realen Leben? Wähnen wir uns in Sicherheit, wenn wir stets Zeugen des medialen Sterbens sind, aber niemals die Objekte des Todes? Das Fernsehen, so wie es gerade noch ist, wird bald verschwinden, sich verwandeln. Ein anderes, interaktiveres Medium steht vor der Tür, das wir vielleicht stärker bestimmen werden als bisher, das uns größere Freiheiten einräumt, das stärker auf unsere Bedürfnisse und Sehwünsche eingeht, das dadurch aber vielleicht noch mehr Gewalt über uns gewinnt und noch tiefer in unser Leben eingreift und uns bestimmt. Vielleicht ist es bald mit dem faulen Frieden zwischen uns und den TV-Toten vorbei, und wir müssen den Toten wieder da ins Gesicht sehen, wo sie Fleisch von unserem Fleisch sind: in unserem Leben. Oder aber: Unser eigenes Sterben wird bald im Fernsehen zu sehen sein, und dann sehen wir, wenn wir den Fernseher einschalten, nicht fremdes, sondern unser eigenes Blut.

Ein sehr großer schwarzer Vogel

»Nachts saß ein sehr großer schwarzer Vogel vor unserem Fenster. Er schlief nie. Normalerweise drehen Vögel im Schlaf ihren Kopf auf den Rücken, legen ihn da ab, legen ihn so aufs Gefieder wie auf ein Kopfkissen. Dieser Vogel aber schlief nie und schaute mit seinen tiefen dunklen Augen immer durchs Fenster. Wenn ich zur Arbeit fuhr oder zum Einkaufen ging, hatte ich das Gefühl, er sitzt auf meiner Schulter. Dann ritzt er mit seinem Schnabel ein Loch in meine Haut, durch das er in mich hineinschlüpft. Ich bin dann nur noch ein Ei, in dem ein großer schwarzer Vogel sitzt, ein Vogel, der mich nie verlässt, der mich klein macht und schwarz. Ich bin nur noch eine Hülle, eine Schale, in der etwas steckt, das ich nicht bin, das mich aber ganz ausfüllt. Ich merke dann, dass ich nur noch aus Federn bestehe, die alles verstopfen. Das Herz, das da in mir schlägt, ist nicht meins, es gehört ihm. Ein richtiges Vogelherz. Es kann rasend schnell schlagen, aber auch ganz langsam. ›Nein‹, habe ich damals meinem Therapeuten gesagt, ›ich glaube nicht, dass dieser Vogel an sich böse ist, aber er ist einfach immer da, und er verschwindet fast nie.‹

In den ersten Monaten nach dem Tod meiner Tochter saß der Vogel morgens manchmal vor unserer Tür und sah mich an. Wenn ich es dann nicht schaffte, einen großen Schritt über ihn zu tun, kehrte ich wieder um, schlug die Tür zu und legte mich ins Bett. Zehn Jahre nach dem Unfall sehe ich ihn nur noch selten, und wenn ich ihn sehe, dann sehe ich ihn nur, er ist nicht in mir, er versperrt mir nicht mehr den Weg, er steht nur noch so herum wie ein ausgestopfter Vogel.

Die ersten Wochen nach dem Tod meiner Tochter sind wie ausgelöscht. Wenn ich an diese Zeit zurückdenke, sehe ich nur wenige Bilder. Die sind jedoch gestochen scharf, und wenn ich an sie denke, tut es auch weh, so als ob man sich schneidet, aber der Rest ist weg. Mein Mann und ich bekamen natürlich Beruhigungsmittel, aber während er bald aufgehört hat, sie zu nehmen, habe ich ein Jahr lang verschiedene Mittel ausprobiert, um mich zu stabilisieren. >Eines Tages wolltest du die Wohnung saugen<, erzählt mein Mann. Ich weiß das gar nicht mehr. Er kam da jedenfalls nach Hause, und ich saß auf dem Sofa, und der Staubsauger war an, machte einen Höllenlärm, den ich gar nicht mehr gehört hatte. Ich wusste noch nicht einmal, dass ich den Staubsauger angemacht hatte.

Arbeiten konnte ich gar nicht, ich war dauerhaft krankgeschrieben. Mein Mann ist ins andere Extrem verfallen, er machte immer größere Radtouren, kaufte sich mehrere Rennräder und fuhr dann manchmal zweihundert Kilometer am Stück. Einfach so, nur für sich und ganz allein. Er stieg aufs Rad und war weg. Dabei war er vorher gar nicht sportlich. Manchmal kam er zurück, überall wundgescheuert und konnte vor Muskelkater kaum laufen. Dann nahm ich ihn in die Arme und machte ihm erst mal einen Tee. Wir saßen zusammen, und er erzählte mir genau, welche Strecke er gefahren war, was er gesehen und was er empfunden hatte. Ich hörte ihm zu, so gut ich konnte. Er fährt heute immer noch viel Fahrrad, und jetzt hat er sogar Radsportfreunde, mit denen er regelmäßig unterwegs ist. Das ist inzwischen Normalität.

Ein Jahr nach dem Unfall haben wir entschieden, unser Leben radikal zu verändern. Als Charlotte starb, war sie neun Jahre alt. Sie wurde auf dem Weg zur Schule von einem rechtsabbiegenden Lkw erfasst. Ich spreche nicht gern über den Unfall. Ich war nicht dabei, aber ich sehe, auch durch den anschließenden Prozess, alles sehr lebhaft vor Augen. Charlotte fuhr bei Grün. Ich habe aufgehört, mich mit dem ›Warum?‹ und ›Wieso?‹ zu quälen. Glaube ich an Gott? – Nein! Habe ich ihn durch den Unfall verloren? – Nein, er war vorher schon keine Option für mich. – Gibt es irgendeine andere Ordnung oder einen anderen Plan, der mir den Tod meiner Tochter erklärt? – Nein! Hätte ich sie retten können? Hätten wir nicht verschlafen können an diesem Tag? Hätte der Lkw-Fahrer nicht eine andere Strecke wählen können? Ich denke, wenn man sich im Leben nicht mit gewissen Dingen abfinden, keinen Punkt setzen kann, dann kann man nicht leben. Wir sind zwei Monate nach dem Unfall innerhalb der Stadt umgezogen, weil wir immer wieder an der Unfallstelle vorbeikamen. Da hatten die Mitschüler Blumen hingelegt, aber auch völlig Unbekannte haben Kerzen für sie angezündet. Natürlich hat uns das gefreut. Aber wir waren ohnehin nur auf diese Lücke in unserem Leben fixiert, deshalb brachte uns das nicht weiter. Das sehe ich heute ganz pragmatisch, ganz nüchtern. Ab einem bestimmten Punkt musst du dein Leben in einer solchen Situation in den Griff bekommen oder es geht nicht mehr. Wäre ich allein gewesen, hätte ich das verantworten können, aber ich hatte nicht nur einen Mann, sondern auch noch einen sechsjährigen Sohn, der natürlich auch wie verrückt getrauert hat, auf seine Weise. Benjamin fing noch mal an einzunässen, er wurde sehr still, weinte, wenn ich wegging, zog sich zurück und hatte Angst, seine Freunde zu verlieren. Ich weiß, dass andere Eltern andere Erfahrungen gemacht haben, aber ihm haben die Gespräche mit dem Kinderpsychologen nicht geholfen. Er wollte nicht darüber sprechen, wenn er darüber sprechen sollte. Wenn er darüber sprach, dann nur dann, wenn er den Zeitpunkt wählte und bei Gelegenheiten, wenn niemand damit gerechnet hatte. Auf dem Kindergeburtstag eines Freundes hat er die anderen Kinder dazu gebracht, eine Kerze für Charlotte anzuzünden. Und als ich einmal telefonierte, wollte er wissen, ob wir seine Schwester nicht anrufen können, und er hat gar nicht verstanden, dass wir sie dort, wo sie war, nicht anrufen können. Ich hab ihm dann natürlich erzählt, was man dann so erzählt. Dass es im Himmel zwar Telefone gibt, aber nur Einbahnstraßen-Telefone, mit denen man nur anrufen kann, die aber von anderen nicht angerufen werden können. ›Und warum meldet sich Charlotte dann nicht mal? Sie musste doch sonst auch immer anrufen, wenn sie länger weg bleibt?‹ – ›Man kann von dort aus nur anrufen, wenn es einem schlechtgeht und man Hilfe braucht, aber da es im Himmel niemandem schlechtgeht, ruft auch nie jemand an. So wissen wir immer, dass es Charlotte gutgeht.‹

Der erste Umzug hat uns zwar geholfen, weil wir wahnsinnig viel organisieren mussten, aber wir merkten bald, dass wir noch mehr Distanz zu unserem alten Leben wollten. Durch Charlottes Tod war unser altes Leben ausgelöscht. Wir konnten nichts machen, was uns nicht an sie erinnert hat. Und irgendwann haben wir gedacht, wir lassen dieses ganze frühere Leben hinter uns. Das waren ja ohne Charlotte nur noch Kulissen. Alles abgelebt. Filmkulissen. Mein Mann sagte, wir lassen die Kulissen zurück und nehmen nur Charlotte mit. Weil Charlotte uns sowieso immer begleitet, können wir auch umziehen, ohne sie zu verlieren. Mein Mann ist Ingenieur, und im Süden gab es ohnehin immer bessere Jobs für ihn, von daher hatten wir auch früher immer mal wieder überlegt, ob wir nicht doch umziehen. Und dann bekam er ein sehr gutes Angebot, das er akzeptierte. Wir haben auch die Probezeit nicht abgewartet, wir sind sofort zu dritt umgezogen. Das war ein richtiger Einschnitt, und das war gut. Meine Eltern wohnen dort in der Nähe, und jetzt wohnen wir richtig im Grünen. Wir haben zwar überlegt, ob dieser zweite Umzug für Benjamin gut ist, weil er ja ohnehin so große Schwierigkeiten hatte, aber letztlich hat sich auch das als gute Lösung herausgestellt.

Wir haben zusammen mit Benjamin die neue Grabstelle ausgesucht, denn wir wollten Charlotte auf keinen Fall in der Stadt zurücklassen. Der kleine Friedhof, auf dem sie dann zum zweiten Mal beerdigt wurde, gefiel uns auf Anhieb gut, besser als der erste Friedhof. Der war sehr groß und irgendwie auch vernachlässigt und leer. Man merkte, dass sich in der Großstadt viel weniger Menschen um ein Grab kümmern. Gleich neben dem neuen Friedhof liegen zwei Fußballplätze, und nach unserem Umzug ist Benjamin in den Fußballverein eingetreten und hat auf diesen Sportplätzen immer trainiert und gespielt. Mit der Zeit wurde das ein schönes Ritual: Wenn Benjamin ein Heimspiel hatte, haben wir vor dem Spiel Blumen ans Grab gebracht. Oder mein Mann hat zugesehen, und ich bin ans Grab gegangen oder umgekehrt. Unser Leben hat sich also total verändert. Wir sind umgezogen, mein Mann hat eine neue Arbeit, er fährt Rad, Benjamin ist in den Fußballverein eingetreten, ich habe mein Promotionsprojekt aufgegeben und beruflich einen neuen Weg beschritten, der gar nichts mit meinen früheren Themen zu tun hat.

Wissen Sie, wenn man die Nachricht erhält, dass das eigene Kind gestorben ist, muss man sich entscheiden, ob man dem Kind folgt oder ob man weiterleben will. Vielleicht hat man über diese Entscheidung auch gar keine Gewalt, zumindest nicht in den ersten Tagen und Wochen. Was war ich denn? Weinen, Schreien, Klagen, Haut und Knochen und ein paar Tabletten. Mein Mann hat geholfen, meine Eltern waren da, auch Freunde, aber wenige. Viele haben sich nicht an uns herangetraut. Ich würde da auch heute niemandem einen Vorwurf machen. In so einem Fall gibt es keine Verhaltensregeln, keine Ratschläge, die man verallgemeinern kann. Was dem einen helfen kann, ist für den anderen unerträglich. Ich mochte es nicht, dass man mich in den Arm nahm, anderen hilft das. Jeder erfährt seine Trauer auf seine Weise. Ich habe von Eltern gehört, die es nicht geschafft haben, die Ehen sind zerbrochen oder einer der Partner hat angefangen zu trinken oder Schlimmeres. Aber ehrlich gesagt, will ich das auch gar nicht so genau wissen. Ich kann Eltern, die Ähnliches durchmachen, sehr gut verstehen, immer wenn ich in der Zeitung von einem Todesfall lese, der Kinder betrifft, bin ich in Gedanken bei den Eltern, aber ich habe noch nie den Kontakt zu betroffenen Eltern gesucht.

Mir haben damals die Gespräche mit meinem Therapeuten geholfen. Trauer ist ja etwas absolut Lähmendes, etwas sehr Zersetzendes, aber auch so eine glatte, schlüpfrige Sache. Die Trauer ist immer da, aber man bekommt sie nicht zu fassen, sie flutscht einem immer weg. Diese Ohnmacht, diese Hilflosigkeit, die man erlebt, diese Bösartigkeit und diese Gleichgültigkeit des Lebens. Hilft es mir oder Charlotte, dass der Lkw-Fahrer wegen fahrlässiger Tötung verurteilt wurde? – Nein! Dass alles weitergeht, alles alles weitergeht, und dein Kind ist nicht dabei, es erlebt das Leben nicht, es ist so betrogen worden, und du erlebst nicht, wie es größer wird und bei dir bleibt. Du fühlst dich so betrogen, aber du kannst keinen dafür verantwortlich machen. Den Lkw-Fahrer? Der war auch nur noch ein Häufchen Elend. Der hatte selbst Kinder. Der hat die ganze Zeit geweint und seinen Beruf nicht mehr ausüben können. Aber wer ist schuld, und wie wehrt man sich gegen diese Trauer und Wut? An dieser Unfassbarkeit habe ich mit dem Therapeuten gearbeitet. Ich habe Bilder und Wörter für meine Trauer entwickelt, der große schwarze Vogel ist so ein Bild, mit dem ich meine Trauer benennen konnte, so benennen konnte, dass ich das Gefühl hatte, meine Gefühle ordnen und beschreiben zu können. Dieser ohnmächtigen Sprachlosigkeit zu entgehen, war wichtig für mich. Ich habe angefangen, Tagebuch zu führen, und habe immer genauer versucht, meine Qualen zu beschreiben. Und nach ein oder zwei Jahren hat sich der Charakter dieses Schreibens verändert. Es wurde durchlässiger für Dinge, die nicht unmittelbar mit Charlotte zu tun hatten, ich notierte auch Ereignisse, über die ich mich freute.

Jetzt ist mir das Schreiben zur Gewohnheit geworden. Es ist wie ein Faden, ein Band, das durch alle Dinge hindurchgeht und sie verbindet.

Drei Jahre nach Charlottes Tod bin ich noch einmal Mutter geworden. Es ist so passiert. Wir haben uns das Kind schon gewünscht, aber es ist doch eher so passiert. Die Kleine ist jetzt sieben. Wenn ich sie betrachte, erkenne ich oft ihre Schwester in ihr. Dann stelle ich mir vor, wie die beiden miteinander gesprochen hätten, wie Charlotte ihre Schwester begleitet und beschützt hätte. Charlotte wäre heute neunzehn. Sie würde einen Führerschein haben, sie würde vermutlich reiten, sie würde sich mit ihrem kleinen Bruder streiten, und der würde vermutlich ihre Freundinnen anhimmeln. Sie wäre groß geworden, mindestens so groß wie ich, vermutlich größer, und sie wäre Ski gefahren, das konnte sie besonders gut.

Worüber ich sehr froh bin, ist, dass ich mich an dem Tag, als sie starb, besonders liebevoll von ihr verabschiedet habe. Ich habe sie in den Arm genommen und ihr versprochen, dass wir mal über ein eigenes Pony für sie nachdenken. Und dann ist sie losgefahren, und ich weiß, dass sie fröhlich war.«

Allerseelen

Wir fahren nach Polen. Der 1. November, Allerseelen, ist in unserem Nachbarland einer der höchsten kirchlichen und zugleich staatlichen Feiertage. Die Menschen strömen auf die Friedhöfe, bringen ihren Toten Blumen, zünden Kerzen für sie an und halten Zwiesprache mit ihnen. Niemand versäumt dieses Ritual. Mein Vater ist achtzig Jahre alt, er ist stark schwerhörig, die meiste Zeit schweigt er. Früher war das anders. Da wusste er zu jedem Dorf, zu jedem Gutshaus, zu jedem Stein, an dem wir auf der Strecke nach Zbąszyń vorbeikamen, eine Geschichte zu erzählen. Meistens waren es für uns Kinder furchtbare Geschichten, Geschichten von Mord und Totschlag, Geschichten von Vertreibung, Zerstörung und Verlust. Geschichten von Deutschen, die die Polen drangsalierten, unterjochten, töteten.

Mein Vater wusste zeit seines Lebens nie genau, wohin er gehört, was er ist, Pole oder Deutscher. Wenn man ihn fragt, als was er sich denn fühle, gibt er immer nur ausweichende Antworten, so als könne die Festlegung auf ein Land eine große Gefahr für ihn mit sich bringen. Das Zwischendrin, das Halb-und-Halb, das Pendeln zwischen diesen nationalen und mentalen Identitäten hat aber nichts Lustvolles oder Bereicherndes für ihn. Immer wurde eine Seite unterdrückt oder verschwiegen – und diese Zerrissenheit wurde ein wesentliches Merkmal seines Charakters. Vielleicht zieht er sich mitunter auch absichtlich in diesen Riss zwischen dem Deutschen und dem Polnischen zurück, in seine Art Niemandsland, in dem er aus sicherem Abstand die Historie und Politik beider Länder verfolgen kann.

Mein Vater wurde in Zbąszyń geboren, Bentschen zu Deutsch. Als mein Vater dort 1931 geboren wurde, war Zbąszyń eine kleine Grenzstadt zwischen dem Deutschen Reich und der Republik Polen und zudem ein Erholungsort für die Großstädter aus Berlin. Die Stadt erlangte 1938 traurige Berühmtheit, als das Deutsche Reich in einer Nacht- und Nebelaktion 17 000 polnische Juden nach Polen abschob, die aber dort auch nicht willkommen waren und von polnischen Grenzern mit Waffengewalt zurückgewiesen wurden. So irrten die verzweifelten Menschen in der Nähe von Zbąszyń im Niemandsland zwischen Deutschland und Polen hin und her und mussten sich wochenlang im Freien aufhalten. Unter den hin und her gestoßenen Menschen befand sich auch die Familie von Herschel Grynszpan. Der siebzehnjährige Herschel lebte zu dieser Zeit in Frankreich und erschoss aus Verzweiflung über das Schicksal seiner deportierten Familie und aus Protest gegen die brutal-rücksichtslose Maßnahme einen deutschen Botschaftsangehörigen in Paris. Die Nationalsozialisten nahmen dieses Attentat zum willkommenen Anlass, die Novemberpogrome gegen jüdische Deutsche zu initiieren, eine mörderische Aktion, die unter dem harmlos klingenden Begriff »Reichskristallnacht« in die deutsche Geschichte eingegangen ist. Von solcher Art waren die Geschichten, die uns unser Vater erzählte, wenn wir in den Ferien wieder einmal nach Polen fuhren, um die polnische Großmutter zu besuchen. Der Boden entlang der Straße, so schien es uns damals, war tief von Blut getränkt. Und nun fahren wir wieder nach Polen, diesmal, um das Grab meiner Großmutter in Wolsztyn zu besuchen.

Die Grenzstation in Słubice wirkt verlassen. Früher musste man Stunde um Stunde warten, früher, als Kind, hatte ich immer Angst, die Grenzer würden uns einkassieren, festhalten oder zumindest unsere Papiere für ungültig erklären. Heute wird man nicht einmal mehr durchgewunken, kein Grenzbeamter lässt sich blicken. Man folgt einfach den stummen Schildern, und schon hat man das Land gewechselt. Die Europastraße 30 ist eine Aneinanderreihung von Baustellen, die schlecht gesichert sind. Es geht nur langsam voran. Überall zucken nervöse Blinkschilder und hysterische Leuchtreklamen, die auf Wechselstuben aufmerksam machen, wo man Zloty in Euro und Euro in Zloty umtauschen kann. Polen sieht aus wie eine Euro-Disco. Wenig Verkehr auf der E 30. Es herrscht Feiertagsruhe. Ab und an ein Laster oder ein Auto. Endlose Kiefernwälder fassen rechts und links die Straße ein. Dann müssen wir die E 30 verlassen und folgen einer Umleitung. Alle zehn Kilometer wird dem Reisenden ein Nachtclub offeriert. Ich sehe zu meinem Vater.

»Willst du eigentlich in Polen beerdigt werden?«

»Hmh?«

»Ob du bei deiner Mutter in Wolsztyn beerdigt werden willst?«

»Was geht mich das an?«

»Na ja, hast du noch nie darüber nachgedacht, wo du beerdigt werden willst?«

»Das mach du mal!«

»Ich weiß doch nicht, wo du beerdigt werden möchtest. Du musst doch selbst eine Haltung dazu haben?«

Mein Vater schüttelt unwillig den Kopf.

Dann weicht er wieder aus, versucht die Frage ins Lächerliche zu ziehen, so wie er alle ernsthaften Fragen gerne ins Komische wendet, um sich nicht mit ihnen auseinandersetzen zu müssen. Er zeigt auf eine Bar, auf deren Dach eine überlebensgroße, leicht bekleidete Frau installiert ist und erotische Sensationen verspricht.

»Verstreut meine Asche in dem Lokal!«

»Das kann ich mir vorstellen!«, meldet sich meine Mutter vom Rücksitz.

Wir haben uns verfahren. Mein Vater fragt einen hageren Mann, der einen struppigen, dreibeinigen Spitz an der Leine führt, nach dem Weg. Weiter, weiter und dann rechts! Der Mann rudert wild mit den Armen. So fahren wir durch Świebodzin, wo auf Betreiben eines ortsansässigen Pfarrers gerade die größte Christusstatue der Welt gebaut wird, um Pilger aus aller Welt anzulocken.

Endlich, nach dreistündiger Fahrt, kommen wir in Wolsztyn an. Hier ist mein Vater zur Schule gegangen, hier hat er als Junglehrer seine erste Klasse unterrichtet, hier starb meine Großmutter in einem Pflegeheim, das von katholischen Ordensschwestern geführt wurde. Wir lassen den Wagen in der Stadtmitte zurück und gehen zu Fuß zum nahegelegenen Friedhof. Obwohl mir erzählt worden war, welche immense Bedeutung dieser Feiertag in Polen hat, bin ich doch überrascht über den Andrang und das lebendige Gedränge auf dem Friedhof. Die Atmosphäre ist feierlich, aber nicht gedrückt. Die Menschen sind festlich, aber keineswegs alle dunkel gekleidet, vor allem die Frauen zeigen knallige Farben. Kinder laufen hin und her, es ist so eng wie auf einem Jahrmarkt, wenn man versucht, Schulter an Schulter zwischen den Buden voranzukommen. Eine Prozession zieht langsam über den Friedhof, der Pfarrer spricht Fürbitten, Gebete, zahlreiche Messdiener umgeben ihn. Auf den Gräbern türmen sich ehrgeizige Blumengebirge, leuchtende, grellbunte Gebinde und Sträuße, Kränze und Gestecke. Der Phantasie sind keine Grenzen gesetzt, es geht überaus üppig zu, in dem Blumenladen, der dem Friedhof gegenüberliegt, kann man ein Vermögen verlieren. Die Menschen stehen in Grüppchen, unterhalten sich, sie schwatzen oder sie sitzen auf mitgebrachten Hockern vor den Gräbern. Eines der prächtigsten Gräber gehört einer Sinti- und Roma-Familie, die in großer Zahl um das Grab flanieren, sitzen und lebhaft gestikulierend über Himmel und Hölle parlie-

136

ren. Andere Besucher verharren vor dem Grab ihrer Angehörigen mit gesenktem Kopf, beten, bekreuzigen sich, schauen wieder auf und suchen das Gespräch oder spazieren weiter zu einem anderen Grab. Es ist hier überhaupt nicht still oder gedämpft, vielmehr liegt unablässiges, energiegeladenes Summen und Murmeln über dem Friedhof, so als ob die Friedhofsbesucher mit vereinten Kräften die Toten beschwören und sie herbeibitten.

Es dauert eine ganze Weile, bis wir durch die Menschenmenge zum Grab meiner Großmutter finden. Ich sehe es zum ersten Mal. Es wird, wie alle anderen Gräber auch, von einer schweren Steinplatte bedeckt. Helene Przybył 1911–1997. Das ist alles. Kein Spruch, kein Bild. Irgendjemand hat schon Blumen auf das Grab gelegt und Kerzen angezündet. Mein Vater will glauben, seine ehemalige Jugendliebe habe das Grab so umsorgt, doch meine Mutter und ich überzeugen ihn, dass das aus verschiedenen Gründen nicht sein kann. Doch mein Vater will sich diese Illusion von uns nicht nehmen lassen, er hält an ihr wie an einem schönen Traum fest, und manches Mal sucht er mit seinem Blick die Wege zwischen den Grabreihen ab und hofft, dass sie, die lange Verlorene, vielleicht irgendwo steht. Im Laufe des Nachmittags murmelt er noch mehrfach vor sich hin, dass sie es doch gewesen sein müsse, die die Blumen gebracht habe. Sie! Das muss sie gewesen sein! Sie! Wer sonst? Wir spüren, dass er sich jetzt weit von uns entfernt. Meine Mutter macht ein paar Fotos von uns am Grab, mein Vater und ich schauen ins Weite, ich lege die Hände ineinander, so als ob ich bete, was ich aber nicht tue.

Nach einer halben Stunde gehen wir in die Stadt zurück, und nachdem wir etwas in dem einzigen noch geöffneten Lokal am Markt gegessen haben, machen wir uns auf den Heimweg.

Es dämmert. In jedem größeren Dorf steht ein Polizeiauto

hinter einer Mauer und wartet auf die Betrunkenen, die den Fehler machen, sich heute Nacht ans Steuer zu setzen. An diesem Tag wird in Polen viel getrunken. Wir schweigen, ich schalte das Radio ein. Wir fahren eine kurvenreiche Strecke zurück, einmal verfahre ich mich, muss anhalten und wende auf einem Feld. Da kommt ein großer Hund herangelaufen, und ich bin froh, dass wir im Auto sitzen. Doch der Hund, ein sandfarbener Mischling, schaut nur desorientiert, verwundert, nahezu verängstigt, und dann sehe ich, dass er eine lange Leine hinter sich herzieht, an deren Ende ein armlanger Pflock über das Feld schleift. Er hat sich irgendwo losgerissen. Als er im Rückspiegel immer kleiner wird – immer noch steht er reglos da und sieht uns nach –, fühle ich mich hier unendlich fremd und verlassen, so als ob ich der Hund wäre. Der Gedanke, dass aus dieser Gegend meine Vorfahren väterlicherseits stammen, dass die Kette meiner Ahnen mit diesem Land verbunden ist, dass ich, wenn mein Vater nicht in den Westen gegangen wäre, hier hätte geboren und aufgewachsen sein und beerdigt werden können, verstärkt mein Gefühl eines gewaltigen Deplatziertseins.

Jetzt ist es nahezu dunkel, und die Scheinwerfer der Autos tasten die Fahrbahnen ab. Man sieht viele tote, zerfahrene Tiere, Hunde, Katzen, Hasen, Wiesel und Größeres. Sie kommen aus den tiefen, schattigen Wäldern. Da fällt mir auf, dass ich im Autoradio bereits zum zweiten Mal einen Elvis-Presley-Song höre: »You are always on my mind«, später wird dann noch »Suspicious minds« folgen. Polen ist zu Allerseelen ein Elvis-Land, der tote König singt für die Lebenden und ihre Toten. Plötzlich sehen wir die Lichter eines Friedhofs. Tausende, Hunderttausende Kerzen brennen, und es sieht aus, als segle der Friedhof wie ein Gespensterschiff durch die tintenblaue Nacht, und die Toten stehen in den Wanten und sehen mit leuchtenden Augen hinaus aufs Meer. Nur einige Kilometer entfernt sehen wir jetzt noch einen

Friedhof, der sein vielflammiges, vielfarbiges Leuchten ebenfalls in die Nacht schickt. Eine unvollendete Brücke reckt
einen halben Bogen vor und ragt wie ein dürrer Arm in die
Landschaft. Ob es eine Bauruine oder eine Baustelle ist,
kann man nicht ausmachen. Aus dem Radio tönt nun eine so-
nore Männerstimme und liest eine lange Liste mit Namen,
Namen, Namen vor. Es sind die Namen der 96 Passagiere,
die im April bei dem Absturz der polnischen Regierungsma-
schine im russischen Smolensk ums Leben gekommen sind.
Nach dieser mit Grabesstimme vorgetragenen Opferliste
singen die Beatles »Yesterday«, und am Straßenrand stehen
Tiere mit weit aufgerissenen Augen, die von unseren Schein-
werfern geblendet werden. Ich bremse abrupt, mein Vater,
der eingenickt war, erwacht. Zwei Rehe springen vom Fahr-
bahnrand zurück und verschwinden im Wald. Wir passieren
den Ort Tuchorza, und wieder einmal packt mein Vater eine
der alten Blutgeschichten aus.

»Hier«, er zeigt ins Ungefähre, »haben sie sie aufge-
knüpft!«

»Wen?«, frage ich.

»Na, die Dorfbewohner, die Polen!«

»Und warum?«

»Die Volksdeutschen, die hier lebten, hatten polnische
Bauern denunziert. Es hieß, sie würden polnische Partisanen
in einer Scheune verstecken. Daraufhin haben sie ...«

»Sie? Wer?«

»Na, die SS oder auch die Wehrmacht, die haben doch
auch viel Dreck am Stecken. Die Deutschen haben dann eine
Kiefer gefällt, auf zwei Pfosten genagelt, und schon hatten
sie einen Galgen. Und dann haben sie aus Rache eine Reihe
von Männern aufgehängt.«

Vor uns taucht ein Polizeiauto am Straßenrand auf. Zwei
Polizisten kontrollieren den Fahrer eines roten Fiat. Ich
drossele die Geschwindigkeit und fahre langsam. Die Poli-

zisten beachten uns nicht. Wir kommen jetzt wieder an dem Nachtclub vorbei, auf dessen Dach die dralle Dame liegt. Ich frage mich, aus welchem Material die Schöne gemacht wurde? Und wie würde es wohl aussehen, wenn ich die Urne meines Vaters auf die Bar stelle, ein Bier tränke und dann seine Asche vor die Füße einer halbnackten Tänzerin schütten würde? Wäre das eine Ordnungswidrigkeit? Eine Straftat? Störung der Totenruhe? Oder die mutwillige Behinderung einer erotischen Dienstleistung? Oder gehört das Verstreuen der Asche von Stammgästen in Tabledance-Bars und Horizontal-Centern mittlerweile zum Standardprogramm erotischer Dienstleistungen? »Wir machen Sie glücklich über den Tod hinaus! Entfliehen Sie dem Alltag eines Grabs. Gepflegte Damen und aufregende Girls erwarten Sie und Ihre Überreste im stylischen Ambiente und garantieren sinnliches Prickeln! Auch Hinterbliebene sind willkommen!«

»Sind deine Großeltern in Zbąszyń begraben?«

Mein Vater wendet den Kopf.

»Bitte?«

»Ob deine Großeltern in Zbąszyń begraben wurden?«

»Ja!«

»Gibt es das Grab noch?«

»Ja, ich war vor zwei Jahren das letzte Mal dort. Irgendjemand muss es pflegen, aber ich weiß nicht, wer es ist.«

»Hast du deine Urgroßeltern kennengelernt?«

»Nein!«

»Willst du nicht mal beim Standesamt oder in den Kirchenbüchern nachforschen? Dann könntest du zumindest ihre Namen und ihre Lebensdaten herausfinden.«

Er schüttelt den Kopf.

»Interessiert es dich nicht?«

Er schüttelt wieder den Kopf. »Finito! Ende! Aus! Vorbei!«

Er sieht wieder vor sich hin. Im Rückspiegel sehe ich, dass meine Mutter eingeschlafen ist.

Ich hatte bislang nie das Bedürfnis, mich genealogisch zu verorten. Vielleicht wächst dieses Bedürfnis erst, wenn man anfängt, an das eigene Ende zu denken. Halt in der Kette suchen, wissen, man ist nur ein Glied, aber eben doch auch ein Glied, ohne das keine Kette auskommt. Die Ahnenkette ist eine Art diesseitiger Himmel, denn die Enden der Kette verlieren sich in sagenhaften Fernen, da wo Mythen und Märchen regieren, wo der Mensch in der Vergangenheit noch mit Fabelwesen umgeht und in Zukunft – wer weiß – wieder den Umgang mit ihnen lernt. Denn das Licht unserer Forschungen wirft nur einen schwachen Strahl ins Gestern und Morgen und reicht kaum fünf bis sechs Generationen zurück. Und können wir uns die Enkelkinder unserer Kinder und ihre Welt vorstellen? Vermutlich werden wir sie – dank des digitalen Himmels, in den wir uns bereits zu Lebzeiten einspeisen – deutlicher vor Augen sehen als uns unsere Urgroßeltern.

Vielleicht ist gerade das der Trost der Genealogie: Dass wir niemals wissen können, welchen Platz wir innehaben, wozu wir hier und nicht an einem anderen Platz auftauchen und ob wir der Kette etwas Individuelles mitzuteilen haben. Und bei aller Ungewissheit können wir sagen: Wir werden gebraucht, wir sind am Platz, wir sind die, die sind, um gewesen zu sein und erinnert zu werden. Oder ist dieses kollektive Eingedenken, das Fügen ins Glied, das Gegenteil von Trost? Sich schon im Leben als zukünftig Verschwundene und Erinnerte betrachten?

Wir sagen nichts mehr bis zur Grenze.

Totentanz

Bereits im November kündigte sich an, dass dieser Berliner Winter sehr kalt und lebensabschneidend werden würde. Obdachlose würden auf der Straße erfrieren, alte Menschen würden ihre Wohnungen kaum noch verlassen, und viele Senioren würden diesen Winter nicht überleben. Sie würden sich erkälten, sie würden stürzen, sich den Oberschenkelhals brechen oder eine Hand zertrümmern, sie würden ins Krankenhaus kommen, und dort, in der frostigen Pflegefabrik, würden sie aufgeben. Im März oder April, wenn ihre Haushalte dann aufgelöst wären, würden die Handwerker auf den Plan treten und die Spuren ihres Lebens beseitigen. Und schließlich würde es freie Wohnungen geben.

Der erste Sonntag im November war bitterkalt. Plötzlich war der Winter da, ohne Vorwarnung, ein eisiger Wind fegte durch die Straßen, und die Menschen trugen das erste Mal wollene Schals, Mützen und Handschuhe. Es war ein Tag, an dem man sich überlegt, ob man die Wohnung verlässt. Morgens hatte ich in der Zeitung gelesen, dass Nina Hagen in der Kirche St. Marien am Alexanderplatz zum Thema »Tod und Sterben« sprechen würde. Ich war gespannt, ich war neugierig, ich war skeptisch. Die Nina Hagen, die ich aus den Talkshows kannte, deren Einlassungen ich immer als surreal-kosmisches Ga-Ga-Ga im Ohr hatte und deren berühmtester TV-Auftritt darin gipfelte, einem schockierten Publikum zu demonstrieren, wie man als Frau am besten masturbiert, wollte unter der Überschrift »Was würde ich meinen Kindern sagen, wenn ich morgen sterben müsste?« eine Predigt in St. Marien halten. Hatte sie etwas zu sagen?

Würde es eine ernsthafte Selbsterkundung? Würde sie es schaffen, aus dem medialen Image-Kerker herauszutreten und ein auffindbares Ich zum Sprechen zu bringen?

Ich setzte mich aufs Rad und beugte den Kopf gegen den Wind. Als ich am Alexanderplatz ankam, war es fast dunkel. Es war der 7. November, es war der Sonntag vor dem Ewigkeitssonntag, und der Gottesdienst sollte um halb fünf beginnen. Die Kirche wirkte wie ein gestrandetes und aufgegebenes Schiff in einer derangierten Stadtlandschaft. Hier in Berlins Mitte passte nichts wirklich zusammen. Ich hatte gedacht, der Andrang sei größer. Ab und an trat jemand an das Portal und verschwand schnell in der Kirche. Im Vorraum stand eine Frau und empfing die Medienvertreter, die wohl in größerer Zahl erwartet worden waren. Aber außer zwei oder drei Fotografen gab sich niemand als Journalist zu erkennen. Allerdings war die Kirche voller als sonst, und das Publikum war etwas bunter, viele unter ihnen, die sonst den Weg an diesem Sonntag nicht in die Kirche gefunden hätten. Da saßen bürgerliche Gemeindemitglieder, ältere Nina-Hagen-Freunde mit leichter Hippie-Anmutung, ein paar Ökobürger, ein paar schwarz gekleidete Gothic-Fans und ein paar junge Männer mit vorsichtig dosierten Punkelementen, insgesamt aber überwogen unauffällige Grauköpfe. Neben mir nahm ein Hüne Platz, der von Beruf Steinmetz hätte sein können (vielleicht war er aber auch nur ein Bundestagsabgeordneter der Linken) und eine gefütterte Lederweste trug, einen fuchsteufelsroten Bart und zwei schillernde Ohrringe. An der rechten Hand glänzte ein schwerer Silberring mit einem grinsenden Totenschädel (was es für mich eher unwahrscheinlicher machte, dass er ein Bundestagsabgeordneter der Linken war). Bevor er in die Bank trat, bekreuzigte er sich beflissen-artig. Ich setzte mich nah an die Kanzel und fragte mich, ob Nina Hagen dort hinaufsteigen und unter dem steinernen, trompeteblasenden Engel ihre

144

Botschaft verkünden würde. Auch nahmen zwei junge Männer bei mir Platz, bleich geschminkt, rote Lippen, Lederjacken, mit hübschen, frech aufgeworfenen Nasen, ihre Gesichter leuchteten so fahl, als seien sie von Caravaggio gemalt, sie steckten tuschelnd die Köpfe zusammen, küssten sich. Dramatische Orgelmusik setzte ein. Einige Gottesdienstbesucher standen halb auf, reckten die Köpfe, die ersten Fotohandys und Digitalkameras wurden gezückt, niemand interessierte das Schild am Eingang, das das Fotografieren verbot. Ältere Gemeindemitglieder betrachteten befremdet das ungewohnte Treiben oder starrten scheinbar völlig teilnahmslos vor sich hin. Nina Hagen hatte die Kirche auffällig unauffällig durch einen Seiteneingang betreten und nahm nun neben zwei Pfarrern in der Mitte des Kirchenschiffes Platz. Von meinem Platz aus sah ich vor allem zwei hochaufragende Zöpfe, ein bleiches Gesicht mit verschwimmenden dunklen Augen und einem großen Mund. Nachdem die Orgelmusik verstummt war, sprach ein Schauspieler, der nahezu unbemerkt im Seitenschiff saß, einige Verse aus dem bekannten Totentanzfresko der Kirche.

Leben wollt ihr ohne große Not,
Nun müsst ihr leiden den bitteren Tod.
Bitterlich sterben ist der erste Sang,
Der zweite wie der Glockenklang,
Der dritte, von Freunden vergessen sein,
Allzeit, das sollt ihr wissen.

Nach einer kurzen Begrüßung durch den Pfarrer und einer weiteren dramatischen Orgelimprovisation trat die Sängerin ins Mittelschiff, hob die Arme, streckte sie weit aus, stand da wie eine Hohepriesterin und versuchte sich an einer Begrüßung. Doch ihre Stimme und ihre Aura waren dem sakralen Raum, dem Gotteshaus, der steinernen Jahrhunderthalle nicht gewachsen. Ihre Stimme kam kaum an, Hände wurden assistierend hinter Ohren gelegt. Da vorne stand ein Mensch, zu Hause in Inszenierungskünsten und jetzt verloren auf einem Terrain, das ihm die gewohnten Codes und Gesten aus der Hand schlug. Im Publikum wuchs eine große Ratlosigkeit, zugleich Besorgnis, ein Fragen und Raunen kroch durch die Bänke, und die Sängerin sah in Gesichter, auf denen Erwartungen und Zweifel miteinander in lebhaften Wettstreit traten. Dieser Moment hatte etwas Peinigendes, dieses öffentliche Verrutschen, Verunglücken, Fehltreten, Nichterreichen weckte in erster Linie Befürchtungen, aber auch Hoffnungen. Vielleicht würden all ihre Kameragesichter abplatzen, vielleicht würde statt des Prominenten ein nackter Mensch vor die Gemeinde treten und etwas Bewegendes sagen?

Nach der kurzen zerflatterten Begrüßung sang Nina Hagen einen Gospelsong von Mahalia Jackson: »I live again!« Neben ihr eine Band. Das eine oder andere Bein zuckte, zwei Frauen, die sich an einen Beichtstuhl gelehnt hatten, bewegten zaghaft die Hüften. Schütterer Beifall. Als sie das Lied abmoderieren wollte – »ein Lied von unserer wunderbaren Schwester … wie heißt diese wunderbare Schwester … ach, es gibt einfach zu viele wunderbare Schwestern … ach, sag mir doch einer, wie unsere wunderbare Schwester … aber ja, natürlich, Mahalia Jackson heißt unsere wunderbare Schwester, sind so viele wunderbare Schwestern auf der Welt, man kann sie kaum alle behalten« –, machten sich die ersten Zuhörer bereit, Nina ihre hochdosierten Multivitaminpräparate und Tai-Ginseng-Kapseln zu offerieren, und der Hüne neben mir zog verstohlen eine Dose Red Bull aus den Tiefen seiner Weste und steckte sie erst wieder weg, nachdem die wunderbare Schwester Mahalia gefunden worden war.

Nach dem ersten Lied – wieder verlor sich die unsichere

146

Stimme – trat die Sängerin ans Mikrophon und begann. Sie bedankte sich zunächst, dass sie hier sprechen dürfe, hier, sagte sie, wo schon Martin Luther King gesprochen habe, hier, wo ihr Vater, den die Nazis einst einsperrten, um die Ecke gewohnt habe, hier, wo sie wieder zum christlichen Glauben, zur Kirche zurückgefunden habe. Brüchige Routine. Nach dieser fragilen Einleitung gelangte sie zum Hauptteil ihrer Rede und wiederholte den Titel noch einmal für sich, so als ob sie die Frage das erste Mal vorgelegt bekäme: »Was würde ich meinen Kindern sagen, wenn ich morgen sterben müsste?« Ich wurde mit jedem Satz, den sie sagte, trauriger, ratloser. Sie vermied jede persönliche Wendung. Nein, vor dem Tod, sagte sie, müsse niemand Angst haben, der den Glauben, der den Herrn habe, denn dem könne nichts passieren. Und sie habe den Glauben, sie habe den Herrn, also habe sie keine Angst. Ihre Kinder kamen nicht vor. Nur ihr schnell errichtetes Glaubensbollwerk. Komisch, dachte ich, was kann sie jetzt noch sagen, da sie ja bereits alles gesagt hat?

Und dann fuhr sie fort, dass sie keine Angst um sich habe, aber Angst um die Schöpfung im Angesicht des »atomaren Holocaust«. Ja, wir müssen solidarisch mit den Menschen sein und Angst für die anderen haben, nein, sie habe keine Angst vor dem Tod, denn sie habe ja Gott und den Glauben, aber die Schöpfung, die Welt, die Menschheit, um die habe sie dann doch eine ganz gewaltige Angst, weil die Welt vor Atomwaffen starre. Und sie habe Angst um ihre Freunde, Angst vor ihren Freunden, denn die haben auch Atomwaffen. Wen meint sie, dachte ich? Amerika? Und dann erwähnte sie Israel, unsere Freunde, die aber Atomwaffen, die verbotenerweise Atomwaffen hätten, die sie »im Geheimen« hergestellt hätten und die sich an Verhandlungen über diese schrecklichen Atomwaffen nicht beteiligen wollten. »Die Welt«, sagte die Sängerin, »stöhnt nur so vor Atomwaffen.«

Es wurde unruhig. Wieder kroch Ablehnung durch die Reihen, wieder machte sich eine peinigende Spannung breit. Niemand erwartete mehr Trost oder Rat von dieser Predigt, alle schienen sich jetzt davor zu fürchten, dass die Sängerin einen antisemitischen, antiisraelischen Fehltritt begehen und damit etwas Skandalöses sagen könnte. Im Kern war ihre Rede, die so kraus und konfus war, dass ich schnell den Versuch aufgab, sie mitzuschreiben, eine Warnung vor der atomaren Aggression Israels. »Und«, fragte sich die Sängerin schließlich und steuerte auf das Ende ihrer Gedanken zu, »was mache ich, wenn ich einen Freund habe, der Massenvernichtungsmittel besitzt?« An diesem Punkt erreichte Nina Hagen die größte Aufmerksamkeit, höchste Spannung, nahezu Stille. Freunde mit Massenvernichtungsmitteln? Aha, dachte ich, unsere Freunde in Israel wollen uns also mit Massenvernichtungsmitteln auslöschen. Seltsame historische Inversion! Achtung: Israel vernichtet die Bundesrepublik. Gut, dass Nina Hagen endlich einschritt, dagegen ansang und anpredigte. »Was würde ich also tun?«, fragte sie erneut. »Ich würde etwas«, sagte sie, »mit zivilen Mitteln versuchen, mit Kultur, mit Protest, um das zu ändern. Ich will auf einer Gospelkonferenz ganz viel für die Menschenrechte tun. Und dieses Lied würde ich singen.« Sie setzte sich auf einen Stuhl, ballte die Faust, nahm eine Gitarre und sang »We shall overcame!« Die Gemeinde sank erleichtert zurück. Nina Hagen hatte Israel nicht mit Atomwaffen angegriffen.

Dann bedankte sie sich noch mal. »Danke Dr. Martin Luther King. Danke Jesus! Danke! Amen!« Nach Nina Hagens Epistel trat noch einmal der Pfarrer ans Mikrophon und sagte noch ein paar Sätze zum Tod und zum Sterben. Dass wir Menschen in der »Rushhour des Lebens« seien und dass so vieles an uns zerre, so viele Baustellen, und dass wir mitten im Leben das Leben verlernen und darüber vergessen, was wirklich wichtig ist. Ich nahm das kaum noch wahr. Immer wenn jemand Ausdrücke wie »Rushhour des Lebens« verwendet, schaltet irgendetwas mich ab.

Immerhin gelang es mir noch, das folgende Fragment aufzuschnappen: »Kein schlaues Buch kann uns so klug machen wie der Gedanke, dass wir alle sterben müssen. Klug werden heißt, die Sache mit Gott nicht auf die lange Bank zu schieben.« – Warum machen mich Kirchenleute immer so traurig? Weil sie den Sound geübter Verkäufer wählen? Weil sie mir ihren Gott wie eine Versicherungspolice für die Seele aufschwatzen wollen? Oder weil wir die Hoffnung nie ganz aufgegeben haben, dass ihre Rede doch einmal von einem spirituellen Funken beseelt sein würde, einem Funken, der in uns ein metaphysisches Glimmen entfachen würde?

Nina Hagen sang noch einmal. Ein letztes Mal. »Spirit in the sky« mit eingestreuten deutschen Textpassagen.

Wenn ich sterbe und man legt mich ins Grab,
holt mich mein geliebter Schutzengel ab.

Zuletzt rief die Sängerin »Danke schön, Berlin!«, und ich dachte, vielleicht hat ihr niemand gesagt, wo wir hier sind? Vielleicht hat sie die ganze Zeit geglaubt, in einer Konzerthalle zu sein? Der Gottesdienst schloss. Nina Hagen zog mit dem Pfarrer durchs Mittelschiff aus. Dann blieb sie am Ausgang stehen. Der Pfarrer verschwand schnell, offenbar hatte niemand eine Frage an ihn. Die Fans ließen sich Autogramme von der schwarzen Frau geben. Nina erfüllte jeden Wunsch. Sie ließ sich fotografieren, und wenn ein Fan seinen Kopf an ihren Kopf presste, dann presste sie mit ihrem Kopf zurück und schnitt eine Grimasse für den Fotografen. Sie hatte keine Berührungsscheu. Sie trug ein glitzerndes Diadem in den Haaren und ein silbernes Kreuz auf der Brust. Die Leute konnten die Kirche nur langsam verlassen, weil der Kreis der Fans die Tür wie ein Pfropfen verstopfte.

149

Alle drängten sich dicht an dicht heran. Nina Hagen wirkte nett, aber erschöpft. Vielleicht war sie auch erleichtert, dass dieser Auftritt vorbei war. Und jetzt verstand ich, dass die Menschen hier und heute ihre Nähe nicht suchen, um sich etwas von dem Star zu holen, sondern um ihm Kraft und Wärme zu geben, um ihn zu schützen vor dem Vergessenwerden und dem Untergang. Wir suchen uns Stars, wir wählen sie, bauen sie auf, stürzen sie und heben sie wieder hoch, damit sie uns überdauern. Stars sind Grabsteine auf dem Friedhof unseres Lebens. Und dieser Friedhof gehört uns allen, wir hegen und pflegen ihn, wir tragen Sorge, dass die Grabsteine nicht umfallen und unsere Stars noch leben, wenn sie und wir schon tot und vergangen sind. Und erst jetzt fiel mir auf, wie klein und zerbrechlich dieses Mädchen aussah, wie erloschen, wie ratlos, wie suchend. Was sind wir doch für Vampire, dachte ich, saugen die leer, die da oben stehen, und nähren uns von ihrer Lebendigkeit. Nein, es war ungerecht von mir, von ihr Antworten auf meine Fragen zu erhoffen. Ich trat zurück in die Kirche und zündete eine Kerze für die Sängerin an.

Draußen war es noch kälter geworden. Ich setzte mich aufs Rad und überlegte den ganzen Weg zurück, was ich meinen Kindern sagen könnte, wenn ich morgen sterben müsste.

Meine Selbstmörder

Ob ich zum Selbstmörder (oder Mörder) tauge, werde ich erst wissen, wenn ich tot bin. Ohne hier ins Detail gehen zu wollen, kann ich sagen, dass ich immer mal wieder mit geschlossenen Augen durch verschiedene Arrangements des selbstbestimmten Abschieds flaniere. Bislang jedoch hat noch keine jener imaginären Szenen, deren kathartische Funktion auf der Hand liegt, mich dauerhaft in Gefangenschaft genommen.

Wovon ich mich aber nicht freimachen kann, sind die Selbstmörder, denen ich begegnete, die ihren Freitod als Signatur in mein Leben schrieben. Immerhin hat der Selbstmörder die Wahl: Er verlässt die Welt aus eigenen Stücken, doch die Verlassenen, die, die zurückbleiben, haben keine Wahl, dieses Verlassen-Werden abzulehnen. Die Freiheit des Selbstmörders bedingt eine tödliche Unfreiheit für den Überlebenden. Der Selbstmörder verurteilt die anderen gewaltsam zum gewaltsamen Andenken. Niemand, der einem Selbstmörder nahestand, kann die Schocks der Erinnerung abweisen, und er kann auch das nicht zurückholen, was der Selbstmörder ihm genommen hat: zukünftige Begegnungen. Doch der Selbstmörder raubt nicht nur dieses Zukunftsmoment, er negiert auch jenen individuellen Knoten, den wir zusammen mit ihm geschnürt haben, jenes Stück Seelenfleisch, das nur da war, weil er und ich es zum Leben erweckt hatten. Der Selbstmörder tötet also nicht nur sein Selbst, sondern auch ein Stück meines Selbst, ein Stück, auf das ich gehofft, das ich gefürchtet hatte, einen Blick, von dem ich mich erkannt oder durchschaut fühlte, ein Wort, das mich bestimmt oder bestritten hätte. Jeder Mensch hat die Gabe, einem anderen Einzigartigkeit zu schenken. Daher ist der Selbstmord immer auch ein Fremdmord.

Gespräche mit Selbstmördern kommen immer wieder an einen toten Punkt. Dann, wenn der Selbstmörder sagt: »Du hättest alles oder du hättest nichts daran ändern können.« Zwar ist das Repertoire der Toten eingeschränkt, dafür aber spielen sie es lebenslänglich.

Mein erster Selbstmörder war eigentlich nicht mein erster Selbstmörder, weil ich ihn kaum kannte, und auch jetzt, wenn ich ihn erinnere, weiß ich kaum etwas über ihn. Er war im Dorf eine respektable Größe, Kaufmann, und wird im Gedächtnis meines Bruders lebendiger sein als in meinem, denn er bekam den Stahlhelm geschenkt, den der alte Mann im Weltkrieg getragen hatte. Wir Kinder nahmen das Ding schaudernd in die Hand. Es stand für Tod, Unheil, Mord, Verwüstung, Blut und Schande. Ob sein Besitzer überhaupt einen Schuss abgegeben hatte, kann ich nicht sagen. Der alte Mann wurde erst einige Tage nach seinem Verschwinden gefunden. Er war ins Wasser gegangen. Es blieb verpönt, die Sache beim Namen zu nennen. Uns gegenüber hieß es kurz angebunden nur: »Er ist wohl ins Wasser gefallen!« – »Warum?« – »Wird wohl zu viel getrunken haben.«

Dem zweiten Selbstmörder, der auch heute noch in mir lebt, stand ich schon etwas näher, ohne dass ich ihm nahegestanden hätte. Allenfalls ein oder zwei Sätze werden zwischen uns hin und her gegangen sein, was ich damals als Auszeichnung empfunden haben dürfte, denn der junge Mann war das, was man gemeinhin als »cool« bezeichnet. Er hatte unser Gymnasium besucht, in der Schulband gespielt, er trug Lederhosen, Ringel-T-Shirts, einen eindrucksvollen Dreitagebart und war einfach ein Frauentyp. Wir Jungen glaubten, er könne jede haben, zumal er Gitarre zupfend mit melancholischer Miene selbstgeschriebene Lieder vortrug.

Warum hat er sich auf dem Dachboden seines Elternhauses erhängt? Weil er nicht das studieren konnte, was er wollte? Ich erinnere mich nicht mehr, ob es noch weitere Selbstmörder an unserer Schule gab. Wundern würde es mich nicht, da ich damals selbst Tag für Tag Ausstiegsszenarien entwarf oder mich in solche einfühlte. So las ich damals »Der Schüler Gerber« von Friedrich Torberg. Das Buch erzählt von einem Abiturienten, der sich aus dem Fenster stürzt, weil er unter seinen Lehrern und den Forderungen des Lebens gelitten hat. Halbherzig sammelte ich ein paar Schlaftabletten, die ich meinen Eltern entwendete. Damals glaubte ich, man könne sich umbringen und zugleich überleben. So wie der Held der sechsteiligen Serie »Tod eines Schülers«, die ich damals im Fernsehen mit melancholischer Begeisterung sah, weil sie meine Lebensnot zum Ausdruck brachte. Ich fühlte mich verstanden, vom Fernsehen und von dem Helden, der sich vor einen Zug warf und starb, aber als TV-Held in jeder Folge wieder und wieder auferstand. Tatsächlich soll die Selbstmordrate unter Jugendlichen nach der Ausstrahlung der Serie erkennbar angestiegen sein.

Während des Zivildienstes begegnete ich meinem nächsten Selbstmörder, obwohl es sich nicht um einen Zivildienstleistenden handelte. Dabei wäre das eine ganz naheliegende Begegnung gewesen, denn die Selbstmordrate lag bei Zivildienstleistenden, die wir damals auch »Zivildienstleidende« nannten, signifikant höher als bei Wehrdienstleistenden. Hatten wir – zumindest die, die in Altenzentren arbeiteten – nicht immerzu mit Menschen zu tun, die starben, sich den Tod wünschten oder sich sogar insgeheim mit der Bitte an uns wandten, ihnen doch zu helfen, ihr Leben zu beenden?

Die junge Frau, die ich 1987 während meines Zivildienstes kennenlernte, absolvierte ein freiwilliges soziales Jahr. Sie tötete sich zehn oder zwölf Jahre, nachdem ich von dort weggegangen war. Ich hatte viele Jahre nichts von ihr gehört, als ich die Nummer ihrer Eltern wählte. Ihr Vater nahm ab. Ob ich B. sprechen könne? Er schwieg. Nach einer Pause fragte er mit bewegter und verärgerter Stimme, wer ich denn sei? Ich erklärte mich. »Meine Tochter ist tot!«, antwortete er. Ich habe verdrängt, wie ich reagierte. Ich weiß nicht mehr, wie das Gespräch beendet wurde. Einige Monate später wollte ich ihr Grab besuchen. Ich fand es auf dem weitläufigen Friedhof nicht, zumal es schon dunkelte. Man berichtete mir, ihr Selbstmord könne viele Gründe gehabt haben. Einen Brief hatte sie nicht hinterlassen. Die große Liebe ihres Lebens, die sie nach vielen verworrenen Jahren gefunden hatte, hatte sich einige Wochen vor ihrem Tod das Leben genommen. Sie starb auf die gleiche Weise wie er, sie spritzte sich Insulin. Auch habe man bei ihr zuvor Multiple Sklerose diagnostiziert, eine Krankheit, die sie kannte, die sie fürchtete. Und überhaupt hätten ihre Ängste immer ihre Hoffnungen überwogen, zumal sie nie einen Beruf gefunden hatte, der ihren Fähigkeiten entsprach. Sie war sensibel. Die Haut an ihren Händen war dünn und rissig. Sie besaß ein hohes Gerechtigkeitsgefühl. Die Alten mochten sie gerne, weil sie mit ihnen »Ännchen von Tharau« und andere Volkslieder sang, die sonst niemand kannte. Sie probierte einiges an Drogen, aber sie besaß einen klaren Blick für die Verhältnisse und kam nie zu spät. Sie wollte nie hoch hinaus, glücklich sein, ja, aber Karriere machen? Nein!

Der Selbstmörder, der Ruhe und Frieden sucht, lässt uns in Unfrieden zurück. Friedensverhandlungen mit Selbstmördern verlaufen meistens nach demselben Muster: Sie werden abgebrochen. Nur wer einem Selbstmörder herzensnah stand, wer große Intimität mit ihm teilte, wird die Verhandlungen ein Leben lang führen. Alle anderen sehen zu, den Selbstmörder in sich zum Schweigen zu bringen. Was hätten wir uns auch zu sagen?

Je älter wir werden, desto mehr Selbstmörder beanspruchen unsere Aufmerksamkeit. Da ist der Studienfreund, der sich zu Tode stürzte, noch bevor sein Kind geboren wurde, da ist der Greis, der sich umbrachte, weil er fürchtete, dass sein viel jüngerer Freund ihn verlässt, da ist die Nachbarin, die sich erhängte und ihrer Tochter schrieb, sie solle nicht in den Keller gehen, da ist der Nachbar, der in Schulden und Sprachlosigkeit versank und dessen Fahrrad noch lange im Regen stand, bevor man das Schloss aufbrach, da ist der berühmte Torwart, der sich vor den Zug warf, und da ist die alte Frau, die niemandem zur Last fallen wollte, nachdem ihr Mann gestorben war. Ihre Katze hatte sie vorher in gute Hände abgegeben, bevor sie sich an einem Sonntag tötete.

Ob jemand zum Selbstmörder (oder Mörder) taugt, sieht man ihm nicht an. Auch nicht sich selbst. Jeder Selbstmörder hat ein Anrecht darauf, vergessen und erinnert zu werden. Keiner ist verschwunden, bevor wir ihn nicht aufgeben. Für Friedensverhandlungen ist es nie zu spät, auch wenn alles zu spät ist. Und kein Selbstmörder erwartet, dass wir auf ihn zugehen und die weiße Flagge hissen.

Totengräber (1)

»Liegt irgendwo am Wegrande ein toter Maulwurf, eine verendete Maus oder eine Singvogelleiche, so kommen die Totengräber mit dem Gesumm einer Hornisse angeflogen, und sind erst ihrer fünf oder sechs am Platze, so schieben sie sich an verschiedenen Stellen, ziemlich zweckentsprechend verteilt, unter den Leichnam und scharren emsig mit ihren Beinen die Erde nach hinten unter sich fort, so dass der tote Körper von Stunde zu Stunde tiefer in den Boden sinkt und schließlich ganz darin verschwindet. Gerät durch irgendein Hindernis, z. B. ein Steinchen, die Arbeit ins Stocken, so wird zunächst mit vereinten Kräften der störende Gegenstand unterwühlt und dann erst in der früheren Weise die Bestattung fortgesetzt. Bis 30 Zentimeter tief versenken die Käfer die kleine Leiche, wenn diese auf lockerem Boden liegt; bei steinigem Untergrunde begnügen sie sich, das ihnen Mögliche zu tun, doch ist auch schon beobachtet worden, dass sie den Fund in gemeinsamer Arbeit ein Stück weit fortbewegen, sofern er allzu ungünstig lag. Wie leistungsfähig die Tiere sind, beweist eine Beobachtung Gleditschs, wonach vier Totengräber binnen 50 Tagen zwei Maulwürfe, vier Frösche, drei kleine Vögel, zwei Grashüpfer, die Eingeweide eines Fisches und zwei Stücke Rindsleber begruben. Gekrönt wird das mühsame Unternehmen durch die in der Erde erfolgende Hochzeit. An dem vergrabenen Tierkadaver legen die Weibchen ihre weißen, walzenförmigen Eier ab, und die schon nach vierzehn Tagen entschlüpfenden gefräßigen Larven besorgen dann vollends die Beseitigung des verwesenden Körpers. Drei oder vier Wochen dauert der

Leichenschmaus, währenddessen den gelblich weißen, an Kopf, Beinen und Rückenschilden hübsch rotgelb übertünchten Larven ihr Jugendröcklein mehrmals zu eng wird, so dass eine Häutung erfolgen muss. Zuletzt sind sie 4 Zentimeter lang und gleichen äußerlich einer Raupe. Die Hinterränder der Rückenschilde sind sämtlich kammartig ausgezackt, und dieser Spitzen der Rückenkämme bedient sich die ausgewachsene Larve, um tiefer ins Erdreich hinabzudringen, was ohne die Stützen schwer möglich wäre. Mit ihrem Speichel verfertigt sie sich in der Tiefe eine Puppenwiege, verwandelt sich in eine anfangs gelbe, später dunkelbraune Puppe und steigt, wenn die Jahreszeit günstig ist, drei Wochen darauf schon als Käfer ans Licht, um das vermeintliche Gewerbe der Leichenbestatter fortzusetzen. Käfer, die erst im Herbste schlüpfen, bleiben geduldig in ihrer Höhle, bis ihnen der wohlig durchsonnte Boden den neuerstandenen Lenz verrät. Was die Hyänen und Geier im Großen, das sind die Totengräber und ihre Larven im Kleinen: tierische Sanitätspolizei, deren Wirken nicht unterschätzt werden darf, so wenig anmutig ihr Gewerbe auch ist.«

Aus: Der Jubiläums-Brehm. Brehms Tierleben. Die Insekten, Band 6, Leipzig 1929, 3. Auflage, S. 200–201.

Kleine Tode

Warum rennen wir immer Deadlines hinterher?

✝

Jetzt habe ich das erste Mal daran gedacht, etwas zu kaufen, um es zu vererben, um es weiterzugeben, um es mich überleben zu lassen, um zu wissen, das Ding endet nicht mit meinem Ende.

Meine Mutter hat mir Krippenfiguren geschenkt, Josef und Maria, und ich erinnere mich jetzt, dass ich als Kind in der Weihnachtszeit immer gerne zum Altar gegangen bin, um die dort aufgebaute Krippe zu betrachten. Jetzt stelle ich mir meine eigene kleine Krippengeborgenheitswelt zusammen und hoffe, dass meine Kinder sie einst auch wieder reanimieren, sie pflegen und bewahren und – wenn sie sie denn aufstellen – davon sprechen, wie es einst war zu Weihnachten in unserer Familie, als die Eltern noch lebten.

✝

Antiquare sind seltsame Menschen. Eher seltsam als komisch. Auf die meisten Antiquare, die ich kennenlernte, fiel schon zu Lebzeiten ein Abglanz des Sterbens, ihres eigenen und das anderer Leute. Ich muss jetzt an den Antiquar B. denken, der stets mit osteoporösem Rücken durch seinen Laden wackelte. Seine gesamte Gestalt wirkte wie formaldehydumflossen. Über seinen schmalen Augen wuchsen wuschelige Augenbrauen, ebenso wucherte die Wolle auf seinen spitzen Ohren. Fragte man nach einem speziellen Titel, verschwand er nach hinten, stieg über eine klapprige Leiter in einen dumpf riechenden Keller. Manchmal ließ er sich halbstundenlang Zeit, und man fragte sich, ob er selbst inzwischen verstorben oder ob er in ein Schattenreich eingedrungen war, wo die Toten ihre Lieblingsbücher als Ruhekissen nutzen. Die Bücher, die er von diesen Exkursionen mitbrachte, waren kalt.

Die größte Lebhaftigkeit zeigen die Gesichter der Antiquare, wenn die Frau eines verstorbenen Gelehrten anruft und bittet, die Bibliothek des Abberufenen in Augenschein zu nehmen. Doch meistens sitzen die Antiquare schief und grau hinter ihren wuchtigen Schreibtischen und haben dem Leben da draußen adieu gesagt. Hinter ihnen liegt meist ein großes Unglück, und sie haben sich mit letzter Kraft hier zwischen die Bücher gerettet, wo sie ihr Reich im Licht schwach strahlender Lampen mit einem weichen Bleistift regieren. Würde mir jemand sagen, Antiquare seien Totenwächter, und in ihren staubigen Etablissements würden sich Falltüren zum Reich der Toten auftun, würde ich das sofort glauben. Wohin ich komme, wenn ich sterbe, weiß ich nicht, auch wenn ich glaube (aber das ist eben nur Glaube), dass es nach dem Tod kein Fortkommen gibt, keinen Himmel, keine Hölle, keine Seelen- oder Weltenwanderung. Nur eines weiß ich: Meine Bücher kommen keinem Antiquar in die Hände!

†

Tatsachen sind Todsachen.

†

Manche Menschen sind zu träge zum Sterben.

†

Viele Denker behaupten, nur der Mensch wisse, dass er sterbe, das unterscheide ihn vom Tier und das mache ihn letztendlich zum Menschen. Was für ein Hochmut! Ich halte

160

das für eine Fiktion. Haben die noch nie ein Tier sterben sehen? Ein Rind im Schlachthof? Eine kranke Taube, die auf einer autobrüllenden Straße sitzt und keine Kraft hat, sich zu erheben? Oder einen Spatzen, der gegen das Fenster flog und auf dem Balkon liegenblieb? Neueste Forschungen deuten darauf hin, dass Tiere den Tod sehr wohl empfinden, ja sogar Trauer zeigen können. Britische Forscher filmten 2010 eine Gruppe von Schimpansen in Sambia im Affenschutzgebiet Chimfunshi. Dabei beobachteten sie eine Schimpansenmutter, die sich ganz offenbar von der Leiche ihres Kindes nicht trennen konnte und sie mehr als einen Tag mit sich herumtrug. Die Schimpansenmutter legte das mit sechzehn Monaten gestorbene Kind mehrfach ab, streichelte es im Gesicht und am Nacken und brachte es zu anderen Mitgliedern der Gruppe, die es »untersuchten«. Erst am nächsten Tag trennte sich die Mutter von ihrem toten Kind.

Als unsere Katze starb, musste ich sie halten. Ihre Nieren versagten. Sie war eine sehr alte Dame. Sie war sonst immer gerne in die Badewanne gesprungen, hatte dort meditiert, aber vor allem am tropfenden Wasserhahn geleckt. Dann, es war ein heißer Sommertag, maunzte sie kläglich, versuchte auf den Rand der Badewanne zu springen, knallte jedoch bereits auf halber Höhe gegen die Kacheln und blieb dann zitternd und kraftlos liegen. Nie mehr würde sie so springen, wie sie einst springen konnte, und diese Gewissheit brach ihr das Herz. Es war so weit: Ich setzte sie in den Katzenkorb und trug sie aus dem Haus. Sonst hatte sie auf diesem Weg immer kehlig gejault, protestiert, jetzt gab sie keinen Laut mehr. Der Arzt versicherte mir, sie würde nichts merken. In dem Moment, als er ihr die Spritze gab, brach ihr Auge, alles Leben entfloh, und ich hatte das Gefühl, durch ihre Augen in eine bernsteinstarre Unendlichkeit sehen zu können. Sie wusste! Ich trug sie nach Hause und vergrub sie im Hof.

161

Das Kind, das ich war, muss existiert haben. Zahlreiche Fotos beweisen es. Ich erkenne mich nicht.

†

Es braucht keinen Stich ins Herz. Legt mir nur ein Handy in den Sarg.

†

Gäbe es den Tod nicht, müsste ihn der Mensch erfinden. Gäbe es den Menschen nicht, müsste ihn der Tod erfinden.

†

Der Staubsauger ist die Fanfare der Vergeblichkeit!

†

Wäre es nicht furchtbar, wir wären unentbehrlich?

†

Vor vielen Jahren trug ich einen teuren, taubenblauen Sommeranzug (Größe 98), den ich wenig getragen hatte, in die Reinigung. Vorkasse! Ich habe ihn nie abgeholt, und bis heute weiß ich nicht, ob er mich oder ob ich ihn verlassen habe. Die Reinigung gibt es schon lange nicht mehr.

†

Unsterblichkeitsstrategien (Kunst, Kind, Karriere) sind Vogelscheuchen, die nicht den Tod, wohl aber unsere Todesängste vertreiben sollen.

†

Streben und Sterben sind auf den ersten Blick kaum zu unterscheiden, und manchmal kann sich auch das Leben verschreiben. Im zweiten Teil von Goethes »Faust« spricht ein Chor seliger Knaben in Hinblick auf »Faustens Unsterbliches« das Credo der seelenrettenden Tüchtigkeit: »Wer immer strebend sich bemüht, den können wir erlösen.«

✝

Warum bloß sind Knochen, der Totenkopf, Symbole der Vergänglichkeit? Was zersetzt sich zuerst? Was wird zu Erde und Staub? Was ist schon zu Lebzeiten schlaff, armselig und träge? Das Fleisch! Unser Fleisch sollte uns das Fürchten lehren, aber weil es so amorph ist, taugt es nicht zum Zeichen, zur Ikone.

✝

Lebensgier ist die kleine Schwester der Todesangst.

✝

Der Philosoph Arthur Schopenhauer nahm an, dass der, der es schafft, fürs Vaterland zu sterben, sein eigenes enges »Daseyn« hinter sich lässt und es auf den »Menschenhaufen« ausweitet, ausdehnt auf die Spezies, indem er sich erkennt, wiederfindet in den »kommenden Geschlechtern«. Diese Erweiterung des »Daseyns« auf die Gattung sei Trost.

Schaffen wir das noch? Wer wollte in Deutschland schon fürs Vaterland sterben? Für irgendein Land? Für eine Idee? Wofür würden wir kämpfen, unser Leben hingeben, und was würde nicht nur von uns selbst, sondern auch von den anderen, von der Gattung, als Gattungsdienst anerkannt werden? Hollywood wäre um die Antwort nicht verlegen.

✝

Wenn wir zur Welt kommen, müssen wir unser Aus-der-Welt-Sein aufgeben. So ist unsere Geburts- zugleich unsere Sterbestunde. Und wenn wir wieder aus der Welt heraustreten, ist unsere Todesstunde zugleich der Augenblick unserer

163

Geburt, denn wir werden wieder sein, wo und was wir waren, bevor wir unter der Sonne Platz nahmen.

†

Das Leben ist das einzige Geschenk, das man nicht ablehnen kann und das ausnahmslos zurückgefordert wird.

†

Langeweile ist Urlaub vom Tode. Wer sich langweilt, beschenkt sich reichlich. Sich zu Tode langweilen ist ein Ding der Unmöglichkeit.

†

Warum sollte Gott ein so schadhaft-vergängliches Wesen wie den Menschen schaffen? Will er seinen Ruf ruinieren? Und warum sollte ein sterbliches Wesen wie der Mensch einen perfekten Unsterblichen erfinden? Will er sich das Leben auf Erden zur Hölle machen?

†

Im Angesicht des Todes wächst das defizitäre Bewusstsein: Was gäbe es nicht noch alles zu tun? Zu leben? Mitzuerleben? Zu gestalten? Zu konsumieren? Früher, als die Menschen die Welt noch statisch und wohlgeordnet dachten, starb einer im fünfzigsten Jahr im Bewusstsein, alles getan und gelebt zu haben, was ein Mensch auf Erden leben kann. Er war lebenssatt! Wer würde das heute noch sagen? Das, was wir verpassen, wenn wir tot sein werden, wächst so dramatisch, dass man die eigene Wissensprivilegierung gegenüber früheren Generationen kaum noch wahrnimmt, stattdessen aber die Wissensdeklassierung gegenüber kommenden Generationen umso schmerzlicher empfindet. Wir legen uns immer ruheloser ins Grab.

Jede Fotografie ist eine vorweggenommene Totenmaske.

†

Atheist ist ein anderes Wort für Totengräber.

†

Vielleicht sind die Sterbenden die unzuverlässigsten Zeugen, wenn es ums Sterben geht.

†

Die Stille ist ein unbequemer Gesprächspartner, weil sie Gräber aushebt, wo das Leben brüllt.

†

Sind Atheisten heroisch, weil sie dem Nichts standhalten oder sind sie Feiglinge, weil sie Gott nicht zu denken wagen?

†

Weil wir die Tiere, die Dinge und die Götter nicht verstehen, sind wir jeden Tag zur Freiheit und zum Tod verurteilt.

†

Kommen Tiere in den Himmel, und wenn ja, in welchen? Haben Tiere, die wir schlachten, ein größeres Recht, in den Himmel zu kommen, als wilde Tiere, die andere Tiere töten, bevor sie selbst getötet werden oder im Unterholz liegenbleiben? Sind alle Tiere Atheisten?

†

Jeder Mensch ist eine Waise.

†

Der Liveticker beerdigt Augenblicke und Diktatoren.

†

Jeder Tod erteilt uns eine Lektion, unser Tod ist der größte Lehrer.

†

Im Supermarkt scheint immer die Sonne. Am hellsten und wärmsten leuchtet sie über den Früchten. Durch die Luft vibriert gute Laune, die von der Decke herabfließt. Die Mindesthaltbarkeitsdaten sind ganz klein gedruckt. Niemand soll daran erinnert werden, dass auch unsere Zeit bemessen ist. Verfallsdatum! Jeder Kunde ist König! Jeden Tag ein bisschen mehr! Wir lieben Lebensmittel! Im Supermarkt ist die ganze Welt zu Hause: Gebirge aus Dosen, Polarkreise an der Kühltheke, Dschungel in der Früchteabteilung, Disney-Länder an den Süßwarenregalen, das Meer an der Fischtheke, der Dschungel aus Tüten, Dosen, Kartons, Flaschen. Der Supermarkt ist das Paradies, aus dem uns kein Gott vertreiben kann. Alles frisch auf den Tisch! Immer neue Produkte drängen in die Regale, damit wir nur ja nicht auf den Gedanken kommen, wir hätten alles probiert. Wer alles probiert hat, ist ja so gut wie gestorben, deshalb darf es an Innovationen nicht fehlen. Neu! Neu! Neu! Frisch! Frisch! Frisch! Komisch, dass das Fließband noch schwarz ist und nicht rosa oder grün oder ermunterungsblau. Der Supermarkt verspricht jeden Tag eine neue Welt, obwohl wir die alte noch nicht einmal kannten. Ginge es nur um Lebensmittel, wäre der Einkauf schnell erledigt. Aber die Menschen suchen zwischen den Regalen noch etwas ganz anderes: Vergessen, Zerstreuung, Illusion, Orientierung, Werte, himmlisches Vergnügen, »Fleisch ist ein Stück Lebenskraft«, »Du bist, was du isst«, »… verleiht Flügel«, »… aktiviert Abwehrkräfte«, »100 Prozent Natur«. Wenn man die Menschen im Supermarkt genau beobachtet, erkennt man, dass sie tanzen, dass sie beten, dass sie meditieren, sich im Dialog mit den Produkten verlieren an ein sattes Hier und Jetzt, Jetzt und Hier. Der Supermarkt kennt keine Vergangenheit, er beschert den reinen Augenblick. Der Kauf ist der eigentliche Genuss: die Beute im Einkaufswagen betrachten, eine neue Identität, neue Geschichten, ein neuer Weg, eine neue Heimat, eine neue Unterkunft, ein neues Götterlein. Der Mensch, der Selbermacher, ist das Produkt, das die anderen, die bloß Gemachten, macht. Also ist er unsterblich!

✝

Die Sonnenbank ist ein Sarg voller Licht, dessen Deckel wir selbst hoffnungsvoll herabziehen.

✝

Das Mädchen zieht eine kleine Schachtel aus der Manteltasche, nimmt vorsichtig das Deckelchen ab und zeigt voller Stolz einen Zahn, der ausgefallen ist. Der Zahn liegt kümmerlich und gräulich in der Box, jetzt beugen sich die Köpfe der anderen darüber. Stille, kurz!

✝

Liegestütze! Wer stützt hier wen? Wann zieht es uns zu Boden? Wie viele? Wann bleiben wir liegen?

✝

Die Toten in meinem Telefonbuch brauchen sich hinter den Lebenden nicht zu verstecken. Es werden immer mehr.

✝

Himmel und Hölle: Das ist ein grober Dualismus für die Lebenden. Die Toten wissen es besser.

167

Jetzt ist der Teebeutel kalt, ausgepresst, jetzt wandert er in den Abfall. Wo ist sein Leben? Eben noch war er von anderer Gestalt und Hoffnung. »Yogi-Tea. Heartwarming. Lebensfreude. Joie de Vivre«, verheißt die ayurvedische Kräuter- und Gewürzteemischung; auf jedem Teebeutelfähnchen ist eine andere Ermunterungsbotschaft zu lesen. Auf diesem steht: »In schweren Zeiten zeigt sich Charakter!« Ich beschließe, ihn noch ein zweites Mal aufzugießen.

†

Ohne den Tod gäbe es den Kapitalismus nicht. Nur wo gestorben wird, wird auch verkauft.

†

Atheisten sind sentimentaler als Gläubige. Bei dem Versuch, ihren Nichtglauben zu glauben, fließen ihnen die Augen über.

†

Ich nenne ihn Herrn Kurz. Ich erzähle seine Geschichte so, wie man sie mir erzählt hat. Sie hat sich so zugetragen, aber natürlich kann ich nicht wissen, wie Herr Kurz sie erzählen würde. Herr Kurz arbeitet als Vorstandsmitglied in einem großen Unternehmen. Es geht um Finanzdienstleistungen. Herr Kurz ist also ein Manager auf einer hohen Führungsebene. Er verdient viel Geld, er hat keine materiellen Sorgen, er hat keine Kinder. Herr Kurz wird als Mann beschrieben, der es meisterhaft versteht, andere zu Fall zu bringen, um selbst im besten Licht zu stehen. Herr Kurz hat Kollegen, die ebenso viel Macht beanspruchen wie er, denn das Unternehmen wird von sieben Vorständen geführt. Es sind sieben Männer. Diese selbstherrlichen sieben verbringen viel Zeit damit, sich zu bekriegen, ihre Positionen zu festigen, ihre Geschütze in Stellung zu bringen. Diese Machtspiele verbrauchen Kreativität und Produktivität. Das gefällt dem Aufsichtsratsvorsitzenden ganz und gar nicht. Er bestellt die sieben Manager zu sich und wäscht ihnen den Kopf. »Bitte, besinnen Sie sich auf Ihre Aufgabe! Denken Sie an die Werte, die unser Unternehmen repräsentiert! Verstehen Sie sich als ein Team, für Ego-Player ist hier kein Platz! Erweitern Sie Ihren Horizont, es gibt mehr als Muskelspiele!« Die sieben ernsthaften Herren geloben Besserung und werden verpflichtet, eine Herzensbildungs- und Sozialkompetenzerweiterungs-Maßnahme zu absolvieren. Der eine soll eine Woche einen Obdachlosen betreuen, ein anderer sich um ein benachteiligtes Kind kümmern, ein dritter einen Rollstuhlfahrer begleiten, und Herr Kurz, unser Herr Kurz, der seine Bissigkeit stets hinter einem gewinnenden Lächeln zu verbergen weiß, soll sich eine Woche in einem Kinderhospiz engagieren. Herr Kurz fügt sich. Er geht eine Woche in dieses Hospiz und begleitet sterbende Kinder. Diese Woche wird Herrn Kurz nahegegangen sein, vielleicht zu nahe, denn nach außen zeigt er sich als unberührbar. Seinen Kollegen erscheint er nach der Woche im Hospiz wie immer, sie erkennen nicht, dass er sich verändert hatte. Sie sehen in ihm wieder den Mann, der keine Schwächen zeigen will, weil er glaubt, eine sofortige Erosion seiner Autorität würde einsetzen. Er ist weiterhin intrigant, er wirkt kalt, er agiert selbstherrlich und rücksichtslos.

Ich hätte gerne gewusst, welches Bild die Kinder von Herrn Kurz gewonnen haben. Vielleicht haben sie ihn mit anderen Augen gesehen, vielleicht hat Herr Kurz vor ihnen ein anderer sein dürfen? Vielleicht haben sie in ihm etwas gesehen, was er selbst bereits vergessen hat. Aber die Kinder leben nicht mehr, und Herr Kurz, so erzählt man, will der Alte bleiben.

†

»Auf meinem Sterbebett möchte ich keine Brille tragen!«

»Tote tragen keine Brille!«

»Nein, ich meine, wenn ich sterbe, wenn dann hoffentlich unsere Kinder kommen, möchte ich weder Brille noch Kontaktlinsen tragen. Deshalb werde ich irgendwann diese Augen-OP machen!«

†

Jeder Friedhof sollte ein kleines Gruft-Orchester unterhalten. Einmal im Leben sollte sich der Mensch diesen Luxus gönnen!

†

Es ist merkwürdig, dass wir so selten tanzen, dass wir uns so oft durchs Leben schleppen, wo wir doch wissen, dass wir sterben müssen. Sollten wir den Tod nicht als gnädigen Apotheker betrachten, der uns immer bereitwillig und ganz ohne Krankenschein und Rezept mit Nahrung versorgt? Hallo, aufwachen, du kannst jetzt auch mal etwas Unmögliches versuchen!

†

Recht haben zu wollen, ist eine kleinliche Sache, denn schließlich ist der Tod der größte Rechthaber.

†

Fotoalben sind Friedhöfe. Beim Durchblättern betrachten wir die Fotografien wie Gräber, die uns gehören. Hier liegen wir.

†

An zu viel Verständigung ist noch kein Mensch gestorben, an zu wenig Verständigung schon.

Antiseptischer Ritter

Ich verwandle mich in einen Arzt. In einen Pfleger. In eine medizinische Fachkraft. In einen antiseptischen Ritter, der seine Lanzen gegen den schwarzen Mann anlegt. In der Kleiderkammer steige ich in eine weiße Hose, einen weißen Kittel. Die weißen Birkenstock-Sandalen habe ich mir mitgebracht. Kein Tod traut sich nun an mich heran, die Sterbenden schöpfen Hoffnung, die Kranken werden gesund, mein Weiß ist ihre Rettung. Ich streiche die Wände weiß, verlege weißes Linoleum, ich sage weiße Sätze.

Es ist 6.30 Uhr im Mariannen-Krankenhaus, das nicht so heißt, aber doch so heißen könnte. Es ist ein eher kleines Haus, keine Megamaschine wie die Berliner Charité, die Aachener Universitätsklinik oder das Klinikum der Universität München. Es ist ein Krankenhaus mitten »im Herzen der Stadt«, wie es auf der Homepage des Krankenhauses heißt. Es ist eines von etwa 2087 Krankenhäusern, die es bundesweit noch gibt. Etwa die Hälfte der Deutschen stirbt heute in einem Krankenhaus, stirbt in einem der 506 954 Krankenhausbetten. Auch Krankenhäuser sterben, ihre Zahl nimmt ab.

Dienstbeginn der Frühschicht. Draußen ist es noch dunkel. November. Im hinteren Teil eines sehr kleinen Dienstzimmers, das so klein ist, dass fast jeder mit jedem körperlich in Berührung kommt, findet die Übergabe statt. Die Kaffeemaschine gurgelt. Die Frühschicht lässt sich die Geschichte der Nachtschicht erzählen, die Frühschicht wird ihre Geschichte der Spätschicht erzählen, und diese wiederum erzählt ihre Geschichte der Nachtschicht. Dieser Rhythmus, dieser Fluss der Geschichten, ist unabänderlich. Ihm sind alle Pfleger, aber auch die Patienten unterworfen. Jeder Patient wird eine Figur in den Geschichten des 3-Schichten-Systems.

Wir befinden uns auf einer inneren Station. Sie habe eine »Höllennacht« hinter sich, sagt die Schwester. Sie ist zierlich, blass, ihre Nase läuft spitz zu. Die Spitze ihres Zeigefingers zeigt Nikotinspuren. Das Neonlicht lässt unsere Gesichter fahl aussehen, der Sommer liegt lange zurück. Zwei oder drei Damen und Herren, sagt sie, hätten sich heute Nacht mit Kot beschmiert. Sie hätten sich den »Stuhl« in die Haare geschmiert, das ganze Bett damit überzogen, ja, einer hätte sogar den Tisch damit eingerieben. Woher, frage ich mich, kommt dieses Bedürfnis? Wollen die Patienten Zeichen setzen? Oder ist es nur eine Folge ihrer Demenz? Wissen sie gar nicht, was sie tun? Wollen sie das Krankenhausweiß verhöhnen?

Die Schwester nennt bei der Übergabe zuerst den Namen des Patienten, seinen Jahrgang und dann seine Krankheiten. Diabetes mellitus, Pneumonie, Hepatitis oder Herzinsuffizienz werden häufig genannt. Vor allem ein Patient habe sie heute Nacht zur »Weißglut« gebracht: Herr L., dem die Lunge teilweise entfernt wurde, will sterben und verweigert daher die Überstellung auf die Intensivstation. Er habe jedoch die ganze Nacht nach der Schwester gerufen und den diensthabenden Arzt verlangt. Die Schwester spricht über seine Leiden im Konjunktiv. »Er hätte Schmerzen im Bauchraum, er hätte dies und das, er hätte und hätte!« Offenbar schenkt sie ihm und seinen Leidensschilderungen keinen rechten Glauben.

Es wird ein anstrengender Tag auf Station 2a werden, ein Pfleger hat sich krankgemeldet, so dass sich zwei Pflegekräfte um 27 Patienten kümmern müssen. Weil der Tag so atemlos ist, bleibe ich erst einmal hier sitzen, weil niemand

Zeit für mein Anliegen hat. Als ich den leitenden Pfleger Markus frage, wie ich mich verhalten, ob ich mitgehen oder hier sitzenbleiben soll, sagt er: »Spiel einfach toter Mann!« Das werde ich tun, ich bin jetzt ein toter Mann im weißen Kittel, der sich über sein schwarzes Notizbuch beugt. Und schon tönt ein lautes, langgezogenes »Auuaaa!« über den Flur, es ist eine kräftige Männerstimme. Der Schrei klingt seltsam künstlich und hängt im Flur wie eine schwarzweiße Comicsprechblase.

Markus kehrt für einen kurzen Augenblick zurück und legt mir eine Broschüre auf den Tisch. Es ist ein Schulungsbuch für Pflegekräfte zum Thema »Tod und Sterben«. Es sei gerade ein bisschen hektisch, sagt er fast entschuldigend, da könne mich das möglicherweise interessieren. In dem Buch werden drei Sterbephasen unterschieden: Erstens: die »präterminale Phase«. Sie beginnt mit der Diagnose des kommenden, bereits absehbaren Todes, sie kann mehrere Jahre dauern. Darauf folgt zweitens die »Terminalphase«, die die letzten Sterbetage bezeichnet. Und schließlich tritt der Mensch drittens in einen Zustand »in extremis«, der die letzten Stunden des Lebens umfasst.

Draußen ist es jetzt hell geworden, aber in das Dienstzimmer fällt kaum Licht. Die Pfleger gehen mit schnellen Schritten ein und aus, blicken auf den Wandplaner, auf dem alle Patienten mit ihren Krankheiten verzeichnet sind. Dort haken sie etwas ab, schieben ein Kärtchen ein, dann drücken sie knisternd ein paar Tabletten aus ihren Verpackungen. Ich wage mich auf den Flur. Ich notiere kurze Sätze.

»Ruhig Blut!«, ruft ein Pfleger dem anderen zu. Die Patienten bekommen häufig den »Der-Doktor-ist-dann-gleich-für-Sie-da-Satz« verabreicht. »Der Doktor kommt gleich!« – »In ein paar Minuten ist der Doktor da!« – »Er kommt dann gleich zu Ihnen!« – »Der Doktor wird sich darum kümmern!« – »Das wird Ihnen bestimmt der Doktor erklären!« –

»Ich sage dem Doktor Bescheid!« – »Das sagen Sie am besten alles dem Doktor!« Der Doktor ist die Allzweckwaffe, die immer beschworen wird, aber selten zum Einsatz kommt.

»Herr L.«, sagt ein Pfleger, »hat nur noch einen Teil seiner Lunge, und die ist auch nichts mehr wert!«

Und die Ärztin, die jetzt kommt, sagt: »Herr L. wird ersticken. Das ist nicht schön!«

Über den Flur ruft jemand: »Hilfe, Hilfe, hilft mir denn keiner?« Es klingt jedoch wie ein Flüstern. Es ist ein ritualisierter Schrei. Frau S. weiß nicht genau, wer sie ist, wo sie ist, aber dass sie Hilfe braucht, weiß sie. Auch dass dieser Satz zu einem Krankenhausflur passt. Jetzt steht sie in der Tür des Pflegedienstzimmers. »Hilfe, Hilfe, hilft mir denn keiner?« Ein Pfleger drückt ihr die Hand, sie lächelt, dann führt er sie zu ihrem Zimmer.

Herr L. will schon seit Tagen eine Patientenverfügung schreiben, hat es aber noch nicht getan, so dass die Pflegekräfte nicht wissen, wie sie mit ihm umgehen sollen. Die Ärztin, die zur Visite hereinkommt und die Krankenakten studiert, wirkt gehetzt und abgespannt. Zwischen ihr und einer Pflegerin entspinnt sich ein aggressiver Dialog, der meine Brust zuschnürt. Von draußen klingt das Kratzen eines Besens laut und aufdringlich herein. Die Ärztin herrscht die Pflegerin an. Es geht um Herrn L. und seine Schmerzen. Die Ärztin vermutet einen Blasenhochstand. Der Pfleger nimmt mich ins Krankenzimmer von Herrn L. mit. Er liegt allein. Er ist dürr und – so scheint mir – vollkommen grau. Er hat sichtbar Angst. Seine Augen sind weit aufgerissen. Er sagt nichts. Ich sehe ihn nur an, wenn er mich nicht ansieht. Dem Patienten muss ein Katheter gelegt werden, damit der sich schmerzhaft stauende Urin abfließen kann. Ich assistiere. Was für eine Scheiße, denke ich, du liegst im Sterben, dein Schwanz hängt kümmerlich grau und erbarmungswürdig zwischen den Beinen, und dann fummeln zwei fremde Typen an dir herum. Der Pfleger weiß, was er machen muss. Seine routinierte, fast gelangweilte Haltung ist vermutlich die beste Waffe gegen die Angst des Patienten. Der Pfleger zieht die Vorhaut des Mannes zurück, salbt die Eichel ein und spritzt ein Gel in die Harnröhre, damit der Schlauch, wenn er eingeführt wird, keine Schmerzen verursacht. Dann schiebt der Pfleger den Schlauch nach und nach in den Penis des Mannes. Danach zieht er zehn Milliliter Kochsalzlösung auf, ich setze die Kochsalzspritze auf die Verschlusskappe des Schlauches und drücke die Flüssigkeit hinein. »Jetzt wird es gleich besser!«, verspricht der Pfleger. Herr L. schluckt, sein Adamsapfel hüpft unruhig auf und ab, sein Brustkorb hebt und senkt sich in einem nervösen Rhythmus. Der Urin läuft jetzt langsam in den Beutel. Herr L. schließt die Augen.

Ich beuge mich wieder über mein schwarzes Notizbuch. Markus setzt sich kurz zu mir, er beobachtet, wie ich schreibe. Er ist Ende vierzig, Familienvater. Von seiner Kaffeetasse grüßt Sesamstraßen-Ernie. Der Anblick eines toten Mädchens gehe ihm nicht aus dem Kopf, sagt er. Ein Hotelbrand am Kurfürstendamm. Lange her. Fünfzehn oder zwanzig Jahre. Der Leichnam des Mädchens im Kellergewölbe. Bleib- und Verfolgungsbild, eingewühlt in den Kopf, inoperabel. Er sei froh, sagt er, dass dieses Haus keine Kinderstation habe, nein, er könne auch niemals auf so einer Station arbeiten.

Er wird gerufen. Ich bleibe wieder allein mit dem Stift. Die Menschen, die ins Krankenhaus kommen, wollen Klarheit. Sie wollen wissen, was ist, wie es weitergeht, wie sie behandelt werden, wer sie behandelt. Aber sobald sie sich ins Krankenhausbett legen, wird ihr krankes Ich von einer Vielzahl von medizinischen, sozialen und therapeutischen Diskursen bestürmt und zerpflückt. Je genauer und effizienter das Krankenhaus den Patienten erfassen, vermessen und therapieren will, desto undeutlicher wird sein Bild als Mensch, als leidendes Wesen. Die Dokumentationswut, die das System generiert, zwingt den Arzt, den Pfleger und die Verwaltungsangestellten in einen unaufhörlichen Kommunikationsfluss über den Patienten-Status. Woher kommt er? Wohin geht er? Welche Symptome hat er? Wie geht es ihm heute? Wie geht es ihm morgen? Welche Apparate? Welche Medikamente? Verweildauer? Verhalten? Kosten? Gewinn? Weil jeder fast jedem fast alles mitteilen muss, geraten die Patienten aus dem Blick. Die Kommunikation über ihn tritt an die Stelle der Kommunikation mit ihm. Der Patient liegt derweil im Bett und mag sich verlassen und vergessen vorkommen. Er täuscht sich: Weil alle beschäftigt sind mit ihm, hat niemand Zeit für ihn.

Jurek ist der Patientenbegleiter. Das sagt ein kleines, diskretes Schild auf seinem Kittel. Er ist für alle Transporte zwischen den Stationen zuständig; zu diesem Amt gehört auch, dass Jurek die Toten von der Station holt und sie in den Keller fährt, wo sie in einem Kühlraum liegen, bis der Bestatter sie abholt. Vor einigen Jahren habe man beschlossen, die Toten während dieser Überführung mit einem grünsamtenen Tuch zu bedecken, eine Praxis, die Jurek nicht gutheißt, denn so würden doch erst recht alle einen Toten unter dem Tuch vermuten und ihm hinterhersehen. Ginge es nach ihm, ließe man die Toten auf ihrem Weg in den Keller unbedeckt. Jurek ist vor über zwanzig Jahren aus Polen nach Deutschland gekommen. Heute lebt er in Schöneberg, alleinerziehend. Seine Mutter hilft ihm, seinen Sohn großzuziehen. Ja, an die Toten im Polen seiner Kindheit erinnere er sich noch. Er ist auf dem Land aufgewachsen. Die Toten wurden drei Tage zu Hause aufgebahrt. Alle Nachbarn, Freunde und Verwandten kamen, um sich zu verabschieden. Man steckte den Toten Münzen oder Zigaretten in die Taschen.

Obwohl das Mariannen-Krankenhaus ein kleines Haus ist und keine 400 Betten zählt, kann ich mir den verwinkelten Weg in den Keller kaum merken. Jetzt stehen wir in dem gefliesten und gekachelten Raum, in dem die Toten liegen. Die Raumtemperatur beträgt zwei Grad, und obwohl die Toten nichts spüren, friere ich für sie. Zwei alte Menschen liegen in den Stahlregalen, sie sind in weiße Tücher gewickelt. Früher, sagt Jurek, hätten die Toten nackt in stählernen Wannen gelegen, doch er habe den Anblick als unmenschlich empfunden, daher die Tücher.

Es ist 6.30 Uhr. Draußen ist es schwarz. Mild. Jetzt sitze ich wieder an dem kleinen Tisch im Dienstzimmer. Wieder Schichtwechsel. Und obwohl es erst mein zweiter und zugleich letzter Tag in diesem Krankenhaus, auf dieser Station ist, fühle ich mich eingesperrt, abgekapselt von meinem sonstigen Leben. Dabei bin ich kein Patient, bin nicht ans Bett gefesselt. Aber das Krankenhaus ist eine total hermetische Welt, die das Außen eliminiert. Das Draußen ist für mich zu einem extrem kleinen Punkt zusammengeschrumpft. Es ist ein struktureller und symbolischer Hermetismus, den das Krankenhaus erschafft, es abschließt, es abgrenzt gegen die umgebende Welt. Der Kranke, der Todkranke zumal lässt sein Leben vor der Tür und liegt als Fall im Bett.

Ich stecke wieder in meiner weißen Uniform, in meiner weißen Identität. Auch sie, die antiseptische Uniform, sperrt einen großen Teil meines Lebens aus. Und so ergeht es auch dem Patienten, der seine Krankenuniform anlegt, ein Nachthemd, einen Schlafanzug, einen Krankenhauskittel, die weiße Bettdecke. Die textile Sterilität soll das Böse abwehren, das Kranke, das Ansteckende, das Wuchernde. Sie schält aber auch das ab, was wir sonst sind, die weiße Uniform ist wie ein Pflaster, das abdeckt, aber auch aufreißt.

177

Als ich im morgendlichen Dunkel auf die Station zuge-
gangen war, stand eine alte Frau, erkennbar eine Patientin,
neben der Eingangstür mit dem Gesicht zur Wand, reglos.
Sie sieht verloren aus. Rührt sich nicht.

»Kann ich Ihnen helfen?«

»Hab mich nur gegen den Wind gedreht!«

Es ist absolut windstill.

Sie hält eine unangezündete Zigarette in der Hand.

Die Pfleger erzählen, das sei Frau Z., die ein stark einge-
schränktes Lungenvolumen habe, heute Nacht Sauerstoff
inhalieren musste, aber das Rauchen nicht lassen kann. Die
Übergabegeschichten der Nacht werden wieder erzählt.
Eine Frau, so heißt es, sei völlig inkontinent, verwirrt, aber
doch lenkbar. Zwei Russinnen haben sich tief in der Nacht
brüllend auf dem Flur unterhalten, beide sind schwerhörig.
Ein Mann mit einem Tumor sei eingeliefert worden, der sei,
sagt die Schwester, ganz lieb, »einer der wenigen hier«. Und
dann noch Frau N., die nachts stundenlang am Fenster
stehe, sich nicht rühre. Bitte man sie, ins Bett zu gehen, sei
sie folgsam, aber zehn Minuten später stehe sie wieder am
Fenster. Und wenn die Schwester dann rausgeht, hört sie
Frau N. noch sagen: »Die halten mich alle für verrückt
hier!« Und Herr S. habe heute Nacht wieder seine »Stuhl-
spielchen« gemacht, ihn erwarte heute eine Pleurapunktion.
Immerhin, sagt die Schwester, habe Herr L. gut geschlafen,
sein Dauerkatheter habe ihm nach dem schmerzhaften Blasenhochstand Erleichterung verschafft.

Bei der Übergabe unterhalten sich die Pflegekräfte über
eine Frau, die vor einigen Jahren hier auf der Station gestorben war. Sie soll früher ein Mann gewesen und in den
sechziger Jahren nach Berlin gegangen sein, weil hier der
einzige Ort gewesen sei, wo man solche Geschlechtsum-
wandlungen vorgenommen habe. Außerdem konnte sie, setzt
ein Pfleger hinzu, mit hohen Stöckelschuhen herumlaufen,

ohne besonders aufzufallen. Mit denen sei sie sogar noch ins Krankenhaus eingeliefert worden. Für einen Moment weicht die übliche Routine, und die Pfleger, die sie gekannt haben, denken jetzt an Rosa zurück. Sie hat es geschafft, hier in Erinnerung zu bleiben, hier, wo die Patienten kommen und gehen, wo die meisten ohne Gesicht und Gestalt bleiben.

»War sie nun ein Mann oder eine Frau?«

»Sie war durch und durch eine Frau, eine richtige Dame!«

»Nein, eine Dame war sie ja nun nicht, eher eine Dorfdame.«

»Auf jeden Fall ist sie jetzt im Himmel, das ist auch gut so!«

»Aber zum Schluss war sie, er, es ganz nett.«

»Wusstet ihr, dass sie in den sechziger Jahren als Tabledancerin gearbeitet hat?«

»Gab's das schon, Tabledance?«

»Hieß wohl Striptease!«

»Da hing sie jedenfalls nicht an Schläuchen und brauchte auch keinen Sauerstoff!«

»Sie ist elendig verreckt, erstickt!«

»Nachdem sie gestorben war«, sagt Markus, »habe ich ihre Sachen zusammengepackt. Auf einmal klingelte ihr Handy. Ich hab es ganz nach unten in ihre Tasche gesteckt.«

»Das war bestimmt Rosa, die dich sprechen wollte. ›Hallo, ich bin's, die Rosa. Ich bin schon im Himmel, mir geht es gut!‹«

Ein Pfleger will unbedingt wissen, ob Rosa nun eine Frau oder ein Mann war, doch Markus wahrt ihr Geheimnis.

Durch meine weiße Rüstung gehöre ich nun zum Lager der Pfleger. Ich mache mir ihren Blick zu eigen. Sie sind ewig die Geschlagenen. Unverhohlen schlägt ihnen die Aggressivität der Patienten entgegen. Sie selbst werden innerlich aggressiv. Sie eignen sich eine kriegerische Rhetorik an, die mit vielen Gegnern kämpfen muss. Mit der eigenen

Schwäche, der eigenen Empathie, die keinesfalls die Oberhand gewinnen darf, mit dem emotionalen Bedürfnissog der Patienten. Die kriegerische Rhetorik will nicht töten, aber die Gegner in Schach halten. Die Pfleger überleben zwar viele Patientengenerationen, viele sterben unter ihren Händen, aber letztendlich triumphiert immer der Patient, denn er kehrt immer wieder, und der Pfleger von heute ist der Patient von morgen. Patienten kann man nicht streichen, aber die Stellen der Pfleger. Der Pfleger befindet sich unweigerlich in hoffnungslosester Unterlegenheit. Kann man zwanzig Jahre als Pfleger arbeiten, ohne körperlich ausgelaugt und psychisch deformiert zu werden? Eine Gesellschaft wie die unsere könnte lebendiger und gesünder sein, wenn wir unsere Berufsbiographien offener und vielseitiger gestalten könnten. Der Begriff »Erwerbsbiographie« tötet schon einen Teil der Hoffnungen, die an offenere und durchlässigere Arbeitswelten geknüpft sind, indem die Arbeit auf den finanziellen, wirtschaftlichen Aspekt verkürzt wird. Könnten wir uns leichter in neue Berufe einfinden, ohne von der Not, sondern von Wissensdurst und Veränderungswille bewegt zu sein, könnten viele beruflich Erloschene aufleben und das abstreifen, was die soziale und berufliche Entfaltung des Einzelnen im Alltag erwürgt.

Als ich wieder auf den Flur der Station trete, brennen meine Augen. Wirkt das aggressive Neonlicht antiseptisch? Heute ist der 11. 11., Karnevalsbeginn, für alle Pfleger des Krankenhauses gibt es heute einen Pfannkuchen. Die nächste Stunde zerfällt in Augenblicke.

Das langgezogene »Auuuaah« hängt wieder schwarzweiß gezeichnet im Flur.

»Blutabnehmen muss sein!«, sagt Markus.

Frau Z. geht rauchen und dreht sich zur Wand.

Frau L. sucht ihre Mutter, die schon seit Jahrzehnten tot ist.

Frau W., sie ist weit über achtzig Jahre alt, fragt, wo das Zimmer ihrer Mutter sei.

Tabletten werden knisternd aus der Verpackung gedrückt.

Die Transsexuelle Rosa, sagt Markus, ist über achtzig Jahre alt geworden. Die Packung »Marlboro« war bis zuletzt ihre Handtasche.

Die Ärztin spricht mit einer Angehörigen der alten russischen Frau, um etwas über deren Vorerkrankungen herauszufinden.

Die türkische Raumpflegerin schiebt ihren Reinigungswagen über die Gänge.

Der Oberarzt kommt zur Visite und verströmt das Air eines würdigen Fernsehdoktors.

Marek wird gerufen, um einen Verstorbenen in den Keller zu fahren.

Die Kaffeemaschine gurgelt.

Ein Patient mit einer beginnenden Psychose und Herzproblemen versichert, er könne den deutschen Film retten. Er kommt alle zehn Minuten und klopft am Türrahmen des Dienstzimmers.

Auf Station 2a habe ich bislang keinen jungen Patienten gesehen. Der jüngste war der deutsche Filmretter mit Mitte fünfzig. Die anderen Patienten sind meistens über siebzig, viele über achtzig Jahre alt. Sie sterben bereits, ohne in die präterminale oder terminale Phase eingetreten zu sein, einen psychosozialen Tod. Viele sind dement, leiden an Alzheimer oder sind in ihrem Alltag total isoliert. Sie haben keine Angehörigen oder keinen Kontakt zu ihnen. Sie haben niemanden, der sie pflegt, der ihnen vorliest, für sie einkauft oder mit ihnen spazieren geht. Sie telefonieren mit niemandem. Erst ihr Eintritt ins Krankenhaus dokumentiert, dass sie einsame, teils hilflose Menschen sind. Markus ist oft genug damit beschäftigt, die anschließende medizinische und soziale Versorgung seiner Patienten zu organisieren. Viele, die akut eingeliefert werden, haben draußen kein Netz, das sie auffängt und hält. Es muss jetzt geknüpft werden. Mich bedrückt die Apathie, die scheinbar vollkommene geistige Abwesenheit mancher Patienten, die desorientiert durch die Bilder ihres Lebens taumeln.

Für viele von ihnen ist das Krankenhaus nicht der richtige Ort. Sie leben noch, sind aber schon innerlich gestorben, verkümmert, auf den ersten Blick zumindest auf ein Minimum menschlicher Regungen reduziert. Die Pfleger sprechen mit lauter Stimme zu ihnen, so als ob sie sprachlose Kleinkinder wären, aber ihre Augen zeigen – anders als das Kleinkind oder der Säugling – keine Reaktion. Sie sind noch wach, aber sie stecken schon in einem tiefen Tunnel. Im Krankenhaus werden oberflächliche Körperreparaturen geleistet, dann werden sie in ein soziales Vakuum entlassen. Bald sind sie wieder hier, aber das Krankenhaus kann auf jahrzehntelange soziale Deformationen wie Isolation und Vereinsamung keine Pflaster kleben.

Die Frühschicht nähert sich ihrem Ende. Ich mache noch einen letzten Rundgang mit einem Pfleger. D. muss jeweils Blutdruck, Puls und Temperatur messen. Ein Mann hat Probleme mit der Lunge. Er ist frisch rasiert, sein gestreifter Schlafanzug ist auffällig gut gebügelt. Der magere Mann hat vierzig Jahre Fußböden verlegt und bekommt jetzt nur noch schwer Luft. Eine korpulente Frau sitzt im Stuhl, sie soll dort sitzen, aber sie klagt, sie könne es nicht länger aushalten. Sie will wieder ins Bett. Sie hat überhaupt keine Körperspannung mehr. Ihre Nachbarin sitzt auf einem Toilettenstuhl, das ganze Zimmer stinkt nach Kot, und die Frau stiert ins Leere. Wir hieven sie ins Bett. Sie sagt nur: »Ja, ja, ja!« Im nächsten Zimmer liegen drei alte Damen, nur mit einer kann man sprechen. Sie erzählt, dass sie seit einundfünfzig Jahren in einer 3-Zimmer-Wohnung lebe, die sie auf keinen

Fall verlassen wolle, obwohl sie sich im 3. Stock befindet. »Die Kinder drängen mich, Mama zieh um, aber warum soll ich umziehen, klettere ich halt die Stufen ein bisschen langsamer rauf, wartet ja niemand auf mich alten Käfer. Ich hab doch Zeit, nicht so wie Sie, junger Mann, Sie müssen ja noch rennen.«

Ja, ich muss noch rennen.

Es gibt keine weißen Sätze.

Es gibt kein antiseptisches Licht.

Ich bin froh, noch rennen zu können. Ich gebe meine weiße Rüstung ab. Sie hat mich nicht geschützt.

Heimkehr

Die Frau, die uns die Tür öffnet, ist sehr klein. Sie schaut uns auf die Lippen und liest, was wir sagen. Sie sieht nicht aus wie ein todkranker Mensch, sie sieht nicht aus wie ein Mensch, der sich auf das Sterben einrichtet. Frau Ball ist siebenundsiebzig Jahre alt und leidet seit mehreren Jahren an Dickdarmkrebs. Sie winkt uns fröhlich herein, ihre vitale Munterkeit springt sofort ins Auge.

Der Palliativmediziner Joachim von Stackelberg betreut Frau Ball seit drei Jahren. Das ist eine ungewöhnlich lange Betreuungszeit für den Arzt, der seine Patienten in der Regel über einen sehr viel kürzeren Zeitraum begleitet. Im Durchschnitt sieht er sie elfmal, bevor sie sterben. Der Arzt gehört einer Gruppe von Berliner Ärzten an, die sich unter dem Namen »Home Care« zusammengeschlossen haben. Ihr Ziel ist es, todkranke Menschen in ihrem häuslichen Umfeld zu begleiten, ihre Schmerzen zu lindern und ihnen einen guten Tod zu ermöglichen. Wenn Joachim von Stackelberg seine Patienten das erste Mal trifft, dann wissen beide Seiten, dass dieser Arzt nicht kommt, um sie zu kurieren, zu heilen, sondern um sich zu kümmern, um die Schmerzen und die Ängste zu lindern. Die Diagnosen, die Operationen, die verlorenen Hoffnungen, die Chemotherapien und das Krankenhaus mit all seinen machtvollen und oftmals undurchschaubaren Versprechen liegen hinter ihnen. Sie kommen heim. Sie gehen zum Sterben nach Hause, sie haben ihr letztes Zuhause gefunden. Dass dieser letzte Ort, der Sterbensort, sehr unterschiedliche Gesichter haben kann, erlebe ich an diesem Tag.

Frau Ball ist gehörlos. Aber sie kann sich artikulieren. Es ist ein Gemisch aus Lauten, Worten, Tönen und Gesten. Der Arzt versteht sie gut. Wenn es kompliziertere Sachverhalte abzuklären gilt, kommt eine Gebärdendolmetscherin hinzu und übersetzt zwischen dem Arzt und seiner Patientin. Heute ist das nicht der Fall. Frau Ball erzählt von einer anstehenden Augenoperation. Für den Arzt hat sie eine Milkaschokolade und ein KitKat auf den Tisch gelegt. Das ist ihr Ritual. Zumindest das von Frau Ball, die ihren Arzt glücklich sehen will. Ihre kleine Zweizimmerwohnung im achten Stock eines Neubaus quillt über vor lebensfrohen Signalen. Überall stehen Kunstblumensträuße, von der Decke hängt ein Kristalllüster, hier Teddys, da Puppen, die Wände sind gepflastert mit Fotos, Bildern und Souvenirs. Frau Ball, die als Schneiderin gearbeitet hat, ist eine weit gereiste Frau. Sie steht in Bangkok oder Ägypten und schaut freundlich in die Kamera. Nachdem der Arzt ihren Blutdruck gemessen hat, macht Frau Ball eine kleine Wohnungsführung. Sie winkt, sie bittet, ihr zu folgen. Eisenach, immer wieder Eisenach, die Wartburg! Hier ist sie geboren, aufgewachsen bei Pflegeeltern. Frau Ball, deren ebenfalls gehörloser Mann schon lange tot ist, hat noch einmal Anschluss an eine ganz andere Familie gefunden, eine Wahlfamilie, die sie als ihre »Oma« aufgenommen hat. Sie wird noch immer von ihren früheren Arbeitskolleginnen zum Essen eingeladen, sie hat eine Freundin, die sie regelmäßig besucht, und sie hat ihren Arzt. Als wir gehen, hebt sie zuversichtlich den Daumen. Was will der Tod hier ausrichten?

Die zweite Patientin des heutigen Tages lebt in derselben Stadt, aber auf einem anderen Planeten. Sie ist vierzig und lebt in einer Wohngemeinschaft für Erwachsene. »Betreutes Wohnen« heißt das, weil immer ein Sozialarbeiter zugegen ist, der sich kümmert, kümmern muss. Es sind Menschen, denen das Leben auf vielfältigste Weise entglitten ist. Der Aufzug des Neubaus ist klapprig. »Alles Scheiße!« hat jemand auf das Aufzugsschild gekratzt. Der Betreuer ist nicht zu sehen, stattdessen ein Mann, der den Arzt aggressiv fragt, was er will. Frau Degen liegt auf ihrem Bett und krümmt sich. Sie leidet an Harnblasenkrebs. Vor ihrem Bett liegt ein großer, weißer Hund, der aufspringt, als wir kommen. Direkt neben Frau Degens Kopf steht ein massiver Aschenbecher, in dem sich die Kippen drängen. Ein Päckchen billiger Tabak daneben. Hat diese Frau ein zerstörtes Leben hinter sich? Woran bemisst sich das? Sie ist bei einer alleinerziehenden Mutter aufgewachsen, suchte früh Zuflucht zu Drogen, ihre beiden eigenen Kinder wurden der Fürsorge des Jugendamtes überstellt. Sie quält sich, ist bleich. Sie hat einen Freund, der lässt sich aber nicht blicken. Der Hund streicht unruhig hin und her. Der Arzt bittet den inzwischen herbeigeeilten Betreuer, jemanden von der Pflegestation zu rufen, um die Dosierung der Medikamente abzusprechen. Frau Degen leidet unter starker Übelkeit. Sie dreht sich weg, sie kann, sie will nicht mehr, das Gespräch scheint sie zu sehr anzustrengen. Im großen Vorraum steht ein Billardtisch, die Kugeln stoßen schmerzhaft laut aufeinander. Ist das ihr Zuhause? Wer wird bei dieser Frau sein, wenn sie stirbt? Ihr Freund? Einer der anderen Mitbewohner? Der Hund? Der Arzt ist selten zugegen, wenn die Patienten sterben. Ich stehe am Kopfende von Frau Degens Bett, während der Arzt mit der Pflegerin über Frau Degens Zustand spricht. Das Fenster ist gekippt, davor eine Wäschespinne. Der Blick geht auf Beton.

Wir gehen alle auf dünnem Eis. Hören Sie, wie es arbeitet? Wie sich die Risse verbreitern, wie sie sich hierhin und dahin verzweigen? Wie es knackt? Manchmal muss man sich hinlegen, damit man nicht einbricht. Und dann ganz langsam den Körper vorwärtsschieben. Langsam. Wir gehen, solange wir können, denn dieser See hat keine Ufer.

Der Hund springt ein letztes Mal auf: »Auf Wiedersehen, Frau Degen!«

Wir steigen wieder ins Auto, Joachim von Stackelberg programmiert das Navigationsgerät, ein unverzichtbares Werkzeug in seinem Alltag, zumal dann, wenn er, wie in dieser Woche, eine Kollegin vertritt, die in Urlaub ist. Dann übernimmt er auch ihre Patienten, die er nur ein- oder zweimal sehen wird. In der Regel besucht er sechs bis sieben Patienten an einem Tag. So fährt er durch die Bezirke, und mit den Jahren wächst in seinem Kopf eine Stadt, in der die Toten wohnen. Dieser innere Stadtplan des Sterbens entfaltet sich mit den Jahren, Straße um Straße, und liefert immer neue, aktualisierte Versionen: »Dann fahre ich durch die Straßen, erinnere mich an einen Patienten, an seine Krankheit, dabei fällt mir ein, dass gleich um die Ecke in diesem Viertel ein anderer Patient von mir lebte, und so verbinden sich dann die Schicksale. Allerdings will und kann ich mich gar nicht mehr an alles erinnern, manches streiche ich.« In den letzten zehn Jahren hat er etwa 3000 Totenscheine ausgestellt, die in Berlin ganz amtlich »Leichenschauscheine« heißen. Zwar kommt es vor, dass er in der Todesstunde zugegen ist, aber das ist die Ausnahme. Draußen verändert die Stadt inzwischen die Kulissen. Wir haben die Stadtautobahn verlassen, es wird ruhiger, bürgerlicher, Ein- oder Zweifamilienhäuser beherrschen jetzt das Bild, wir sind in Mariendorf. Die Mülltonnen paradieren in Reih und Glied, die Rasen in den Vorgärten sind gepflegt und gestutzt, Mittelklassewagen stehen blitzblank in der Sonne. Jemand lüftet mit einem Vertikutierer den Boden, dort wässert jemand die Beete, die Hunde trippeln brav mit gebürstetem Fell an der Leine, in Zierteichen schweben Goldfische. Ehe wir den nächsten Patienten besuchen, bleiben wir noch einen Moment am Wagen stehen. Joachim von Stackelberg raucht: »Ich rauche niemals

im Wagen oder in der Wohnung. Ja, komisch, viele Mediziner rauchen, stimmt!«

Obwohl der Mann im Rollstuhl sitzt, fällt gleich auf, dass
er baumlang sein muss. Er sitzt kerzengerade, die Schläuche
seines Katheters schauen unter dem Schlafhemd hervor.
Sein Händedruck ist fest, die Hände sind groß und trocken.
Er leidet an einem Prostatakarzinom, ist dreiundsiebzig
Jahre alt. Er ist mager, auf seiner kräftig gebräunten Stirn
toben die Sommersprossen. Ein Optimist in allen Lebens-
lagen: »Muss ja!« Er strahlt gute Laune aus. Die Ehefrau ist
besorgt an seiner Seite, der Sohn fürsorglich in der Nähe auf
dem Sofa. Auch er ist baumlang, in seinem Gesicht steckt
unübersehbar das Gesicht des Vaters. Eine präsente Familie.
Hier sind wir, komm, nimm es mit uns auf, wir wissen, dass
du kommst! Noch am Sonntag hat die Familie einen Ausflug
gemacht, ärgerlich war, dass sich der Fahrdienst verspätete
und der Kranke nach der Heimkehr unter starken Schmerzen im Rollstuhl vor der Haustür sitzenbleiben musste, weil
ihn niemand hochtragen konnte. Die Gefühle, die die Familie bewegen, sind spürbar. Der Mann will der sein, der er
immer war, vorangehen, Kerl sein, nicht jammern, die Stirn
bieten. Frau und Sohn trauern schon jetzt, vieles arbeitet in
ihnen. Der Arzt ist ein betont undramatischer Mann, kein
Mann der lauten Töne oder Sprüche. Er fragt nach, horcht,
prüft, aber er ist kein Aktionist, wo Aktionismus nicht mehr
hilft. Die Frau des Mannes bringt uns zur Tür. Das ist der
Moment, in dem Angehörige den Arzt oft beiseitenehmen,
die Tür hinter sich schließen und den Arzt flüsternd fragen,
ob es nicht doch eine Therapie gibt, die hilft, Rettung aus
unvorhergesehener Richtung, aber das bleibt hier aus.

Der nächste Besuch gilt einer Frau, die der Arzt noch nicht
kennt. Sie gehört zum Patientenkreis seiner Kollegin. Einen
festen Termin haben die beiden nicht, aber er möchte sich

vorstellen, zeigen, dass er da ist und die Patientin auch an dem Tag besucht, an dem die Kollegin regelmäßig vorfährt. Er weiß also nicht, wer und was gleich auf ihn zukommen wird und in welchem Stadium sich die Kranke befindet. Ist sie überhaupt zu Hause? Mehrere Versuche, sie telefonisch zu erreichen, schlagen fehl. Wir klingeln, es wird geöffnet. Der Lebensgefährte steht an der Tür. Eine helle Neubauwohnung. Der Mann zeigt ein freundlich-zugewandtes Gesicht, bittet uns herein. Wir nehmen im Wohnzimmer Platz, im Nebenzimmer sind zwei jugendliche Mädchen. Die ersten Eindrücke lassen auf einen bildungsbürgerlichen Haushalt schließen. Es gibt viele Bücher, bewusst zusammengestellte Möbel, Design, zarte Blumen auf dem Schreibtisch. Die Frau tritt ein. Sie sieht aus wie Tilda Swinton, ein schönes Gesicht, fein, selbstbewusst, etwas irritiert, weil sie den Arzt nicht erwartet hat. Wir setzen uns, sie sitzt mit dem Rücken zum Fenster, die Sonne streift ihre Schultern, sie sitzt vornübergebeugt, noch verspannt. Arzt und Patientin tasten sich dialogisch ab. Die Anspannungen verflüchtigen sich. Sie hat vor elf Jahren erfahren, dass sie an einem Magen-Darm-Tumor leidet. Sie hat schlechtere Tage gesehen, sie hat sich stabilisiert. Sie hat wieder zugenommen. Ungewöhnlich erscheint nur ihr kleiner praller Bauch, der wie bei einer Schwangeren auffallend hervorsteht. Sie ist sehr aufmerksam, wach, sehr reflektiert. Sie hat früher selbst als Krankenschwester gearbeitet, sich fortgebildet, studiert und schließlich über die Situation der Pflege in Deutschland promoviert. Sie ist die Erste an diesem Vormittag, die meine Anwesenheit für sich klären will, den anderen Patienten hatte es gereicht, wenn mich der Arzt vorstellte: »Das ist Herr Körner, er begleitet mich heute!« Sie sieht mich an und fragt: »Und was machen Sie? Wer sind Sie?« Ich erkläre knapp, warum ich Herrn von Stackelberg begleite. Es entspinnt sich ein kurzes, aber interessantes Gespräch. Wir entdecken, dass wir beide fast zur gleichen Zeit an der Freien Universität studiert haben, dass wir dieselben Bücher schätzen. Richard Ford, Philip Roth, John Updike. Auf einem Beistelltisch liegt das neue Buch von Siri Hustvedt »Der Sommer ohne Männer«. Die Frau wird heute noch einen langen Spaziergang machen, das brauche sie, wie sie sagt, sie müsse sich bewegen, spazieren, nachdenken. Hier wirkt alles klar, geordnet, das Leben wird aufrechterhalten, seine Schönheit und Werte werden verteidigt, es ist ein Haushalt voller Kommunikation und Austausch. Sicher sind hier auch Leid und Schmerz zu Hause, aber die Krankheit, der kommende Tod, haben nicht die Oberhand gewonnen, nicht alles vergiftet.

Der Arzt und ich nehmen von diesem Besuch etwas mit. Was? Die Erfahrung von Würde? Haltung? Sicher die Begegnung mit einer Frau, die sich ihre Situation sehr bewusst gemacht hat und sich nicht mit bloßer Ohnmacht abfinden will. Ist es nicht das, was uns Menschen zu Menschen macht? Sich über die Zumutungen des Körpers zu erheben und die Not des Tages abzustreifen? Ängste zu teilen, Unterstützung zu erfahren, Selbstbehauptungswillen zu zeigen? Es wurde nicht über Hoffnung, Glaube und Gott gesprochen, es war nur ein fester Wille spürbar, ein Ich zu verteidigen, wo der Körper bereits an dessen Auflösung arbeitet. Es tröstet zu wissen, dass diese Frau geborgen ist, durch sich und andere, durch ihr gelebtes Sein.

Oft, meistens, viel zu oft, sagt der Arzt, treffe er nicht auf solche Haltungen, auf solche Eindrücke. Was ihn befremde, ja, vielleicht mitunter bedrücke, sei die Art und Weise, wie die Sterbenden gehen und wie dann mit den Toten umgegangen wird. Aus dem Umgang mit den Toten ist auch ablesbar, wie die Angehörigen, wie vielleicht auch der Verstorbene selbst mit seinem Tod umgegangen ist. »Die meisten Menschen, das kann ich schon sagen, sterben nachts. Daher werde ich oft nachts gerufen, um die Totenschau vorzunehmen und den Totenschauschein auszustellen. Ich komme in dunkle Wohnungen, es ist still, und der Tote liegt allein in einem verschlossenen Zimmer. Es ist keine Kerze aufgestellt, die Fenster sind zu, und es ist kein Zeichen für mich erkennbar, dass jemand den Übergang vom Leben zum Tod bewusst gestaltet hat. Es wird kein Versuch unternommen, eine gute Atmosphäre zu gestalten. Ich habe kaum die Wohnung betreten, da werde ich nicht selten mit der Frage konfrontiert: ›Und welcher Bestatter holt ihn ab?‹ Oder jemand sagt: ›Also, da müssen Sie jetzt allein reingehen, das schaffe ich nicht, das will ich nicht sehen.‹ Natürlich sehen die Toten manchmal nicht friedlich aus, Blut ist aus dem Mund geflossen, sie liegen verrenkt, der Mund steht offen. Die Menschen fürchten sich vor ihren eigenen Toten und wollen sie loswerden. Das ist natürlich nicht meine Vorstellung, wie man seinen Abschied gestalten sollte. Diese Hilflosigkeit und Lieblosigkeit erschreckt mich.« Wir schweigen einen Augenblick, dann meldet sich das Navigationsgerät und informiert: »Sie haben Ihr Ziel erreicht!«

Diese Straße habe ich nie gesehen, und den Namen vergesse ich auch sofort wieder. Dabei sind wir noch nicht einmal am Stadtrand, sondern in Tempelhof, einem Innenstadtbezirk. Hier stehen vierstöckige Mietshäuser, viel Grün in den Straßen, die Seitenstraßen sind kopfsteingepflastert, keine Geschäfte, eine reine Wohnstraße. Die Wohnung, die wir betreten, liegt im Hochparterre. Yüksel steht auf dem Namensschild. Ich ziehe die Schuhe aus, der Arzt streift Plastiküberzieher über seine Schuhe, die er aus einem Überzieherspender zieht, der den Eintretenden im Flur empfängt, wir betreten einen türkischen Haushalt. Ein bärtiger Mann öffnet und bittet uns mit einladenden, sehr freundlichen Gesten einzutreten. Später sagt er, er sei achtzig, das mag ich nicht glauben. Es ist die Frau, die in dieser Beziehung das Wort

192

führt, die ein bisschen besser Deutsch spricht als ihr Mann. Sie sitzt auf der Bettkante, hat einen Sauerstoffschlauch in der Nase. Sie ist dreiundsiebzig Jahre alt und leidet an Dickdarmkrebs. Das Ehepaar hat sechs Kinder, vier Töchter und zwei Söhne. Alles ginge so schwer, sagt sie, falle ihr schwer, sie bekomme kaum Luft. »Beine so dick.« Der Arzt horcht den Rücken der Frau ab. Es ist Wasser in den Lungen, er verordnet eine zusätzliche Entwässerungstablette, trägt es für den Pflegedienst in den Medikamentenplan ein. »Ja, das Leben. Scheißtod, Scheißtod!«, sagt sie, und ich diene mich an und sage (warum sage ich das?): »Wir befinden uns alle in Gottes Hand!« – »Oh ja, Allah, Allah, Scheißtod!« Ich möchte eine Brücke von ihrem Glauben zu meinem Nichtglauben schlagen. Opportunistische Luftnummer? Sentimentales Theater? Sie lüftet ihr T-Shirt und klagt über ihre schweren, gequollenen Brüste. Sie ist eine selbstbewusste, freie Frau, die noch sehr auf ihre Körperpflege und Weiblichkeit achtet. Ihre Augen sind ungemein klar und strahlend scharf. Die Frau ist nicht gebildet, aber, denke ich, wer solche Augen hat, versteht alles. Ihr Mann scheint über ein unverwüstliches, weil warmes Lächeln zu verfügen. Es ist eine besondere Ausstrahlungskraft von Gastfreundschaft, die hier lebt. Ich komme in meinem Alltag selten mit türkischen Berlinern in Kontakt, aber gerade von der älteren Generation geht in solchen Situationen eine große Offenheit aus. Trotz ihrer schweren Situation, der Mann hat zudem schwere Bandscheibenprobleme, gibt uns dieses Paar das Gefühl, hochwillkommen zu sein, und als wir uns verabschieden, kommt es mir vor, jemanden zu verlassen, den ich schon lange kenne. Dass wir uns nie wiedersehen werden, weiß ich. Scheißtod!

Wir fahren wieder los, fädeln uns in den Verkehr ein. Der Arzt erzählt auf dem Weg von seinen Begegnungen mit türkischen Familien. Da er ausschließlich in den Bezirken

Kreuzberg und Tempelhof unterwegs ist, gehören sie oft zum Kreis seiner Patienten. »Wenn ich eine Leichenschau in einer türkischen Familie vornehme, stehen da nicht selten sechzig Paar Schuhe vor der Tür. Auch nachts um drei! Ich werde respektvoll empfangen, jemand nimmt mir meinen Koffer ab, trägt ihn, und dann gehen wir ins Totenzimmer. Alles ist hell erleuchtet. Der Tote liegt unter einem weißen Tuch, das ist ein muslimischer Ritus. Es ist laut, die Frauen sitzen im Totenzimmer und werfen sich laut klagend über den Leichnam, viele weinen bitterlich, das ist sehr expressiv. Es gibt dann immer einen in der Familie, der alles organisiert und dirigiert. Wenn ich dann die Leichenschau vornehme, schickt er alle aus dem Zimmer. Das muss aber gar nicht sein, das sage ich ihm auch. Ich erkläre, dass ich jetzt den Toten untersuchen müsse und lediglich ein bisschen Platz brauche. Von mir aus könnten die Trauernden ruhig dabei sein, ich hätte ja nichts zu verstecken. Dann stelle ich den Totenschauschein aus. Die große Mehrzahl der türkischen Familien lässt ihre Toten immer noch in der Türkei bestatten. Das kann ich mit ziemlicher Sicherheit sagen, weil ich für den Zoll bescheinigen muss, dass der Tote nicht an einer ansteckenden Krankheit verstorben ist. Der Tote muss seuchenfrei sein. Auch Kroaten und Albaner lassen ihre Verstorbenen fast immer überführen. Und wenn es an Geld fehlt, dann werden eben Kredite aufgenommen, koste es, was es wolle. Wenn ich mit der Totenschau fertig bin, werde ich noch in den Kreis der Männer gebeten, die alle zusammensitzen, Tee trinken und rauchen. Da ist es eher still, die Männer trinken ihren Tee, und auch ich werde eingeladen mitzutrinken.«

Die nächste Sterbende, die wir besuchen wollen, ist nicht zu Hause. Sie macht vielleicht einen Einkaufsbummel, macht einen Spaziergang, trinkt draußen einen Kaffee. Der Arzt nennt sie für sich die »Prinzessin auf der Erbse«, weil ihre Töchter ihr jeden Wunsch von den Lippen ablesen und sie ständig umsorgen. Es ist ein sonniger Tag. Wer kann, flaniert, setzt sich in eines der Cafés und lässt sich von den Sonnenstrahlen wärmen. Die Menschen sind noch winterbleich.

Wir fahren zur letzten Patientin des Tages. Frau Fritz hatte angerufen. Ihr sei übel, sie sei matt, sie habe keinen guten Tag. Auch bei ihr sind alle Therapieoptionen ausgeschöpft. Sie ist nach Hause gekommen, um zu sterben. Es ist eine kleinbürgerliche Wohngegend, Mietshäuser, saubere Treppenhäuser, Fußmatten, die Namen an den Klingelschildern sind säuberlich geschrieben. Zweiter Stock. Ein großer, kräftiger Mann mit Bart öffnet die Tür. Er ist, ebenso wie seine Frau, braungebrannt, vermutlich haben sie einen Garten in einer der vielen Berliner Laubenkolonien. Die Frau ist siebzig, sie leidet an Lymphdrüsenkrebs, der bereits gestreut hat. Wir sitzen in der Küche, eine Bank umläuft den Tisch in der Form eines Hufeisens. Die Wohnung ist dämmrig, die Fenster des Nachkriegsbaus sind klein. An der Wand hängen handgeknüpfte Bilder eines Alm-Öhis und einer Sennerin. Der Arzt spricht mit der Frau über verschiedene Schmerzmittel. Die Eheleute sind nervös, unruhig. Immer wenn es um ein Medikament geht, springt der Mann auf, um es sogleich herbeizuholen. Er wirkt wie ein starker Bär, aber die Hilflosigkeit ist ihm anzumerken. Ist die Frau heimgekommen, um hier zu sterben, oder ist sie heimgekommen, um ihn festzuhalten? Auch sie ist angespannt. Der Arzt versucht, ihnen den Druck zu nehmen. »Nein«, sagt er zu dem Mann, »Ihre Frau muss nicht essen, wenn sie nicht kann und mag. Das ist eines der Probleme, die der Krebs mit sich bringt, die Appetitlosigkeit. Ein bisschen Brühe ist immer gut, aber wenn Sie nicht wollen, dann müssen Sie auch nicht essen, Frau Fritz. Sie dürfen Ihre Frau da auch nicht unter Druck setzen, ich weiß, das wollen Sie nicht, aber vielleicht empfindet sie es so. Versuchen Sie doch, den heutigen Tag abzuhaken. Es ist kein guter Tag, aber morgen sieht es vielleicht wieder anders aus. Die letzten Tage waren gut, Sie hatten die Schmerzen im Griff, und heute ist ein schlechter Tag. Wie oft haben Sie dieses Medikament probiert? Einmal? Sie wissen, einmal ist keinmal. Das Mittel mag dieses eine Mal nicht geholfen haben, doch das heißt nicht, dass es Ihnen nicht doch helfen kann. Sie sollten es noch einmal probieren. Es besteht auch die Möglichkeit, es subkutan spritzen zu lassen, da zeigt es oft eine größere Wirksamkeit. Das können wir über den Pflegedienst leicht organisieren. Überlegen Sie sich das, ich weiß, Sie mögen Tabletten nicht.« Der Bär wird etwas ruhiger, auch die Frau sieht zuversichtlicher aus.

Wir fahren zurück. Dieser Arbeitstag ist vorbei. Ja, sagt Joachim von Stackelberg, natürlich habe ihn die Arbeit der letzten zehn Jahre verändert. Er habe eine Vorsorge- und Generalvollmacht ausgestellt, damit die Person seines Vertrauens im Fall seines Sterbens alles regeln könne, alle medizinischen oder finanziellen Fragen in seinem Sinne entscheiden könne. Ob er sich Gedanken über seine eigene Beerdigung gemacht habe? Ja, er könne sich vorstellen, dass seine Asche auf einer griechischen Insel verstreut werde oder irgendwo auf dem Land. Als er im letzten Jahr seinen Onkel verloren habe, den er jahrelang medizinisch begleitet hatte, habe er das erste Mal an einer Seebestattung teilgenommen. Vor Rügen. Das sei sehr schön gewesen. Es war ein kühler, regnerischer Tag, das Meer war aufgewühlt, doch plötzlich riss die Wolkendecke auf, und die Sonne zeigte sich. Ein schönes Licht. Und die Kreidefelsen leuchteten.

»Meine schönste Leichenschau, an die ich die lebhaftesten Erinnerungen habe, erlebte ich gleich im ersten Jahr meiner Tätigkeit. Die Frau wohnte in Schöneberg. Es war im Sommer, ich ging durch den Hinterhof, es muss spätabends gewesen sein, und ich hörte schon von unten laute Opernmusik. Ich sah nach oben, die Fenster waren hell erleuchtet. Als ich in die Wohnung eintrat, kamen mir viele Menschen entgegen. Überall waren Kerzen entzündet worden. Alle waren da, Söhne und Töchter, Enkel und Urenkel, Freunde. Die Frau war fünfundsiebzig Jahre alt geworden und an Bauchspeicheldrüsenkrebs gestorben. Sie war wohl mit einem Musiker verheiratet gewesen, das Milieu war bürgerlich, es war aber auch eine deutliche Spur Boheme dabei. Die Tote war eine große Musikliebhaberin gewesen, deshalb lief ihr zu Ehren irgendeine italienische Oper, vielleicht Verdi oder Puccini. Die Tote war von der Familie feierlich aufgebahrt worden, man hatte sie zusammen gewaschen, und nun saßen alle beieinander, und jeder erzählte eine Geschichte über die Verstorbene. Es war besinnlich, emotional, fröhlich. Es war ein stilles, heiteres Gedenken. Ich bekam ein Glas Sekt in die Hand gedrückt und war somit Teil dieser Gemeinschaft. Das war ein sehr berührender Abschied für mich, denn so stellt man sich ja eine Trauerfeier vor, dieser Übergang vom Leben zum Tod war hier wunderbar gelungen. Aber das ist leider die Ausnahme. Ich hatte ja schon erzählt, dass die meisten Toten leider oft versteckt und dann lieblos oder hilflos entsorgt werden. Deshalb ist das Bild dieser Leichenfeier in meiner Erinnerung sehr präsent.«

Wir sind angekommen. Hier wohnt der Arzt, hier sind wir heute Morgen aufgebrochen, hier steht mein Fahrrad. Der Flieder blüht. Die Bauarbeiter dirigieren lautstark einen Betonmischer. Ein neues Haus wird hochgezogen, es wird ein neuer Augenzeuge werden. Vielleicht überlebt das Haus Generationen. Vielleicht. Es ist zu viel Dunkelheit um die Toten, zu viele Fenster und Türen bleiben geschlossen, zu viele Telefone bleiben still. Jeder von uns kann seinen Toten einen Brief schreiben, eine Leichenfeier ausrichten. Wir tun so, als gäbe es die Toten nicht. Sie werden behandelt wie Sondermüll. Wir tun so, als würden sie unseren Blick einfrieren, dabei sind wir es, deren Blick sie einfriert und bannt, wegschiebt und totmacht. Jeder, der einen Toten anschaut, sollte die Möglichkeit haben, seine Gesichtszüge in einem Spiegel zu sehen. Dann würden wir vermutlich nur noch über uns, nicht aber über den Tod erschrecken. Lasst doch den Toten einen Tag auf der Parkbank sitzen, lasst ihn doch diesen Film noch zu Ende sehen, lasst ihn noch ein bisschen in den Zimmern verweilen, in denen er gelebt hat. Sobald wir einen Toten sichten, bricht Panik aus. Sirenenwagen kommen und expedieren den Toten hinfort, als ginge von ihm eine hochgradig ansteckende Lähmung aus, als sei die Leichenstarre ein Gift, das sich über das Land legt, als sei der Tote ein schwer bewaffneter Krimineller, der es auf unser Leben abgesehen hat.

Wer zum Sterben heimkehrt, sollte die Chance haben einzukehren. Wer heimgekehrt ist, um sich zu verabschieden, sollte einen Abschied bekommen. Wer heimkehrt, sollte an einen Ort kommen, den man mit Bedauern verlässt, weil dieser Ort von uns belebt und gelebt wurde, als wir noch nichts vom Tod wussten. Sehen Sie sich um. Sie sterben! Es führt ein Faden von diesem Tag zu Ihrem letzten, und dieser Augenblick – gerade jetzt – ist verwoben mit Ihrer letzten Stunde.

Wie würde uns die Erde nennen?

Wie würde uns die Erde nennen, wenn die Erde uns benennen könnte?

Tagediebe? Befristete? Dauercamper? Zeitreisende? Ungeziefer? Wimmelndes? Störenfriede? Könige der Tiere? Bestien? Flohstiche? Vorübergehende? Berufene? Gotteskinder? Erdgebackene? Zwerge? Termiten? Aufrechte? Schuppenflechte? Fragezeichen? Flüchtige? Moos? Allestöter? Wortwähler? Ausgelieferte? Verlorene? Unselige? Allmächtige? Gehirnentartete? Leidende? Verfehlende? Geträumte? Gestrandete? Gebresten? Gabe? Tatentäter? Schiffbrüchige? Trostbedürftige? Erleuchtete? Erbärmliche? Erdachte? Geworfene? Urlauber? Leblose? Anthropozäne? Petrefakte? Zappelphilippe? Bedürftige? Strafgefangene? Vergewaltiger? Usurpatoren? Behauene Steine? Gäste? Eindringlinge? Meeresflüchter? Bekümmernisse? Komiker? Killer? Mundwürfe? Staubfänger? Hoppelhoppel? Aliens? 🐭☺✝☻? Strandgut? Darbende? Obdachlose? Traumata? Tiefenbohrer? Zeitreisende? Kümmerlinge? Albträume der Schöpfung? Missgriffe? Zukurzgekommene? Gefolterte? Inhaftierte? Stigmatisierte? Vertriebene? Satanisten? Diebe? Ephemere? Krätze? Treppenläufer? Kreaturen? Mumien? Komödianten? Werkzeugmacher? Schalentiere? Quallen? Blattlose Bäume? Bartträger? Hobbits? Pausenclowns? Digitale Chaoten? Fun-Fun-Fun-Tome? Naturentwachsene? Kosmozigeuner? Lunatiker? Quasselquappen? Aaskäfer? Wächter unendlicher Einfalt? Domestiken? Schachtelbewohner? Ich-Werkbetreiber? Seelensucher? Turmbauer? Tierquäler? Geschichtenräuber? Tränenerbringer? Todgeweihte? Sonnenanbeter?

Schlafmützen? Bilderstürmer? Ausgedachte? Selbstsüchtige? Gestaltwechsler? Opfer? Glücksritter? Transusen? Raubtiere? Aufenthaltsberechtigte? Asylanten? Allradbetriebene? Junkies? Fleisch-Forward? Messies? Mikroben? Abtrünnige? Rumpelstilzchen? Erderwärmer? Müllschlucker? Alleinstehende? Gottes Kinder? Spielsüchtige? Querulanten? Größte anzunehmende Unfälle? Spaltpilze? Zeitknechte? Verlassene? Künstliche? Kobolde? Schädelmacher? Dachdecker? Zeitwesen? Totengräber? Kompost? Somnambule? Strandläufer? Sprayer? Abgeordnete? Schalentiere? Remittenden? Probanden? Petrischalenarrestanten? Geiseln? Einbahnstraßenkönige? Taumelnde Tiere? Antibiotika? Nestflüchter? Nagetiere? Atomspalter? Freibeuter? Höchststapler? Revolutionäre Zellen? Sicherungsverwahrte? Phantome der Oper? Schnelle Brüter? Datendiebe? DNA-Rebellen? ABC-Schüler? Hochstapelfahrer? Fellentwöhnte? Sumpfdotterblumen? Teilchenbeschleuniger? Eisläufer? Tiefseeteufel? Tollhäusler? Sinnsucher? Fragezeichenfabrikanten? Kopisten? Gedankenverfechter? Marodeure? Sybariten? Mollusken?

Finovo

Am Eingang des Friedhofs steht ein Mann in einem schwarzen Gehrock mit knielangen Schößen. In der Rechten hält er einen Stock. Wenn jemand lachend durch das Tor zum Kirchhof treten will, schlägt er das Holz mit einem lauten Knallen gegen das Gitter und legt drohend den hageren Zeigefinger auf den Mund. Will ein Kind in kurzen Hosen passieren, lässt er den Stock wie eine Schranke herunter. Und kommt eine Frau in einem allzu bunten Kleid daher, stößt er drohend mit dem Stock auf das Pflaster.

An diesem Ostersonntag, dem Tag der Auferstehung, scheint die Sonne. Bernd Boßmann, Jahrgang 1960, trägt eine weiße Hose, ein helles Hemd. Er fährt mit dem Fahrrad vor, fährt den schwarzen Mann, der ihn mit ausgebreiteten Armen aufhalten will, einfach über den Haufen. Da liegt er briefmarkenplatt. Es ist zwölf Uhr mittags, und Bernd Boßmann gibt mir die Hand. Willkommen auf dem Alten St.-Matthäus-Kirchhof in Berlin-Schöneberg!

Wer ist dieser Boßmann? Der helle Typ mit hellem Teint, mit rötlichen Haaren? Er ist Caféhausbetreiber, Theaterleiter, Bestatter (laut Gewerbeschein), Gastronom, er ist Kleinkünstler und Akrobat, Krankenpfleger, Friedhofsfreigeist, Lokalaktivist, er ist Schöneberger vom Niederrhein, er hat die bekannteste Toilettenfrau Berlins verkörpert, und er besitzt sieben Gewerbescheine, weil wir ein ordentliches Land sind, dem die Angst vor der Unordnung so tief in den Knochen steckt, dass selbst die deutschen Toten sich bitte schön an die Ordnung halten. Wahrscheinlich sind die deutschen Toten die ordentlichsten Toten der Welt auf den ordentlichsten Friedhöfen der Welt, besucht von den ordentlichsten Friedhofsbesuchern der Welt und bewacht von den ordentlichsten Ämtern der Welt.

Bernd Boßmann hat im Jahr 2006 das erste Friedhofscafé Deutschlands gegründet, und seither ist er ein Friedhofsaktivist, der für einen Wandel der Friedhofskultur plädiert. Bunter soll es sein, freizügiger, individueller, lebendiger, angstloser, nicht so normiert, so geduckt, so verlogen fromm und gezwungen feierlich. Den schwarzen Mann, der am Eingang seines Friedhofs steht, hat er schon so oft umgefahren, dass der freudlose Wächter seinen Umzug erwägt. Nein, gegen diesen sommersprossigen Boßmann hat er keine Chance, seine Zeit hier ist abgelaufen. Wie Bernd Boßmann dieses Café gegen viele Widerstände gründete, ist eine lange, verwickelte Geschichte, die nicht in mein Notizbuch passt. Auf jeden Fall rufen ihn heute noch Menschen aus dem ganzen Land an und fragen, wie er das geschafft habe, wie man Verwaltungen, Ämter, Gemeinden und Städte davon überzeugen könne, dass ein Friedhofscafé nicht die Totenruhe und die Pietät stört. Geholfen haben Boßmann, der sich selbst als »Gaukler« bezeichnet, sicherlich seine beruflichen Erfahrungen, die ihn schon früh mit den Themen Tod und Sterben in Berührung gebracht haben. Er ist am Niederrhein aufgewachsen und hat dort eine Ausbildung zum Krankenpfleger absolviert. Damals wurden die Sterbenden in den Krankenhäusern noch abgeschoben, ausgegrenzt, versteckt. Er erinnert sich daran, dass er riechen konnte, wenn jemand starb, das sei ein eigentümlicher Geruch gewesen. Überhaupt habe man damals noch viel mehr gerochen, niemand rieche oder schmecke heute noch etwas im Krankenhaus. Der autoritäre Chefarzt der Klinik habe manche Urintests noch mit der Zunge durchgeführt, so sei das damals gewesen. Er schüttelt sich: »Bähh!« und erklärt: »Das mit dem Urin find ich nicht eklig, aber dieser Typ war schrecklich!«

Den Sterbenden sagte der Stationsarzt damals Sätze wie: »Wenn Sie diese Phase überstanden haben, dann sind Sie über dem Berg!« Er meinte, »dann sind Sie tot«, aber die Wahrheit wurde verschwiegen. In solchen Momenten seines Rückblicks empört sich Boßmann unverblümt: »Diese Heuchelei in der Pflege, dieses Weglügen des Todes hat mich immer angekotzt. Ich habe den Sterbenden, die ich gepflegt habe, immer reinen Wein eingeschenkt. Man kann doch die Menschen nicht betrügen, wenn sie gehen müssen!« Boßmann zündet sich eine Zigarette an und schlürft seinen Kaffee. Wir sitzen in seinem Café, das er zusammen mit zwei Mitarbeiterinnen betreibt. Das Café füllt sich. Hier sitzen alte und junge Leute, Schöneberger, die ihre Toten besuchen oder einfach nur einen Kaffee trinken wollen, aber auch Touristen aus aller Welt. Gleich neben dem Café befindet sich ein Blumenladen, und während unseres Gesprächs kassiert Boßmann nonchalant drei Euro für eine Topfgeranie.

»Wir haben das Café ›Finovo‹ genannt, weil darin der Anfang und das Ende stecken. ›Fin‹ ist das Ende und ›novo‹ bedeutet neu. Und weil wir das nur mit einem ›n‹ schreiben, sind das Ende und das Neue aufeinander angewiesen und verbunden, auf ein Ende folgt immer etwas Neues, das ist der Gedanke.« Er lässt die Finger der rechten und der linken Hand wie die Zähnchen eines Reißverschlusses ineinandergleiten, um dieses Lebensprinzip, diesen Brückenschlag zwischen dem Ab- und dem Aufleben zu verdeutlichen. »Um den Skeptikern den Wind aus den Segeln zu nehmen, wollte ich das Café so einrichten, als sei es schon immer da gewesen. Die Omis sollten durch die Scheibe schauen und zu ihrer Freundin sagen: ›Guck mal, das haben sie jetzt wiedereröffnet, das gab es ja hier schon früher!‹« Diese listige Mimikry ist ihm perfekt gelungen. Das Café, in dem früher die Friedhofsverwaltung untergebracht war, strahlt mit seinen alten Stühlen, Sofas, seinen Torten, den Blumengestecken und

Teppichen eine tantige Immer-schon-da-Aura, einen zähen Fünfziger-Jahre-Charme aus! Die Idee, das Café zu gründen, hatte Boßmann, als er seinen Freund Christoph Josten, besser bekannt als schräge Kabarett-Tunte und Aidsaktivistin Ovo Maltine, im Februar 2005 hier zu Grabe trug und dabei das leerstehende Häuschen am Eingangstor entdeckte. Eine alte Freundin kommt vorbei, tritt an unseren Tisch. Sie will Ovos Grab besuchen. »Aber leise sein, du weißt, Ovo durfte man nie vor fünf wecken. Das war ja 'ne Diva!«

Im Jahr 1984 ging Boßmann nach Berlin. Er wollte Theater spielen, freier leben, künstlerisch sein. Er absolvierte eine Artistenausbildung in der Theaterschule »Etage« und trat als singende, spielende Polit-Tunte Ichgola Androgyn auf. Anfang der achtziger Jahre erkrankten und starben dann immer mehr Bekannte und Freunde an Aids. Deshalb gründete er mit Freunden 1987 die erste Aidspflegestation der Stadt. Eine seiner Kunstfiguren in dieser Zeit war »Berlins berühmteste Toilettenfrau« Kläre Grube, mit der er bei seinen Bühnenauftritten für Safer Sex appellierte. Die Botschaft sollte nicht so belehrend und streng, sondern unterhaltend rüberkommen. Damals planten Boßmann und seine Mitstreiter auch ein Hospiz für Aidskranke, das »Leb wohl!« heißen sollte. In der Schwulenszene grassierte damals die Angst, dass die sterbenden Freunde in den Krankenhäusern unter dem Kreuz, unter dem tadelnden Daumen der Kirche einen ganz und gar fremdbestimmten Tod sterben würden, dass ihr Leben und ihr Lebensstil rückwirkend ausgelöscht und verworfen werden würde. Um sich zu informieren, flog Boßmann nach San Francisco, wo er in einem Hospiz die ersten Aidstoten sah. Das »Leb wohl!« sollte ein offenes Haus sein, mit einer Disco, mit Läden, ein Begegnungsort, an dem Sterbende und Nachsterbende ihre Erfahrungen austauschen sollten. Bei politischen Verhandlungen traten die Aidsaktivisten mit rot geschminkten Lippen und mit hohen Stöckelschuhen auf, um ihr Anderssein klar und selbstbewusst zu zeigen. Aus dem Hospiz wurde nichts, aber Boßmann engagierte sich weiterhin für Todkranke. Und schließlich entdeckte er den Alten St. Matthäus-Kirchhof. Zusammen mit seinem Freund Ovo hatte er schon zu dessen Lebzeiten die Patenschaft für ein historisches Grab übernommen, was ihnen das Recht einräumte, sich dort beerdigen zu lassen. Mit diesem Patenschaftsmodell versuchen die Berliner Friedhofsverwaltungen, historisch wertvolle Friedhofsdenkmäler zu erhalten. An Wohnformen hatten Ovo und Bernd vieles ausprobiert, auf einem Hausboot gelebt, sie hatten eine Hochsprungmatte geteilt, warum nicht auch mal diese Liegeform, das historische Grab gemeinsam ausprobieren? »Von all unseren Projekten und Wohnträumen ist dann dieses Grab übriggeblieben. Ist ja eigentlich viel zu protzig für uns, das Grab reicher Leute.« Es sollte für den Freundeskreis so etwas wie ein Garten werden. Jetzt ist es eine Begegnungsstätte zwischen den Toten und den Lebenden, zwischen Gestern und Heute, zwischen Erinnerungen und neuen Eindrücken. Boßmann kommt jeden Tag ans Grab, quatscht ein bisschen mit Ovo, singt ihm was vor oder raucht eine Zigarette mit ihm. Plötzlich verwandelt sich Boßmann. Kläre Grube singt jetzt mit krächzend-heiserer Stimme zwei Strophen eines Liedes, das sie einst zweistimmig im Duett mit einer Urne gesungen hatte, es ist ein Volkslied aus dem 19. Jahrhundert:

Wer das Scheiden hat erfunden,
hat an Liebe nicht gedacht.
Sonst hätt er die schönsten Stunden
in der Liebe zugebracht.
Stehst du einst an meinem Grabe,
deckt mich kühle Erde zu.
Denk, was ich gelitten habe,
gönne mir die ew'ge Ruh.

Wir stehen jetzt an dem granitenen Grab, das von der Wohlhabenheit seiner früheren Besitzer spricht und von den bunten Biographien seiner jetzigen Bewohner zeugt. Fröhliche Ostereier hängen jetzt hier, und Ovo ist auf vielen kleinen Fotos zu sehen. Können sich Jahrhunderte küssen? Auf dem Grab hat Boßmann aus lauter kleinen, hellen Kieseln eine Aidsschleife legen lassen, die – je nach Assoziationslust – aber auch wie ein Auge oder wie ein Fisch aussieht. »Da links liegt der Ovo, und da oben rechts werde ich dann liegen. So haben wir auch immer auf der Hochsprungmatte geschlafen. Ich werde aber auf keinen Fall sterben, bevor nicht die Sargpflicht abgeschafft ist, ich will in einem Tuch beerdigt werden.«

»War er *dein* Freund oder war er *ein* Freund?«

Boßmann mag diese Frage nicht sonderlich, sie ist ihm zu schlicht, zu vereinfachend, sie will aufs Eindeutige aus, wo das Eindeutige keine Bedeutung hat, wo das Eindeutige gerade das ist, was man flieht.

»Mein Freund? Er war mein bester Freund!«

Genauso wenig mag er die Sexeindeutigkeit, die Ausschließlichkeit und das ganze Gewese um Sex. Er mag Männer, aber auch Frauen. Um Sex, findet er, wird viel zu viel Wind gemacht.

Boßmann erinnert sich an den Tag, als sein Freund Ovo starb. Er starb am 8. Februar 2005 im Auguste-Viktoria-Krankenhaus an Lymphdrüsenkrebs nach einer dreizehnjährigen HIV-Infektion. Die Freunde versammelten sich in seinem Zimmer, man wusch den Toten, erzählte sich die besten Ovo-Geschichten, man sang, weinte, lachte und ging nicht. »Da steckte eine Krankenschwester ihren Kopf ins Zimmer und sagte: ›Sie müssen jetzt aber mal gehen!‹ – ›Gar nichts müssen wir!‹, habe ich ihr geantwortet, und dann sind wir noch lange sitzengeblieben. Und abends haben wir dann mit allen Freunden und auch seinen angereisten Eltern zusammengesessen und gefeiert bis nachts um eins.«

Der Alte St.-Matthäus-Friedhof hat sich in den letzten zwanzig Jahren zum zentralen Friedhof für die Berliner Schwulen entwickelt, aber auch solche Kategorisierungen mag Boßmann nicht. »Das ist doch kein Schwulenfriedhof, das ist ein bunter, offener Friedhof für alle. Dass es hier viele quere Gräber gibt, hat mit Freundeskreisen zu tun und auch mit unserem Engagement, das ist eine Entwicklung.« Boßmann referiert mit knappen Sätzen die Bedeutung des Friedhofs, der 1856 gegründet wurde und zur evangelischen St. Matthäus-Gemeinde im Tiergarten gehörte. Hier, im »Geheimratsviertel«, lebte die großbürgerliche Oberschicht, die, auch im Tod, Wert auf Pracht und Repräsentation legte. Doch der so überaus wertvolle Friedhof war 1938 in seiner Existenz bedroht. Albert Speer plante für den Führer das größenwahnsinnige Germania-Projekt, und für die Nord-Süd-Achse der alles in den Schatten stellenden Megastadt sollte der gesamte Friedhof aufgehoben werden. Tausende Gräber fielen dieser Vision 1938/39 zum Opfer, wurden eingeebnet oder umgebettet, ein Drittel des Friedhofs verschwand, wurde teilweise mit der S-Bahn vor die Tore der Stadt abtransportiert. »Und dann kam – Gott sei Dank darf man in diesem Fall sagen – der Krieg!«

Boßmann hat Besuche auf Friedhöfen nie als Zwang verstanden, es waren immer Erlebnisse, befreiende Erfahrungen, Meditationen und Dialoge mit dem Ort und seinen Bewohnern. Denn, das ist seine Überzeugung, man kann mit den Toten sprechen, sich von ihnen raten lassen: »Wenn es mal ganz schlimm ist und gar nicht mehr weitergeht, kommen ein Patenonkel und ein ehemaliger Nachbar vorbei, beide habe ich sehr gemocht, und ich unterhalte mich mit ihnen.« – »Und die sind tot?« – »Ja, die sind schon lange verstorben.«

Es kommt oft vor, dass Leute den Friedhof besuchen, ihn für den Verwalter des Friedhofs halten. Sie sagen dann: »Ich

bin unheilbar krank und werde sterben und suche ein Plätz-
chen. Können Sie mir helfen?« Und dann spaziert der
freundliche Friedhofs-Café-Blumenladen-Mann mit ihnen
zwischen den Gräbern und zeigt ihnen die schönsten freien
Plätze. »Das sind oft sehr tiefe Begegnungen!«

Boßmann schreitet übrigens nicht über den Friedhof, er
schlendert, die Hände in den Hosentaschen, grüßt mal hier,
mal da, und begeistert sich für liebevoll sanierte Gräber. Wir
kommen an Rio Reisers Grab vorbei, wir passieren die Gräber der Brüder Grimm und bleiben endlich vor dem Garten
der »Sternenkinder« stehen, einem von Boßmanns Lieb-
lingsplätzen auf diesem Friedhof, der so reich ist an Lieb-
lingsplätzen. Hier werden Kinder bestattet, die vor, während
oder nach der Geburt sterben. Neben Kindern, die weniger
als 1000 Gramm wiegen und in Berlin somit nicht der Bestat-
tungspflicht unterliegen, werden hier Babys beigesetzt, die
bis zu ihrem 12. Lebensmonat versterben. Am Kopf des bunt
bepflanzten kleinen Gärtchens, in dem bis zu 80 Kinder ihre
letzte Ruhe finden, steht ein Denkmal aus sieben Terrakotta-
säulen, in die man Kerzen stellen kann. Gerade, sagt Boßmann, sei ein zweiter »Sternenkinder«-Garten eröffnet worden, und wir haben eine so gute Resonanz, dass wir bestimmt
bald einen dritten Platz für die »Sternenkinder« brauchen.
Früher, erklärt er, wurden Fehlgeburten in den Krankenhäusern als Sondermüll entsorgt, verbrannt, und den Eltern
wurde nicht einmal mitgeteilt, ob es sich um ein Mädchen
oder einen Jungen gehandelt habe. Damit wurde es den schockierten Eltern unmöglich gemacht, sich von ihrem Kind
zu verabschieden und es zu betrauern. Doch seit Anfang der
neunziger Jahre hat ein Umdenken eingesetzt, immer mehr
Initiativen setzen sich für Eltern ein, die ein früh verstorbe-
nes Kind beklagen. »Nein«, erwidert Boßmann auf meine
Frage, »ich habe keine Kinder, aber wenn jetzt so ein zwan-
zigjähriger Bursche angehüpft käme, fände ich das klasse!«

Er sagt, dass er ja vom Land komme, und deshalb sei ihm der Gemeindegedanke wichtig. Deshalb habe er gleich um die Ecke sein eigenes Theater gegründet und ein Restaurant noch dazu. Gerne würde er auch die Betreuung von Senioren revolutionieren, weg von den großen Einheiten und Heimen, den Seniorenkästen und geriatrischen Verkümmerungsbuden, wo »die Alten zum Tode hingeschubst werden«, er will überschaubare Orte, mehr nachbarschaftliches Engagement, er will Mehrgenerationenhäuser. Und schließlich hat der Gemeindearbeiter Boßmann 2007 auch den gemeinnützigen Verein Efeu e. V. mitbegründet, der sich die Erhaltung und Entwicklung des Alten St. Matthäus-Friedhofs zum Ziel gesetzt hat. Dessen Initiativen sind vielfältig: Zum 150-jährigen Bestehen des Friedhofs wurde ein großes Friedhofsfest veranstaltet, das erste seiner Art im Land; es gibt die Möglichkeit, Grabpatenschaften zu übernehmen, Führungen und Lesungen werden organisiert, und Kinder sollen an die Thematik Tod und Sterben herangeführt werden.

Wir kommen zu einem Kirschlorbeerbaum, um dessen Stamm herum eine große, rote, ovale Bank steht. Im Rahmen der KiKi-Initiative werden Kindergärten und Grundschulklassen angesprochen, um mit ihnen über Aspekte des Sterbens zu sprechen.

Die Sonne scheint, als sei sie ein sehr wohlwollendes Vereinsmitglied in Bernd Boßmanns Förderverein.

Die grünen und gelben Gießkannen werden vom Wind leicht angestoßen.

Ein altes Ehepaar geht langsam den Hauptweg entlang, bleibt mal hier und mal da stehen.

Auf einer Bank sitzt eine Frau und zeichnet ein Grabmal mit einem Bleistift ab.

Jetzt schiebt sich die S-Bahn ins Bild, und für einen Moment sieht es so aus, als zerschneide sie den Friedhof, doch sie begnügt sich damit, mit den Grabsteinen auf intime Blickfühlung zu gehen.

Ein japanisches Pärchen, bewaffnet mit Sonnenbrillen und Digitalkameras, steuert auf das Grab der Brüder Grimm zu.

Der Cafégarten ist jetzt bis auf den letzten Platz besetzt. Bunte Berliner Mischung.

Boßmann schaut noch einmal zum Eingangstor, als wolle er prüfen, ob der dunkle Mann im schwarzen Gehrock schon wieder mit seiner Leichenbittermiene angibt. Er lässt sich jedoch nicht blicken.

Dann entlädt sich noch einmal eine Boßmann-Salve gegen die Schwarzvögelfraktion: »Pietät ist eines der schäbigsten Worte, denn der, der es zuerst sagt, hat immer recht. Schäbig!«

Als ich unter der S-Bahn-Terrasse hindurchfahre, steht der schwarze Mann neben zwei Punkern am Kiosk und trinkt ein Bier. Er ist unrasiert und bleich. Ein struppiger Mischlingshund schnüffelt an den Schößen seines Gehrockes und sucht dann aufheulend das Weite.

Textiler Lebenslauf

Windel
Babybody
Strampler mit Druckknöpfchen
Höschen
Latzhose
Hose
Hemd
Kapuzenjacke
Lederhose
Jeans
T-Shirt
Bundfaltenhose
Sakko
Anzug
Trainingsanzug
Anzug mit Weste und Schlips
Anzug (abgetragen)
Cordhose
Jogginghose
Schlafanzug
Windel
Totenhemd

Pest und Coca-Cola

In der Dorfmitte lag die Kirche. Ich passierte sie jeden Morgen und Mittag auf meinem Schulweg. Der Kirchturm sah alles. Die Kirche stand, wohl zum Schutz gegen Hochwasser, aber auch, um ihre Autorität zu betonen, ein wenig erhöht, und so musste man, wenn man seinen Weg über den Kirchhof nehmen wollte, ein paar flache Stufen ersteigen. Dann ging man an dem geduckten Kirchenbau vorbei und verließ den Kirchhof wieder an der Rückseite, wo nur eine sehr schmale Treppe errichtet war. Dort, hinter der Sakristei, kamen wir an den letzten Grabsteinen vorbei, die man geduldet hatte. Man hatte an dieser Stelle bei Umbauarbeiten einmal ein paar Knochen und Schädel gefunden oder geborgen. Oder hatten wir Kinder sie freigelegt? Habe ich nicht einmal einen Schädel gesehen? Oder waren doch das Einzige, was wir fanden, ein paar Cola-Flaschen, die irgendjemand zurückgelassen hatte?

In der Mitte der siebziger Jahre des letzten Jahrhunderts waren die alten Grabsteine die letzten Überreste der alten Begräbnisstätte unseres Dorfes, die direkt an die Kirche grenzte. Schon im 18. Jahrhundert war dieses Areal für die Toten des Dorfes zu klein geworden, denn wenn ein neues Grab ausgehoben wurde, stieß man nicht selten auf die Gebeine von Dorfbewohnern, die hier früher Einzug gehalten hatten und jetzt den neuen Gästen weichen und in ein Beinhaus übersiedeln mussten. Ein Jahrhundert zuvor war die Totenruhe noch durch vagabundierende Schweine und Kühe gestört worden, was einen Bischof, der die Gemeinde 1651 visitierte, derart ärgerte, dass er alsbaldige

213

Abwehrmaßnahmen gegen die tierischen Störenfriede forderte.

Der älteste Grabstein, der eben aus dieser Zeit stammte und an dem wir Kinder in den siebziger Jahren noch vorbeikamen, war der sogenannte Peststein aus dem Jahr 1666. Ihn schmückte der Kopf eines pausbäckigen Putto, dessen Gesicht schon argen Schaden gelitten hatte. Auf seiner Rückseite war zu lesen, dass mit dem Stein der »catrina wellau genannt burmanns sanft im herren entschlaffen ihres alters 40 Jahr« gedacht wurde. Ein Jahr zuvor hatte offenbar der Torfschiffer Hermann Kröger die Pest aus der nahen Hafenstadt Emden eingeschleppt, wo der »schwarze Tod« bereits wütete. Die Dorfbewohner waren der Seuche hilflos ausgeliefert, weil die Übertragungswege unbekannt waren. Einige flohen in Panik in die Wälder, weil sie annahmen, die Pest ginge von den Leichen aus und wandere durch die Luft. Der Totengräber hob daher für die Leichname besonders tiefe Gräber aus, eine vergebliche Anstrengung, denn die Beulenpest wurde durch den Biss des Rattenflohs verbreitet.

Im Jahr 1898 wurde der Friedhof in der Ortsmitte geschlossen, und fortan fanden die Toten ihre Ruhe auf einem Grundstück, das am Rande des Dorfes lag. Dieser Umzug bedeutete jedoch noch nicht, dass man den Tod verbannen und unsichtbar machen, dass man ihn zivilisieren und verdrängen wollte, weil man ihn plötzlich stärker fürchtete als in den Jahrhunderten zuvor. Denn noch immer wurden die Toten im Dorf in den meisten Fällen zu Hause aufgebahrt, dort gewaschen, eingekleidet, in den Sarg gelegt, verabschiedet und von dort zum Friedhof gebracht. Erst in den beiden Jahrzehnten nach dem Zweiten Weltkrieg vollzog sich offenbar ein rascher Wandel im Umgang mit den Toten, die zu Hause gestorben waren. Zum einen starben die Menschen immer seltener zu Hause, denn das Krankenhaus kam auf, als Hoffnungsort, als Lebensrettungs- und Lebens-

214

verlängerungsort, aber eben auch als Ort des Sterbens; und zum anderen schien sich die Einstellung gegenüber dem Tod zu ändern. Je mehr man ihm medizinisch zusetzen konnte, desto weniger Raum wollte man ihm offenbar auch im Gemeinschafts- und Alltagsleben einräumen. Der Tod, der jahrhundertelang seinen festen Platz in der Dorfmitte hatte, der mit all seinen Gesichtern, Gestalten und Gebräuchen unter den Menschen leben durfte, weil er mit Gott eine enge Beziehung unterhielt, weil er Stammgast war und weil er unverbrüchlich als ein Teil jener Natur erschien, die den Menschen bedrohlich, aber eben auch behütend umschloss, eben jener Tod wurde nun als ungebetener, unbequemer, als lästiger und als geradezu destruktiver Gast empfunden, dem man – so gut es ging – das Aufenthaltsrecht entzog.

Wie hatte sich der Wandel vom sichtbaren zum unsichtbaren Tod in meinem Dorf, das man zwar verlassen, aber nie ganz loswerden kann, vollzogen? Naturgemäß hatte mich dieser Aspekt des dörflichen Zusammenlebens als Kind und Jugendlichen nie wirklich interessiert, und als ich aus dem Dorf fortzog, bestand kein Anlass, sich mit dieser unwirklichen Materie zu beschäftigen. Aber jetzt – und das bezieht sich nicht im engen Sinne auf das Schreiben dieses Buches – kommen solche Fragen aus ganz pragmatischen Gründen auf. Bevor man sich in der vermeintlichen Lebensmitte selbst die Frage stellt, wo und wie man begraben werden möchte, drängt diese Frage in der Regel im Hinblick auf die Eltern heran, die sich nun wahrscheinlich in einem Alter befinden, wo Tod und Sterben unabweisbar Ansprüche erheben. Die Fragen nach den letzten Fragen bereiten den Weg für andere Fragen, lassen Gespräche aufkommen, die sich vom flüchtigen Alltagsgespräch abheben. Wer darüber spricht, wo er beerdigt werden möchte, sagt auch etwas dazu, wie das geschehen soll und warum es so und nicht auf eine andere Weise geschehen soll. Wie hast du gelebt? Mit welchem Ziel? Warum bist du hier und nicht dort? Und dieses Wie und Warum führt tief in die Biographien zurück und beginnt zu erzählen.

Ich fuhr für einige Tage in das Dorf, das 1330 erstmals urkundlich erwähnt wird, und sprach mit einigen älteren Dorfbewohnerinnen. Die älteste war gerade neunzig Jahre alt geworden, die jüngste zählte dreiundachtzig Jahre. Ein Satz, den ich von meinen Gesprächspartnerinnen häufiger hörte, war folgende Bemerkung, die sie teils mit einem Achselzucken, einem ungläubigen Kopfschütteln oder einem verwunderten Staunen begleiteten: »Es war eine andere Welt!« Sie sagten nicht: »Es waren andere Zeiten«, dieser Satz mag auch gefallen sein, aber sie sagten sehr viel öfter und viel bestimmter: »Es war eine andere Welt!« Warum?

Hans Weinobst schrieb 1924 ein Gedicht, eine Hymne auf sein Dorf. Ich möchte zwei Strophen zitieren:

Du trautes Dörflein, wer kennt dich nicht
im alten Münsterland.
Von Wiesen und Feldern umgeben schlicht –
mein Heimatland.

Das ist die erste Strophe des Gedichts, das Hans Weinobst in Sütterlinschrift niederschrieb. Die letzte und fünfte lautet:

Ich will in dir begraben sein,
wo einst meine Wiege stand.
Mein' letzten Gruß will ich dir weih'n,
mein Heimatland.

Hans Weinobst starb 1930, und als er dieses Gedicht schrieb, stand er mitten im Leben. Der Wunsch »Ich will in dir begraben sein« kündigt also nichts Unausweichliches und

Schmerzliches an, sondern bezeugt die tröstliche Gewissheit, dass ein Mensch seinen Platz gefunden hat, im Leben und im Tod. Die Liebeserklärung an das Dorf ist eine Lebensliebeserklärung, die den Tod nicht verdrängt, sondern ihn einschließt, ja ihn zum Schlussstein des Gedichts und des Lebens macht, denn Heimat findet nur der, der weiß, wo er begraben wird, und der weiß, warum er sich gerade diesen Ort als seinen letzten Ort wünscht.

Ein paar Impressionen aus der Historie des Dorfes mögen genügen, um einen Blick in diese »andere Welt« zu werfen. Am 31. August 1908 fährt die letzte Postkutsche. Fortan übernimmt die Eisenbahn die Postbeförderung. Im Jahre 1914 erhält das Dorf elektrisches Licht. Bis dahin hatte das Dorf noch einen Laternenanzünder, der zugleich als amtlicher Ausrufer tätig war und abends die Petroleumlampen entzündete. Bis ins Jahr 1900 gab es auch noch einen Nachtwächter, der zu verschiedenen Stunden ins Horn blies. Seit 1883 gab es ein kleines Krankenhaus, das von Franziskanerinnen betrieben wurde. Erst 1899 lässt sich ein approbierter Mediziner vor Ort nieder.

In den zwanziger Jahren des 20. Jahrhunderts, in denen meine Gesprächspartnerinnen geboren wurden, gab es in dem Dorf noch keine Radios, kaum Fernsprecher, Autos sah man fast nie, und obwohl viele Männer zur See fuhren und die Welt umrundeten, obwohl sie Nachrichten von fremden Völkern mit nach Hause brachten, von abenteuerlichen Städten und Wundern der Technik erzählten, blieb das Dorf noch ein Dorf, in dem Gott zu Hause war und die Stille, die Natur, der Wind, das Vieh, das Wasser; das Dorf blieb ein Dorf mit einer Kirche, ein paar Kneipen, mit dem Schützenfest, mit den Krähen auf den Feldern und dem Tee auf dem Ofen und den Toten, die hierher gehörten, weil schon ihre Eltern und Großeltern und deren Eltern hier geboren worden waren. Das Leben mochte rau und hart sein, voller

Arbeit und entbehrungsreich, aber es gab kaum einen Grund anzunehmen, Gott habe das Dorf verlassen.

Jetzt, wenn ich das rückblickend schreibe, fällt mir auf, dass – obwohl ich mit den Frauen lange über den Tod und das Sterben in ihrer Zeit sprach – ihr Glaube gar nicht zur Sprache kam. Warum? Weil ich nicht danach gefragt habe? Weil ich nur die materiellen Aspekte des Sterbens erkunden wollte? Weil ich Angst hatte, eine so intime Frage zu stellen, die meinen eigenen Gottesmangel zum Vorschein gebracht hätte? Oder weil ihr Glaube so unübersehbar war? Zumindest deuteten alle Zeichen darauf hin: In jedem Zimmer, das ich betrat, hing ein Kruzifix, mindestens zwei der Frauen trugen ein Kreuz an einer Silberkette, und in zwei Stuben standen zudem noch geschnitzte Heiligenfiguren. Ich denke, ich werde, nun, wo ich wieder weit entfernt in der Stadt sitze, nicht darum herumkommen, sie noch einmal anzurufen (ich habe ihre Nummern notiert) und sie zu fragen, wie sie es mit dem Jenseits halten.

»Es war eine andere Welt«, diesen Satz kann ich ansatzweise nachvollziehen, wenn ich das Dorf, das ich in den sechziger und siebziger Jahren kannte, mit dem Dorf von heute vergleiche. Nach dem Zweiten Weltkrieg erfuhr das Dorf, das sich über Jahrhunderte meist aus sich selbst generierte und regenerierte, durch die Ansiedlung von Heimatvertriebenen eine erste umwälzende »Blutauffrischung«. Auf der Internetseite des Dorfes findet sich unter der Rubrik »Geschichte« zu diesen Umbrüchen ein Satz, der noch heute ahnen lässt, wie rasant die »andere Welt«, die Kindheitswelt meiner Gesprächspartnerinnen, unterging. Dort steht: »Mit dem allgemeinen Wiederaufbau nach dem Zweiten Weltkrieg begann eine Epoche des Aufstiegs und der Entwicklung, die im Verhältnis zur bisherigen Geschichte als rasant zu bezeichnen ist.«

Diese Zuzugsbewegung dauert im Grunde genommen bis

heute an. Heimatvertriebene, Flüchtlinge, Umsiedler, Urlauber, Spätaussiedler, Ruheständler, sie alle entdecken das Dorf als Refugium und verändern seinen Charakter von Grund auf. Heute kennt man die meisten Gesichter nicht mehr, heute fährt und geht man nicht selten grußlos aneinander vorbei. Und das Plattdeutsche, das früher fast ausnahmslos alle sprachen, ist im Alltag immer seltener zu hören.

Die andere Welt ist verschwunden und mit ihr auch der andere Umgang mit dem Tod. Frau B., Jahrgang 1928, gründete 1966 mit ihrem Mann das erste Bestattungsunternehmen vor Ort. Sie geht immer noch aufrecht, sie strahlt unverkennbar eine gefestigte Würde aus, sie führt ihren eigenen Haushalt, und sie hat noch die Telefonbereitschaft, wenn ihre Tochter, die das Familienunternehmen mit ihrem Mann weiterführt, zu Beerdigungen unterwegs ist. Während unseres Gesprächs klingelt ein ums andere Mal das Telefon. »Es war eine andere Welt, damals, eine ganz andere Welt!«, sagt sie. Sie erinnert sich gut daran, dass ihr Vater, der wie so viele im Dorf zur See fuhr, die Eichenbretter für seinen eigenen Sarg schon als junger Mann zur Seite gelegt hatte. Die Bretter lagen auf dem Dachboden, und einmal im Jahr mussten sie gewendet werden, damit sie nicht verzogen oder sich verbogen. Die Bretter waren somit nicht nur für den Vater, sondern auch für seine Kinder ein Sterblichkeitsmal, das Jahr um Jahr unter dem Dach lag und wartete.

Da der Vater als Seemann nur alle vier Wochen nach Hause kam, war er 1943 nicht da, als die Mutter starb. Sie hatte sich eine Erkältung zugezogen, die sich rasch verschlimmerte, wirksame Medikamente wie Antibiotika gab es nicht. Die vier Kinder, die plötzlich ohne Mutter in der Welt standen, wurden – da der Vater wieder zur See fahren musste – von einer nahen Verwandten aufgezogen. Diese kinderlose, fromme Tante führte ein strenges Regiment. Eines Tages, draußen tobte ein Sturm, saßen die besorgten Kinder vor dem Radio, um Schifffahrtsmeldungen zu hören. Da stürmte die Tante herein und mahnte: »Ji sitt vört radio un juun Papa fört to'r see. Ji schullt lever bäden!«

Früher, erzählt Frau B., machte im Dorf der Tischler die Särge. Bestatter gab es nicht. Alles, was heute die Bestatter machen, übernahmen damals die Nachbarn. Der Sarg blieb drei Tage im Haus, damit sich alle von dem Toten verabschieden konnten. Manche Familien verhängten die Spiegel, manche hielten die Uhr in dem Augenblick an, in dem der Sterbende verschied. Nach drei Tagen wurde der offene Sarg im Flur aufgebahrt, die Haustür war geöffnet, so dass jeder noch einmal den Verstorbenen sehen konnte. Dann kam der Pfarrer, betete mit den Angehörigen und segnete den Toten. Die Zeremonie endete damit, dass die Nachbarn den Sarg schlossen, aufnahmen und aus dem Haus trugen. Die, die es sich leisten konnten, mieteten einen Kutschwagen, auf dem der Sarg zum Friedhof gefahren wurde, aber oft transportierten die Nachbarn den Toten auch auf einem schlichten Leiterwagen zum Friedhof. Auch die Einladung und Benachrichtigung von Bekannten oder Verwandten des Toten wurde von den Nachbarn unternommen, die dazu mitunter fünfzig oder sechzig Kilometer mit dem Fahrrad übers Land fahren mussten.

»Warum«, frage ich, »verhängte man die Spiegel?«

»Ja, warum? Warum?« Frau B. überlegt, schüttelt den Kopf, greift zum Telefon und ruft eine Freundin an, die sich etwa in ihrem Alter befindet.

»Hallo Lisbeth! Du hör mal. Wat bedüddet dat, dat man fröher, wenn jemand doot gung, dä Spegel in Slapkemmer utropen wörd? ――― Ja, mit Beddlaken, dat weit ik ok! ――― Ja, damit Ruh in Hus wäre! ――― Weest du ok nich? Nej? ――― Jo, allens kloor, bit denn! Tschüs Lisbeth!«

220

Ich denke, Frau B. hat keine Angst vor dem Tod. Sie ist fest im Glauben. In der Stube hängt eine Papstfotografie, ein Schutzengel steht auf dem Kaminsims, und über der Küchentür hängt ein Kreuz. Ich bitte sie, noch etwas von früher zu erzählen, von der Zeit, als sie sich mit ihrem Mann selbständig gemacht hat. Wie ging das los? Und warum? »Wir hatten«, berichtet sie, »früher eine Tischlerei. Anfang der sechziger Jahre hieß es, dass Fenster und Türen bald nur noch industriell hergestellt würden. Und da kamen wir auf die Idee mit dem Bestattungsunternehmen, denn Särge hatten wir ja ohnehin schon immer angefertigt. Zu dieser Zeit, Anfang der sechziger Jahre, gab es im Ort nur einen Pferdeleichenwagen, den man bestellen konnte. Das war ein ganz schwarz gestrichener und verkleideter Wagen, oben mit Baldachin, zu allen Seiten offen, so dass man den Sarg gut sehen konnte. Bis Mitte der sechziger Jahre fuhr dieser Pferdewagen noch, dann lösten Autos ihn endgültig ab und er verschwand aus dem Straßenbild. Wir kauften uns 1966 den ersten Bestattungswagen, einen Mercedes. Am Anfang fuhren mein Mann und ich. Wir trugen den Sarg zu zweit. Mein Mann trug am Kopf, denn dort war es schwerer, ich packte am Fußende an. Manches Mal mussten wir die Särge in engen Fluren hochwuchten, um um die Ecken zu kommen, manchmal mussten wir den Sarg auch durch ein Fenster nach draußen schieben, weil in der engen Wohnung kein Durchkommen war. Das war schwer, aber ich habe es immer geschafft.«

Ich frage sie nach Begräbnisriten.

Sie sagt, die katholischen Männer trugen im Sarg ein Leichenhemd mit weißer Fliege, während die evangelischen Männer einen dunklen Anzug bevorzugten, meistens ihren Trauanzug; den evangelischen Frauen wurde ein schwarzes Kleid mit Spitze angezogen, während die katholischen Frauen im Sarg oftmals in ihrem Leichenhemd aufgebahrt wurden. Sie kenne aber auch noch den Brauch, dass zur Aussteuer der Braut bereits ein Totenhemd gehört habe.

Sie schüttelt den Kopf. Was hatte es bloß mit den verhängten Spiegeln auf sich?

Manchmal, sagt sie, sei es schlimm gewesen. Der Schmerz der Trauernden ging ihr oftmals näher, als sie es sich gewünscht hatte. Ihre Augen füllen sich mit Tränen, als sie sich ihren Unglückstag vergegenwärtigt. Ihr kleiner Sohn wurde 1959 vor dem Elternhaus von einem Auto angefahren und starb. Obwohl damals nur wenige Autos unterwegs waren und obwohl die Landstraße an dieser Stelle schnurgerade war. Ein ortsfremder, durchreisender Vertreter, der offenbar mit einer Straßenkarte beschäftigt war, hatte den Jungen, der für einen kurzen Moment der elterlichen Aufmerksamkeit entschlüpft war, nicht gesehen.

Frau B. bringt mich zur Tür. Zum Abschied empfiehlt sie mir, mich doch mit Maria N. in Verbindung zu setzen, ihr Mann sei der Besitzer des Pferdeleichenwagens gewesen, und vielleicht könne sie, die noch rüstig sei, mir noch mehr und anderes zum Thema Tod und Sterben erzählen.

Die Straße, auf der damals ihr Kind starb, ist heute vielbefahren. Heute gibt es im Dorf ein Sonnenstudio, eine Disco, ein griechisches, ein italienisches und ein chinesisches Restaurant, ein Fitnessstudio, eine Bowlingbahn, diverse Supermärkte, zwei Dörfer weiter hat ein Swingerclub eröffnet. Die Bahn hält hier nicht mehr, aber die Bewohner des Dorfes machen Urlaub in Thailand, Florida oder Südafrika, die Kinder absolvieren als Austauschschüler ein Jahr im Ausland, was Internet bedeutet, wissen auch die Alten, und Gott ist mittlerweile ein Unterhaltungskünstler unter vielen. Für die alten Leute ist er noch der große Allumspanner und Tröster, der Jenseitsgarant, auf den man hoffen und bauen kann. Ich steige aufs Rad. Leichter Nieselregen setzt ein. Ein rüstiger Herr kommt mir auf dem Hollandfahrrad entgegen, seine Wangen sind gerötet, auf dem Kopf eine Schiffermütze: »Moin!« – »Moin! Moin!«

Frau N., die ich einige Tage darauf besuche, sagt: »Nein, nein, ein Foto von unserem Pferdeleichenwagen habe ich nicht! Wer hatte denn damals einen Fotoapparat?« Sie ist 1924 geboren, während unseres Gesprächs raucht sie. Wir sehen uns das erste Mal. Wir duzen uns gleich. Es ist Samstag, die »Sportschau« zeigt die Spiele der Fußballbundesliga. Nebenan, im Clubraum des alteingesessenen Hotels, läuft der Fernseher, niemand schaut zu. Bald wird sich der Saal mit einer Hochzeitsgesellschaft füllen. Schon die Schwiegereltern führten Hotel und Gastwirtschaft. Dazu gehörte auch der Pferdeleichenwagen, er war eine Art Nebenerwerbsquelle. »Es war ein Zweispänner«, erzählt sie, »immer blitzblank geputzt. Mein Mann und ich heirateten 1947. Als wir den Wagen übernahmen, hatten wir noch einen Fuchs, aber ich fand, dass ein braunes Pferd nicht zu dem Wagen passt, also haben wir noch ein zweites, schwarzes Pferd angeschafft.«

Wir reden über die andere, die verschwundene Welt. Dass es kaum Autos gab, dass die Kinder im Winter mit Schlittschuhen über die vereisten Wiesen zur Kirche fuhren, dass sie zur ersten Kindergeneration im Dorf gehörte, die Lederschuhe bekamen, dass sie vier Brüder und drei Schwestern hatte und dass ihr Mann, als er starb, im Clubzimmer des Hotels aufgebahrt wurde. Als ihr Mann anfing, den Leichenwagen zu fahren, sei sie noch als Begleitung mitgefahren. Mitunter fuhren sie bis ins vierzig Kilometer entfernte Oldenburg. Aber mit der Zeit sei ihr der Anblick der Toten, vor allem der toten Kinder, aufs Gemüt geschlagen. Sie habe die Gesellschaft der Lebenden vorgezogen. Es sei ihrem Mann jedoch nicht schwergefallen, Ersatz für sie zu finden. Da eine solche Fahrt acht Mark kostete, nicht wenig Geld in den fünfziger Jahren, fand er immer Freunde oder Bekannte, die gern mitfuhren und tragen halfen.

Ich frage Frau N., wie viele ihrer Geschwister noch leben? – Zwei Schwestern! Ihr älterer Bruder sei gleich in den ersten Kriegstagen in Polen gefallen. Nein, wo er begraben sei, wisse sie nicht, nein, einen Suchantrag habe man nicht gestellt. Und der jüngste Bruder kam noch in den letzten Kriegstagen um. Er war erst siebzehn. Im Kampf um Berlin sei er getötet worden. Sie wisse nur, dass er in einem Massengrab beigesetzt worden ist, wobei man wohl eher sagen muss, dass er dort lediglich hineingeworfen wurde, denn eine Beisetzung wird das nicht gewesen sein. Sie zieht an ihrer Zigarette. Es ist dunkel geworden, ein starker Wind ist aufgekommen, hat die Regenwolken vertrieben, und jetzt füllt sich, wie seit nahezu hundert Jahren, der Festsaal mit jungen Leuten, die das Leben feiern wollen. In der nächsten Woche wird im gleichen Saal eine Beerdigungsfeier ausgerichtet werden, mit Kaffee, belegten Brötchen und Butterkuchen, mit bekümmerten Gesichtern, und die, die länger sitzen bleiben als die anderen, bekommen einen Schnaps serviert.

Meine letzte Gesprächspartnerin, die ich in dieser windigen Februarwoche besuche, kenne ich seit vielen Jahren. Sie ist die Mutter eines alten Freundes. Sie ist jetzt siebenundachtzig Jahre alt und hat viel erlebt und erlitten. Es ist nicht unwichtig zu betonen, dass sie in einem anderen Dorf aufgewachsen ist, einem Dorf, das etwa zehn Kilometer von unserem Dorf entfernt liegt. Dieses Dorf gehört zum Saterland, das auf Saterfriesisch »Seelterlound« genannt wird. Im Saterland lebt die kleinste anerkannte Sprachminderheit Deutschlands. Weil das Saterland auf einer Sandinsel inmitten von Mooren liegt, war es über Jahrhunderte isoliert und nur mühsam über Flüsse zu erreichen. Diese Isolation trug dazu bei, dass sich hier ein Dialekt der friesischen Sprache, der ansonsten ausgestorben ist, erhalten hat. Als die alte Welt noch nicht verschwunden war, als Gott noch nicht als Unterhaltungskünstler arbeitete und der Tod noch zum Dorf gehörte wie die Kuh, die man melkte, war auch das Dorf noch ein eigener Kosmos, als Welt in der Welt lebendig. Wenn einer starb, dann gehörte sein Sterben dem ganzen Dorf, weil alle daran Anteil nahmen, weil jedes Detail seines Sterbens im Dorf widerhallte, weil der Sterbende allen gehörte und umgekehrt. Der Tod mochte schrecklich sein, beklagenswert und traurig, aber fremd, unvertraut, anonym, unsichtbar, chloroformiert, eingesperrt, zivilisiert und isoliert war er nicht. Tod und Sterben waren kollektive Ereignisse und Erlebnisse, und über allem wachte Gott. Der Tod war ein Teil des natürlichen Zyklus vom Werden und Vergehen, vom Wechsel der Jahreszeiten und Lebensalter, in dem der Mensch und das Dorf ihren unumstößlichen Platz hatten. Das Dorf war nahe an Gott, weil es nahe an der Natur war.

Leni wuchs auf einem Bauernhof auf. Sie war daher von Kindesbeinen an den Umgang mit Tieren gewohnt. Eines Tages trat dem Mädchen eine Kuh auf den Fuß. Sie verkniff sich die Tränen, erst als der Fuß am nächsten Tag blau wurde und stark geschwollen war, erzählte sie den Eltern, was passiert war. Die Wunde entzündete sich, das Kind erlitt eine Blutvergiftung. Es gab kein Gegenmittel. Kaum jemand überlebte damals eine Blutvergiftung, erst recht nicht auf dem Land, wo die medizinische Versorgung noch dürftig war. Das Mädchen kam ins Krankenhaus und blieb dort ein Jahr. Man riet den Eltern, dem Kind die Sterbesakramente geben zu lassen, Gott würde es nun bald zu sich nehmen. Aber wider alle Erwartung überlebte sie. Sie behielt aber ihr Leben lang eine Gehbehinderung zurück. Als wir über den Tod und das Sterben in früheren Zeiten sprechen, fallen ihr zunächst die Gewitter ein, vor denen die Menschen damals eine sehr viel größere Angst hatten. Früher, in der alten Welt, starben auch noch sehr viel mehr Menschen an Blitzschlägen, weil Blitzableiter nicht so weit verbreitet waren und weil die Menschen sich sehr viel mehr auf dem freien Felde aufhielten. Während heute in Deutschland etwa fünf bis acht Menschen pro Jahr von Blitzschlägen getötet werden, waren es damals Hunderte. Die ersten Toten, die sie als Kind sah, waren Opfer eines Blitzes geworden: Im benachbarten Bauernhof hatte ein Blitz eine Frau und ihre zwei Töchter erschlagen. Diese wurden dann – wie es üblich war – zu Hause in der Diele aufgebahrt, und alle Nachbarn, auch die Kinder, kamen selbstverständlich und beteten für die Verstorbenen. Als eine Cousine von Leni starb, ermunterte man sie, an den Leichnam heranzutreten und dem Mädchen ein Heiligenbildchen in den Sarg zu legen.

Leni ist sicherlich der gläubigste Mensch, den ich kenne, und sie muss sich zu diesem Glauben nicht überzeugen, sie muss keine Umwege über die Vernunft gehen, sie muss keine Zweifel ersticken. Sie ist im Glauben geboren, und sie wird im Glauben sterben. Auch der Tod ihrer Tochter, die 1968 als Fünfjährige starb, hat daran nichts ändern können. Wie eine kleine Prinzessin, so habe sie dagelegen, so schön zurechtgemacht, mit rosigen Wangen. Ich müsste sie nicht anrufen und fragen, ob sie an ein Jenseits glaubt, an eine Geborgenheit in Gott, aber ich tue es trotzdem, um mir noch einmal die Zuversicht und Unerschütterlichkeit in ihrer Stimme zu vergegenwärtigen.

»Leni, du kannst ja beruhigt an deinen Tod denken!«

»Ja, das kann ich auch. Da wartet mein Mann schon auf mich!«

»Du bist fest im Glauben!«

»Das bin ich auch! Bloß manchmal hoffe ich, dass mir nichts Böses entgegenkommt!«

»Was meinst du?«

»Na, man liest so viel Schlechtes und Böses in den Zeitungen!«

»Aber das ist doch hier auf Erden?«

»Na, weiß man's?«

Ich sitze wieder an meinem Schreibtisch in Berlin, einer Großstadt, deren Einwohnerschaft sich zum großen Teil aus Dorfflüchtlingen zusammensetzt, Menschen, denen das Dorf zu eng war, Menschen, die nicht wie ihre Vorfahren leben wollten, Menschen, die Anstoß erregten, weil ihre Individualität im Dorf an Grenzen stieß, Menschen, die sich nicht vorstellen konnten, ihre letzte Ruhe auf dem kleinen Dorffriedhof zu finden, Dorfflüchtlinge, die das Leben auskosten wollten, weil sie nicht an eine jenseitige Himmelsspeisung glauben mochten. Das Dorf, das schon starb, als ich dort geboren wurde, gibt es nicht mehr. Nur manche tragen es noch in sich, halten an ihm fest und stehen mit dem anderen Bein im 21. Jahrhundert.

Ich rufe noch mal Frau B. an. Sie hebt bereits nach dem ersten Klingeln ab (klingelnde Telefone sind so gut wie ausgestorben).

»Darf ich Ihnen noch einmal eine Frage stellen? Wie halten Sie es mit Gott? Sie sind doch fest im Glauben?«

»Aber sicher!«

»Und Sie glauben an ein Leben nach dem Tod?«

»Natürlich!«

»Und wie stellen Sie sich diese andere Welt vor?«

»Man darf sich da keine Gedanken machen. Wie das aussieht, wissen wir doch nicht, es ist noch keiner zurückgekommen. Wie das dort sein wird, überlassen wir mal dem Herrn! Der wacht über uns!«

Nach unserem Telefonat fällt mir ein, was ich Frau B. noch über die verhängten Spiegel erzählen wollte. Das, was ich im Netz, dem »Dorf« meiner Generation, dazu gefunden habe. Es gibt mehrere Deutungen: Man habe die Spiegel verhängt, damit sich die Seele des Verstorbenen nicht im eigenen Spiegelbild verfangen kann, das bringe Unglück und beschwöre einen neuen Todesfall im Haus herauf. Eine neuere Lesart deutet das Verhängen des Spiegels als Vorsichtsmaßnahme gegen menschliche Eitelkeit, die im Falle des Todes unangebracht sei. Ich werde sie noch mal anrufen.

Wenn ich mit gläubigen Menschen spreche, und die meisten alten Menschen in dem Dorf sind gläubig, dann komme ich mir immer ein bisschen wie eine leergetrunkene Cola-Flasche vor, die jemand achtlos an einem Grabstein zurückgelassen hat. Betrachten wir uns selbst so achtlos? Sind wir so schwach wie eine Flasche leer? Wir glauben ja noch nicht mal daran, dass es für uns Pfand geben würde. Ist das Leben wirklich nichts anderes als Limonade? Können wir unseren Lebensdurst tatsächlich mit klebriger Coca-Cola löschen? Hebt uns jemand auf? Und bringt uns zurück? Kennt unser Gebet nur Augenblicksverköstigungen wie »You can't beat the feeling!«, »Life tastes good« oder »Make it real«?

All diese Coca-Cola-Parolen bringen unser Dilemma auf den Punkt: Weil wir keine Götter haben, müssen wir die Augenblicke zu »göttlichen« oder »himmlischen« erheben. Hatte deshalb der französische Philosoph Blaise Pascal recht, als er notierte: »Das Einzige, was uns über unser Elend hinwegtröstet, sind die Zerstreuungen. Und doch sind sie unser größtes Elend.« Warum nahm Pascal das an? Weil, so argumentierte er, die Zerstreuungen uns zwar unterhalten, uns aber »unmerklich dem Tod anheimfallen« lassen. Wir müssen, denke ich, die Zerstreuungen nicht lassen, aber wir sollten uns durch sie und mit ihnen nicht betrügen: Wir müssen unserem Leben eine Form geben, sonst werden wir sie im Tod nicht finden.

Grabsteinromane

Selbstmörder
Die Welt war nicht gemacht für mich
und ich war nicht gemacht für sie
doch weil wir beide nun bestanden
kam ich mir lieber selbst abhanden
denn eine Welt lässt sich nicht morden
aber ein Ich lässt sich entsorgen

Nervöser
Hier ruht ein Ruheloser
drum lasst ihn liegen
und denkt an ihn mit Vorsicht
denkt nur leis' an ihn zurück
er könnte wieder Flügel kriegen
und um des Kirchhofs Ecke biegen

Lottokönig
Das Glück hat ihn verlassen nie
jetzt stehst du hier und denkst und wie
passt das zusammen? Glück und Grab?
Ich sag es dir, er starb vor Freude
als ihm die Fee das zuwarf
was sein Herz zum Tanzen brachte
bis es stockte, starb und lachte

Verzettelt
Sie war 'ne Dame
auch wenn das niemand sah
sie trank zu viel, sie sang
sie fing so manches Leben an
doch keines brachte Ruhm und Klang
Zwar liegt sie hier
in kaltem Grund
doch wenn du still bist
singt ihr Mund
dir manches Lied
vom Erdenrund

Am Ziel
Er hat gewartet – ein Leben lang
jetzt ist es gut – schläft ohne Bang!

Kinder
Er war ein Kindernarr das ganze Leben
konnt' sich nicht satt sehn an ihrem Spiel
verteilte Äpfel, Süßes, reichen Segen
Karriere und Gold galten nicht viel
Lasst doch die Kinder spielen, toben
und seid gewiss: Er würd' es loben

Misanthrop
Ein Menschenfeind war er
so ist dies Grab auch leer
denn euch zu treffen lag ihm fern
er siedelt jetzt auf einem andern Stern

Tragisch
Nichts musste sich reimen
da verschied ich in Leimen

Drogist
Ich nahm alles, was sich fand
jetzt hat es mich niedergebrannt
ich bin gespannt, was ich noch finde
auch hier bin ich von Traurigkeit kein Kinde

Maulfaul
Ich hab' auch im Leben
nicht viele Worte gemacht
Jetzt leb' ich mein Schweigen
und seht ihr den Stein hier
meinen besten Freund?
Er kann mich gut leiden!

Gebührenzahler
Im Leben hab ich nicht viel erreicht
doch als Leiche bewies ich großes Talent
hat der Professor den Studenten gesagt
»Dieser Tote saß jahrelang
vor dem Fernsehgerät
keiner kam, keiner wollte ihn sehn,
Strom, GEZ und Miete vorab stets gezahlt.
Erst im zweiten Jahr nach dem tödlichen Schlag
fand man die glotzenden Knochen
weil ein Dieb vor Entsetzen schrie
nie wieder ist er eingebrochen«

Letzte Zigarette
Ich war so eine
ging immer spät ins Bett
Zigaretten in rauen Mengen
auf meinem Fensterbrett
ich las bis zum Morgengrauen
und aschte aufs Papier
ach, allzu feurig das Ganze
die Flammen griffen nach mir

Träumer
Am schönsten war die Zeit
wenn alle schliefen
nur ich war wach und träumte
jetzt ist es umgekehrt
ich schlafe und ihr träumt

Schnitzelkönig
Wie viele Rinder und Schweine
starben durch meine Hand?
Unbekannt!
Ich war ein Metzger
jetzt lieg' ich hier
und wo ist all das Tier?
Die Gabel im Mund
kennt manchen Abgrund

Ruhm
Er war ein Star
berühmtes Gesicht
er brauchte Applaus
hier braucht er ihn nicht

232

Ich
Ein bisschen Telefon
ein wenig Internet
die Zeitung raschelt
das war sein Bett
am Fenster stand er
von Fall zu Fall
für Augenblicke
fühlt er das All
die Zähne wackeln
das Herz ist schief
es war ein Mensch
der da entschlief

Imker
Ein Bienenkönig war ich
Völker ohne Zahl nannte ich mein
An Körben war ich zu Hause
die Süße des Lebens mein Ziel
doch eines Tages fand man mich
auf der Wiese ohne Atem und Schlag
eine Wespe erwählte mich
und stach mich allergisch ins Grab

Muttersöhnchen
Ach die Mutter
immer sah sie in Gefahr mich
sah mich stürzen, fallen und ertrinken
sah mich scheitern, hungern und versinken
sah mich einsam und alleine
ach, was soll ich sagen?
Mutter, sind das deine Gebeine?

Silikon
Eine junge Frau, fast noch ein Mädchen
liegt unter diesem Stein
Starb sie an gebrochenem Herzen?
Nein!
Starb sie in Armut und Not?
Nein!
Starb sie an hohem Fieber?
Nein!
Woran starb sie?
Sie starb an
Körbchen in 70 F

Sybarit
Ich stammte aus gutem Hause
nur das war gut an mir
es folgte ein Leben als Sause
Bosheit, Brunft und Bier
ich starb im gedungenen Bette
akrobatisches Plaisir
doch leider viel zu fette
war des Herzens Muskel mir

Lokomotivführer
Ein Eisenbahner war ich
mein ganzes Leben lang
und Zug um Zug
bracht' ich ins Ziel
die Uhr im festen Blick
doch erst mein allerletzter Tag
bescherte mir das Glück
ich fuhr in deinen Hafen ein
von dort gab es kein Zurück

Model
Meine Welt war der Laufsteg
meine Welt euer Blick
der mich zum Schweben brachte
Jetzt strengt euch bitte noch mal an
und schenkt mir einen letzten Gang
inmitten dieser Steine
Ich schwör's: Es wird der deine

Clint Eastwood aus der Unterwelt

Das Leben weht die Menschen auseinander wie Blätter, keiner weiß, wo der andere liegen bleibt und vergeht. Ich dachte, es könnte spannend sein, eine Geschichte über Klaus Kindler zu schreiben. Kindler war und ist die deutsche Synchrostimme von Clint Eastwood. Der Schauspieler Kindler starb im Jahr 2001 im Alter von 71 Jahren, Eastwood, der 1930 und damit im selben Jahr wie sein Synchronsprecher geboren ist, hat zuletzt einen Film über das Leben nach dem Tod gedreht. Und die ganze Welt hofft, dass dieser Film nicht sein letzter war.

Als ich mir kürzlich den merkwürdigen Spaß machte, die fünf »Dirty-Harry«-Filme innerhalb weniger Tage anzusehen und ich mich fragte, warum wir Inspector Harry Callahan so gerne beim großkalibrigen Töten zusehen (seine Spezialität sind Kopfschüsse, die von zynischen Sprüchen begleitet werden), fiel mir diese unendlich harte, aber zugleich warme, diese coole, aber zugleich empfindsame Stimme auf, diese Stimme, der wir alles zutrauen, die größte Schweinerei und die größte Zärtlichkeit. Aber natürlich ist das nicht Eastwoods Stimme. Die Stimme des amerikanischen Schauspielers ist heller, auch rau zwar, belegt, aber bei weitem nicht so dunkel und tief wie Kindlers Stimme, dessen Theaterstimme zudem ein größeres Pathos mitschleppt. Unmännlich würde ich Eastwoods eigene Stimme nicht nennen, aber sie wirkt etwas untergewichtig im Verhältnis zu dem baumlangen Kerl, zögerlicher als die Figur des Cops, den er spielt, sie hat nicht das energetische Volumen des deutschen Sprechers, und sie wirkt natürlicher. Als ich las, dass der deutsche Synchronsprecher bereits verstorben ist, musste ich über dieses Phänomen asynchroner Identitätsbildung nachdenken. Der Held lebt, aber er lebt bei und unter uns mit der Stimme eines Toten, einer Stimme, die hervorragend zu ihm passt, aber doch einen Teil seines Wesens verändert. Der Stimmgeber ist tot und doch untot, die Stimme für immer verklungen, und für immer klangbereit. Die Synchronstimme liegt unter der Erde und ist doch lebendig wie eh und je, hat sich an den synchronisierten Helden geheftet, seinen Körper, schafft dessen Präsenz, sie moduliert seine Seele und seinen emotionalen Abdruck in uns. Die Stimme des Toten verrichtet ihr Werk in uns. Es sind die Stimmen der Toten, die manches in uns sagen.

Gab es einen Dialog zwischen Eastwood und seiner deutschen Stimme? Wen kann ich fragen? Offenbar war Klaus Kindler mehrfach verheiratet. Mir gelingt es, eine seiner Exfrauen zu finden. Nein, sagt sie freundlich am Telefon, viel wisse sie nicht mitzuteilen über die Beziehung von Clint Eastwood und ihrem Exmann, Herrn Kindler. Sie hat es eilig, sie will einkaufen. Soll ich später noch mal … ich will nicht …? – Nein, nein, es wird doch nicht so lange dauern, oder? – Nein, bestimmt nicht! Nein, sie weiß nicht, ob der Herr Kindler den Herrn Eastwood mal getroffen hat! Sie glaube es aber nicht. – Ob Herr Kindler eine besondere Beziehung zu Eastwood hatte? – »Ach, wissen Sie, das war eine professionelle Beziehung. Wenn ich Audrey Hepburn synchronisiere, dann ist das mein Beruf.« Nein, wo Herr Kindler beerdigt ist, wisse sie nicht. War es das? Alles Gute! – Noch bevor wir uns verabschieden, höre ich, wie sie ihr Haus verlässt, wie sie die Autotür aufschließt, wie sie zum Einkaufen fährt, wie sie das Mittagessen bereitet, wie sie das Geschirr abräumt und in die Spülmaschine stellt.

Nein, denke ich, der Tod hat keine Gewalt über das

Leben, es ist das Leben, das uns Menschen tötet, es ist das Leben, das uns macht und formt und auseinanderbringt. Wie Blätter! Und mir kommt es vor, als hätte ich mich soeben an einem weißen Blatt Papier geschnitten.

Interview mit einer Leiche

Ich werde den Schlüssel morgen früh zurückgeben. Die Kamera, die sonst den Dialog zwischen den Toten und den Lebenden beobachtet, ist ausgeschaltet. Wir sind allein, Sie und ich. Wir haben Zeit. Ich kann Ihnen jede Frage dieser Welt vorlegen, das ist der Vorteil, wenn man Leichen interviewt. Wo wir sind, tut nichts zur Sache, und ob wir uns in einer Pathologie, einem Beerdigungsinstitut oder in einer Friedhofskapelle befinden, spielt auch keine Rolle. Ich werde nicht ganz so diskret sein können wie Sie, denn Ihr Schweigen ist vollendet, aber ich werde die näheren Umstände unserer Begegnung im Dunkeln lassen. Immerhin kann ich sagen, dass wir uns nicht in Ihrer Wohnung befinden. Dort sind Sie ausgezogen.

Ich muss zugeben, dass ich mich in einem altmodischen Sinne gruselte, als ich die Treppe zu Ihnen hinabstieg, wobei es keineswegs dieses Gefühl ist, das ich suche. Das wäre billig. Ich bin kein Nervenkitzel-Konsument, kein Bungeejumper, auch heute Abend nicht, und ich möchte Sie nicht interviewen, um etwas Ungewöhnliches, etwas Grelles an sich zu tun. Ich habe mich daher auch lange gefragt, ob dieses Interview grober Unfug ist, und ich habe mich gescheut, den Hausherrn zu fragen, ob er mir diese Begegnung ermöglicht. Ich hatte Angst, er hält mich für verrückt oder für leichtfertig. Doch beides trifft nicht zu, das möchte ich Ihnen gleich zu Beginn unseres Gespräches versichern. Im Übrigen hat Herr H. keineswegs verständnislos auf meine Bitte reagiert, er nickte und meinte, Sie könnten ein ergiebiger Gesprächspartner für mich sein.

Das Licht ist nicht freundlich, das stimmt. Es ist kalt, es ist unausweichlich, es ist ein Licht, wie man es nur in fensterlosen Räumen wie diesem findet, ein Licht, das auf Kacheln trifft. Dass es hier kühl sein würde, das wusste ich, deshalb komme ich in diesem Mantel zu Ihnen, den ich in der nächsten Stunde auch nicht ablegen werde. Ich weiß, Sie haben Verständnis. Ja, Sie, die Toten, werden oft in diese Kachelräume gesperrt, als seien Sie von einer ansteckenden Krankheit befallen, als sei der sichtbare Tod eine Krankheit, als sei der Tote eine Art Krieger, der die Lebendigen anfällt und niedermetzelt. Sie sehen friedlich aus. Warum sollten Sie nicht noch ein Stündchen auf einer Parkbank in der Frühlingssonne sitzen? Oder in der Loge mit Blick auf die Bühne? Wie wäre es, wenn wir Sie auf eine Bühne setzten und Ihnen drei Akte lang zusähen? Warum sollte Ihr Anblick uns demütigen?

Danke, es geht mir gut! Wirklich! Sofern Sie Fragen zu meiner Person haben, fragen Sie bitte.

Dieser Stuhl hier ist für mich, Sie haben sich im Sarg eingerichtet. Jetzt können wir reden. Nein, Sie müssen nicht fürchten, dass ich Ihnen Fragen stellen werde, die Sie sicher schon tausendmal gehört haben: »Wo sind Sie? Gibt es ein Leben nach dem Tod? Haben Sie Gott gesehen? Tut es weh?« Solche Fragen werde ich vermeiden, ich weiß, Sie könnten sie leicht beantworten, zu leicht, wahrscheinlich würden Sie ausweichen, lustlos ausweichen oder mich mit einer routinierten Antwort abspeisen. Vielleicht wird mir auch gar keine Frage einfallen, die zu Ihnen passt, denn ich habe mir vorgenommen, mich auf den Augenblick zu verlassen, und jetzt sitze ich hier, und Sie schweigen mit großem Ernst, der es mir nicht leichter macht, denn ich möchte Sie nicht mit einer frivolen Frage verärgern. Ich werde mir die Zeit nehmen, Sie zu betrachten, vielleicht erwächst daraus ganz natürlich die eine Frage, die ich Ihnen vorlegen

242

möchte, die Frage, die weder mich noch Sie beschämt, die Frage, die mir weiterhilft.

Legen Sie nur Ihr Ohr auf meinen Brustkorb, Sie hören Ihr Blut.

Betrachten Sie mich nur eingehend, Sie werden sich finden.

Nehmen Sie nur meine Hand, meine Temperatur ist nicht von dieser Welt.

Können Sie mit Tieren sprechen?

Warum sind Sie nicht schon gestern gekommen?

Aber reden Sie doch auch einmal mit Ihrer Nachbarin, die immer den Blick fallenlässt!

Warum kommen Sie allein?

Können Sie fühlen, wo andere Ich sagen?

Halten Sie sich selbst für eine Welt?

Ich lasse mich übrigens nicht zitieren.

Man wird Sie auslachen!

Manche Menschen meinen übrigens, ich könnte mich gar nicht mit Ihnen unterhalten, denn sie halten Sie für ein Ding. Nach Abzug und Verlust Ihrer Seele – das ist wie gesagt nicht meine Meinung – seien Sie noch weniger als ein Stuhl, denn auf den kann man sich ja immer noch setzen, aber Sie sind, sagen die anderen, bloß eine Hülle, weniger als das, nur noch ein Stück kaltes, totes Fleisch, das entsorgt werden muss. Ich weiß nicht, ob Sie derselben Auffassung sind. Oder waren? Ich denke, Sie müssen mehr sein als ein Stuhl, so viel mehr, denn sonst könnte ich mich ja kaum mit Ihnen unterhalten, sonst käme es mir nicht in den Sinn, mein Ich mit Ihrem Du in diesen Dialog einzuladen. Ich kann Ihr Ich noch fühlen, weil mein Du sich angesprochen fühlt und mein Ich sich deutlich aus dem Meer der üblichen Undeutlichkeit in mir erhebt. Es fällt mir hier bei Ihnen leichter, Ich zu sagen und es auch zu meinen.

Ihr Anblick erschreckt mich übrigens nicht, ich habe mich an den Anblick Ihresgleichen gewöhnt, womit ich keineswegs sagen möchte, dass alle Toten gleich aussehen. Sie wissen besser als ich, dass den Toten ihr Leben nicht gleichgültig ist, aber sie haben die Souveränität, das Leben, das hinter ihnen liegt, nicht allzu schwer zu nehmen, das unterscheidet sie von uns Lebenden. Trotzdem – und das klingt wie ein Widerspruch – kann ich Ihrer Erscheinung einen beinahe heiligen Ernst nicht absprechen, jedenfalls habe ich noch keine Leiche getroffen, die lächerlich oder komisch aussah. Sie – ich meine jetzt Sie im Besonderen – flößen mir etwas ein, was mit dem Wort »Respekt« nur unzureichend beschrieben wäre. Ist es Würde, Gravität, Aura, Autorität? Ja, von all dem etwas, doch mehr, doch anders. Ihr Anblick lässt in mir den Gedanken aufkommen, der Mensch fände erst im Tod eine unabweisbare Gestalt, der er im Leben nie gewahr wird, weil er fließt und zerfließt, weil die Rastlosigkeit seiner Suche nach sich oder anderen immer das Entscheidende versäumen lässt. Aber was ist das Entscheidende? Dieses Innehalten-Können? Diese Konzentration?

Sie haben leicht reden, Sie können schweigen.

Sie machen sich jetzt nicht lustig über mich? Sie finden mein Habit, meinen Mantel, mein schwarzes Notizbüchlein, den feinen schwarzen Filzstift nicht lachhaft? Ich habe auch jetzt noch Angst, etwas zu verpassen, ein Detail, eine Ihrer Antworten, deshalb sitze ich so angespannt.

Sie haben recht, ich sollte mich entspannen, tief in den Bauch atmen und mein Herz besänftigen.

Ich bin weit davon entfernt, Sie zu belächeln. Ihre Hände sind feierlich gefaltet, Ihre Nägel sind sorgfältig maniküt, Sie machen überhaupt den Eindruck, als hätten Sie auf Ihr Äußeres geachtet. Sie sind mager, der Anzug, den Sie tragen, scheint ein wenig zu groß, Ihr Hals ist dürr, aber nicht kraftlos, die Krawatte sitzt, und Ihr volles weißes Haar ist sorgfältig geschnitten. Sie sind auch tadellos rasiert, und ich muss zugeben, ich wüsste gerne, ob Sie Zeit hatten, es selbst zu tun, oder ob jemand anderer Ihnen behilflich war. Ihre Wangenknochen treten stark hervor, Ihre Nase ist kühn und wie gemeißelt. Jede Pore hat ihre eigene Evidenz. Sie sind nicht durch einen Unfall gestorben, so viel kann ich verraten. In der Todesanzeige wird stehen, Sie hätten eine lange, schwere Krankheit tapfer ertragen. Ich kann das nicht beurteilen, Sie sind mir fremd, aber Sie sehen so aus, als hätten Sie das Leben von allen Seiten kennengelernt. Jung sind Sie nicht mehr, aber auch noch kein Greis, Sie wirken wie ein Mann, der noch auf ein paar Jahre mehr gehofft hatte. Ihre Stirn ist glatt wie ein Stein, Ihre Lider spannen auf den Augäpfeln, und um Ihren Mund spielt ein Ausdruck großer Erwartung, als seien Sie noch nicht tot, als käme eine große Macht auf Sie zu.

Da ist nur eine Sache, die mich stört, die mich juckt, schon die ganze Zeit. Das lange, weiße Haar, das aus Ihrer Nase wie ein Stachel herausgewachsen ist, lenkt den Blick unweigerlich auf dieses Detail. Kann Ihnen das recht sein? Sollen sich Ihre Angehörigen an diesem Haar festbeißen in einem Augenblick, der doch dem liebevollen Gedenken und Erinnern gehören soll? Darf ich? Ich habe leider keine Schere bei mir, aber wenn Sie einen Augenblick stillhalten, sollte ich den Störenfried zu fassen bekommen. Ist auch sicherer, ohne Schere. Ein Freund von mir hat sich im Zug einmal den Nasenflügel verletzt, als er auf der Toilette ein störendes Haar gerade in dem Moment mit der Nagelschere kappen wollte, als der Zug in den Bahnhof einfuhr.

Achtung!

Okay, Problem gelöst!

Sie haben recht, es könnte obszön anmuten, sich mit Ihren Äußerlichkeiten aufzuhalten, ich sollte tiefer blicken, ich sollte Ihnen endlich die Fragen vorlegen, auf die es zwischen uns wirklich ankommt. Ich muss nur genau hinhören, um Ihre Antworten zu verstehen. Ich verstehe, dass Sie keine Prophezeiungen machen wollen, ich hätte Sie auch nicht gefragt, wann oder warum ich sterben muss. Ich glaube, das übersteigt sogar Ihr Ahnungsvermögen. Ich wüsste jedoch gerne, was man an Gepäck mit hinübernimmt? In jeder Hinsicht? Was wiegt eine Erinnerung? Passt die Seele in eine Nussschale? Haben wir überhaupt eine, oder geht es bloß um ein chemisches Geplapper, um elektrisches Gemurmel zwischen den Synapsen? Kann man dort, wo Sie sich befinden, noch zwischen Glück und Unglück wählen? Kann man überhaupt selbst entscheiden, was man mitnimmt? Und ist der Ort, wo Sie sind, überhaupt ein Ort? Oder sind Sie zwischen uns? In uns? Sind Sie Tier, Stein oder Windhauch? Sind Sie etwas, was sich der Sprache entzieht? Etwas, was mit Präpositionen nichts mehr anfangen kann? Ist Religion etwas für spirituelle Analphabeten? Ist der Dialog zwischen Schuld und Sühne in Ihrer Welt existent? Warum fühle ich mich Ihnen gegenüber so zudringlich?

Darf ich Ihnen ausnahmsweise eine Geschichte erzählen? Ich las kürzlich ein Buch, dessen Geschichte ganz und gar in Ihrer Welt spielt. Zumindest gab der Erzähler vor, er habe Einblick in Ihre Sphären. Ein junger jüdischer Pianist wird von den Nazis getötet. Man schießt ihm ins Genick, er spürt nur einen Schlag, auf den er nicht vorbereitet war, und ist fortan tot. Er kehrt nach Berlin zurück, wo man seine Ermordung plante, wo man aber auch versucht, ihn zum Weiterspielen zu bewegen. Frau Altenschul, die ihre schäbigen Todesumstände in einem Massengrab mit Schönheit und Kunst vergessen machen will, führt einen Salon und umwirbt das scheue Talent hingebungsvoll. Der junge Pianist versucht, obwohl er gestorben ist, seine Karriere fortzusetzen, dem Tod ein neues Leben abzutrotzen. Er rührt sein Publikum zu Tränen, aber das Stück, das er wirklich meistern will, stößt ihn zurück, weil er mit achtundzwanzig Jahren zu jung gestorben ist und nicht die Erfahrungstiefe gewonnen und den Lebensschmerz erlitten hat, dessen es bedurft hätte, um dieses Stück angemessen zu interpretieren. Darüber verzweifeln im Schattenreich nicht nur die Opfer, sondern auch die Täter, denn auch sie werden niemals wissen, wozu Lewanski fähig gewesen wäre, und sein unvollendetes Talent wird ihnen immer als Schuld nachgehen, selbst wenn Lewanski ihnen vergeben hätte.

Ach, Sie kennen das Buch? Nein, ich werde keine Rückschlüsse auf Ihr Leben daraus ziehen können, denn ich weiß ja nicht, wann und wo Sie es gelesen haben. Aber ich hätte gerne gewusst, ob im Tod nicht alles aufgehoben ist, also auch die Kategorien Schuld und Sühne, der Antagonismus Himmel und Hölle, die Opponenten Täter und Opfer? Gibt es dort, wo Sie sind, diese binären Systeme noch? Könnte der Pianist überhaupt seinem Mörder vergeben? Oder muss dieser immerzu befleckt bleiben? Oder fallen diese Fragen ab wie trockene Schlangenhaut?

Die Zeit vergeht schnell in Ihrer Gegenwart. Sie waren zeit Ihres Lebens sicher ein guter Unterhalter? Ihren Mund umspielt so ein spöttischer Zug, so als wüssten Sie mehr als wir? Ist Ihr Ausdruck ein Kommentar zu Ihrem Leben oder zu Ihrem Sterben?

Oder befassen Sie sich nicht mehr mit der Vergangenheit? Falle ich Ihnen auf die Nerven? Können Sie mir erklären, was mit Totenruhe gemeint ist? Wollen die Toten ihre Ruhe oder die Lebenden? Oder wollen die Lebenden im Umgang mit den Toten nicht gestört werden?

Lachen Sie? Lachen Sie mich aus? Oder lachen Sie über sich selbst? Ich bilde mir das ein? Es ist hier sehr still. Wenn wir schweigen, ist kaum ein Geräusch zu hören. Hin und wieder glaube ich, ein leises Kichern zu hören, so als ob sich in der Wand das Mauerwerk aufzulösen begänne.

Entschuldigung, mein Gähnen, ich wollte nicht unhöflich sein. Ich habe in den letzten Tagen wenig geschlafen. Es kam einiges zusammen, beruflich und familiär, so dass ich seit Wochen zu wenig schlafe.

Sie meinen, ich sollte mich …?

Sie haben recht, wer Tote interviewt, kann sich auch neben ihnen eine Mütze Schlaf gönnen, oder? Die leere Bahre neben Ihnen lädt doch gerade dazu ein. – Ich fühle mich schon viel besser. Ich schließe meine Augen. Ich kann Sie trotzdem noch sehen. Ihr Bild steht klar und deutlich vor meinen Augen.

Es ist nett von Ihnen, dass Sie mich beruhigen, dass Sie mir zu verstehen geben, es sei keineswegs pietätlos, sich neben Sie zu legen. Vielleicht wäre die Welt ein besserer Platz, wenn wir uns mehr Zeit nähmen, mit Ihnen zu sprechen und uns Ihre Sicht der Dinge zu eigen machten.

Es wird sich – es ist keine Tür und kein Fenster – etwas öffnen.

Ein Wind, der noch schläft.

Ein Traum fällt, ein Lachen steigt.

Es regnet Silben.

Hören Sie bitte genau hin.

Alles fällt, und nichts bleibt liegen.

Moos pflücken. Moos hat alles aufgesogen.

Ich bin's.

Ob ich einschlafe? Besser ich stelle auf meinem Handy den Wecker. – Nein, keine Sorge, ich fotografiere Sie nicht. Bei meinem alten Gerät wäre die Qualität der Bilder sowieso grauenhaft.

Nur ein Viertelstündchen.

Alles fällt, und nichts bleibt liegen.

Totengräber (2)

Ich sitze am Schreibtisch und versuche aufzuschreiben, was ich heute Morgen erlebt habe. Mein Notizbuch ist vollkommen durchnässt, die schwarze Schrift ist zerflossen, undeutlich, kaum noch zu lesen. Ich habe heute Vormittag ein Grab ausgehoben, und es hat den ganzen Morgen geregnet. Unsere Jacken klebten nass und kalt auf der Haut, in den Schuhen stand das Wasser. Mein Rücken schmerzt, und meine Hände brennen, ich fühle mich elend und sehr wach. Ich lebe, ich atme, ich arbeite, ich bin mit der Leiter wieder aus dem Grab gestiegen. Morgen wird man einen achtjährigen Jungen in die Erde legen, und er bleibt liegen.

Ein Tag im März. Ich bin um sieben Uhr dreißig am Alten Luisenstädtischen Friedhof verabredet, der auf einem ehemaligen Weinberg angelegt und 1831 eingeweiht wurde. Die Begrüßung durch den Vorarbeiter ist freundlich und unkompliziert. Treffpunkt ist die Friedhofsgarage. Ich werde zwei Mitarbeitern zugeteilt, die ein Grab ausheben sollen. In ihrer Sprache heißt das »gruften«. Der Ältere der beiden fährt mit dem Radlader voraus, hinten auf dem Anhänger liegen Planken zum Verschalen der Grubenwände, Trittbretter, Schaufeln, Spaten, eine Axt. Ich folge ihm. Die Grabstelle befindet sich neben einer Kiefer, deren Stamm nicht senkrecht, sondern im 45-Grad-Winkel in die Höhe strebt, der Stamm sieht aus wie ein idealer Ruheplatz für große Raubkatzen. Wir sind in Kreuzberg, durch die Baumwipfel sieht man die Türme zweier Kirchen am Südstern. Der Boden ist mit Moos bedeckt, ein malerischer Fleck, der jedoch für die Totengräber, die nicht Totengräber, sondern Friedhofsarbeiter heißen, einige Probleme mit sich bringt. Sie ziehen den Zollstock, den »Zolli«, und messen und messen. Die Zufahrt zur Grabstelle ist zu schmal, so dass der 1,50 Meter breite und 3,30 Meter lange Bagger, mit dem sonst fast jedes Grab ausgehoben wird, nicht an den ausgewählten Platz herankommt. Deshalb müssen wir das Grab mit der Hand ausheben, eine Tätigkeit, die zwei geübte Männer je nach Bodenbeschaffenheit in zwei bis drei Stunden ausführen können. Das Grab soll etwa eine Tiefe von 1,70 Meter haben, und 1 Meter Erde soll über dem Sarg sein.

Die zwei Männer und ich finden schnell eine Gesprächsebene. Ich bin erleichtert, dass beide sympathisch sind. Hatte ich sie mir als verschrobene, aber philosophische Possenreißer à la Shakespeare vorgestellt? Hatte ich gedacht, ich bekomme es mit maulfaulen Gruftwächtern zu tun? Mit lebensfeindlich zynischen Misanthropen? Der Ältere der beiden stammt aus Schwaben, groß gewachsen, eisgrauer Vollbart, dichtes graues Haupthaar, breitschultrig, dunkle Augen, Schuhgröße 49. Er hat eine jungenhafte Stimme, und seine Arme schlenkern mal hierhin und dahin, ein zarter Hüne. Der Jüngere der beiden ist so alt wie ich, einen Kopf kleiner, dafür kräftig. Tiefe Stirnfalten. Große, klare Augen. Ein Berliner. Beide haben Kinder. Der Schwabe heißt Janosch (»eigentlich heiß' ich nich' so«), der Berliner heißt Ralle (»Ralf mit f«). Wir duzen uns. Ralle hat zwei elfjährige Töchter, Zwillinge, die Fußball spielen und deren Mannschaft von ihm trainiert wird. Janosch hat eine Tochter, die gerade in Amsterdam als Au-pair-Mädchen arbeitet, und er hat zwei Patchworkkinder.

Ralle hat vorgestern mit den Eltern des toten Jungen gesprochen. Sie haben den Grabplatz gemeinsam ausgesucht. Er hat ihnen versprochen, das dichte Moos auf dem Grab zu erhalten. Der Junge ist vom Balkon gefallen und aus dem sechsten Stock in die Tiefe gestürzt. Wir heben die moosigen Grassoden vorsichtig ab und legen sie so zur Seite, dass sie wieder in derselben Anordnung zurückgelegt werden können. Dann fangen wir an zu graben, immer zwei Mann im vermessenen Rechteck. Der Regen fällt ohne Unterlass. Ab und an machen wir kurze Pausen, dann ziehen wir uns unter den Stamm der Kiefer zurück, die Männer rauchen. Janosch raucht selbstgedrehte Zigaretten, er erzählt, dass er aus dem schwäbischen Dorf in die Großstadt geflohen ist, weil es ihm dort zu eng, zu stickig, zu klein gewesen sei. Er ist politisch links orientiert. Er mag Liedermacher, und da fällt ihm ein, dass ich mir unbedingt Ludwig Hirsch anhören müsse.

»Der hat ein Lied geschrieben, irgendwas mit ›großer schwarzer Vogel‹, da liegt der im Sarg und singt. Total verrückt! Ich war mal beim Konzert von dem, da saßen in der ersten Reihe lauter Reiche, Frauen mit Perlenketten und Typen in Anzügen, das hat einfach nicht gepasst. Weißte? Aber das Lied musst du dir anhören! Der hat's echt drauf. Oder hieß das anders?«

Wir schweigen. Ralle schippt. Bernd schaut vorbei. Ein älterer Mitarbeiter. Letzte Woche musste er allein ein Grab ausheben. Die Männer machen Witze, wer das schneller kann. Bernd und Janosch hatten bereits Operationen an der Bandscheibe, Bandscheibenvorfälle scheinen die Berufskrankheit der Totengräber zu sein. Ein älterer Mann gesellt sich zu uns, es ist Bernds Vater. Ein Mann in seinen siebziger Jahren. Er kommt oft her, wenn sein Sohn auf dem Friedhof arbeitet. Er hat Zeit, er ist allein. Er ist ein gemütlicher Apokalyptiker. »Der Mensch rottet sich aus«, sagt er, »macht die Erde kaputt, aber die Welt dreht sich weiter.«

»Könnt ihr«, schlägt er vor, »nicht nach Japan fliegen und die Strahlensuppe einfach zuschaufeln? Seid doch Totengräber! Erde drauf, und gut is!«

»Oder wir schießen das Kraftwerk ins All!«, bemerkt Ralle.

»Das kommt dann wieder runter!«

»Der Mensch ist doch der schlimmste Schädling auf dieser Welt«, bemerkt Bernds Vater sarkastisch. »Der holzt alles ab. Vielleicht erscheint dein Buch gar nicht mehr, wird doch auch aus Holz gemacht!«

Wir stehen jetzt bis zur Hüfte im Grab, der Hügel aus heller, lehmiger Erde wächst, das Wurzelwerk wird dichter.

Janosch meint, er habe hier schlimme Geschichten erlebt. »Weißte, die Hinterbliebenen sind oft egoistisch, die denken an sich, das ist Egoismus, Selbstmitleid und Streit ums Erbe. Da lernst du was fürs Leben auf'm Friedhof!« Er stößt mit aller Kraft zu, der Spaten kappt eine Baumwurzel.

Es ist halb zehn. Frühstückspause. Wir gehen in einen unscheinbaren, flachen Bau, in dem sich die Aufenthaltsräume der Mitarbeiter befinden. Wir ziehen die nassen Jacken aus, legen sie auf die Heizung. Ich bekomme Kaffee, Bernd zerlegt mit Messer und Gabel eine Frikadelle und ein Würstchen, Ralle schmiert Brötchen, Janosch trinkt Kaffee und legt die Füße hoch. Oben auf einem Hängeschrank stehen zwei Bilder im Glasrahmen.

»Das sind Kollegen«, erklärt Ralle. »Beide sind tot. Der eine starb an Diabetes, der andere wurde von seinem Schwiegersohn erstochen, weil er ihm kein Geld geben wollte.«

»Liegen die auch hier?«, frage ich.

»Nö, der eine in Polen, der andere in der Türkei!«

Ich bekomme einen Pott Kaffee und werde rührend versorgt. Bernd bietet mir ein Würstchen an, Ralle ein Brötchen, ein dritter hat Käsegebäck und eine Tafel »Merci«-Schokolade dabei. Aus dem Radio fließt Billy Idols achtziger Jahre Hit »Eyes without a face«, der Moderator schenkt beinharten Optimismus aus.

252

»Iss mal, iss, die Arbeit is' nich' ohne!«, sagt Ralle. Ich nehme zwei Schokoladenriegel und Gebäck.

Eine Viertelstunde später stehen wir wieder im Grab. Jetzt ist es so tief, dass immer nur einer allein in ihm stehen und graben kann. Die ersten gusseisernen Sarggriffe kommen zum Vorschein. Ein morsches Knäuel brauner Holzfasern ist alles, was von einem Sarg übriggeblieben ist.

»Da ist ein Engerling. Da wird einmal ein Maikäfer draus!«

Ich nehme die weiße Larve hoch und werfe sie auf den Erdhügel. Janosch harkt die Erde zur Seite, Bernd bekommt einen Anruf.

Bernds Vater hat die Hände in die Hosentaschen gesteckt, schaut zu mir runter und sagt: »Des einen Tod ist des anderen Brot!«

Der Spaten stößt auf etwas Festes, es klingt dumpf, kein Stein, es ist weicher. Es ist ein Schädel. Der Schädel einer Frau, ihre langen roten Haare sind überraschend gut erhalten. Es folgen Reste eines weiteren Schädels, einige längliche rostbraune Arm- und Beinknochen. Die Schädel sehen aus wie zerschlagene faulige Kokosnüsse. Wir legen die Knochen beiseite, sie werden später, wenn das Grab seine endgültige Tiefe hat, wieder hineingelegt und etwas tiefer in die Erde versenkt, so dass die Gebeine des neuen Gastes ein Stockwerk über ihnen liegen werden.

Ich stehe jetzt allein im Grab und werfe die lehmige Erde nach oben. Ein Knochen taucht auf, ein Regenwurm, ein Sarggriff, Wurzelarme, Steine. Ich schwitze, mir ist warm. Ein kalter, schwerer Ring legt sich um meine Brust, eine seltsame Euphorie schleicht sich heran, durchsetzt von Angst und panischen Blitzen. Ich vergesse die Männer über mir. Ich habe meine Kapuze tief ins Gesicht gezogen, Regen und Schweiß mischen sich auf meinem Rücken, ich denke an meinen Sohn, er ist ebenso alt wie der Junge, der hier morgen beigesetzt wird. Mein Junge sitzt jetzt in der Schule, nein, er hat auch noch kein Handy. Ich schaufle und schaufle und muss an das tiefste Loch der Welt denken, das ich als Kind aushob und das noch viel tiefer war als dieses hier, weil ich schon das glühende Magma sehen und spüren konnte, und niemand wollte glauben, dass ein Junge so tief graben kann, niemand wollte glauben, dass ich ohne Hilfe aus dieser Höhle herausgekommen war. Ich werde jetzt so lange graben, bis ich wieder das Magma entdecke, bis ich wieder ein Junge bin.

»Du kannst aufhören, das ist jetzt tief genug!«

Ich will noch nicht aufhören, ich muss doch noch graben, ich bin doch noch weit entfernt vom Mittelpunkt der Erde.

»Es reicht! Rest mach ich!«, sagt Ralle.

»Für einen Schriftsteller gar nicht schlecht!«, sagt Janosch und lässt die Leiter hinunter, so dass ich heraufkommen kann.

Ralle steigt hinab, begradigt die Wände, vergräbt die alten Knochen und Schädel, streicht den Boden, den ich uneben und zerwühlt hinterlassen habe, glatt. Oben steht Janosch und harkt die von mir verstreute Erde ordentlich zusammen, damit die Trittbretter für die Sargträger gleichmäßig aufliegen. Wir holen die Bretter und große Plastikplanen, mit denen der Erdhügel und die Gruft bedeckt werden. Als wir fertig sind und die Schaufeln und Werkzeuge eingesammelt haben, stellen wir uns an den roten Radlader, die Männer rauchen. Da tauchen plötzlich die Eltern des Jungen auf. Sie sind sehr blass. Ralle begleitet sie ans Grab, zeigt ihnen, dass wir das Moos erhalten haben.

»Auf diesen Baum wäre er sofort geklettert!«, sagt die Mutter.

Ich denke: Woher nehmen die beiden noch die Kraft, zu gehen, zu reden, sich Gedanken über den morgigen Tag zu machen? Die Mutter lächelt Janosch und mir zu und sagt:

»Danke!« Sie gehen. Wir bleiben noch eine Weile im Regen stehen. Bernds Vater lässt sich noch einmal blicken, schimpft auf Atomkraftwerke, den Menschen an sich, auf das Waldsterben.

Ralle führt mich zum Abschied noch einmal über den Friedhof.

»Ich hab mal auf Lanzarote Urlaub gemacht. Wir lernten ein anderes Pärchen kennen. Als die fragten, was ich denn so mache, hab' ich gesagt ›Friedhofsarbeiter‹. Dann war erst mal Pause.«

Er zeigt mir auf meinen Wunsch hin die Kapelle und den Keller unter der Kapelle, in dem die Särge stehen, die in den nächsten Tagen gesenkt werden. Ich werfe einen kurzen Blick auf den kleineren Kindersarg. In einer fünf Meter breiten Kühlbox aus blankem Metall warten weitere Tote. Auf dem Display, das die Innentemperatur der Box anzeigt, leuchtet eine kleine rote Zahl: 5 Grad.

Wir gehen zum Ausgang. Es ist Mittagszeit. Ralle, Janosch, Bernd, sein Vater und ich stehen an der Garage beisammen.

»Hier erlebst du schon Geschichten … der ganze Friedhof ist ein großes Buch! Da kannste Jahre schreiben. Das Schlimmste, was ich erlebt habe, war die Beerdigung eines Säuglings. Eine Totgeburt. Wir hatten das Kind in der Kapelle aufgebahrt, der Sarg war offen, damit man sich noch mal verabschieden konnte. Plötzlich nimmt die Mutter das Kind, drückt es an sich und lässt es nicht mehr los. Sie hat es bis ans Grab getragen, und erst dann hat sie es wieder in den Sarg gelegt.«

Alle ziehen an ihren Zigaretten.

»Aber es gibt auch komische Geschichten. Weißt du noch die Geschichte mit dem Vampirmädchen?« Ralle sieht Janosch an. »Na, oder Gruftie oder Gothic, auf jeden Fall düster. Die Trauernden waren alle in Leder und so. Der Sarg war handbemalt mit lauter Vampirbildern. Dann trat eine Frau ans Grab und spuckte Feuer. Riesige Flammen, und dazu hat jemand was ausgerufen. Nein, einen Pastor haben die vermutlich abgelehnt. Eine E-Gitarre war auch dabei! Oder Geige? Oder war's Radio? Auf jeden Fall Musik. Und schließlich haben alle gekifft!«

Wir geben uns noch einmal die Hände. Hier zu liegen wäre gar nicht schlecht. Es ist ein schöner Friedhof. Und Ralle, Janosch und Bernd wissen was vom Leben und vom Tod. Sie strahlen etwas Tröstliches aus.

»Denk mal an den Ludwig Hirsch«, sagt Janosch.

Meine Schuhe, Hose und Jacke sind sandverschmiert. Es regnet. Ich will was Süßes essen. Wein trinken. Ich kaufe zwanzig Tafeln Schokolade, eine Flasche Wein, Vanilleeis und eine Tüte Gummibären.

Die Verkäuferin sieht auf: »Oh, Kindergeburtstag?«, fragt sie.

»Nicht ganz, das ist fast alles für mich!«

Ich sitze am Schreibtisch. Das aufgeweichte Notizbuch liegt auf der Heizung. Das Video, in dem Ludwig Hirsch auf dem Rücken liegt und ein Lied aus dem Sarg singt, ist in meinem Land leider nicht verfügbar, heißt es bedauernd auf You-Tube. Dieses Lied heißt »I lieg am ruckn«. Das lyrische Ich stellt sich vor, wie es unter der Erde liegt, es ist kalt, klamm, und seine Liebste ist unerreichbar fern und doch so nah. Das andere Lied, von dem Janosch erzählt hat, heißt »Komm, großer schwarzer Vogel!« Ludwig Hirsch, ein magerer, asketisch aussehender Mann, steht am Mikrophon, es ist ein Livekonzert, er hat die Augen geschlossen, hebt die Arme, er spricht mehr, als dass er singt. Das Publikum ist ganz still.

»Komm, großer schwarzer Vogel, komm jetzt!
Schau, das Fenster ist weit offen,
schau, ich hab dir Zucker aufs Fensterbrett g'straht.
Komm, großer schwarzer Vogel, komm zu mir!
Spann' deine weiten, sanften Flügel aus
und leg s' auf meine Fieberaugen!
Bitte, hol mich weg von da!
Und dann fliegen wir rauf,
mit in Himmel rein,
in a neue Zeit, in a neue Welt,
und ich werd' singen, ich werd' lachen,
ich werd' ›das gibt's net‹ schrei'n,
weil ich werd' auf einmal kapieren,
worum sich alles dreht.«

In der Woche darauf besuche ich den Friedhof noch einmal.
Die Sonne scheint, es ist ein frühlingshafter Tag. Das Grab,
das wir ausgehoben haben, ist jetzt über und über mit Blumen bedeckt, im Boden stecken Dutzende bunter Windräder, die sich mit einem leisen Quietschen drehen. Ein
Foto, in Plastikfolie eingeschweißt, zeigt eine Schulklasse.
Die Kinder winken dem Fotografen zu. In diesem Augenblick wussten sie noch nicht, was sie jetzt wissen. Sie haben
alle auf dem Bild unterschrieben. Und: »Wir vermissen
dich!« Etwas abseits liegen die moosigen Soden, die wir mit
dem Spaten ausgestochen haben. Sie sehen eingefallen und
trocken aus.

Die Kinder auf den Straßen tragen heute das erste Mal
leichte Jacken.

Doch alle Lust will Ewigkeit

»Du wolltest mir erklären, wie man bläst! Du hast ja auf diesem Gebiet – ein weites Feld, um mit dem Dichter zu sprechen – auch einige Erfahrungen vorzuweisen, Samantha! Bitte! Du darfst!«

»Soll ich jetzt blasen?«

»Nein, die Praxis kommt später, nein, Theorie, reine Theorie, Samantha!«

Die Moderatorin strahlt an diesem Morgen eine bonbonfarbene, tobsüchtige Munterkeit aus. Ab und an greift sie in ihr Dekolleté und zeigt dem Kameramann auf Wunsch eine ihrer melonengroßen, gravitationsbeständigen Silikonbrüste. Dabei unterbricht sie ihre Moderation keineswegs, das einhändige Brustheben scheint gleichsam in ihren aktiven Sprachschatz eingegangen zu sein. Sie hat die Aufgabe, drei oder vier Sexszenen, die heute im SM-Club »Gargoyle« abgedreht werden, für das Fernsehpublikum eines Pay-TV-Senders anzumoderieren, Interviews mit den Darstellern zu führen und den erotischen Appetit des Zuschauers zu wecken.

Wir sind in Berlin-Tempelhof. Ein braver, biederer Stadtteil. Draußen brüllt die Straße. Wir befinden uns in der Nähe des Platzes der Luftbrücke. Das »Gargoyle« hat heute Ruhetag, es ist von außen nicht als Sex-Club zu erkennen. Der Produktionsleiter Paul, ein junger Mann um die dreißig, bittet mich herein, und das Erste, was mir in die Augen fällt, sind ein baumelnder Penis, ein Tattoo, zwei gepiercte Brüste, Scheinwerfer, ein spilliger Kameramann, diverse Ketten und Folterinstrumente, und hinten – jetzt gewöhnen

sich meine Augen langsam an die speziellen Lichtverhält-
nisse des Raumes – sieht man die Gitterstäbe eines Käfigs.
Ein nackter Mann, ein Bodybuilder (zu ihm gehört der
Penis), und eine nackte Frau, vielfach tätowiert, haben offenbar gerade eine Szene abgedreht. Sie gehen mit geröteten
Wangen zum Büfett, um etwas zu trinken und zu essen. Ein
Blick in die Runde macht mir deutlich, dass ich mit fünfundvierzig Jahren der älteste Mensch im Raum bin. Die Pornobranche beschäftigt keine Greise, es sei denn den Lustgreis,
der wie ein Gespenst am Schlüsselloch hängt und ab und an
als penetrierender Kaspar auftreten darf. Heute bin ich der
Senior am Set und will den Zusammenhang von Eros und
Thanatos, von Lust und Vergänglichkeit erkunden. Meine
anfänglichen Zweifel, dass ein Porno-Set der richtige Fundort für meine Recherchen sein könnte, hatte bereits einer der
Geschäftsführer der Produktionsfirma pulverisiert, als er am
Telefon ein Gedicht von Friedrich Nietzsche zitierte.

»Warten Sie, wie heißt es doch so schön, Herr Körner?
›Doch alle Lust will Ewigkeit / will tiefe, tiefe Ewigkeit!‹«

»Klar kenne ich das, das ist von … äh, Goethe, ›Faust‹,
zweiter Teil, oder«?

»Nein, nein, das ist Friedrich Nietzsche. Was Sie bestimmt meinen, Herr Körner, ist die Zeile ›Das Ewig-Weib-
liche zieht uns hinan‹, das meinten Sie, oder? Damit schließt
der zweite Teil des ›Faust‹. Übrigens, was haben Sie studiert?«

Obwohl meine klassische Bildung also Lücken aufwies,
erhielt ich die Genehmigung, die Porno-Dreharbeiten an
diesem windigen Montag zu besuchen.

»Am besten, du setzt dich dort in die Ecke!«, werde ich
freundlich von Paul dirigiert, »dann hast du die beste Auf-
sicht auf den Blow Job!«

Der Darsteller, ein Mann Mitte dreißig, Österreicher, mit
glatt rasiertem Schädel, hat jetzt auf einem Stuhl Platz ge-

nommen. Vor ihm steht die junge Frau mit kurzem, dunklem Haar. Über ihrer Brust sind links und rechts zwei Drachen tätowiert, grün und rot. Die Brüste sind klein, laufen spitz zu und sind nicht chirurgisch bearbeitet.

»Ich weiß ja nicht, was die Kerle an meinem Arsch finden, aber mein Arsch, da stehen sie drauf. Und je älter ich werde, desto größer ist er geworden. Das ist einfach so. Trotz Sport und gesunder Ernährung.«

Der Darsteller, er heißt Gerfried, betrachtet den Arsch eingehend, greift nach ihm und beginnt probehalber an ihm zu saugen.

»Des is fesch, des is geil!«

Der Regisseur – er wird sich mir wenige Minuten später als Albrecht vorstellen – betrachtet die Szene. Er weist den Kameramann an. Dieser, das spillrige Kerlchen, trägt eine Basecap, eine Dreiviertelhose, ein Fusselbärtchen.

»Du filmst aus der Sicht der Bläserin den Geblasenen und wechselst dann zum Geblasenen!«

»Nein, ich filme aus der Sicht des Geblasenen auf die Bläserin, wechsele dann zur Bläserin in die Untersicht, betrachte den Geblasenen aus ihrer Sicht und kehre dann in einer kreisförmigen Bewegung wieder an meinen Ausgangspunkt und filme aus der Sicht des Geblasenen, über seine Schulter nach unten.«

»Aus welcher Perspektive willst du denn dann das Ejakulat einfangen?«

»Ich lege die Kamera auf die Schulter des Geblasenen und schau hinunter auf das Gesicht der Blasenden, wo dann die Spermabombe einschlägt.«

»Das Bömbchen!«

»Ja, das lass uns mal probieren!«

»Achtung, und bitte!«

Die Arbeit beginnt. Porno ist in erster Linie harte Arbeit. Für die Darsteller. Für die Zuschauer soll es später so aussehen, als sei der Sex eine fließende Allmacht, ein naturhafter, voraussetzungsloser Sinnenrausch, eine himmlisch zwanglose Geilheit, eine von allen instrumentellen Zwängen befreite und aller Scham entkleidete Vögelei, eine tiefe orgiastische Authentizität.

Die Frau hat ein Kissen unter ihren Knien, weil der Holzboden hart ist. Sie bearbeitet den Penis mit großer Ernsthaftigkeit. Gerfried hat einen hochroten Kopf. Sein Körper ist sanft gebräunt, die Haut schimmert bronzen, alle Körperpartien sind epiliert. Er muss heute – im Laufe eines zwölfstündigen Drehtages – viermal »abspritzen«. Hier ist ein Hochleistungskörper bei der Arbeit. Während der Kameramann Schwanz und Mund filmt, gähnt der Darsteller, dreht den Kopf zum Regisseur und macht mit Daumen und Zeigefinger das Okay-Zeichen. In einer Ecke liegt der Tonmann unter seiner Basecap vergraben und schläft. Jetzt hört man nur noch schlürfendes Saugen und Schmatzen, der Stuhl knirscht, der Autolärm schwillt brausend an und ab, aus dem Aufenthaltsraum dringen hin und wieder knatternde Salven hochtönenden Gekichers. Der Kopf des Geblasenen wird röter, die Kniende keucht, der Regisseur betrachtet die Interaktion auf dem Monitor, ich sitze in der Ecke und sehe zu, wie der Kameramann ein Auge zukneift, jetzt hat mich der Geblasene entdeckt, schaut kurz zu mir rüber, ich grüße ihn, unten saugt es, eine kleine, üppige Frau wuselt im Hintergrund herum.

»Und danke! Jetzt machen wir Fotos!«, ruft der Regisseur.

»Ach, Nonöchen, ich will ficken!«, quengelt die Darstellerin (sie heißt Jenny).

»Später, später, Jenny!«

Der Regisseur, der zugleich die Fotos macht, dirigiert Mann und Frau.

»Habt ihr schon Sperma?«

»Nö!«

»Gut!«

262

»So und jetzt heb mal das Tittchen und schau mich richtig lüstern an. Lüstern bitte und nicht lethargisch! Ja, so ist's besser! Und du, Gerfried, klopfst mit deinem Rübchen jetzt bitte einmal ans Törchen und sagst Hallöchen! Sehr geil! Sehr schön!«

Die blonde Moderatorin taucht wieder auf.

»Na, wie schmeckt er? Ich hatte ihn auch schon mal im Mund, ich finde, er schmeckt gut! Und was meinst du, Jenny?«

»Absolut gut und natürlich. Ich hatte letztens einen Kerl im Mund, der seinen Schwanz mit Erdbeerduft aromatisiert hatte, grauenhaft. Ich hab 'ne regelrechte Erdbeerallergie, und hinterher hatte ich überall Pusteln im Gesicht.«

»Lass uns arbeiten, Lucy!«

Ich verschwinde an die Bar, um meine Eindrücke zu notieren. Die kleine, üppige Frau kommt auf mich zu.

»Und wer bist du?«

»Ich schreibe etwas über die Liaison zwischen Tod und Sex und wollte hier …«

»Das ist spannend!«

»Und wer bist du?«

»Ich bin die Inhaberin des Clubs. Das ›Gargoyle‹ ist mein Kind, sozusagen. Du weißt doch, was ein ›Gargoyle‹ ist, oder? Nein? Gargoyles sind ursprünglich Wasserspeier an gotischen oder romanischen Kirchen, Fabelwesen, Dämonen, Drachen, die Wasser spucken. Bei Sonnenuntergang, so geht die Sage, erwachen die steinernen Wesen zum Leben und treiben ihr nächtliches Spiel, bis sie bei Sonnenaufgang wieder versteinern. Na, zu deinem Thema gibt es hier ja einiges zu finden.«

»Was denn zum Beispiel?«

Im weiteren Verlauf unseres Gesprächs – das hier aus Platzgründen nicht in seinen verschlungenen Verästelungen wiedergegeben werden kann – stellt sich heraus, dass die Inhaberin dreiunddreißig Jahre alt ist, selbst sadomasochistische Neigungen auslebt, an der Freien Universität Berlin studiert hat und augenblicklich überlegt, ob sie über die SM-Szene promoviert. Ich komme mir mittlerweile wie in einem akademischen Haifischbecken vor. Ich muss sehr genau aufpassen, wie ich meine Worte setze und meine Thesen platziere.

»Die Verbindung von Schmerz und Lust ist ja eine alte erotische Praxis. Der Schmerz steigert den Rausch, aber in seinem Stachel steckt auch schon das Wissen, dass bald alles vorbei sein wird. Deshalb sucht der Schmerz eine Intensität, die den Augenblick dehnt und verherrlicht, schiere Gegenwart also, ja, ich möchte sagen Auslöschung der Gegenwart, ja, es findet in den besten Momenten eine Transgression in transzendente Bereiche statt! Darin liegt übrigens auch eine Verbindung zu den religiösen Riten asiatischer Kulturen, bei denen Sexualität und Spiritualität geradezu verschwistert sind und das eine ohne das andere kaum zu denken ist.«

Sie sieht mich nach ihrem Exkurs herausfordernd an.

Ich blicke in die grünen Augen der üppigen Frau. Ich konnte so schnell nicht mitschreiben. Mein Mund ist leicht geöffnet. Ich komme mir vor wie ein kleiner Junge, der mit einer Sandkastenschaufel vor Indiana Jones steht und versucht, ihm zu erklären, wie man einen heiligen Tempel ausgräbt, während man mit dem einen Fuß in einem Eimer mit Schlangen und Skorpionen steht und der andere Fuß über einem gähnenden Abgrund schwebt. Die dreiunddreißigjährige Frau mit den schwarzen Haaren blickt mich fragend an, ihre Lippen schimmern feucht.

»Hast du Durst? Wasser?«

»Ja, gerne!«

Ich trinke.

»Ich heiße übrigens Meg, das ist die Kurzform von Megan. Kennst du die Tomba della Fustigazione?«

Ich schüttle kraftlos den Kopf.

»Das ist eine kleine unterirdische Grabkammer aus dem 6. Jahrhundert vor Christus. Diese etruskische Grabkammer ist vollständig mit Szenen des Alltagslebens ausgemalt. Und auf einer Wand findet man unzweifelhaft eine SM-Szene. Eine Frau steht gebückt vor einem Mann, der sie mit der Hand züchtigt, während sie seinen Schwanz bearbeitet. Hinter der Frau steht ein weiterer Mann, der sie mit einer Rute züchtigt. Das ist eine der frühesten BDSM-Darstellungen der Menschheitsgeschichte.«

»BDSM?«

»Bondage & Discipline, Dominance & Submission, Sadism & Masochism!«

»Also war es keineswegs anstößig oder tabu, dass man auf einem Friedhof pornographische Darstellungen zeigte?«

»Nein, das war Alltag!«

Die Darsteller und der Regisseur haben die Fotosession beendet. Der Regisseur ruft die Crew zusammen.

»Wir können jetzt zum Spermaflug kommen! Alle an ihren Platz bitte!«

Der Darsteller nimmt wieder Platz. Er massiert sein Glied liebevoll und zugleich mechanisch routiniert. Es ist ein leichtes Schütteln, ein Lockermachen, kein festes Reiben oder grobes Hin und Her. Nein, die beiden, Schwanz und Mann, sind Partner, sind existentiell aufeinander angewiesen.

»Albrecht, soll ich spritzen, wenn ich kann?«

»Ab jetzt kannst du spritzen!«

»Achtung! Und bitte!«

Das Keuchen der Darsteller wird rauer, der Atem rasselt jetzt, Gerfried knurrt erotische Kraftausdrücke, das Rot in seinem Gesicht wird röter, und dann kommt der große, der entscheidende Moment, der Augenblick, wenn der Ball auf die Maschen zufliegt, aber das Netz nicht beult, wo alle Kraft auf einen Punkt zufließt, wo jeder sich zum Schrei bereitmacht und der Brustkorb des Epilierten sich ein letztes

Mal senkt, der Countdown läuft, die Rakete ist bereit, die Startrampe zu verlassen, der Kameramann zoomt auf das Gesicht der Frau, der Regisseur rutscht auf seinem Stuhl nach vorne, jetzt, denke ich, muss sich ein Riss auftun im Zeitstrom, auf dem Rücken des Darstellers rinnt in Zeitlupe ein Tropfen Schweiß hinunter, das limbische System lässt nun den Pyrotechnikern freien Lauf, gleich illuminieren die Feuerwerke den Himmel der inneren Schädeldecke, der Tod zischt kleinlaut ab, gleich fliegen Generationen von Samenfäden ins tödliche Nichts, werden weggewischt, vertrocknen, verfehlen ihr Ziel, und statt Nachwuchs ist es Porno, und der Darsteller lässt seinen Brustkorb platzen, stöhnt ein letztes Mal auf, und dann schreit auch schon der Kameramann, weil er einen stechenden Schmerz im Lendenwirbel spürt. – Das Bild ist jetzt verwackelt, aber noch scharf.

»Scheißrücken!« Er filmt weiter.

Und dann leuchtet das Gesicht des Darstellers, als ob er einer Epiphanie beiwohnt, aber in der Zehntelsekunde, in der dieser Ausdruck hochheilig und saublöd seine Züge umspielt, sieht die Kamera auf den Mund der Frau, wo jetzt das Sperma eintrifft, die Unterlippe streift und weiterfliegt ins Nichts, und für einen Moment sind alle blind für sich, den Raum und die Betrachter.

»Klasse, wunderbar, ja, jetzt noch etwas verreiben, schau mal ganz genießerisch, so gut, gut. Und Fotos bitte!«

Der Kameramann trollt sich stöhnend und wird fachgerecht im Hinterzimmer massiert.

»Hat jemand ein ABC-Pflaster oder eine Rheumasalbe?«

Jetzt ist wieder Meg an meiner Seite.

»Ich verstehe mich übrigens als Postfeministin. Wir Frauen können alles erreichen, wenn wir es wollen. Es ist nicht mehr der männliche Blick, der alles regiert. Der männliche Blick ist nur der Laufbursche des weiblichen Begehrens.«

Sie sieht mich an.

Mein Mund muss jetzt leicht geöffnet sein.

Der Darsteller schüttelt wieder sein Glied, und als er bei uns vorbeikommt, übernimmt Meg kurzerhand mit kleiner geübter Hand das Lockerungsgeschäft, während sie erzählt, dass sie auf allen Ämtern offen das Konzept ihres Clubs vertreten habe, von der Gewerbeaufsicht bis zum Gesundheitsamt, und dabei nie auf Vorbehalte oder Widerstände gestoßen sei, im Gegenteil, die Gespräche seien stets freundlich und locker gewesen. »Ich habe offensiv für mein Konzept geworben, das hat sich ausgezahlt. Immerhin sind wir in Berlin.« Der Geschüttelte geht dankend ab.

Jetzt gesellt sich Albrecht, dem ich mich noch nicht vorgestellt habe, zu uns.

»Du schreibst also über Lust und Vergänglichkeit. ›La petite mort‹, der kleine Tod, so nennt der Franzose den Orgasmus. Hier hast du meine Karte, schau mal auf meine Homepage, ich hab' viel darüber nachgedacht, meine Diplomarbeit handelt von visuellen Sinnlichkeits- und Vergänglichkeitsfigurationen in der Malerei des Rokoko.«

Meg holt Luft.

»Müsste nicht die Menstruation ›der kleine Tod‹ genannt werden? Die Frau trauert um die vergebene Chance, das verschwendete Leben. Das Blut, das aus ihr herausläuft, ist der sichtbarste Beweis dafür, dass etwas abgestorben und zu Ende gegangen ist.«

Der bronzene Darsteller kehrt mit einem Glas Orangensaft zurück.

»Wost was? Deis is ned männlich oder weiblich, der klane Tod is unisex. Deis is a nix im Beidl oder in der Fut, des sitzt im Kopf und meinetwegen a im Herz.«

Der Darsteller trinkt sein Glas Orangensaft in einem langen, tiefen, vielbewunderten Zug leer.

Während er mit der rechten Hand das Glas stemmt,

schüttelt die linke geschäftstüchtig den Penis, der sich wieder langsam aufbaut, mit Blut füllt, über die Schwerkraft obsiegt und die matt schimmernde Eichel wie eine Fahne des männlichen Selbstbehauptungs- und Eroberungswillens hisst.

Albrecht flüstert mir indessen zu, dass der Darsteller einst eine aussichtsreiche Promotion über Karl Kraus' Drama »Die letzten Tage der Menschheit« begonnen hatte, aber das Vorhaben beenden musste, nachdem seine Affäre mit der Frau seines Doktorvaters bekanntgeworden war.

Der Darsteller setzt das Glas ab und sagt: »»Denn Liebe, sagt man, ist nur Hoffen und wird, gewährt, vom Tod betroffen.‹ Deis war Carl Leberecht Immermann, deutscher Dichter des 19. Jahrhunderts.«

Er geht, muskelmächtig, noch einmal nach hinten, um sich hinzulegen, er wird gleich dem dritten Höhepunkt des Tages entgegengehen. Er sei, sagt Meg auf meine Nachfrage, ein Naturtalent, das kein Viagra brauche, welches aber selbstverständlich für den Notfall bereitgehalten werde.

Die nächste Aktion soll eine Fußfetisch-Nummer sein, was bedeutet, dass der Fuß im Mittelpunkt des erotischen Begehrens stehen wird. Nachdem der Darsteller zurückgekehrt ist, erklärt Albrecht die Szene, die etwa eine Dreiviertelstunde dauern wird. Der Kameramann soll zunächst den steinernen Gargoyle ins Bild setzen (natürlich ist es eine Kopie), dann kommt Jenny von links ins Bild, verführt Gerfried, der auf einem schwarzen Ledersofa sitzt und Salzstangen beißt, zunächst mit Blicken, stellt sich dann an eine Stange, spielt an sich herum, reicht ihm den Fuß, so dass er den Schuh abstreifen und sich ausführlich um den Fuß kümmern kann, küssend, leckend, mit der Schuhspitze die Zehenzwischenräume penetrierend, schließlich reißt er sie – überwältigt von so viel Sinnlichkeit – zu sich runter (»Du kannst sie dann richtig packen, Gerfried.«), dann holt sie seinen Schwanz aus der Hose, macht sich an ihm zu schaffen, setzt sich ihm gegenüber, er steht auf, sie masturbiert seinen Penis mit ihren Füßen, dann wird noch einmal sein Schwanz manuell und oral bearbeitet, dann fickt Gerfried Jenny, sowohl in die Möse als auch in den Arsch, und endlich und schließlich soll er auf die Füße abspritzen. Soweit die blumig-blasse Theorie.

Natürlich kommt es irgendwie ganz anders, und doch folgt die Aktion recht genau diesem vorgeschriebenen Pfad. Allerdings benötigt es mehrere Anläufe, bevor das Paar so richtig in Fahrt kommt, denn entweder ist der Gargoyle zu dominant im Bild oder Jenny agiert zu hastig (sie ist kein Profi und im Nebenberuf Webcam-Girl) oder der Kameramann hat's an der Hüfte, eine Lampe fällt aus, ein Kabel produziert einen Wackelkontakt oder Albrecht ist unzufrieden mit der Performanz seiner Schützlinge. »Da fehlt mir jetzt aber die letzte Geilheit, Gerfried!« Tatsächlich muss Gerfried hin und wieder gähnen, natürlich nur, wenn er sieht, dass die Kamera nicht sein Gesicht filmt, aber der Sauerstoffmangel in den oberen Regionen teilt sich nach unten offenbar als Spannungs- und Intensitätsabfall mit.

Auch mein Aufnahmevermögen kommt an seine Grenzen, und in meinem inneren Auge verschwimmen einzelne Szenen mit Erinnerungsfetzen, Tagtraumstückchen und entgleisten, entstellten Gegenwartsimpressionen. So fällt mir in diesem Augenblick das Telefongespräch mit dem Geschäftsführer der Produktionsfirma ein, das ich am Vortag geführt habe. Ich fragte ihn, ob denn die Pornobranche wirklich am Boden liege und stürbe? »Auf jeden Fall«, sagte er. »Das hat doch alles das Internet geschluckt, kaputtgemacht, jedenfalls die klassischen Produktions- und Vertriebswege. In den siebziger Jahren, den Boomjahren des Pornos, war es noch schick, Pornokinos zu besuchen. Die Produktionen verdienten Geld, es wurden Geschichten erzählt, es gab regelrechte

Pornostars, und der Porno war in der Mitte der Gesellschaft angekommen. Jeder wollte das mal gesehen haben, alle wollten da mitreden, der Besuch eines Pornos gehörte zum kulturellen Backpack, das jeder mit sich herumtrug. Heute kann jeder Dussel, Entschuldigung, eine Kamera halten, und jede Wohnung wird zum Pornoset umfunktioniert. Porno ist fest in der Hand der Amateure, und es gibt keinen Fetisch, der nicht bedient wird.«

Unterdessen arbeitet sich das Paar weiter dem Höhepunkt entgegen. Der russische Tonmann, der inzwischen auch seine Arbeit aufgenommen hat, kann sein Desinteresse nicht verbergen. Er sieht dem Treiben gar nicht zu, er sieht durch es hindurch, und sein Blick ist unendlich frei und losgelöst. Gerfried hat mittlerweile die Salzstangen als Requisit entdeckt und steckt eine in die Scheide und eine in den Arsch der Frau. Dann nimmt er die Salzstangen mit dem Mund auf, knabbert sie zur Hälfte und überlässt seiner Partnerin den Rest. Welche Schlüsse, denke ich, werden Außerirdische ziehen, wenn sie diese Sexualpraktik betrachten? Der Mensch ist ein Wesen, das sich mit Hilfe von Salzstangen fortpflanzt? Die Menschen dokumentieren ihre Sexualakte, um dieses bildliche Wissen an nachfolgende Generationen weiterzugeben? Besonders potenten Männchen und Weibchen ist die Fortpflanzung verboten? Ihre Aufgabe scheint vielmehr darin zu bestehen, die kollektive Fortpflanzungslust zu stimulieren? Gerfried und Jenny schwitzen auf den Höhepunkt zu, werden aber jäh von Albrecht unterbrochen, der jetzt wieder Fotos machen will und muss.

»Cut! Danke! Halbe Stunde Pause!« – »O Nonöchen, ich will endlich kommen!«, greint Jenny aufrichtig bekümmert. Die anderen dürfen jetzt essen gehen, und bald weht aus der Küche der Duft gebratenen Fleisches herüber. Ich setze mich an die Bar, wo Meg eine Sektflasche für die Darstellerin öffnet.

»Mir ist noch was zu deinem Thema eingefallen. Wir experimentieren hier öfter auch mal mit Sauerstoffentzug. Du hast vielleicht schon mal davon gehört, besonders von den prominenten Todesfällen.«

»David Carradine?«

»Wer es nicht kann, sollte die Hände davon lassen. Wir haben mal einen Arzt eingeladen, um uns für Gefahrenpunkte zu sensibilisieren. Es gab ein großes Interesse an diesem Thema. Ich bring Jenny mal den Sekt. Die Chemie stimmt übrigens zwischen den beiden.«

»Zwischen wem?«

»Zwischen Jenny und Gerfried. Die wollen sich jetzt auch mal privat verabreden, damit sie mal so können, wie sie wollen.«

Ich sitze jetzt allein an der Bar, betrachte die verschiedenen SM-Spielzeuge, die an der Wand hängen (Rohrstöcke, Handschellen, Ketten, Dornenringe etc.), und frage mich, welche Rolle Eros und Thanatos im Reich des Pornos spielen? Gibt es diesen starren Gegensatz überhaupt: hier der destruktive Todestrieb und dort der konstruktive Lebenstrieb? Ich gehe nach hinten in den Aufenthaltsraum, wo es belegte Brötchen, Obstsalat, Tee, Kaffee und Joghurt gibt. Als ich auf das Ledersofa sinke, bleibe ich nicht lange allein. Mona heißt sie. Sie ist Mädchen für alles. Sie wirft das Schnitzel in die Pfanne, sie reicht das Kleenex zum Abwischen, die Gleitcreme, sie trocknet die Rücken, sie massiert die beanspruchten Körperteile, sie reißt Witze.

»Brauchst du Kopfmassage? Du hast eine Delle im Kopf!«

»Eine Delle?«

»Ich sehe totale Verspannung auf deiner Stirn, Blockade, Stau, Knick, da beult sich was, da fließt nichts. Muss fließen!«

Gut, denke ich, lass es fließen, die Ampel springt auf Grün. Ich schließe die Augen. Mona ist wirklich eine Meisterin ihres Fachs. Ihre Finger trommeln ein kleines Solo auf meine Schläfen, dann streichen, kneten, kreisen, zupfen, pressen und stimulieren sie meine Kopfhaut auf unerhört wohltuende Weise.

Ich weiß nach diesem Besuch am Set eines Pornofilms weniger als je zuvor, was Pornographie ist, was sie ausmacht, was für Folgen sie zeitigt. Aber es fließt! Porno, so sein lautstarkes Versprechen, befreit den menschlichen Körper von seiner Sterblichkeit, zumindest in der Dauerrepräsentation der miteinander ringenden Leiber. Der kleine Tod wird abgeschafft, weil nach dem Orgasmus ist vor dem Orgasmus. Der unaufhörliche Orgasmus regiert. Aber so siegt sich Porno zu Tode. Wo nur noch Höhepunkt ist, kann kein Höhepunkt sein, denn ohne Täler gibt es keine Gipfel, die man erklimmen könnte. Indem der Porno das Fleisch aus den Fängen der Sterblichkeit befreit, löst er es zugleich aus dem ewigen Strom der Fragen, Sorgen, Fehltritte und psychischen Signaturen des Lebens. Porno fickt fraglos. Aber ohne Fragen sind wir nackt. Ohne Fragen sind wir Fleisch, und das Fleisch ist noch hinfälliger als der Geist, der noch jung sein kann, wenn der Körper schon alt und verbraucht ist. Porno ist der Triumph des geglückten Lustgewinns, aber sein stetiges Triumphgeheul, seine immerzu präpotente Siegesgewissheit macht ihn auf Dauer schal, einförmig, industriell. Porno ist aber längst nicht mehr nur ein Geschäft, längst nicht nur eine Industrie, denn die stirbt ja gerade in ihrer bisherigen Form. Der pornographische Amateur, der jetzt die Bühnen des Internets betritt, schreibt den Porno noch tiefer in die Gesellschaft und die Körper ein. Wo betrachte ich mich selbst mit einem pornographischen Blick, wo andere? Dabei ist der pornographische Blick eben nicht nur der Blick, der penetriert und entkleidet, sondern der, der den anderen darauf reduziert, schnell und klaglos zum Höhepunkt zu kommen. Der Höhepunkt soll es sein, überall, im Bett, am Schreibtisch, im Supermarkt, im Theater, der Schule, auf der Straße, im Restaurant, am Küchentisch. Alles soll geil sein, jeder soll bereit sein, alles soll zum Höhepunkt streben, schwitzen, der Orgasmus ist die Dauerdividende, die versprochene Gewinnausschüttung, die Maximierung der Vitalität und Leistungsbereitschaft, das Allzeithoch.

Porno hat es vermutlich immer gegeben, von der Höhlenmalerei bis zu den griechischen und römischen Phalli, den deftigen Szenen auf Vasen, Fußböden, Wänden, Grabsteinen und anderen Alltagsgegenständen. Porno war und ist ein Strom von märchenhaften und mythischen Sexszenen, ein phantastischer, ein Science-Fiction-, ein Western-, ein B-Movie-, ein Liebes- oder Detektivfilm. Aber immer Film, ob im Kino oder Kopf, ob auf der Vase oder der Höhlenwand, ein Film, etwas Abgelöstes, etwas Hochfliegendes, etwas Zusammengestückeltes, Geschnittenes, eine Vorstellung, die sich von den realen Akten löst, umherschweift, Muster, Topoi, Blicke, Gesten und Szenen, Ideale und Stigmata ausbildet, die dann wieder zu Boden fallen, in die Körper kriechen und den realen Sex, der schon nicht mehr real ist, modellieren. Und in diesem Porno dürfen Götter mitspielen oder auch nicht, er darf verfemt sein oder auch nicht, man bekämpft ihn oder auch nicht, er kann von Frauen geschrieben werden oder auch nicht, aber er muss immer reizen, wider den Stachel des Todes löcken, er muss immer beweisen, dass es den Mensch noch gibt, dass er noch nicht verschwunden ist wie so viele andere Lebewesen auf dieser Welt. So ist der Porno vermutlich hoffnungslos nostalgisch, weil er die absolute Körperbefreiung verspricht, weil der Schwanz wie ein Lazarus wieder und wieder und wieder aufersteht, weil der Porno in alle Winkel und Löcher des Körpers kriecht, immer auf der Suche nach dem, was den Körper übersteigt, weil er alle Sekrete und Exkremente des Körpers integriert, alle Perversionen und Fetische einfängt, weil er

273

dann, auch wenn er sich noch so wild gebärdet hat, sich schließlich eingestehen muss, es ist vorbei, das Herzflattern, das Saugen und Schmatzen, das Stöhnen und Seufzen, das Schreien und Kratzen, jetzt ist es aus und vorbei, und endlich liegen wir still. Und weil der Porno nicht still sein darf, kann er uns auch keine Erlösung schenken, denn unsere Erlösung wäre seine Niederlage, denn wir können uns zur Seite drehen und die Augen zumachen, aber der Porno muss wieder seine Flagge hissen, zum Appell antreten und stöhnen »Ecce homo!«, während wir uns abwenden dürfen, aufhören dürfen, entsagen dürfen, schwach, lustlos, impotent und endlich sterben dürfen. Aber der Porno, der an die Macht will, der mehr sein will als Film, wird alles daransetzen, aus dem Bereich des Phantastischen herauszutreten, um endlich alles regieren und bestimmen zu dürfen. Und wenn der Porno endlich den Thron bestiegen hat, wenn er alle Schlüssel in alle Löcher gesteckt und alle Zellen und ihre Baupläne entziffert hat, dann sind wir verurteilt zur Dauererektion, dann dürfen wir nicht länger sterben und still sein, dann müssen wir für alle Zeit keuchen, durch die Jahrtausende, weil der Mensch das Tier ist, das nicht mehr stirbt.

Monas Hände sind einfach himmlisch. Vermutlich hätte sie meinen Kopf auch noch weiter massiert, wenn ich nicht durch ein scharfkantiges Klicken und stichhelles Blitzen hochgeschreckt wäre. Der spillrige Kameramann hat sich den Spaß gemacht, mich zu fotografieren, wie es floss hinter meiner Stirn, wie Mona ihre Hände in meine Gedanken tauchte, wie mein Mund vermutlich leicht offen stand und ich aussah wie der Lustgreis, der gleich aus der Kulisse springt, um für den senilen Scherz und Schlenker auf der Bühne des Pornos zu sorgen.

Die Dreharbeiten gehen weiter, aber die Impressionen sind nur noch unscharf. Irgendwann höre ich ein mächtiges

Brüllen, und Gerfried schleudert ein drittes Mal seine Botschaft ins All, und ich weiß, dass seine Samenfäden keine Fallschirme haben, dass sie hart aufschlagen und unbarmherzig von Mona entsorgt werden. Okay, ihr Bild lebt weiter in unseren Köpfen, denn ein Teil landet wie beabsichtigt auf Jennys Füßen und wird gierig von der Kamera geschluckt.

Ich sage »Lebwohl!«, Porno, Gerfried, Jenny, Lucy, Meg, Mona, Albrecht, macht es gut. Da erwacht noch einmal der russische Kameramann und erzählt vom Volk der Mochica in Peru, die ihre Toten auf den Feldern verwesen ließen, damit die Fliegen die Seele des Toten in alle Welt hinaustragen.

»Und die Mochica hatten Gefäße mit pornographischen Bildern, die sie ins Totenreich begleiten sollten, denn dort, in ihrer Unterwelt, so stellten sie es sich vor, gab es keinen Sex.«

Nein, nein, das will ich nicht mehr wissen.

Ich will jetzt nach Hause gehen und mich ins Bett legen, ohne Bilder im Kopf, und schlafen gehen und hoffen, dass ich nichts träume, und aufwache ohne Ständer.

Schädelstätten

Eins

Ich bin zweiundsechzig Jahre alt und von Beruf Lehrer, Studienrat für Kunsterziehung. Den Schädel besitze ich seit 1977. Damals kam ich nach Berlin. Verwandte aus Niederbayern haben mir den Schädel geschenkt, weil sie wussten, dass ich mir einen wünsche. Sie kannten einen Totengräber in Pfarrkirchen. Es handelt sich wohl um einen männlichen Schädel. Ich suchte damals nach einem menschlichen Totenschädel, aber auch nach dem Schädel eines Stiers. Die sind immer auf Vanitas-Stilleben zu sehen. Inspiriert war dieser Wunsch natürlich auch von Picasso. Der Schädel steht im Bücherregal meines Arbeitszimmers. Ich nehme ihn selbst nie in die Hand, rücke ihn nur manchmal zurecht, wenn der Unterkiefer verrutscht ist. Unsere Putzfrau entstaubt ihn alle vierzehn Tage. Sie hat keine Berührungsängste. Für mich ist das ein anatomisch interessantes Gebilde. Ich habe eine Zeitlang einen Diaprojektor von Braun neben ihm platziert, weil ich fand, dass sie sich in den Proportionen ähnelten. Mit zunehmendem Alter mahnt er mich auch an mein eigenes Ende. Ich denke, ich möchte anonym bestattet werden, bin mir aber nicht wirklich sicher. Ich besitze jedoch einen Organspendeausweis.

Zwei

Ich bin dreiundachtzig Jahre alt und war früher Buchhändler und Bibliothekar. Den Schädel habe ich für zwanzig Mark bei einem Trödler in Berlin-Wedding gekauft, der stand dort im Schaufenster. Ist schon lange her. In welchem Jahr das war, weiß ich nicht, meine Frau, die wüsste es. Mich hat immer das Thema Endlichkeit interessiert. Ich wollte dem Unausweichlichen ins Auge sehen. Manchmal nehme ich den Schädel in die Hand und frage mich, wer dieser Mensch gewesen ist, aber ich weiß weder, ob er zu einer Frau oder zu einem Mann gehört hat. Der Schädel, denke ich, macht uns doch alle gleich. Er steht in einer Nische auf meinem Schreibtisch. Ob ich gläubig bin? Ich bin in Westfalen aufgewachsen und streng katholisch erzogen worden. Ich habe eine Jenseitshoffnung, aber die male ich nicht aus, die fülle ich nicht mit Bildern. »Du sollst dir kein Bildnis machen«, heißt es in der Bibel, und das gilt auch für das Jenseits. Was können wir denn wissen? Wenn ich die Menschen so am Computer sitzen sehe, ich selbst habe keinen, denke ich manchmal, wir haben gar kein Diesseits mehr. Ja, wo fing mein Interesse für den Schädel an? Als Kind mochte ich den heiligen Aloisius sehr, der wird immer mit einem Schädel abgebildet, weil er früh gestorben ist. Er ist der Vertreter der Keuschheit. Ja, man könnte es eine Meditation nennen, wenn ich den Schädel betrachte. »Wenn man darf, ist man Mensch, wenn man muss, sind wir es nicht mehr.« Ist das von Lessing? Dieser verrückte Zirkus, in dem wir uns alle befinden, das kann doch nicht alles sein?

Drei
Ich bin fünfundvierzig Jahre alt. Beruf? Philosoph! Der Schädel war geklaut. Ein Freund hatte ihn bei einer Ausgrabung in einer Kirche gestohlen und mich damit überrascht. Es war sicher ein mittelalterlicher Schädel. Ich denke, ich habe mit diesem eigenartigen Geschenk romantische Bedürfnisse gestillt. Woher er ihn hatte, erfuhr ich erst später. Schon vorher hatte ich mich mit einem Bild von M. C. Escher beschäftigt,

278

das einen Schädel in der Pupille eines Auges hervorleuchten lässt, außerdem hatten es mir entsprechende Gemälde von James Ensor angetan. Ich war Anfang zwanzig. Der Schädel bekam einen repräsentativen Platz auf einer meiner Lautsprecherboxen. Er war sehr sauber, ich glaube, der Dieb hatte ihn in die Waschmaschine gesteckt. Manchmal habe ich ästhetische Versuche mit dem Schädel unternommen, romantische Schwarzweißfotos und so. Er war in meinen Studentenwohnungen immer ein wichtiges Dekorationsstück. Später, ich war bereits nach Berlin gegangen, nahm sich der Schädelräuber das Leben. Richtig unheimlich wurde mir das Ding, als die Mutter meiner damaligen Freundin an Krebs erkrankte und starb. Der Schädel war auf einmal kein abstraktes Symbol mehr. Ich habe ihn bald darauf an einen Freund verschenkt, der behauptete, ihn für sein Medizinstudium zu brauchen, tatsächlich hat er ihn seinem kleinen Bruder gegeben, der als Punk rumhing. Als Atheist würde ich mich nicht bezeichnen, weil es bedeuten würde, die negative Definition aus der Position des Glaubens auf sich zu nehmen. An einen Gott oder ans Jenseits zu glauben, halte ich für Aberglauben.

Vier

Ich bin fünfzig Jahre alt und arbeite als Stadtarchäologe. Ich war fünfzehn Jahre alt, als ich den Schädel bekam. Ich bin in Schweinfurt aufgewachsen. Mein inzwischen verstorbener Vater war Oberstaatsanwalt und zuständig für alle ungeklärten Todesfälle. Dann hieß es zu Hause: »Ich habe mal wieder eine Leiche auf dem Schreibtisch!« Den Schädel hatte ein Spaßvogel im Wald auf einen Stock gestellt, so wurde er gefunden. Es konnte nicht mehr abschließend geklärt werden, ob ein Tötungsdelikt vorlag oder nicht. So landete der Schädel schließlich auf dem Büroschrank meines Vaters, wo er den Delinquenten, die ihm vorgeführt wurden, natürlich Respekt einflößte. Wie er zu mir kam, ist eine witzige Geschichte. Ich hatte schulterlange Haare und verweigerte mich dem Friseur. Mein Vater versprach mir den Schädel, sofern ich mir dafür die Haare schneiden ließe. Das habe ich dann auch gemacht, und natürlich habe ich sie mir anschließend gleich wieder wachsen lassen. Offenbar stammt der Schädel von einer jungen Frau. Knochen sind für mich ein professioneller Forschungsgegenstand. Sie glauben ja nicht, wie viele Skelette im Boden liegen. Das sind Kriegsfolgen, Opfer ungeklärter Verbrechen oder auch die Toten von Friedhöfen, die man nicht mehr sieht. Allein hier in der Stadt mögen es sieben oder acht Friedhöfe sein, die noch da sind und deren Bewohner natürlich auch noch mitten unter uns sind. Ich verabscheue überflüssige Dinge im Haus. Was ich sammle, aufbewahre, landet bei mir in einer verglasten Vitrine. Dort steht auch der Schädel, etwa in Kniehöhe, im Gesichtsfeld von Kindern. So erweckt er oft das Interesse von Kindern, die uns besuchen. Er wird dann herausgeholt, und ich erkläre ein bisschen, was es damit auf sich hat. Nein, ein Memento mori ist er nicht für mich, dann doch eher der Blick in den Spiegel. Ob ich eine Jenseitserwartung habe? Sagen wir mal so, ich habe eine gute katholische Sozialisation genossen.

Fünf
Ja, ich besitze einen Schädel, aber ich werde in diesen Tagen das erste Mal Vater, und Sie verstehen sicherlich, dass ich jetzt andere Dinge im Kopf habe. Tut mir leid, Sie verstehen das?

Sechs

Ich bin sechsundvierzig Jahre alt, von Beruf Editor und Regisseur. Ich habe im Sommer 1993 einen Freund in Spanien besucht, und zusammen haben wir dann einen Ausflug nach Andalusien gemacht. Wir schliefen immer im Auto, weil wir kein Geld hatten. Wir hatten den Wagen eines Nachts auf einem Feld geparkt, und als ich am Morgen aus dem Auto stieg, wäre ich fast auf den Schädel getreten. Ein Tierschädel. Aber was für ein Tier? Ich vermute, ein großer Hund, aber ich weiß es nicht. Damals hatten ZZ Top eine Platte herausgebracht, auf der ein Schädel auf die Motorhaube eines Wagens montiert worden war. Das wollten wir auch machen. Hat aber nicht geklappt mit unserem alten, hellgrünen Audi 80. Da fällt mir ein, dass in diesem Jahr auch eines der letzten oder das letzte Europakonzert der Grateful Dead stattfand, und kurz darauf ist auch der Bandleader Jerry García gestorben. Diese Band, die mich seit Jahrzehnten begleitet, hatte immer ein Faible für den Tod und Todessymbole wie den Schädel. Und eine Motivation, den Schädel mitzunehmen, war sicher auch der Film »Ein andalusischer Hund« von Luis Buñuel, obwohl ich den Film gar nicht mochte. Seitdem habe ich ihn. Er steht auf meinem Plattenspieler, und immer, wenn ich eine Schallplatte auflege, muss ich den Schädel runternehmen. Das ist ein Ritual. Als ich diesen Schädel mit in die Ehe und den Hausstand einbrachte, war meine Frau nicht begeistert, aber sie hat es akzeptiert. Dafür hat sie dann, als unser Sohn seine Zahnspange nicht mehr brauchte, die Spange mit Sekundenkleber auf das Gebiss des Schädels geklebt. Und da habe ich die Spange auch gelassen. Übrigens hat mein Sohn im Wald einen kleinen Tierschädel gefunden und ihn kommentarlos neben meinen Schädel gestellt. Ich denke, ich möchte nicht verbrannt werden. Ich finde den Gedanken gut, dass etwas von mir als Zeichen bleibt, der Schädel ist etwas, was auf meine Existenz

281

verweist. In den letzten Jahren tendiere ich ein bisschen zum Buddhismus.

Sieben

Ich bin einundfünfzig Jahre alt und von Beruf Erzieher. Der Schädel stammt aus dem Nachlass meines Vaters. Er war Neurologe und Psychiater. Ich kannte den Schädel schon lange. Wo er stand? Später im Lesezimmer meines Vaters. Aber ich kann ihn nicht mehr genau lokalisieren. Stand er zuerst in der Praxis oder in unserer Wohnung? Als Kind fand ich, dass der Schädel oll und schäbig aussah. Nach dem Tod meines Vaters, der 1989 starb, blieb der Schädel zunächst an seinem Platz. Später ging er in meinen Besitz über, weil mein Bruder in London lebt, und da ist der Raum ja bekanntlich knapp. Ich hingegen hatte Platz. In Berlin haben wir doch eher das Problem, dass wir zu viel Platz haben. Bei mir steht der Schädel da auf dem Schrank hinter den Schuhen. Ich habe ihn wohl ein bisschen verdrängt. Nein, ich nehme ihn nie in die Hand oder betrachte ihn auch nicht. Ich kann den Tod nicht leiden. Aber ich kenne das Gefühl, dass wir immer auf dünnem Eis gehen. Ich bin in Berlin aufgewachsen, und dieses Dünne-Eis-Gefühl haben mir meine Eltern damals vermittelt. Berlin war Inselstadt, Frontstadt, Zugewinn. Religion und damit verbundene Jenseitsvorstellungen hatten schon meine Eltern hinter sich gelassen, meine Mutter gewiss. Das Jenseits ist leer und dunkel.

Acht

Ich bin siebenundvierzig Jahre alt und von Beruf Ärztin. Den Schädel bekam ich zu Beginn meines Medizinstudiums von meinen Eltern geschenkt. Ich studierte damals in Italien, in Brescia. Dort gab es für die Studenten kaum Präparate, an denen man lernte, alles wurde durch dicke Bücher vermittelt. Als ich meine Eltern in Bielefeld besuchte, überreichte mir mein Vater den Schädel in einer Box aus Plexiglas. Ich fand das super! Der Schädel war sehr hell, und ich vermute, dass mein Vater, der Zahnarzt war, ihn über eine Annonce in einer Fachzeitschrift gefunden hat. Der Schädel hatte im Kiefergelenk ein Scharnier, so dass man ihn aufklappen konnte. Bei uns in der Familie wurde er Gustav getauft. Ich nahm ihn mit nach Italien und stellte ihn dort gut sichtbar auf meinen Schreibtisch. Wenn wir Besuch bekamen, wurde der Schädel gerne besichtigt und in die Hand genommen. Wenn ich heute an ihn denke, sehe ich ihn vor allem in diesen Nächten, in denen ich für das Studium lernte, wie er vor mir lag und mich ansah. Der Gustav! Nein, als Memento mori habe ich ihn nie betrachtet, eher als Talisman, als Kumpel. Als ich dann 1986 nach Berlin ging, begleitete er mich noch. Mein erstes Testat galt dann auch gleich der Anatomie des Schädels, und da bekam ich ein »sehr gut«, weil ich das natürlich alles mit Gustavs Hilfe gelernt hatte. Kinderspiel! Nach einer Aufräumaktion haben sich unsere Wege getrennt, er kehrte nach Bielefeld zu meinen Eltern zurück, wo er vorübergehend auf dem Schreibtisch meines Vaters seinen Platz fand. Wo er heute steht, weiß ich nicht, aber ich werde bei meinem nächsten Besuch nach ihm schauen. Heute würde ich ihn mir nicht mehr in meine Wohnung stellen, ich möchte das Berufliche vom Privaten trennen. Vom Jenseits, vom Weg hinüber, habe ich eine ganz kindliche Vorstellung. Ich fliege mit einem Teppich und sehe genau, was ich zurücklasse.

Neun

Ich bin zweiundvierzig Jahre alt und lebe und arbeite in Mexiko als Übersetzer und Autor. Ich besaß lange einen roten, mit goldenen Blumen bemalten Schädel aus Ton, den ich in einem Laden in Coyoacán gekauft habe. Die Besitzerin des Ladens ist eine Freundin von mir, sie bemalt diese Totenschädel. Den habe ich immer gern zur Hand genommen, aber leider habe ich ihn in der Stadt zurückgelassen. Er ist nicht mit mir nach Xalapa umgezogen. Aber er ist für mich kein Memento mori im christlichen Sinne, im Gegenteil. Für die Christen ist der Tod der Sohn der Sünde und der Bruder der Hölle (erst die Christen haben der Welt die Hölle gebracht). Dieser spielerische, bunte Schädel erinnert eher daran, dass der ganze Quatsch, der mich nachts nicht schlafen lässt, vollkommen bedeutungslos ist: Heute quälst du dich, morgen hast du den Grund schon wieder vergessen, weil du dich schon wegen was anderem quälst, und übermorgen sprießt du als Blume aus einem Erdhaufen. Gibt es ein Jenseits? Nein. Gibt es ein Leben nach dem Tod? Natürlich. »A man may fish with the worm that hath eat of a king, and eat of the fish that hath fed of that worm.«

Zehn

Ich bin fünfundfünfzig Jahre alt und von Beruf Grafikerin. Der Schädel kam nicht zu mir, ich kam zu ihm. Ich liebe Friedhöfe, habe sie immer geliebt, die Stimmung, die Natur, die Stille und die Grabsteine. Ich habe auf Friedhöfen viel gezeichnet. Ich war Anfang zwanzig, als ich mit meinem Freund über einen Berliner Friedhof spazierte. Wir sahen, dass dort ganze Gruftreihen abgerissen wurden. Mich packte die Neugier, und ich bin in eine dieser Grüften hineingegangen. Dort standen zwei Särge. Der Deckel des einen Sarges war wüst aufgebrochen, so dass man hineinschauen konnte. Da lag die Mumie – mit dem Schädel. Mein Freund, dem das Ganze unheimlich war und der es missbilligte, zerrte mich heraus, aber mir ließ das keine Ruhe, ich wollte unbedingt diesen Schädel. Ich dachte, es sei allemal besser, wenn ich ihn mitnehme, als dass man ihn lieblos untergräbt. Ich kehrte einige Tage später mit einem Kommilitonen und einer Sporttasche zurück. Ich nahm den Schädel, er einen Arm. Ich wusste, wie man den Schädel präpariert und säubert, weil meine Schwester Tierknochen sammelte. Warmes Wasser und Waschpulver. Als mein Freund den Schädel unter meinem Schreibtisch fand, stellte er mich vor die Wahl: »Er oder ich!« Da habe ich mich für den Freund entschieden und den Schädel ein Jahr lang in ein Schließfach gesperrt. Als mein Freund anfing, Medizin zu studieren, durfte der Schädel zurückkehren. Seitdem ist er bei mir und steht in meinem Regal. Ich habe ihn oft gezeichnet. Als ich ihn stahl, hatte ich keine Skrupel. Heute sehe ich das anders. Ich kehrte Jahre später noch mal an den Ort zurück, und meine Gruft war die Einzige, die vom Abriss verschont worden war. Und in dem Sarg lag noch immer der Tote ohne Kopf. Daher weiß ich auch, wie er heißt, aber das möchte ich nicht verraten. Ja, ich spreche ihn mit seinem Namen an. Je älter ich werde, desto kritischer sehe ich die Aktion. Freunde und Bekannte sterben, und ich denke häufig über Endlichkeit und auch über Verwesungsprozesse nach. Was ich vom Jenseits halte? Eigentlich bin ich Atheistin, aber durch eine Freundin, die Medium ist, habe ich bestimmte Einsichten gewonnen. Ich denke, der Mensch hinterlässt die Reste eines Echos, die dann unterwegs sind, wohin, weiß niemand. Allerdings glaube ich nicht, dass das auf den Menschen beschränkt ist. Auch Tiere, Pflanzen oder Dinge hinterlassen bestimmte Energien.

Elf

Ich bin siebenundvierzig Jahre alt und von Beruf Buchhändlerin. Ich besitze einen Gesichtsschädel, es fehlen die Schädeldecke, der Hinterkopf und der Unterkiefer. Dieser

Schädel stammt aus der etwas illegalen Asservatenkammer meines Bruders, der als Archäologe manchen Toten trifft. Der Schädel ist etwa dreihundertfünfzig Jahre alt und männlichen Geschlechts. Aus Gründen der Personalisierung habe ich ihn Josef getauft. Josef heißt Josef, weil er mir ein wenig leidtut, wie er da so steht auf meinem Regal, wo er sicher nie sein wollte. Kommt vom Bibel-Josef, den ich auch stets bedauert habe, so als gehörnter Ehemann, öffentlicher Hahnrei und Zwangsversorger eines Kuckuckskindes. Ich denke, der wollte lieber auch immer woanders sein. Ab und an kriege ich moralische Attacken, weil mir klar ist, dass es vor dreihundertfünfzig Jahren niemand spaßig gefunden hätte, im Bücherregal einer Atheistin zu landen. Ich kann Josef nicht fragen, aber ich bin mir sicher, dass er nicht so enden wollte. Manchmal denke ich, ich sollte ihn wieder in die Erde zurückbringen, doch die Vorstellung, nachts auf dem Friedhof mit der Schaufel in der Hand erwischt zu werden oder gar tagelang die Kripo im Garten zu haben, finde ich reichlich abschreckend ... Ich wollte den Mann schon öfter loswerden, doch es gestaltet sich schwierig. Merkwürdigerweise habe ich Probleme damit, Josef einfach zu verschenken (Anwärter gäbe es mehr als genug!). Das hat was mit Respekt zu tun. Und so steht er eben bei mir, gibt mir zu denken über Moral, Vergänglichkeit und Anstand, und erfreut sich immerhin einer unregelmäßigen Abstaubung, der Josef. Allerdings fasst ihn meine Putzfrau nicht an. Mit dem Begriff Jenseits verbinde ich merkwürdigerweise weniger Angst als vielmehr Neugier; es interessiert mich schon jetzt, was da wohl noch kommt, wenn denn da was ist. Das Totsein hat leider keine Programmvorschau, in der man kurz mal blättern kann, ob man das anschauen will oder nicht ...

Zwölf

Ich bin achtundzwanzig Jahre alt und angehender Archäologe. Ich habe keinen Totenschädel. Ich finde, die gehören unter die Erde. Aber ich bin einem Schädel begegnet, dessen Bild ich nicht vergessen werde. Auf meiner ersten Lehrgrabung im zweiten Semester haben wir auf einem frühneuzeitlichen Friedhof gegraben. Der Ort musste dem Braunkohletagebau weichen. Der Friedhof war schon lange aufgegeben und völlig überwachsen. Bäume und Büsche hatten ihre Wurzeln in den Boden getrieben. Der Boden war lössig, somit waren die Knochen ungewöhnlich gut erhalten. Viele Wurzeln hatten sich um die langen Arm- und Beinknochen geschlängelt. Und dann fanden wir einen Schädel, in den sich das feine Wurzelwerk durch das Hinterhauptloch hineingearbeitet und die Form des Gehirns angenommen hatte. Wir lösten den Schädel, es machte plopp, und das gehirnförmige Wurzelwerk kam zum Vorschein. Die Knochen, zu denen man keine Angehörigen ermitteln kann, wandern ins Depot, die anderen werden in einem solchen Fall umgebettet. Meine Jenseitsvorstellung? Ich bin Wissenschaftler und damit in erster Linie gespannt auf das, was kommt.

Wohnung aufgeben

»Ich ziehe aus. Ich verlasse die Wohnung. Ich schüttle vierundvierzig Jahre aus dem Gefieder. Nein, ich bin kein Vogel. Als ich in diese Wohnung zog, war ich 23 Jahre alt, und alles lag vor uns. Als wir heirateten, war ich zweiundzwanzig. In dieser Wohnung sind unsere Kinder groß geworden, hier, an diesem weißen Tisch haben wir unsere Freunde empfangen, ja, in der Mitte kann man eine Platte einlegen, und schon finden zehn Gäste Platz. Eine Freundin hat mir geholfen, den Tisch im Internet anzubieten, aber noch hat er keinen Käufer gefunden. Morgen kommt der Möbelwagen. Morgen ziehe ich um, morgen schlafe ich das erste Mal in der neuen Wohnung. Eine Freundin hat gesagt, es sei wichtig, was ich in dieser ersten Nacht in der neuen Wohnung träume. Ich habe schon vieles verschenkt, ich kann ja nicht alles mitnehmen. Die Mineraliensammlung meines Mannes, seine Schmetterlinge, seine Lampen. Er liebte Lampen, zu unserer Hochzeit hat er uns diese riesige italienische Bogenlampe geschenkt, die kommt nur in großen Wohnungen zur Geltung. Ich habe diese Wohnung geliebt.

Das Haus wurde 1911 gebaut, Jugendstil. Ich mag die verspielte Fassade, die Spiegel und Lampen im Treppenhaus, den schmiedeeisernen Zaun mit seinen Verzierungen. Ich kenne dieses Haus wie einen Menschen, wie einen guten Freund, dieses Haus ist Heimat. Die Briefkästen, der Innenhof mit dem Springbrunnen, der Quittenbaum im Hinterhof und der Walnussbaum im Vorgarten. Morgen verlasse ich die Wohnung für immer, und ich möchte sie nie wieder betreten. Ich weiß nicht, ob ich das aushalten würde. Aber ich habe mir alles eingeprägt, ich habe alles im Kopf, im Herzen. Jetzt kann ich loslassen. Jetzt werde ich eine neue Tür aufmachen.

Mein Mann hat diese Wohnung auch geliebt, und er wäre gerne hier gestorben, aber wir mussten doch in ein Hospiz gehen, wir haben es nicht geschafft, hier zu bleiben. Er hat sich auf seine Art von der Wohnung verabschiedet. Er hat sich jedes Zimmer noch einmal angesehen, ich stützte ihn, wir gingen langsam durch die Räume, und als man ihn die Treppe hinuntertrug, wusste ich, dass die Wohnung nie mehr dieselbe sein würde. Eigentlich ist die Wohnung schon gestorben, als mein Mann ging. Von diesem Verlust hat sich die Wohnung nicht erholt, und ich merkte, dass ich die Wohnung irgendwann verlassen muss, weil die Wohnung auf ihre ganz eigene Weise an meinen Mann denkt und um ihn trauert. Eine Wohnung ist … ja, wie soll ich das sagen … eine Wohnung ist … viel mehr als nur ein Raum … sie ist … Bitte, entschuldigen Sie mich einen Augenblick …

Meine Kinder leben weit weg. Mein Sohn studiert in London, und meine Tochter arbeitet in Amerika. Als ich meiner Tochter am Telefon sagte, ich würde ausziehen, hat sie bitterlich geweint. Ich musste ihr versprechen, dass ich jeden Raum fotografiere. Sie wäre am liebsten gekommen, um sich von der Wohnung zu verabschieden, aber sie hat beruflich grad viel Stress. Das mit den Fotos hat ein Freund für mich gemacht. Er hat sich auf den Boden gelegt, er hat gekniet, er ist auf eine Leiter gestiegen, er hat darauf gewartet, dass die Sonne herauskommt, und er hat den Vögeln auf unserem Balkon aufgelauert. Er ist selbst in die Speisekammer gekrochen, um jeden Winkel, jede Ecke, jeden Lichtstrahl zu finden. Jetzt habe ich eine Wohnung zum Mitnehmen. Ich hätte das nicht gebraucht, aber es ist für die Kinder; ich werde diese Wohnung ohnehin nie verlassen, auch wenn ich jetzt ausziehe. Ich werde sogar die Geräusche mitnehmen, die Geräusche, die unsere Wohnung besucht haben, manchmal waren es nur flüchtige Gäste, manchmal haben sie uns jahrelang begleitet. Die Propellermaschinen, die in Tempelhof landeten, flogen immer über unser Haus. Den monotonen Gesang Autobahn hörten wir nur, wenn der Wind aus dem Osten kam, und dann gehören natürlich die Glocken dazu, die vom Rathaus, von der Kirche und die ganz kleine, sehr hell klingende Schulglocke. Einmal hatten wir so ein Ticken in den Wänden, immer nur nachts zwischen elf und zwölf. Wir wussten nicht, woher es kommt und haben es auch nie herausgefunden, obwohl wir alle Nachbarn gefragt haben. Es war ein absolut gleichmäßiges, sehr leises, aber doch deutlich vernehmbares Ticken. Wie oft bin ich mit diesem Ticken eingeschlafen?

Morgen schlafe ich das erste Mal in der neuen Wohnung. Das ist die letzte Nacht hier. Und jetzt will ich auch weg. Sie sehen die Kisten, die Wohnung macht mich jetzt traurig. Die Wohnung sieht mich vorwurfsvoll an: ›Wie kannst du gehen?‹ Ich weiß nicht, wer hier einziehen wird. Die Hausverwaltung will die Wohnung verkaufen, sie wollen viel Geld verdienen, denn in dieser Gegend wollen viele wohnen. Ich habe so viele Erinnerungen an diese Wohnung, ich könnte Ihnen so viel erzählen, aber bitte, lassen Sie uns jetzt aufhören. Sie können mich besuchen, wenn Sie mögen, Sie haben ja meine Karte. Nur eine Kleinigkeit will ich Ihnen noch erzählen: Da am Heizkörper unter dem dreiflügeligen Wohnzimmerfenster hing all die Jahre hindurch ein Spinnennetz. Es war so eine ganz kleine Spinne. Natürlich nicht immer dieselbe. Wissen Sie, wie lange Spinnen leben? Es müssen viele Generationen ihr Netz gesponnen haben. Wovon hat die Spinne gelebt all die Jahre, nie habe ich was in ihrem Netz gesehen? Ich habe das Netz nie zerstört, ich habe sogar einmal die Maler gebeten, um diese Ecke herumzustreichen. Die haben sich vermutlich gedacht, die Alte spinnt. Aber die

Spinne gehörte dazu. Zur Wohnung. Zu uns. Mein Mann hat das auch verstanden. Auf seine Art. Wir waren hier zu Hause. Wir haben hier gelebt. Und jetzt ziehe ich aus. Morgen früh kommen die Möbelwagen und übermorgen die Handwerker.«

Im Beinhaus

Der Mensch ist eine Suchmaschine. Plötzlich stehe ich im Pfarrgarten eines oberbayerischen Dorfes neben einem Pfarrer, über dessen Kopf frühe Märzmücken tanzen, wir blicken auf einen uralten, noch kahlen Apfelbaum und fragen uns beide, welcher Gott, welcher Wind, welches Schicksal uns für diesen Augenblick zusammengeführt haben mag, wie die Geschichte weitergeht und wie wir wieder vom Fleck kommen mit unserem Gepäck aus Zeit und Biographie.

»Ossarien« sind Beinhäuser, in denen auf Kirchhöfen die Gebeine der Toten gesammelt und ausgestellt werden. Bevor die Beinhäuser im 15. Jahrhundert aufkamen, lagen die Knochen und Schädel wild durcheinander, verstreut, vermischt mit Unrat und dem Abfall des Tages. Hamlet konnte seinen berühmten Monolog über das Sein oder Nichtsein im Angesicht eines Totenschädels deshalb halten, weil die Gebeine auf dem Kirchhof achtlos herumgeworfen und mit den Füßen getreten wurden. Aber nach und nach überkam Europa eine Ordnungslust gepaart mit morbider Prunksucht. Der Tod wurde ausgestellt, zur Schau gestellt, der Tod wurde Dekor, die Schädel und Gebeine feierten eine Hochzeit zwischen Todes- und Lebenslust und gemahnten sinnlich-verspielt an die irdische Vergänglichkeit. Das Beinhaus wurde zur Schatzkammer des Todes.

Das Beinhaus in der tschechischen Stadt Kutná Hora ist in dieser Hinsicht sicher ebenso beeindruckend wie bizarr, denn hier ist der ganze Innenraum aus Knochen gebaut, mit Knochen geschmückt, die als Leuchter oder Girlande von der Decke hängen, als Obeliske im Raum oder als Kreuze in

293

Nischen stehen. Hier haben die Knochen von mehr als vierzigtausend Menschen Platz gefunden, Menschen, die an der Pest oder in Kriegen starben. Aus Hüftknochen und Schienbeinen werden hier Schmuckstücke.

In die Beinhäuser ziehen die Toten ein, für die auf den alten, engen Friedhöfen kein Platz mehr ist, weil neue Tote ihren Platz suchen, weil alte Gräber weichen müssen. Schädel stapeln sich, Schädel sehen sich an, Schädel sprechen von Endlichkeit und Wandel. Beim Zwiegespräch mit dem Schädel verteidigte Hamlet dessen Individualität, er imaginierte eine Geschichte, die das Gebein retrospektiv mit Leben und Leistung füllte, und zugleich musste er kapitulieren vor dem kollektiven menschlichen Los, das jeden der Vergessenheit preisgibt. Das Ende der Beinhäuser kam mit der Aufklärung, kam schließlich – bis auf wenige regionale Ausnahmen – flächendeckend im 19. Jahrhundert, weil die Obrigkeit die Knochentempel zu makaber fand, zu würdelos und unchristlich. Fortan war das Beinhaus, sofern es sich durch Jahrhunderte erhalten hat, touristische Gruselstätte, vor der die Busse halten.

Im oberbayerischen Walleshausen, das 57 Autobahnkilometer (Google Maps) und 15 S-Bahn-Stationen von München entfernt liegt, ein Dorf mit 1386 Einwohnern, das 912 n. Chr. erstmals urkundlich erwähnt wird, steht ein Beinhaus, das 1453 als »Totenkerker« errichtet wurde. Jedes Beinhaus hat einen Schlüsselwächter, und wer das Beinhaus in Walleshausen besichtigen und sich nicht mit den Bildern im World Wide Web begnügen will, muss Herrn Prof. Dr. Petar Vrankic fragen, der in Walleshausen als Pfarrer amtiert. Professor Vrankic, ein gebürtiger Kroate, lehrt außerdem Kirchengeschichte des Mittelalters und der Neuzeit in Augsburg und Rom, aber jetzt öffnet er lächelnd die Tür des Pfarrhauses und bittet mich zum Tee.

Ich folge ihm durch das Pfarrhaus, treppauf, treppab, und

sofort springt die Zeitmaschine an, sofort stürzt man in einen Strudel klerikaler und klösterlicher Tradition. Das Pfarrhaus in seiner heutigen Form wurde 1710 errichtet und diente als Sommerresidenz für die Vorstände des Klosters Polling. Ehrwürdige und ernsthafte Prälaten in Öl blicken von den Wänden, die Decken sind stuckverziert, die niedrigen Türen sind mit gemalten Intarsien geschmückt, im Amtszimmer zwingt ein prächtiges Deckengemälde den Kopf in den Nacken, und eine alabasterne Mutter Gottes mit Kind sieht uns beim Tee zu. Es ist wie im Film. Ein verschmitzter Provinzpfarrer blickt den Besucher prüfend an, lehnt sich zurück, legt die gefalteten Hände auf dem Bauch ab, ruft nach der Haushälterin, die Kuchen und Tee bringt, und examiniert mit ein paar Fragen seinen Gast, denn der will immerhin ins Beinhaus, den »Totenkerker«, der nur einmal im Jahr zu Allerseelen geöffnet und betreten wird. Die ganze ICE-Berlin-BlackBerry und iPad-Welt ist jetzt wie weggewischt. Der Professor sieht ein wenig aus wie Heinz Erhardt, wenn er davon spricht, dass wir uns Gott nicht als würdigen, alten Herrn vorstellen dürfen, das sei ein menschliches Bedürfnis, aber eben eine Projektion, und auch das Jenseits sei sicher kein Ort wie dieser hier, wo wir als Personen beieinandersitzen und reden und Ich sagen und Ich denken und unserem Mensch-Sein und unserer menschlich geprägten Begrifflichkeit und Bildlichkeit nicht entkommen können. Niemand dürfe denken, er sei die Krone der Schöpfung, weil er ein Mensch ist, das sei eitel, aber der Mensch sei doch nun einmal die Krone von Gottes Schöpfung, und wenn er in die Gesichter seiner Pfarrkinder blicke und in jedem einen eigenen, ganz besonderen Zug sehe, eine Eigentümlichkeit, einen originellen, unvergleichlich einzigartigen, nie kopierten Ausdruck, dann könne er nicht umhin, darin Gottes Werk zu sehen, ein göttliches Zeichen. Und an Zufälle glaube er nicht, denn wenn da jemandem – nur so zum Beispiel – die Dachrinne auf den Kopf falle, war es dann Zufall oder hatte es etwas mit Regenmengen zu tun, mit dem Wehen des Windes, mit dem Rost, der seine Arbeit tut, und den Wegen und Entscheidungen des Menschen? Und wie passt das alles zusammen? Mir schwindelt ein wenig, und der Professor merkt, dass sein Gast für einen Moment den theologischen Wanderungen nicht folgen kann.

»Aber ich rede zu viel! Wo kommen Sie her?«

»Könnte ich Ihre Rede wie diesen Tee trinken, ginge ich als gebildeter Mensch von dannen!«

Warum fühle ich mich in dieser Umgebung und Einrichtung aufgefordert, so maniriert zu sprechen?

So unterhalten wir uns eine Weile. Nach zwei Tassen Tee und zwei Stück Kuchen fragt der Professor nach meiner Zeit. Er ist ein guter Beobachter und hat meinen verstohlenen Blick auf die Uhr bemerkt. Ein schwarzer Wintermantel schwebt für den Pfarrer herbei (hat ihn die Haushälterin gebracht?), ein schwarzer Hut folgt, und so gegen die Kälte befestigt, treten wir auf den Kirchhof, der direkt vor der Haustür beginnt. Die Sonne scheint, aber es ist noch kühl. Der Professor eilt in die Kirche, um den Schlüssel zum Beinhaus zu holen. Das weiß gekalkte Häuschen mit rotem Ziegeldach hat zwei Stockwerke und drei mit Scherengittern versehene Fenster, durch die man freizügig ins Innere blicken kann. Im oberen Stockwerk, der Ölbergkapelle, findet der Betrachter eine biblische Szene. Jesus wacht auf dem Ölberg, seine Jünger, die er zur Wachsamkeit ermahnt hat, schlafen, und Gottes Sohn fühlt sich alleingelassen und einsam. Auf felsigen Steinen stehen und liegen einige holzgeschnitzte Figuren, und auf der Rückwand findet sich ein gemalter Prospekt, der zeigt, wie der Verräter Judas die römischen Soldaten zu Jesus führt, damit er verhaftet werden kann. Unter dem oberen Stockwerk liegt das Beinhaus, zwei Rundbogenfenster geben den Blick auf die Schädel und Knochen frei.

Pfarrer Vrankic kehrt zurück. Hinter der ersten Tür zum

Beinhaus folgt eine zweite, die durch ein faustgroßes Vorhängeschloss gesichert ist. Das Schloss ist über und über mit Spinnweben bezogen, der Pfarrer hebt einen Kieselstein vom Boden, wischt mit ihm die staubigen Netze fort und sperrt auf. Wir treten drei Stufen nach unten, die mit trockenem Herbstlaub bedeckt sind, das unter unseren Tritten kracht und kratzt. Wir stehen vor einem schwarzen Kastenregal mit sechsundneunzig Fächern. In nahezu sechzig Fächern stehen weiße Schädel, die so sauber sind, als seien sie gewaschen und gebürstet worden. In den untersten Fächern liegen Bein- und Armknochen. Im Vergleich zu anderen Beinhäusern, wo die Schädel dicht an dicht liegen oder gestapelt sind, stehen diese hier distanziert, und fast möchte man sie zusammenlegen, damit sie Gesellschaft haben. Ich versuche, mir Notizen zu machen, doch es fällt schwer, gleichzeitig innezuhalten, die Schädel zu betrachten und mit dem Pfarrer einen Dialog zu führen. Einige Schädel hat der Wind, der durch die offenen Fenster fährt, umgestürzt, sie liegen auf der Seite. Der Pfarrer und ich stellen sie wieder aufrecht und drehen einige verrutschte Schädel so, dass sich die leeren Augenhöhlen dem Betrachter wieder frontal zuwenden.

Draußen geht ein Ehepaar vorbei, grüßt und blickt herein.

»Wir machen uns ein wenig mit der Ewigkeit bekannt!«, ruft ihnen der Pfarrer freundlich erklärend zu.

Er tätschelt einen der Schädel und sagt: »Na, mein alter Freund! Sie merken, ich habe keine Berührungsängste. Sehen Sie die Grabstelle hier direkt am Beinhaus? Wenn das Nutzungsrecht der Grabstelle einmal ausgelaufen ist, werde ich dort einziehen. Ein Kollege von mir hat gesagt: ›Was, du willst bei diesen alten Gespenstern, bei diesen Schädeln liegen?‹ Aber Sie wissen, die Seele wird nicht dort sein, wo der Körper ruht, diese abgelegte Hülle. Also wenn das hier kein Memento mori ist! Das ist Vergänglichkeit! Das ist der Mensch!«

Es ist kalt in dieser schattigen Gruft. Es ist für mich überraschend, wie unterschiedlich die Schädel aussehen, jeder hat
eine eigene Form, eine eigene Prägung, man glaubt, Spuren von individuellen Schicksalen an ihnen kleben zu sehen.
Einige sind beschriftet. Der hat eine fliehende Stirn, jener
wulstige Augenbrauen, der dort ist auffallend groß, das dort
scheint ein Kinderschädel zu sein, er ist sehr klein, ein anderer wirkt deformiert. Die Schädel sind sechshundert, sie-
benhundert oder eintausend Jahre alt? Vielleicht älter? »Ein
Wissenschaftler«, sagt der Pfarrer, »könnte das leicht bestimmen.« Die Knochen sind kühl. Die Augenhöhlen starren
nach draußen. Die Schädel sehen die Kirchgänger, die Kirchgänger sehen die Schädel. Es geht um diesen Blickwechsel.
Um diesen transzendenten Dialog zwischen den Lebenden
und den Toten. Wir sehen sie mit Röntgenaugen, und sie
schauen zurück, Kleidung und Fleisch sind für diese Augen
keine Hindernisse.

Übrigens findet sich in diesem Beinhaus keine Spruch-
tafel, wie man sie vielerorts am Eingang der Knochenkam-
mern findet, um lesend innezuhalten: »Was ihr seid, das
waren wir; was wir sind, das werdet ihr.« Sind nur die Gebeine mahnende Zeichen oder sind auch wir ihnen wan-
delnde Zeichen? Nähmen wir ihre Perspektive ein, müsste
uns das Leben da draußen merkwürdig vorkommen. Dieses
Hin- und Herlaufen, dieses Glockengeläute, die Grabsteine, die Kirche, die Mythologie, die alltäglichen Verrichtungen. Die Gebeine, die über Jahrhunderte herrschen, haben auch die Fähigkeit, uns von der Zeit zu dispensieren, sie
dehnen Augenblicke. Ich finde nicht, dass sie am lautesten
vom Jenseits sprechen, sie sprechen eher von der Vielheit,
Zeitaltern und Illusionen, Weltwechseln, von verlorenen
und kommenden Tagen. Hört man genau hin, sprechen die
Schädel bemerkenswert viel von der Zukunft. Der Pfarrer
lüftet seinen Hut und kratzt sich am Kopf. Ich verspüre

einen unwiderstehlichen Wunsch, es ihm gleichzutun. Ja, mehr noch, ich klopfe nun mit meinem Mittelfinger – tlong, tlong, tlong, tlong – prüfend gegen mein eigenes Schädeldach, und am liebsten würde ich meinem Gegenüber jetzt auch vorsichtig die Stirn bearbeiten. Tatsächlich klingt es verschieden, je nachdem, ob man an der Stirn, der Schläfe, dem Mittel- oder dem Vorderdach klopft, ob man mit dem Mittel-, dem Zeigefinger oder zugleich mit beiden trommelt. Wie wäre es, wenn wir durch ein kleines Fenster in unserem Kopf stets ein Stück unseres Schädels sehen könnten, sofern uns danach ist? Das wären meditative Übungen zur Einkehr, das wären Verbeugungen vor der unendlichen Endlichkeit.

Als Kind war ich schon einmal in einem Beinhaus, in Polen. An die Schädel und Knochen erinnere ich mich jedoch kaum, bleibenden Eindruck hat in mir nur das Geschrei hinterlassen, das sich erhob, als ein Junge, der etwa so alt gewesen sein mochte wie ich, verdächtigt wurde, seinen Kaugummi an einen der Schädel gedrückt zu haben. Die schwarz gekleidete, stark beleibte Ordensschwester, die die Touristen führte, beschimpfte den Frevler und rang die Hände, der Junge weinte, und die Eltern des Jungen ergriffen beschämt die Flucht.

Wir verlassen das Beinhaus. Pfarrer Vrankic fragt mich, ob ich noch einen Augenblick Zeit habe, er will mich nicht entlassen, ohne mir noch einmal die Kirche und das Pfarrhaus gezeigt zu haben. Über die sehr schöne Pfarrkirche Mariä Himmelfahrt will ich hier kein Wort verlieren. Sie ist eine Reise wert. Auch über die Kunstschätze des Pfarrhauses könnte man ein Buch schreiben, aber diese Aufgabe mag ein anderer Schädel mit größerem kunst- und kirchengeschichtlichen Fassungsvermögen übernehmen. Nur eine Sache will ich aus den Mauern noch berichten. Im früheren Speisesaal und jetzigen Amtszimmer hängt im zweiten Stock des Pfarrhauses, dort, wo jetzt der Schreibtisch des Pfarrers steht, ein modernes Triptychon. Mein Blick verweilt.

Das Triptychon zeigt drei Szenen aus dem Leben Jesu. Den Gang zum Kreuz, die Kreuzigung und die Kreuzabnahme. Die Figuren taumeln zwischen Abstraktion und Figürlichkeit, sie wirken wie Rauchsäulen, Nebelschwaden, zufällig zusammengeklumpt zu Bedeutung und Gestalt, sie können jeden Moment vom Wind ergriffen und hinweggeweht werden. Die christliche Symbolik befindet sich in einem Stadium höchster Gefahr und Auszehrung, und der Betrachter nimmt an diesem Schicksal teil, hilft aber auch durch seine kontemplative Energie und Empathie, die Figuren vor dem Verschwinden und Vergessen zu bewahren. Der Körper des Gekreuzigten ist so kalkig weiß wie die Schädel und Knochen im Beinhaus.

»Das habe ich als junger Priester einem ukrainischen Künstler abgekauft. Ich musste dafür sogar einen Kredit aufnehmen. Trotzdem hat es nicht gereicht. Aber der Maler meinte, es sei bei einem Geistlichen in guten Händen. Seither ist es mein Lebensbegleiter. Sie sehen, es ist sehr dunkel alles, fast schwarz. Finsternis bedeckt die Erde. Und wenn ich mal eine finstere, eine dunkle Stunde habe, ja, das kommt vor, dann betrachte ich das Bild und denke mir: ›O Herr, Du hast also auch Deine dunklen Stunden erlebt‹, und das gibt mir dann Trost, und es mag heller werden.«

Wir verlassen das Pfarrhaus und treten in den Pfarrgarten, wo Weinstöcke gezogen werden, wo alte Obstbäume stehen, wo sich eine weite, abfallende Wiese ausstreckt. Über dem Kopf des Pfarrers tanzen die Mücken. Sein schwarzer Mantel hat einige staubige, weiße Flecken aus dem Beinhaus mitgenommen. Manchmal, sagt der Pfarrer, mache er sich Sorgen um sein Dorf, um die Gemeinde. Wie soll man die Kinder an die biblischen Botschaften, an den Glauben überhaupt heranführen? Allzu viele Menschen würden nur noch materiellen Dingen nachjagen. Die Jugend wisse oft nicht, wohin mit sich, auch fehle es wohl manchmal an Neugier und Kraft, die Welt entdecken zu wollen. Familien begännen sich aufzulösen, wenn sie überhaupt noch entstünden. Es komme mitunter vor, dass ihn eine Schwester anrufe und frage, ob er einem Sterbenden Trost spenden könne, denn da sei niemand, niemand, der den Todkranken begleite. Dann komme er ins Krankenhaus, und dort lägen nicht einer, sondern drei oder vier Menschen im Sterben, und sie alle hätten niemanden, der ihnen die Hand hält. »Was ist das für eine Zeit, sagen Sie? Da, wo ich herkomme, da starben die Menschen zu Hause, da war die Familie in den letzten Tagen immer an der Seite des Kranken. Das wird selten.«

Wir treten durch das Tor hinaus an die Straße. Der Pfarrer hebt grüßend die Hand, ein alter Mann ruft: »Grüß Gott!« Der Pfarrer lächelt in alle Himmelsrichtungen, verteilt mit den Fingern fein abgestufte Grüße. Jetzt stehen wir dicht beisammen. Die Zungenspitze des Pfarrers stößt wieder und wieder nach vorne und scheint mit jedem Wort wie eine Welle über die Zähne hinausschießen zu wollen, doch wieder und wieder zieht sie sich zurück, ehe sie erneut Anlauf nimmt.

Wir geben uns die Hand.

»Bitte besuchen Sie mich einmal wieder; aber melden Sie sich vorher an, dann kann ich Sie im Gästezimmer unterbringen.«

Petar Vrankic drückt mir noch eine Postkarte des barocken Palmesels in die Hand, den er mir zuvor im Pfarrhaus gezeigt hatte. Die Figur zeigt den auf einem Esel reitenden Jesus. Alljährlich wird der Palmesel am Palmsonntag durch die Straßen getragen, um daran zu erinnern, wie Christus in Jerusalem einzog. Lächelt der Esel? Weiß er, wen er da trägt? Ein junges Pärchen fährt im zügigen Tempo auf seinen Mountainbikes die ansteigende Landstraße hoch. Ein schönes Paar auf der Suche nach Fitness und Spaß. Der Pfarrer und ich sehen ihnen einen Moment lang nach. Dann schütteln wir uns noch einmal die Hände. Mich überkommt noch einmal das Verlangen, dem fremden Mann über den Schädel zu streicheln, stattdessen ziehe ich den Pfarrer an meine Brust und umarme ihn, eine Geste, die mich selbst überrascht. Er leistet keinen Widerstand. Sein Hut verrutscht. Sein dichtes weißes Haar fällt ihm in die Stirn.

Dann gehe ich weg, die gewundene Dorfstraße entlang.

Steine sprechen

Die vier Männer litten unvorstellbare Qualen. Zuerst schlug man ihnen eiserne Spitzen in den Schädel, so dass ihnen das Blut in dicken, heißen Strömen über die Gesichter floss, bis sie ohnmächtig zu Boden sanken. Man goss übelriechendes, breiiges Wasser über ihnen aus, zog sie hoch und bewarf sie mit gereizten Skorpionen, die sofort ihre glühenden Stachel in das Fleisch der Wehrlosen stachen. Dann steckte man die fiebernden Männer in einen Kessel mit siedendem Wasser, zog sie aber heraus, bevor sie in den Tod fliehen konnten. Und endlich, endlich presste man die Unglücklichen, deren Herz noch schlug, deren Atem noch kam und ging, obwohl ihre Haut in Fetzen hing, die Zungen grotesk aufgequollen und das Blut schon gerann, in enge Särge aus schwerem, dunklem Blei und versenkte sie im finstersten Meer.

Castor, Symphorianus, Claudius und Nicostratus arbeiteten um das Jahr 300 n. Chr. als Steinmetze in den Steinbrüchen des römischen Kaisers Diokletian. Als ihnen befohlen wurde, ein Götzenbild des Äskulap aus dem Stein zu hauen, weigerten sie sich und wurden zum Tode verurteilt. Es ist in diesem Zusammenhang nicht ohne Ironie, dass Äskulap bis heute als Gott der Heilkunde verehrt wird und schließlich von Zeus getötet wurde, weil er drauf und dran war, die Menschen vom Tod zu befreien, eine Maßnahme, die den Göttern alsbald das Existenzrecht abgesprochen hätte. Diese vier Standhaften, die im Lauf der Jahrhunderte zu christlichen Märtyrern erhoben wurden, sind die Schutzheiligen der Steinmetze, einem der ältesten Berufszweige der Welt. Die Steinmetze haben die Pyramiden gebaut (weshalb sie, die Mitwisser, ebenfalls sterben mussten, wenn ein Pharao ins Totenreich fuhr), sie bauten Tempel, Kathedralen, und sie haben immer Grabsteine und Denkmäler errichtet. Sie bringen die Steine, die von den Toten zu den Lebenden sprechen sollen, zum Sprechen.

»Haben die Steinmetze eigentlich einen Schutzheiligen?«

»Ja, gleich vier, und unser Patronatsfest feiern wir immer am 8. November. Aber ich vergess' immer die Namen, immer … einen Moment …«

Der Steinmetz eilt zu seinem Computer. Er googelt. Er kehrt mit drei Blättern zurück, er ist unzufrieden.

»Also, so auf die Schnelle hab ich nicht …, aber es sind auf jeden Fall vier …«

Frank Rüdiger ist Steinmetzmeister in der fünften Generation. Mit seinem Bruder Bodo führt er die Firma Albrecht, die auf eine einhundertfünfundzwanzigjährige Firmengeschichte zurückblicken kann und damit der älteste Steinmetzbetrieb in Berlin ist. Die Firma befindet sich in Berlin-Kreuzberg, auf der anderen Straßenseite liegen vier der ältesten und kulturhistorisch reizvollsten Friedhöfe der Stadt, hier findet sich eine große Anzahl alter Erbbegräbnisse, monumentale Mausoleen, bedeutende Bildhauerarbeiten, Gittergrabstellen mit aufwendiger Ornamentik, Stelen, marmorne Obeliske und schwebende Engel, die über die Toten wachen. Frank Rüdiger ist praktisch auf dem Friedhof geboren geworden, sein Kinderbett steht nur hundert Meter von seinem Familiengrab entfernt. Das Elternhaus dürfte eines der kuriosesten in Berlin sein, denn das nur wenige Meter schmale, vielfach erweiterte, verschachtelte Haus, das direkt auf, neben, hinter und über dem Betrieb errichtet wurde, liegt zwischen wuchtigen vierstöckigen Mietshäusern, die es zu erdrücken scheinen. Dieses Haus hat alle Umbrüche überlebt, es hat sein Gesicht verändert, aber es war hier schon am Platz, als noch kein Auto fuhr, als Pferdekutschen den Staub aufwirbelten, als die Stadt noch weit war, als man hier noch über Wiesen laufen konnte, als Kühe, Schweine und Ziegen in der Nachbarschaft lebten.

»Kommen Sie mal, ich zeige Ihnen mal unseren Keller.« Ich folge dem Steinmetz, der nun eine steile Treppe hinabsteigt. Lichter springen an, es ist kühl. Früher, als das Handwerk noch arbeitsintensiver war, weil es kaum Maschinen gab, als sich noch jeder einen Stein leistete, der es sich leisten konnte, wimmelte es hier im Keller vor Leben, hier wurde gegessen und gearbeitet, die Wände hallten wider von dem Schlagen der Eisen, die Meister, Altgesellen, Gesellen und Lehrlinge schwitzten hier Rücken an Rücken. Jetzt ist es ruhig, nur von oben hört man ab und zu das Schreien einer Säge oder die wuchtigen Schläge eines Hammers. In der Ecke steht ein alter zerbeulter Stahlschrank, dessen Türen offen stehen. Hier liegen in mehreren Fächern Hunderte von alten Eisen: Spitzeisen, Kehleisen, Sprengeisen, Beizeisen, Schrifteisen. Die Hämmer, mit denen die Eisen in den Stein getrieben werden, heißen Knüpfel. Der Steinmetz nimmt ein Scharriereisen und schlägt ein paar Kerben in einen Stein. »Um eine glatte Fläche zu bekommen, bearbeitet man das überstehende Stück Stein, den Bossen, zuerst mit einem Spitzeisen, dann nimmt man ein Zahneisen, und schließlich glättet man mit einem Scharriereisen. An der Oberfläche des Steines kann man sehr genau erkennen, ob einer sein Handwerk versteht.«

Eine Vielzahl von behauenen und unbehauenen Steinen steht hier, staubüberzogen, Tafeln und einige stumme Maschinen. Der Steinmetz weist auf eine Reihe von Grabsteinen, die zwar ein Geburtsdatum zeigen, aber noch kein Sterbedatum. Einige seiner Kunden haben sich schon zu Lebzeiten ihren Stein ausgesucht, es sind auch junge Leute darunter.

»Dazu kann ich Ihnen eine Geschichte erzählen. Ganz

verrückt.« Wir steigen wieder nach oben, überqueren die ruhige Straße, die vom Senat als Fahrradstraße eingestuft wurde, und betreten den Jerusalemer Kirchhof. Der Steinmetz freut sich, dass er mir diese Geschichte erzählen kann. Die Geschichte nahm ihren Lauf, als sein Vater den Betrieb noch führte, sie begleitete ihn durch seine Lehr- und Gesellenzeit, und sie fand erst ein Ende, als er das Geschäft übernahm. Aber richtig zu Ende ist sie noch nicht, denn ein Stein steht noch, und es gibt einen, der sich an die Geschichte erinnert. Wir stehen jetzt vor einem grauen Grabstein. »Hier liegt die kleene Dame, von der ich erzählen wollte. Eines Tages kam sie zu uns und wollte einen Grabstein bestellen. Da war sie gerade siebzig geworden. Sie kam direkt vom Arzt, und der hatte ihr auf den Kopf zugesagt: ›Liebe Frau, ordnen Sie Ihre Papiere, kümmern Sie sich um das, was noch zu erledigen ist, und beginnen Sie, sich vom Leben zu verabschieden. Ich gebe Ihnen noch ein Jahr.‹ Die gute Frau hat das wohl gar nicht umgeworfen, denn sie kam ganz munter herein und gab alles in Auftrag. Sie suchte sich einen schönen Stein aus, und wir stellten ihn in den Keller. Sie war alleinstehend, und um ein bisschen die Zeit zu nutzen, beschloss sie, sich auch schon mal um ihre Grabstelle zu kümmern. Sie suchte sich einen schönen Platz aus, bepflanzte das Grab mit Blumen, die sie mochte, und wartete. So verging die Zeit, und unsere kleene Dame wurde einundsiebzig, zweiundsiebzig, dreiundsiebzig, und dann wunderte sie sich schon ein bisschen, dass sie immer noch lebte. Sie feierte sogar ihren fünfundsiebzigsten Geburtstag, und jeden Tag ging sie auf den Friedhof, goss die Blumen, setzte sich auf eine Bank, trank etwas Mitgebrachtes und ließ es sich gutgehen. Das war so eine ganz Kleene, man dachte, jeder Windstoß pustet die um die Ecke. Manchmal schaute sie bei uns herein, ließ sich ihren Stein zeigen und ging dann wieder ihrer Wege. So wurde sie zu einer guten Bekannten, die gefehlt hätte, wenn sie wirklich gestorben wäre. Schließlich wurde sie achtzig, sie wurde fünfundachtzig, der Arzt ging in Ruhestand, die Mauer fiel, und unsere kleene Dame ging noch immer zum Friedhof. Sie wirkte ausgeglichen, und so wurde sie neunzig Jahre alt, und zwei Jahre später, als sie schließlich nicht mehr so gut gehen konnte und deshalb kaum noch auf den Friedhof kam, ist sie gestorben. So, das war das! Was jetzt? Kommen Sie!«

Zu jedem Stein, den seine Familie durch fünf Generationen geschlagen hat, kann der Steinmetz eine Geschichte erzählen. Wir kommen am Grab eines dreizehnjährigen Mädchens vorbei, das durch den Huftritt eines Pferdes getötet wurde, da ist das Grab eines Selbstmörders, hier ist das Grab eines Geisteswissenschaftlers, der über den Theologen und Philosophen Friedrich Schleiermacher promoviert hatte und deshalb unbedingt in der Nähe seines intellektuellen Idols liegen wollte. Auf dem Stein einer Frau, die mit sechsunddreißig Jahren starb, steht: »Flügel hab' ich, bin kein Vogel zwar, eher schon ein Schmetterling!« Der Steinmetz murmelt, das sei eine schöne Arbeit, nicht von ihm, aber schön. Zielstrebig geht er weiter. Er hat ein Grab im Auge, aber auf dem Weg dorthin schüttelt er beiläufig Geschichte um Geschichte aus dem Ärmel. Einmal sei eine Frau zu ihm gekommen, die hätte sich für ihren »Ollen«, so drückte sie sich aus, einen Grabstein in der Form einer »Doornkaat«-Flasche gewünscht, der Grabstein hätte grün wie die Flasche und der Schriftzug rot sein sollen, ganz dem Original und dem Leben ihres Mannes verpflichtet, denn der habe sich schließlich »totgesoffen«, und er selbst habe sich diesen Grabstein auch gewünscht. Doch mit ihrem Anliegen stieß die Witwe bei der Friedhofsverwaltung auf taube Ohren. Auch ein Gastwirt, der einen Zapfhahn an seinem Grabstein befestigt wissen wollte, musste auf seinen extravaganten Wunsch verzichten, zumindest an seinem Grab. Wer weiß, ob es im Jenseits nicht auch Zapfhähne gibt?

307

Endlich erreichen wir das gesuchte Grab. Es ist mit rotem Granitstein eingefasst, ist frisch bepflanzt, alles macht den Eindruck liebevoller Pflege. Der Grabstein, ebenfalls aus rotem Stein, besteht aus einem aufgeschlagenen Buch. Vor dem Buch steht ein steinerner Fliegenpilz, den man als Sitzgelegenheit benutzen kann. Auf den Buchseiten steht in goldener Schrift: »Hier ruht ein Märchenpärchen.« Darunter finden sich zwei Namen. Auf der rechten Buchseite liest man: »Es sah einmal eine Puppe eine fallende Sternschnuppe und dachte sich fein, oh nein, wie schnell kann man gefallen sein.« Und darunter: »Von meinem Frauchen Helga.« Der Steinmetz zeigt auf die Namen: »Sie sehen, da stehen zwei Namen, aber es ist nur die Frau, die dort liegt, ihr Mann lebt. Er kam eines Tages zu uns. Er ist Perser. Ein sehr scheuer, zurückhaltender Mensch. Ein ganz liebenswerter Mann. Seine Frau, eine Deutsche, war gestorben. Die zwei hatten sich im Ausland kennengelernt, es war Liebe auf den ersten Blick. Er wollte etwas Besonderes für das gemeinsame Grab. Dann haben wir uns über seine Frau und ihn unterhalten, über das, was die beiden verbunden hat. Seine Frau und er haben Märchen geschrieben, ganze Bücher und Kladden voll, immer neue Märchen. Ich hab' die auch mal gelesen, aber ehrlich gesagt, waren die schon sehr eigenwillig. Der Mann hat mich auch zu sich nach Hause eingeladen. So kam es schließlich, dass ich dieses aufgeschlagene Buch aus Granit gefertigt habe und davor einen Pilz als Stuhl, denn seine Frau sammelte auch leidenschaftlich gern Pilze. Als ich ihm das fertige Grab zeigte, war er so erfreut, dass er mir einen kleinen Goldbarren überreichte, den er seiner Frau zur Hochzeit geschenkt hatte. Das ist im Iran ein alter Brauch, der Bräutigam beweist die Größe seiner Liebe durch Gold. Er kommt – wie Sie sehen – sehr oft ans Grab, hält alles in Schuss und setzt sich auf den Pilz.«

Kaum ist dieser Roman erzählt, drängt den Steinmetz eine

neue alte Geschichte. Er ist kein steinkalter, steinruhiger Mann, nein, eher wendig, wuselig, schnell unterwegs, mit kleinen Schritten, hierhin und dorthin zieht es ihn, quirlig. Dazu mag passen, dass er einen blauen, schon nostalgischen Porsche fährt, allerdings nur zu besonderen Anlässen, ansonsten steht der glänzende Carrera still. Er zeigt nach links, auf das pompöse Grab eines Industriellen, weiter auf ein noch spektakuläreres, das für den Weinlieferanten des Kaisers errichtet wurde und da liegt eine Schauspielerin, die »was mit Goethe hatte«; der Steinmetz hat die Grabmäler für den ewigen Schwarzwalddoktor Klaus Jürgen Wussow und den großen Entertainer und Trinker Harald Juhnke gemacht, aber die liegen hier nicht, und jetzt hat er gefunden, was er suchte.

»Folgen Sie mir! Kommen Sie!«

Wohin will er? Ich sehe nur ein mannshohes, undurchdringliches Gebüsch. Er biegt die Zweige auseinander, wir treten in das struppige Dickicht.

»Schauen Sie mal runter!«

Ich blicke zu Boden. Da steht ein Grabstein, und vor dem Grabstein steht eine Plastik. Ein Mann und eine Frau, beide nackt, die Frau zeigt strotzende, sehr üppige Brüste. Es sind moderne Menschen, die sich wie Wilde gebärden, Natursucher, animalisch Aufbegehrende, Zivilisationskritiker, Licht-Luft-, Lust- und Sonnen-Sucher, ein bisschen Gauguin, ein bisschen Dix, asphaltmüde Städter im Gewand der Exoten, entfesselte Künstler im Sinnenrausch; die Figuren müssen, sollen hier – auf dem Friedhof, dem Ort, wo die Leidenschaften schlafen, wo der Eros kein Aufenthaltsrecht besitzt – wie Provokationen, wie vitale Protestzeichen wirken.

»Das ist ein berühmter Künstler, der hier liegt!«

Ich lese »HP Zimmer«. Ich habe den Namen nie gehört.

»Woran ist er gestorben?«

»Ich glaube, irgendwas im Kopf, Tumor!«

»Und welche Kunstrichtung hat er so verfolgt, ich meine, wie sahen die Bilder aus, oder hat er was anderes …?«

»Das weiß ich nicht, aber er hat so einer Gruppe angehört, die haben irgendwie auch was Kriminelles gemacht, aber was?«

»Drogen?«

»Nee, nee!«

»Staatsstreich?«

»Ne, so was nicht. Aber irgendwas Kriminelles. Und jetzt raten Sie mal, warum die Büsche hier so hoch stehen?«

Ich zucke mit den Achseln.

»Man erzählt sich, dass die Angehörigen des Künstlers die Skulptur nicht leiden können, wegen …«

Er unterbricht sich.

»Wegen des Stils?«

»Tja!«

»Oder wegen der Nacktheit?«

»Hmh!«

Der Steinmetz zeichnet mit den Händen in die Luft.

»Die Brüste?«

»Hmh!«

Wir gehen zurück. Natürlich – das will und muss ich hier einschieben – habe ich den Künstler, kaum war ich wieder zu Hause, im Netz gesucht und bin fündig geworden.

HP Zimmer war Mitbegründer der avantgardistischen Künstlergruppe SPUR, die 1958 in München gegründet wurde. Diese linksradikale Gruppe rechnete sich zur Situationistischen Internationalen, die ihre Wurzeln vor allem in Frankreich und Italien hatten und der man Slogans wie »Verbieten ist verboten!« zuschrieb. Diese Gruppe rebellierte gegen oben und unten, gegen vor und zurück, gegen alles, was fest im Sattel saß und selbstverständlich wirkte. Die Kunst der Situationisten wollte das Leben wieder lebendig werden lassen, die Stadt als Lebensraum wurde neu entdeckt, umge-

310

pflügt, denn unter dem Pflaster liege der Strand, auch das einer ihrer Pop-Sprüche, alle festgezurrten Werte und alten Welten mussten aufgelöst, pulverisiert, auf den Kopf gestellt, neu kombiniert werden, um neue Kreativitätsschübe zu wecken und Freiheitsräume zu schaffen. Die SPUR-Gruppe veröffentlichte zahlreiche Flugblätter, die mit martialischen Appellen wie »Wer Kultur schaffen will, muss Kultur zerstören« aufwarteten. Gegen die SPUR-Gruppe und somit gegen HP Zimmer wurde einer der spektakulärsten Gotteslästerungsprozesse der Bundesrepublik geführt, bei der die Mitglieder in erster Instanz zu Haftstrafen verurteilt wurden, die man aber in zweiter Instanz wieder aufhob. Das also war das »Kriminelle«, was der Steinmetz erinnerte.

Was für ein seltsames Kabinettstück des Schicksals. Da liegt der wilde Mann, ein rauschhafter Zerstörer und Schöpfer, ein Rebell, der gegen Lebensweltzwänge und autoritäre Moralwelten Sturm lief, da liegt der wilde Mann, und struppiges Gebüsch hindert den Blick auf sein Grab, weil es vielleicht als anstößig empfunden werden könnte, weil die Brüste, Urbilder des Lebens, die alle wilden und nicht wilden Männer von jeher anziehen, zu frech gegen den Tod opponieren. Aber vielleicht haben die Angehörigen das Grab auch einfach vergessen oder sie wollen es nur für sich oder sie haben keine Heckenschere oder was weiß ich.

Der silberne Kaffeeautomat, Jura Impressa S 9, zischt. Wir sitzen wieder im Büro. Blicken auf die Werkstatt.

»Gibt es eigentlich eine Berufskrankheit?«

»Staublunge!«

»Und sonst noch was?«

Frank Rüdiger überlegt. Dann streckt er seine Hände vor.

»Und Blutarmut in den Händen. Anerkannte Berufskrankheit. Wird auch als Weißfinger- oder Leichenfingerkrankheit bezeichnet. Das ist eine Folge der ständigen Vibrationen, wenn man den Stein bearbeitet.«

»Kann man nicht Handschuhe …?«

»Ach was! Früher war ich doch stolz darauf, wenn die Splitter und Funken nur so flogen, wenn sich die Splitter wie Nadeln in den Handrücken bohrten und das Blut auf den Stein tropfte. Das war Steinmetzarbeit! Wer damals einen Mundschutz aufsetzte, wurde ja ausgelacht!«

Der Steinmetz ist ein zuversichtlicher Mann, obwohl … obwohl es seiner Branche nicht gutgeht. Immer mehr Menschen lassen sich anonym bestatten, lassen ihre Asche in einem Wald verstreuen, wollen nach ihrem Tod spurlos verschwinden. Niemandem zur Last fallen. Wollen nur in der Erinnerung, nicht aber in der Erde liegen. Die Geiz-ist-geil-Mentalität setzt sich durch. Immer mehr Steine werden aus Billiglohnländern wie China oder Indien importiert. Industrielle Massenware ist das, ohne individuelle Signatur. Und Lehrlinge? »Sie finden kaum noch jemanden, der das machen will. Und wenn man heute einen Lehrling kritisiert, bleibt der morgen zu Hause und macht erst mal einen Tag krank. Mindestens! Einer meiner schönsten Tage war, als ich meine Ausbildung beendet hatte und der Meister zu mir sagte:, ›So, jetzt holst du mal einen Kasten Bier!‹ Das hab' ich getan. Dann stießen wir an, und mir wurde das ›Du‹ angeboten. Nach drei Jahren. Das war eine Auszeichnung! Ich hab' mich vielleicht gefreut.«

Der Steinmetz ist vier Jahre jünger als ich. Er spricht von diesem »früher« wie von einer verschwundenen Welt. Bist du, denke ich, wirklich schon so alt? Lebt man mit Mitte vierzig zum überwiegenden Teil in untergegangenen Welten? Ab welchem Punkt des Lebens regiert das »Früher« über das »Morgen«? Wird deine Zukunft von nun an immer stärker von Wehmut geprägt? Frau Rüdiger, die Mutter, kommt herein. Sie erledigt alle Büroarbeiten. »Den ersten Cappuccino meines Lebens habe ich in den siebziger Jahren in Italien getrunken.« Die Kaffeemaschine ist übrigens Teil eines Tauschgeschäftes. Grabstein gegen Automat.

Der Steinmetz knetet seine Hände.

»Ach, und der Katzenmann. Der Katzenmann, das war ja auch merkwürdig. Wie hab' ich denn den kennengelernt? Kam der zu uns? Wie war das? Weißt du das?« Er sieht zu seiner Mutter.

Frau Rüdiger schüttelt den Kopf.

»Der Katzenmann besaß hier ein Mietshaus in der Straße. Der war schwerreich, seinen Vorfahren gehörten Teile des Tempelhofer Feldes, er selbst besaß drei oder vier Miethäuser, er hatte eine richtig große Uhrensammlung und ein Faible für Autos. Das hat uns auf jeden Fall verbunden, das Interesse für Autos. Der kam nun zu mir und wollte, dass ich ihm sein Grab mache. Der war irgendwie ganz besessen von seinem Grab. Die Familie besaß ein großes Erbbegräbnis in Marienfelde. Er bestand außerdem darauf, dass ich ihm sein Grab persönlich aushebe, ist ja kein Job für einen Steinmetz, hab' ich aber trotzdem gemacht, als es so weit war.«

»Wieso Katzenmann?«

»Na, der hatte einen Katzentick. In einem seiner Häuser hatte er einen großen Raum, und der gehörte nur seinen Katzen. Ich war da einmal drin, mein Gott! Da sprangen bestimmt hundert Katzen herum. Die hat er überall aufgelesen, aus dem Tierheim geholt, aus dem Urlaub mitgebracht, ach, was weiß ich. Immer, wenn ich mit ihm auf dem Friedhof war, und ich war bestimmt fünfzigmal auf dem Friedhof mit ihm, kamen die Katzen aus allen Ecken gesprungen, ließen sich von ihm streicheln und liefen mit zum Grab. Da stand immer ein Fressnapf für die Katzen, den er dann füllte. Er hatte auch ganz genaue Vorstellungen, wie das Grab aussehen sollte, ich musste ihm schwere, schwarze Edelstahlketten machen, die hingen drumherum. Und dieser Mann wollte alles seinen Katzen vererben, das gesamte Vermögen, und das war ja nicht wenig. Er hatte schon sein Testament gemacht, aller Besitz sollte an eine Frau gehen, die sich dafür um die Katzen kümmern musste, das war die Bedingung. Alles war geregelt, ein Testament lag beim Notar, eines beim Bestatter. Dann wurde er eines Tages plötzlich krank und wurde ins Krankenhaus eingeliefert. Das ärgert mich heute noch ... ich war im Ausland ... im Urlaub und konnte ihn nicht besuchen. Er ist kurze Zeit darauf verstorben, aber irgendetwas ist in dem Krankenhaus passiert, denn er hat sein gesamtes Vermögen dem behandelnden Arzt vermacht. Ich habe damals noch einen Rechtsanwalt eingeschaltet, weil mir das alles verdächtig vorkam, aber da war nichts zu machen, die Sache war amtlich.«

»Und was ist aus den Katzen geworden?«

Er denkt nach und wiederholt die Frage leise für sich.

»Was ist aus den Katzen geworden?«

Er zieht die Achseln hoch.

»Keine Ahnung!«

Langes Leben

Im Jahr 2009 beglückwünschte der Bundespräsident 5660 Personen in der Bundesrepublik zu ihrem hundertsten Geburtstag. Im folgenden Jahr 2010 waren es 5688 Bundesbürger, die diesen Tag feiern konnten. Diese Zahl wird in den nächsten Jahren zunehmen. Wir werden älter als unsere Vorfahren, und unsere Kinder und deren Kinder werden älter als wir. Die Lebenserwartung steigt weltweit, in den armen und den reichen Ländern. Das Wort »Todeserwartung« spielt im öffentlichen Diskurs keine Rolle. Was erwarten wir vom Tod? Erwarten wir ihn?

Hildegard Priewe wurde am 11. Dezember 1909 in Berlin geboren. Als ich sie besuche, im Mai 2011, ist sie 101 Jahre alt. Einen Brief vom Bundespräsidenten hat sie nicht bekommen. Frau Priewe lebt in einem Seniorenwohnheim in Berlin-Friedenau. Die Zahl der Männer, die hier leben, kann man an einer Hand abzählen. Ich sehe keinen. Sie bewohnt ein geräumiges Zimmer, das einen großen Balkon mit Blick auf einen grünen Innenhof besitzt. Der Innenhof ist als Begegnungsstätte zwischen Jung und Alt angelegt. Der parkähnliche Hof des Seniorenheims ist für die Öffentlichkeit geöffnet, und da hier, mitten in der Großstadt, mehrere Ziegen und einige gutmütige Hasen gehalten werden, sind es in erster Linie Eltern mit kleinen Kindern, die vom nahe gelegenen Spielplatz einen Abstecher zu den Tieren machen. Wenn das Wetter schön ist, stehen die Kinder mit Mohrrüben und altem Brot am Zaun und füttern die Ziegen. Die Alten sitzen auf der Terrasse, sehen zu, sofern sie es können, oder sie sitzen auf den Bänken an den Gehegen und betrach-

315

ten die Kinder. Die, die noch Anteil nehmen, beobachten die Kinder aufmerksam, manchmal lächeln sie, manchmal sprechen sie ein Kind an, manchmal reichen sie den Kindern ihre runzligen Hände. Je nach Temperament und Alter kommt es dann zu kleinen Begegnungen, Kollisionen. Während die kleinsten Kinder neugierig nach der ausgestreckten Hand greifen, ergreifen andere, ältere, lieber die Flucht oder fragen ihre Eltern, wer die Alten sind, was sie wollen.

Ab und zu sitzt Frau Priewe auch auf der Sonnenterrasse, aber sie sieht kaum noch etwas, nur noch Umrisse, Lichtflecke, wandernde Schatten. An ihrer Bluse heftet das Blindensymbol, drei schwarze Punkte auf gelbem Grund. Doch so, wie sie es trägt, könnte es auch eine Brosche sein oder eine Auszeichnung. Sie leidet unter einer altersbedingten Degeneration der Makula, doch wenn man in ihre Augen sieht, sieht man nicht, dass sie nichts sieht und blind ist. Die Augen sind klar und nehmen mich, wenn ich eine Frage stelle, fest in den Blick. Auch wenn Menschen bereits sehr alt sind, hinfällig, schwach und vom Alter gezeichnet, sind die Augen oft noch jung, scheinbar kaum gealtert, in ihnen kann man noch von Kindertagen lesen, von Jugend und Blüte. Frau Priewe sitzt sehr aufrecht auf ihrem Stuhl, und sie hält diese Körperspannung für die gesamte Dauer unseres Gespräches. Ich besuche sie zweimal. Das erste Mal sprechen wir exakt eine Stunde, bei meinem zweiten Besuch reden wir genau zwei Stunden. Die meiste Zeit spricht natürlich Frau Priewe, was ich, angesichts ihres Alters, nicht erwarten konnte. Ihre Stimme ist fest, und vor allem ist ihre Erinnerung säuberlich geschichtet, sie kann sie chronologisch geordnet abrufen und sie hat überhaupt keine Probleme, meine Fragen aufzufassen. Ich muss kein einziges Mal eine Frage wiederholen oder erklären.

»Jetzt habe ich Ihnen mein ganzes Leben erzählt!«, sagt sie nach unserem zweiten Treffen, doch ich habe das Gefühl, nur einen Bruchteil ihrer Biographie erfasst zu haben. Kein Leben lässt sich gänzlich fassen.

Ihre Eltern stammen aus Schlesien. Als ihr Vater das Angebot erhält, eine Stelle bei der Berliner Berufsfeuerwehr anzunehmen, zieht die Familie 1907 nach Berlin. Im Jahr der Reichsgründung, 1871, zählte die neue Hauptstadt 826 341 Einwohner; am 1. Dezember 1900 lebten bereits 1 888 848 Berliner und 1905 mehr als zwei Millionen Menschen in der Stadt. Berlin ist in diesen Jahren die tempowütigste Stadt Europas und gilt als Welthauptstadt neuer Technologien. Die städtische Mobilität nimmt rasant zu, U-Bahn- und Straßenbahnnetze werden ausgebaut, der Autoverkehr wächst. Als größte Sehenswürdigkeit gilt dennoch der Kaiser. Wer ihn bei seinen Ausritten Unter den Linden sieht oder wie er im Daimler zum Brandenburger Tor fährt, nimmt ein begehrtes Souvenir mit nach Hause: »Berlin jewesen – Kaiser jesehen.«

Hildegard Priewe hat den Kaiser nicht gesehen. Sie wächst behütet auf. Ihr Vater hat einen krisenfesten Arbeitsplatz. Er verdient gut und hat einen beamtenähnlichen Status. Und weil sie ein Einzelkind bleibt, widmet sich ihre Mutter dem Kind mit besonderer Fürsorge. Auch in den Hungerjahren nach dem Ersten Weltkrieg oder in den Krisenjahren der Weimarer Republik muss die Mutter nie arbeiten gehen wie so viele andere Frauen, das Einkommen des Vaters sichert die Familie.

»Ich bin im Wedding aufgewachsen, in der Schwedenstraße. Als Kinder spielten wir alle auf der Straße, denn in den kleinen Seitenstraßen gab es kaum Verkehr. Wir spielten mit Puppen, eine umgedrehte Fußbank war dann unser Puppenbett, oder wir spielten mit einem Trudelreifen.«

»Was ist ein Trudelreifen, Frau Priewe?«

»Das ist ein großer hölzerner Reifen, den man mit der flachen Hand oder besser mit einem kleinen Stöckchen antreiben konnte. Und so lief man immer dem Trudelreifen hinterher, die Straße rauf und wieder runter. Ich habe einen Kaufmannsladen gehabt und eine Puppenküche. Mein Vater hätte lieber einen Jungen gehabt, er hat mich sehr körperlich aufgezogen, ich war nicht zimperlich und durfte es auch nicht sein. Ich bin schon als Kind lange Strecken gelaufen.« Eine ihrer frühesten Kindheitserinnerungen betrifft den Vater. Als der als Soldat in den Ersten Weltkrieg zieht, ist sie nicht traurig, sondern fragt ihn, ob sie mit seinem Werkzeugkasten spielen könne. Als der Vater ihre Frage bejaht, freut sie sich sehr.

Das junge Mädchen geht zur Schule, erst zur Volksschule, dann zur Mittelschule. Ihre Leistungen sind gut, doch dass sie auf eine weiterführende Schule gehen, ein Lyzeum besuchen könnte, wird kaum erwogen, fällt unter den Tisch, wird nicht als notwendig erachtet. Sie macht stattdessen eine kaufmännische Ausbildung und tritt als Kontoristin in ein Geschäft ein, lernt ihren Mann Walter kennen, heiratet ihn 1935 und bekommt 1937 ihr erstes und auch einziges Kind, eine Tochter. Ob sie Hitler einmal gesehen habe im Dritten Reich, auf einer Veranstaltung, bei einer Großkundgebung? Frau Priewe verneint, nein, sie sei nie auf das Tempelhofer Feld gegangen, sie und ihr Mann seien auch nicht in die NDSAP, sie sagt »Partei«, eingetreten, denn in ihrer Familie habe man immer zur SPD gehalten. Auch sie habe daher, als sie 1930 das erste Mal wählen durfte, für die SPD gestimmt.

Es ist eine Woche seit unseren Gesprächen vergangen, und ich versuche mir noch einmal, das Bild von Frau Priewe in Erinnerung zu rufen. Wie sieht sie aus, was strahlt sie aus? Wo ist ein Mensch zu finden? In seinem Körper? Seinem Blick? Seinen Worten? Seinem Geist? Man darf Frau Priewes Lebensführung wohl ungestraft »preußisch« nennen. Sie ist offenkundig diszipliniert, sich selbst, den anderen und dem Leben gegenüber. Sie ist korrekt, mehrfach in unserem

Gespräch berichtet sie von Begebenheiten in ihrem Berufsleben, die sie als gewissenhafte und penible Angestellte charakterisieren, die auch den Konflikt mit Vorgesetzten nicht scheute, wenn die lax mit den Geschäftsbüchern umgingen. Sie erzählt ohne Sentimentalität, sie findet, ihr Leben sei nichts Besonderes, und die schlimmen Zeiten, die sie unzweifelhaft erlebt hatte, waren nur halb so schlimm, weil sie dieses Schicksal mit anderen teilte und nicht allein war. Frau Priewe gehört noch nicht zu denen, die einen hohen Individualisierungsdruck oder einen gesteigerten Selbstverwirklichungsdrang gespürt haben. Was aber nicht heißt, dass sie nicht um einen persönlichen Ausdruck oder eine bestimmte Haltung gekämpft oder sich vorbehaltlos in eine Gemeinschaft eingeordnet hätte.

Frau Priewe kann noch stehen, aber sie sitzt im Rollstuhl. Sie trägt eine blaue, faltenfreie Bluse, ebenso sauber und gepflegt ist die schwarze Hose. Ihre Haare sind dicht und weiß und sehr sorgfältig frisiert. Ihr Kalender an der Wand zeigt, dass sie regelmäßig zum Friseur geht. Sie ist äußerst aufrecht, wirkt noch nicht erdrückt von den Jahren oder eingesunken im Schwitzkasten der Schwerkraft. Sie hat kleine helle Augen. Ich sitze einer Frau gegenüber, die ein lebendiges, waches Gesicht besitzt. Gerade ist sie zum Mitglied des Wahlausschusses für die Wahl des Heimbeirats ernannt worden.

»Wie groß sind Sie, Frau Priewe?«

»Ich war einmal 1,71 Meter groß. Vor ein paar Jahren wurde ich noch mal gemessen, da maß ich nur noch 1,63 Meter! Wir werden kleiner.«

Es sind vor allem zwei Szenen aus ihrem Leben, die einen besonderen Eindruck auf mich hinterlassen, zwei Erinnerungspassagen, die auch Frau Priewe in der Rückschau in bemerkenswerter Weise berühren. Selbst als sie über die Kriegsgefangenschaft ihres Mannes spricht, ihre »schlimmste Zeit«

wie sie sagt, oder den rasch aufeinanderfolgenden Tod ihrer Eltern und Schwiegereltern in den sechziger Jahren, zeigt sie keine vergleichbare emotionale Rührung. Sie bringt zwar in Worten zum Ausdruck, wie schwer diese Zeiten für sie waren, aber sie bleibt dabei doch gefasst, sie erlaubt sich keinen Gefühlsausbruch. Sie weiß noch Distanzen zu setzen und zu wahren, eine Fähigkeit, die viele alte Menschen verlieren.

Frau Priewe war als Kind weitgehend von allzu anstrengenden Arbeiten entbunden. Zwar erzog ihr Vater sie betont körperlich, aber sie musste in den Krisenjahren zwischen 1918 und 1930 keine Erledigungen besorgen, sie musste nicht arbeiten, sie musste auf keine kleineren Geschwister aufpassen oder kranke Familienangehörige pflegen. Und auch ihre Mutter konnte sich auf das Einkommen des Mannes verlassen. Das Kind durfte Kind sein, es durfte spielen, und das war im Berlin dieser Jahre und in dieser Schicht keineswegs selbstverständlich. Die Freundinnen der jungen Hildegard, Kinder wie sie, zehn oder zwölf Jahre alt, mussten Kohlen schleppen, ermüdende Botengänge verrichten, stundenlang Schlange stehen oder andere Haushaltsaufgaben übernehmen. Hildegard hingegen fühlte sich privilegiert, aber auch zornig, manchmal schuldig. Ihre beste Freundin hatte es nicht so gut. Deren Mutter musste bis tief in die Nacht arbeiten, das Geld reichte vorne und hinten nicht, das Kind musste helfen, wo es ging, und es blieb kaum Zeit, noch Kind zu sein. Eines Tages überredete Hildegard sie, mit ihr zu spielen, statt die aufgetragenen Arbeiten zu erledigen. Als die erschöpfte Mutter abends nach Hause kam und den unerledigten Haushalt vorfand, verprügelte sie ihr Kind, und Hildegard stand daneben und weinte vor Empörung und Entsetzen.

Dieses Entsetzen ist auch noch neunzig Jahre später für mich spürbar, nachvollziehbar, wenn die Tränen in die

Augen meiner Gesprächspartnerin treten. Die Szene steht gleichsam filmisch vor mir, und da dieses Bild Frau Priewe nicht loslässt, da es durch Jahrzehnte in ihr gearbeitet und sie gerührt, ja, gequält hat, wird auch sie mir jetzt deutlicher als Person, mit ihrer Scham, ihrem Schuldbewusstsein, ihrem Gerechtigkeitssinn, ihrer Fähigkeit zur Empathie. Es ist nur ein kurzer Moment der Rührung, den sich Frau Priewe leistet, dann kehrt sie zu ihrer sachlichen Art zurück.

Das zweite Erlebnis, das sie in der Rückschau aufwühlt, ist die Erinnerung an die Entfremdung von der katholischen Kirche. »Ich wollte als Kind nicht am katholischen Unterricht teilnehmen, und darüber gab es mit meiner Mutter, die sehr am katholischen Glauben hing, großen Streit. Wir mussten jedes Mal zur Kommunion gehen, und dabei musste jeder ein Heiligenbildchen in den Händen halten. Das wurde dann auf einem Tisch am Altar abgelegt, so dass man genau kontrollieren konnte, wer von uns an der Kommunion teilgenommen hatte. Das fand ich furchtbar! Ich war der Meinung, dass ich zur Kommunion gehe, wenn ich und nicht, wenn die Kirche es will. Zu Ostern war es Pflicht, die Beichte abzulegen, ich wollte aber nicht. Einmal aber kam meine Mutter mit und kontrollierte, dass ich in den Beichtstuhl eintrat. Ich beichtete aber nicht, sondern sagte dem Priester, dass ich nichts zu beichten hätte, mich auch gar nicht schuldig fühle. Der Priester hat sich meine Beschwerde angehört und dafür ein gewisses Verständnis gezeigt. Er bot mir sogar an, ihn einmal zu besuchen, um mit mir darüber in Ruhe zu sprechen. Ich habe dieses Angebot aber nicht angenommen. Ich habe all diese Zeremonien als Lüge empfunden. Es hat mich maßlos empört, dass mir diese Zwänge auferlegt wurden und dass man den Kindern ein schlechtes Gewissen machte. Was sollte ich denn beichten? Ein Kind? Als man mir dann aber sagte, du musst nicht zur Beichte gehen, hat mich das auch geärgert, denn die anderen mussten weiterhin gehen, und alle Zwänge wurden beibehalten, nur ich war befreit. Ich wollte nichts Besonderes sein.«

In Frau Priewes Zimmer steht ein großer, schwarzer Fernsehapparat. Sie kann zwar nichts mehr sehen, aber sie hört jeden Tag die Nachrichten, das »heute journal« im ZDF, das »muss sein«, sagt sie, denn sie will politisch immer orientiert und informiert sein. »Man muss ja seine Welt kennen, in der man steht.« Früher hatte sie mit ihrem Mann die »Welt« abonniert, später dann den »Tagesspiegel«. Sie nahm und nimmt Anteil am Zeitgeschehen. Natürlich hat sie die Nachrichten über Osama bin Ladens Tötung verfolgt, es beschäftigt sie. »Es ist eine schwierige Frage«, sagt sie, »wie man sich dazu verhalten soll. Natürlich war es falsch, was er getan hat, aber dürfen wir deshalb etwas Falsches tun? Es ist gut, dass man ihm das Handwerk gelegt hat, aber auf diese Weise? Er hat einen schrecklichen Tod gefunden, aber er hat auch anderen Schreckliches angetan! Und was haben wir Christen durch Jahrhunderte getan?«

Abends, wenn die Pflegekräfte ihr beim Ausziehen helfen und sie ins Bett bringen, im Sommer ist es dann noch hell, schläft sie schnell ein. Sie ist müde. Aber weil sie so früh ins Bett geht, zwischen acht und neun, wacht sie oft um drei oder vier Uhr in der Nacht auf und liegt dann wach und wartet auf den Frühdienst. In der Dunkelheit und Stille denkt sie zurück und beschäftigt sich mit dem Früher, das jetzt gegenüber dem Jetzt und dem Morgen ihres Lebens so groß und weit ist.

Über das »Dritte Reich« spricht sie nicht gern, und in ihren wachen Nächten wandert sie dorthin wohl auch seltener. Sie erinnert lebhaft die Weimarer Republik, das bunte, hektische, temporeiche Berlin. Sie erinnert ihre ersten Tanzabende im Grunewald, als die Herren die Damen aufforderten, sie erinnert die Kapellen, die Lichter im Saal, und sie erinnert die Heimfahrt im Bus. In diesen Jahren, »man musste aufpassen auf sich und seinen Ruf«, ging es frivol zu, die Sitten lockerten sich, die Blicke wurden eindeutiger, die Angebote zweifelhafter. In einem Theater an der Friedrichstraße sieht sie das erste Mal die entblößten Busen der Revue-Girls auf der Bühne, die sich jedoch, das war die sittenstrenge Auflage, nicht bewegen durften. Und als der Sänger »Wenn der weiße Flieder wieder blüht« sang, bildeten die Nackten für ihn ein starres Spalier. Die junge Frau geht gern ins Theater, wo sie Heinz Rühmann und Heinrich George erlebt, und sie sieht noch heute vor sich, wie der baumlange Hans Albers auf den Brettern der Volksbühne steht und den glücklosen Rummelplatz-Hallodri Liliom spielt, der sich umbringt, weil er sein Leben verpfuscht hat. Der Selbstmörder, so geht die Geschichte, darf nach sechzehn Jahren Buße noch einmal für einen Tag auf die Erde zurückkehren, um Gutes zu tun. Und was macht er? Er sucht seine Frau und seine Tochter auf, die inzwischen eine junge Frau ist, und gibt sich als Freund des Verstorbenen aus. Er klagt diesen Toten an, reißt ihm die Maske vom Gesicht, doch die Tochter, die den Vater nie kennengelernt hat, will von diesen Wahrheiten nichts wissen und wirft den Fremden hinaus. Und dann nehmen die Engel diesen komischen Mann kopfschüttelnd wieder in Gewahrsam.

Anfang der dreißiger Jahre beginnt auch eine Geschichte, die heute noch in Frau Priewes Leben hineinreicht. Als junge Frau trainiert sie als Leichtathletin, doch 1932 tritt sie in den Charlottenburger Damen-Schwimmverein »Nixe e. V.« ein, der 1893 gegründet wurde und der älteste Frauen-Schwimmverein Deutschlands ist. Sie lernt noch die Gründerinnen des Vereins kennen, die sich gegen die Anfeindungen der Männerwelt behaupten mussten; scheinheilige Sittenwächter hätten das »unmoralische« und »unzüchtige« Treiben, wie es damals in der Presse hieß, am liebsten verboten. Heute ist Frau Priewe das älteste Vereinsmitglied. Ich frage sie, ob das, der Sport, auch eine Erklärung für ihr langes Leben sei? »Ja«, entgegnet sie, »ich war immer viel in Bewegung, mein Mann und ich besaßen auch kein Auto, und ich bin immer sehr viel zu Fuß gegangen.«

Ich möchte wissen, ob sie in ihrem Leben schon einmal dem Tode nahe gewesen sei?

»Ja, nach der Geburt meiner Tochter lag ich mehrere Monate mit Kindbettfieber im Krankenhaus, da war ich dem Tode sehr nah. Damals gab es kein Mittel gegen dieses Fieber. Und ich war sehr traurig, gar nicht so sehr, weil ich vielleicht sterben musste, aber für das Kind tat es mir leid.«

Sie denkt an die Bombennächte in Berlin zurück, wenn sie, sobald Fliegeralarm gegeben wurde, schnell von der Arbeit nach Hause eilt. Sie sieht noch, wie die zufluchtsuchenden Menschen sich in den Straßenbahnen um die Plätze schlagen, sie sieht sich und die Familie zusammengeduckt in einem kleinen Schutzraum, den der Vater unter dem Keller errichtet hatte. »Da saß ich und hätte Herrn Hitler am liebsten erwürgt!« Das Dach fliegt weg, zwei Jahre lebt sie ohne Fenster, das Glas wird notdürftig durch Pappe ersetzt. Es kommen dunklere Tage. Im März 1945 ist Frau Priewe mit ihrer Tochter in Hildesheim. Die Stadt wird durch die Bombardierungen total zerstört. Die Mutter geht mit dem Kind durch die Straßen, überall liegen Leichen, die Häuser sind zerstört, im Stadtpark stehen nur Baumstümpfe, die wie abgerissene Gliedmaßen aussehen. Sie verliert die Nerven, setzt sich mit dem weinenden Kind auf den großen Koffer und lässt den Kopf auf die Knie sinken. Wie soll es weitergehen? Da kommt eine Frau vorbei. Sie hat alles verloren, aber ihr ist eine Laube geblieben. Sie nimmt Frau Priewe und die Tochter mit. Es gibt etwas Warmes zu trinken, Frau Priewe schöpft Kraft, es geht weiter.

Sehr bedrückend ist auch die Zeit, als ihr Mann in den Krieg zieht und mehrere Jahre vermisst wird. Keine Nachricht, kein Brief, kein Lebenszeichen. Ist er tot? Sie wartet. Er kehrt 1947 zurück und mag von seinen Erlebnissen nichts erzählen. »Wenn mein Schicksal nur mein Schicksal gewesen wäre, wäre ich vielleicht verzweifelt, aber es ging ja fast allen so.«

Auch Anfang der sechziger Jahre gerät sie an den Rand ihrer Kräfte. Innerhalb von fünfzehn Monaten sterben ihre Eltern und ihre Schwiegereltern, und da die Familien alle in einem Haus wohnten, ist sie es, die die Sterbenden bis in den Tod begleitet. Es gibt etwas, was sie heute bedauert. Sie hat die vier Sterbenden bis in die letzten Tage begleitet, doch alle vier starben nicht im eigenen Bett, sondern im Krankenhaus. Jedes Mal habe der behandelnde Arzt ihr gesagt, jetzt könne er die weitere Behandlung zu Hause nicht mehr verantworten, woraufhin ihre Mutter, ihr Vater und die Schwiegermutter ins Krankenhaus eingeliefert wurden. Und keine vierundzwanzig Stunden später waren sie tot. Sie starben allein. »Und ihr Schwiegervater?« – »Mit dem bin ich in die Praxis gefahren. Er sollte geröntgt werden. Er wurde in den Behandlungsraum gesetzt und sollte dort nur einen Augenblick warten. Als die Schwester den Vorhang wieder aufzog, war er tot!«

»Bedauern Sie es heute, dass Ihre Angehörigen nicht zu Hause starben?«

»Ja, ich denke, es wäre besser gewesen, bis zuletzt bei ihnen zu sein. Später hat mir der Arzt gesagt, er hätte auf die Einweisungen bestanden, um mich zu schützen. Ich bin damals sehr abgemagert.«

Frau Priewes Mann starb 1984, im Alter von zweiundsiebzig Jahren. Sein Grab gibt es schon nicht mehr, es ist aufgelöst. Die Laufzeit der Grabstelle ist vorüber. (Das Wort »Laufzeit« ist – in Hinblick auf ein Grab – ein komischer Ausdruck, aber tatsächlich der verbreitete Terminus technicus.)

»Und haben Sie darüber nachgedacht, wo Sie selbst beerdigt werden möchten?«

»Nein, darüber habe ich mir keine Gedanken gemacht. Meine Krankengymnastin ist immer erstaunt, dass ich meine Übungen so fleißig mache. Zweimal in der Woche mache ich das. Man muss!«

»Glauben Sie an Gott?«

»Nein, aber ich bin religiös. Nur habe ich keine Form dafür. Ich fühle mich aber eher zum protestantischen Glauben hingezogen.«

»Haben Sie ein Credo für sich? Woran halten Sie sich?«

»Ich versuche, keinen anderen Menschen zu belasten. Wenn ich mich dabei ertappe, dass ich es vielleicht doch tue, erziehe ich mich selbst, dazu brauche ich keine Kirche! Ich kann mich auch entschuldigen.«

Frau Priewes Tochter, sie ist jetzt vierundsiebzig Jahre alt, kommt sie regelmäßig einmal in der Woche besuchen, auch die Damen des Schwimmvereins halten Kontakt. Und dann gibt es noch Enkelkinder und Urenkel, die Anteil an ihrem Leben nehmen. Obwohl sie also noch familiär eingebunden ist, ist sie dennoch viel allein. Sie kennt naturgemäß mehr Tote als Lebende.

Hat sie Freunde hier im Altenheim?

Sie überlegt. Freunde? Das Heim ist hervorragend, die Betreuung ist gut, das Zimmer ist schön, die Lage des Seniorenheims ist ruhig und doch zentral, aber Freunde? Es ist etwas Grundsätzlicheres.

»Man muss hier sehr vorsichtig sein, wenn man Freundschaften schließt. Ich glaube, dass im Alter die negativen Seiten eines Menschen stärker hervortreten, und das Gute nimmt ab. Es gibt Streit unter den Alten. Sie sind ungeduldig mit anderen. Ich muss mich oft verstellen, weil ich mich nicht daran beteiligen möchte, wenn jemand schlecht über jemand anderen spricht. Ich versuche zu glätten, und ich möchte mich nicht an der Kritik einer anderen Person beteiligen. Und viele haben so viel zu erzählen, die kommen gar nicht auf die Idee, dass ich auch ein Leben hatte.«

Über dem Bett von Frau Priewe hängt ein großes Ölbild, das die Insel Lindwerder in der Havel zeigt. Sie kann das Bild nicht mehr sehen, aber sie weiß, wo es hängt, was es zeigt und dass es schon lange an ihrer Seite ist. Sie stellt es sich vor: den grünen Fleck inmitten des Wassers, das Spiel von Licht und Schatten, die spiegelnde Wasseroberfläche, die weißen Segel. Eine Idylle. Ein Sommertag. Jemand steht am Ufer und sieht hinaus. Es muss ein Sonntag sein, denn auf dem Bild ist ein Loslassen und Ausruhen spürbar, ein heiteres Sich-treiben-Lassen.

Zwölf Uhr. Mittagszeit. Wir fahren zusammen im Aufzug nach unten. Dort verabschieden wir uns. Ich verspreche, einmal mit den Kindern vorbeizukommen. Die Ziegen haben wir schon oft gefüttert, schließlich wohnen wir nur einige hundert Meter vom Seniorenheim entfernt. Dann drücke ich auf den Knopf, der mir die Flügel der Tür auseinanderschiebt. Ich trete ins Freie.

Es werden Kriege kommen

Die alten Kriege werden sterben, neue Kriege kommen. Heute geht es noch um Öl, Gold, Diamanten, um Land und Macht, doch morgen kämpfen wir um Sonne, Wind und Wasser, um Codes und Daten. Der Krieg ist eine erneuerbare Energie, weil auch der Mensch davon lebt, dass er stirbt und sich im Zweifelsfall abschlachtet. Vom Kannibalismus hat der Mensch nie gelassen. Aber weil wir antiquiert sind, so wie wir sind, werden unsere Kriege der Zukunft andere Kriege sein. Entweder kämpfen wir mit den Maschinen oder wir kämpfen gegen sie. Oder die Menschen kämpfen gegen die Cyborgs, die Mischwesen aus Fleisch und Festplatte, oder die Cyborgs kämpfen gegen den Terminator, der alles Fleisch hinter sich gelassen hat. Aber auch das wird nur ein Durchgangsstadium sein, weil der Mensch die Kränkung, dass er stirbt und sterblich ist, nicht hinnehmen wird. Das eklig dumme Tier, das in uns steckt, das sterben muss und verwest, das soll verschwinden. Und so wird ein Krieg kommen, den der Mensch gegen das Tier in sich führt. Wenn dieser Kampf gewonnen ist, ein Krieg, der sich über viele Generationen hinweg erstreckt und Generationen verschlingt, dann hat der Mensch das Paradigma des Todes überwunden und mit ihm das Paradigma der Geburt. Dann muss sich der Mensch überlegen, ob er sich nicht einen neuen Namen und ein neues Image zulegt. Aber, da in diesem fernen Augenblick nicht alle gleich sein werden und es noch Jung und Alt gibt, ärgerliche Reste und Atavismen aus früheren Zeiten, werden noch ein paar antiquierte Gefechte abgewickelt zwischen Alt und Jung, Arm und Reich, Nord und Süd, Schwarz und Weiß, Frau und Mann, bis auch diese hässlichen, alten, dummen Lieder gesungen und vergessen sind. Weil aber jetzt niemand mehr sterben muss, sofern er nicht gewaltsam zu Tode gebracht wird, werden sich Terrorzellen bilden, die für den Tod zu Felde ziehen, für den alten Menschen, sein Verwesen, es werden Terroristen sein, die das alte dumme Tier und seine Fehler, seine Differenzen und Gebrechen zurückhaben wollen. Ihre Losung lautet: »Gebt uns den Abschied zurück!« Aber die Menschen, die von da an vielleicht »die Ewigen« oder »die Unbefristeten« heißen, schlagen mit aller Härte zurück, und statt die Aufständischen zu töten, werden sie ihre Gegner an die Unvergänglichkeit fesseln, so dass sie werden immer ins Licht blicken müssen. Aber die neuen Menschen, wie auch immer sie sich nennen mögen, werden noch nicht zur Ruhe kommen, weil ihnen immer noch etwas in den Gliedern steckt, was sie noch nicht ausmerzen konnten: die Sehnsucht, die Unruhe, das Gefühl. Weil aber die neue Zeit darauf keine Antwort weiß, der Teller ist immer voller Leere und leer in aller Fülle, werden einige versuchen, die Vergangenheit zumindest in Gedankenräumen zurückzuerobern. Das sind dann die Kriege, in denen auf imaginären Schlachtfeldern um reale Erinnerungen, um Mythen und um Träume gerungen wird, und die Herren der Präsenz werden versuchen, die Retro-Rebellen in die lichte Zukunft zu schleudern. Vielleicht kehren die Sprengstoffgürtel zurück oder aber Raumschiffe landen. Wer weiß das schon? Nur eines ist sicher: Wir werden untergehen; die Optimisten werden das Fortschritt nennen!

Addio!

Geisterstunde

Bei dem Versuch, zu mitternächtlicher Stunde über den mannshohen Metallzaun des Friedhofs zu steigen, reiße ich mir an den spitzen Zacken die Hose auf und ritze mir den Unterschenkel. »Oh, Dummkopf, du solltest um diese Zeit im Bett liegen und nicht über einen Friedhofszaun klettern wollen.« Ich kapituliere, springe unbeholfen zurück und lande mit der Grazie eines Strohballens, den man vom Heuboden wirft. Nur aus Pflichtgefühl drücke ich die Klinke der Gittertür nach unten, Friedhöfe, das weiß jedes Kind, sind nachts verschlossen. Die Tür gibt unverhofft nach und öffnet sich mit einem feinen, leisen Quietschen. Drin! Was ist Grusel? Die nachtaktiven Vögel, die jetzt wie im Dschungel lärmen? Der dicke Mann, der da hinten auf einer Bank sitzt und raucht? Eher als vor Geistern fürchte ich mich vor gruftschleichenden Jugendlichen, vor Obdachlosen, die hier ihr Nachtlager aufschlagen, oder vor der Polizei, die mich, den nächtlichen Störenfried, aufgreifen könnte. Mir fallen die beiden ungeklärten Morde ein, die es hier in der Nähe im Park gegeben hat. Ich beginne Schatten zu deuten. Heute ist Sonntag, Friedhofstag. Viele ewige Lichter brennen deshalb auf den Gräbern, gelbe oder rote Leuchtpunkte, der Wind wirft die Flämmchen hin und her. Ich zücke meine Taschenlampe, doch ich stecke sie gleich wieder weg, weil ich fürchte, so leichter gesehen zu werden. Meine Augen gewöhnen sich rasch an das Dunkel. Ich gehe den großen Mittelgang hinauf. In der Ferne zeichnet sich die Silhouette der Moscheekuppel ab. Auf der anderen Seite ragen die Schornsteine der Zigarettenfabrik in den nächtlichen Him-

331

mel. Akustische Fragmente der Stadtautobahn wehen herüber. Ich versuche, lautlos zu gehen, das weiche Profil meiner Turnschuhe hilft mir dabei. Es ist kein bekannter Friedhof, hier liegen keine Berühmtheiten, keine Stars, hier liegen
die unbekannten Männer und Frauen des Lebens. Versi-
cherungsvertreter, Tischler, Schuhverkäuferinnen, Finanz-
beamte, Lehrer, Bäcker, Floristinnen, Krankenschwestern,
Autoschlosser, Herrenschuhverkäuferinnen, Busfahrer, Stra-
ßenkehrer, Bankangestellte, Schneiderinnen, Erzieherinnen,
Apotheker, Altenpfleger, Taxifahrer. Wenige junge Leute!
Der Friedhof hat eindeutig Nachwuchsprobleme. Da hinten
ruht die Großmutter meiner Frau. Hab' sie nicht kennengelernt. Erna! 1908 bis 2001. Soll aber älter gewesen sein, hat
nach der Flucht aus Russland ein bisschen geschummelt,
sich ein bisschen jünger gemacht. Man darf nicht alles glauben, was auf Grabsteinen steht. Wer, wie ich, dumm genug
ist, zu dieser Stunde auf einen Friedhof zu gehen, der könnte
jetzt auch willkürlich das eine oder andere Gespenst aufmar-
schieren lassen. Man kennt das doch aus Filmen oder Bü-
chern. Hand ragt aus dem Boden. Die Erde bebt. Eine bleiche Gestalt huscht hin und her. Nichts! Ich sehe nicht mal
einen Igel oder einen Fuchs, keine Maus lässt ihren Schwanz
blicken. Doch warum bleibe ich nicht stehen? Warum muss
ich mich immer bewegen? Warum zieht es mich jetzt zum
Ausgang? Ich zwinge mich innezuhalten. Ist es still? Oder
geht von den Gräbern und Steinen, von den Blumen und
Kränzen etwas anderes aus? Eine Gravitation der Gravitation? Ich bleibe neben einer Gruft stehen. Kleiner Toten-
tempel aus Stein. Verwester Reichtum. Eine rostige Kette sichert die Tür, hinter den vergitterten Fensteraugen gähnt
es schwarz. Es wäre doch besser gewesen, sich für diesen
Spaziergang einen innerstädtischen Friedhof auszusuchen,
einen, auf dem man die Autoscheinwerfer sieht, einen, der
von Häusern umgeben ist und noch im Lichtkegel der Stra-

ßenlaternen liegt. Dieser hier ist doch etwas abseits, etwas still, leblos. Ich trete an eine Gruft. Zücke die Taschenlampe und schaue hinein. Leer, aber immerhin, endlich eine Maus, da, noch eine, eine ganze Familie, die aufgeregt aus dem Licht und hinab zu den Toten flieht.

Hospiz: Der erste Tag

Der Kopf des Mannes ist groß und grau. Seine Augen, die ein bisschen hervortreten, sind gutmütig. Wir betreten das Zimmer, einer nach dem anderen, eins, zwei, drei, vier, fünf, sechs, sieben, acht. Drei Männer und fünf Frauen. Wir treten dicht an das Bett heran. Das klobige Fernsehgerät ist schon zur Seite geschoben worden. Der Mann betrachtet uns, ohne jedoch den Kopf zu bewegen. Ich habe ihn nie zuvor gesehen, und ich werde ihn nie wiedersehen. Jemand sagt, er müsse keine Angst haben, aber der Mann hat keine Angst. Ein Arm liegt ausgestreckt neben dem Körper, der andere liegt über der leichten Tagesdecke auf dem Bauch. Ich stehe links am Kopfende des Bettes. Jeder nimmt einen Zipfel des Lakens. Wir zählen bis Drei. Und dann fängt der Mann an zu schweben. Es ist ein schwerer, ein beleibter Mann, doch es fällt nicht schwer, ihn zum Schweben zu bringen. Während er in der Luft liegt, zieht ein Krankenpfleger die Matratze aus dem Bett und schiebt eine neue Matratze unter den Körper. Wir lassen den Mann langsam und behutsam herunter und stopfen das Laken säuberlich zwischen den Bettrand und die neue Unterlage. Es ist eine Anti-Dekubitus-Matratze, die verhindern soll, dass der Mann flächige Druckgeschwüre entwickelt. Weil er nicht mehr aufstehen kann, ist seine Haut anfällig. Gefährdet. Der Mann wird sterben. Niemand kann sagen, wann es so weit sein wird, aber er ist hierhergekommen, um Abschied zu nehmen.

Ich will den Bericht über meinen Besuch im Hospiz mit dieser Szene anfangen. Ich hätte mit vielen anderen Szenen anfangen können. Es gab so viele Eindrücke, Gespräche und

Begegnungen, die mir lebhaft vor Augen stehen, es gab so vieles, was so ganz anders war als sonst. Ich habe geweint, was ich seit Jahren nicht getan habe, ich habe geraucht, was ich sonst nie tue, ich habe mich mit Sterbenden und Toten unterhalten, ich habe einen Leichnam gewaschen, ich habe stundenlang zugehört, ich habe einem Riesen eine Windel angelegt, ich habe Fremden mein Herz ausgeschüttet, Fremde haben mir die Türen zu ihrem Leben weit geöffnet und mich gebeten einzutreten, ich habe mich geborgen gefühlt, ich habe die zwei alten, fetten, schwarzen, bösen Kröten Skepsis und Misstrauen von meiner Brust gestoßen, in einen Karton gesteckt und der Schachtel einen kräftigen Fußtritt gegeben. Ich schwebe.

Ich habe dieses Bild vom schwebenden Mann ausgewählt, weil es mir am besten zu verdeutlichen scheint, was ein Hospiz sein und leisten kann. Ich habe es gewählt, weil es mir nachgeht, weil die Energie der Gruppe, die in diesem Moment gebündelt war, immer noch durch meinen Körper fließt, obwohl die Anstrengung, die keine war, dem Mann auf dem Bett galt. Ich habe in diesem Moment leiblich verstanden, was es bedeutet, wenn Menschen Menschen helfen und eine fürsorgliche Gemeinschaft bilden. Ich habe verstanden, was es heißt, jemanden zum Schweben zu bringen, der sich doch scheinbar im freien Fall befindet. Ich hatte das Gefühl, etwas Großartiges geleistet zu haben, obwohl ich doch nur etwas Selbstverständliches getan hatte. Ich habe nur den Zipfel eines Lakens ergriffen, aber mir kommt es so vor, als ob wir eine Kette gebildet und uns an den Händen genommen hätten. Ich habe etwas gewonnen, was ich als Einzelner niemals hätte gewinnen können.

Ich will nicht lange darum herumreden, ja, ich habe mich vor diesen beiden Tagen im Hospiz Schöneberg-Steglitz gefürchtet. Würden die Sterbenden mich nicht auslachen oder

mich ablehnen, weil ich mit meinem Papieranliegen daherkam, mit einer Idee vom Probeliegen, während sie wirklich
starben? Würden die Pflegekräfte, die Tag für Tag dem Tod
ins Auge sehen, mich nicht für einen Luftikus halten, einen
Typen, der mal eben hereinschneit und dann gleich wieder
weg ist? Und war die kleine Infobroschüre über das Hospiz
nicht ein Hohn? Auf den Fotos sieht man lächelnde Mitarbeiter, man sieht Sterbende, die zufrieden und selbstbewusst
in die Kamera blicken, man sieht ein freundliches Haus im
hellen Sonnenschein und Angehörige auf der Terrasse, die
bei Kaffee und Kuchen das Leben genießen. Wo ist denn da
der Tod? Wo sind Furcht und Leid? Wo sind die Anstrengung, der Schmerz, die Qual und die Überforderung? Fahren wir hier in die Ferien, oder was?

Der 20. April ist ein wunderschöner Frühlingstag. Google
Maps sagt, von meiner Wohnung bis zur Kantstraße 16
in Berlin-Steglitz seien es 2,1 Kilometer, wenn ich zu Fuß
ginge, würde ich zweiunddreißig Minuten brauchen. Ich
fahre jedoch mit dem Fahrrad, so werden es keine zehn Minuten, die ich für den Weg benötige. Die Vögel machen in
Optimismus, die Kindergartenkinder spielen draußen, Familien machen Ausflüge, es ist Ferienzeit. Bäume und Sträu-
cher tragen ein frisches Grün, das Osterfest, das Fest der
Auferstehung, steht vor der Tür. Vor dem Hospiz liegt ein
Plakat auf dem Bürgersteig, das noch aus dem Winter stammt
und vergessen wurde: »Menschen, Tiere, Sensationen.« Der
Zirkus ist weitergezogen.

Das Hospiz sieht wirklich so aus, wie es der Prospekt verspricht. Es ist eine freundliche, alte Stadtvilla, die Fassade
zeigt verschiedene Rottöne, vor dem Haus steht eine Eiche,
die Kantstraße ist eine ruhige, kurze kopfsteingepflasterte
Seitenstraße. Auf der Terrasse sitzen tatsächlich Menschen
und trinken Kaffee. Eine Mitarbeiterin lässt mich ein und
bittet mich, auf Herrn Oemmelen zu warten, eine erfahrene

Pflegekraft, die ich in den kommenden beiden Tagen begleiten darf.

Auf der Terrasse sitzen eine alte Frau im Rollstuhl, die
raucht, und eine jüngere Frau, offenbar die Tochter der Rau-
cherin. Die alte Dame beschwert sich darüber, dass man
doch nicht einfach so jemanden in ihre Wohnung setzen
könne. Sie behauptet ihren Platz in dieser Welt. Eine andere
Frau setzt sich zu den beiden. Ich schnappe ein Fragment aus
ihrem Dialog auf.

»An irgendetwas stirbt jeder!«, sagt die Frau. »Meine
Mutter starb an Herzversagen.«

»Ich habe Krebs!«, sagt die alte Frau und zieht an ihrer
Zigarette.

»Möchtest du noch einen Schluck Kaffee, Mama?«

»Ja, der ist gut.«

Armin Oemmelen gibt mir die Hand. Wegen des alten
westfälischen Vornamens hatte ich einen älteren Mann erwartet. Wir duzen uns. Das erleichtert mir den Einstieg.
Ohne lange Vorreden gehen wir in die Übergabe, bei der die
Früh- und die Spätschicht die notwendigen Informationen
austauschen. Ich werde an der Spätschicht von 14.00 Uhr bis
22.00 Uhr teilnehmen. In dem hellen Raum im Souterrain
sind außer mir zwölf Personen anwesend, neun Frauen, drei
Männer. Armin stellt mich vor, ich ergreife selbst kurz das
Wort. Man nickt mir freundlich zu. Die Übergabe erfolgt
hochkonzentriert. Der Status des jeweiligen Gastes wird
erörtert. Die Sterbenden heißen hier Gäste und nicht Patienten. Die Gäste machen hier Rast. Das Hospiz ist und will
Herberge sein. Wohin die Gäste wollen, bleibt ihnen selbst
überlassen. Jeder hat ein anderes Ziel, aber sie alle wollen
eine gute Reise. Gut, denke ich mir, das ist ein schönes Bild,
eine weiche, kleine, gefällige Philosophie, aber wie sieht die
Wirklichkeit aus? Wenn jemand gar nicht verreisen will?
Wenn jemand gar kein Ziel, sondern nur das Nichts und sein

Ende vor Augen hat? Wenn jemand keine Lust hat, sich auf diese luftigen Metaphern einzulassen?

Mir bleibt keine Zeit für lange Überlegungen. Kurze Infos schwirren durch den Raum. Viele Sterbende haben Probleme mit dem Stuhlgang, weil sie sich kaum bewegen, weil ihre Ernährung wenig Ballaststoffe enthält, weil die Schmerzmittel als Nebenwirkungen häufig Verstopfungen mit sich bringen. Das häufigste Arzneimittel, das zur Anwendung kommt, ist offenbar Palladon, ein starkes Schmerzmittel, das der Wirkungsweise von Morphin ähnelt, allerdings sehr viel stärker ist. Ich höre immer wieder Sätze wie: »Er hat abgeführt!«, »Herr Müller hat nicht abgeführt!«, »Frau Nickel hat Schwierigkeiten abzuführen!« Diese Sätze fallen in allen Variationen. Ein anderes großes Thema ist die Haut, die empfindlich ist, anfällig für Geschwüre, Pusteln, Reizungen, Risse, Pickel, Entzündungen jeglicher Art. Wichtig ist auch, wie der Gast geschlafen hat, in welcher Stimmung er ist, was er gegessen hat, wie er sich fühlt, ob er Besuch bekommen hat, wie es mit der Körperpflege aussieht, welche Medikamente er bekommen hat und bekommen muss, welche Wirkung die Medikamente hatten, was vor den Osterfeiertagen noch in der Apotheke bestellt werden muss. Ich notiere einige Sätze wie »Der Po wird schlimmer«, »Der Ehemann kommt heute nicht«, »Sie hat eine geraucht und ist ganz glücklich«, »Er ist wahnsinnig kitzlig«, »Sie hat sogar einen Joghurt gegessen«, »Er fixiert das Nirgendwo und sieht durch dich hindurch«. Jede hauptamtliche Pflegekraft, die für eine Etage zuständig ist, trägt vor. Das Haus hat sechzehn Plätze, mehr Plätze darf ein Hospiz nicht haben, sonst verliert es seinen Status als Hospiz. In der Früh- und in der Spätschicht arbeiten jeweils vier examinierte Kräfte, ausgebildete Krankenschwestern oder Krankenpfleger, wobei die Zahl der Frauen überwiegt. Unterstützt werden die hauptamtlichen Kräfte von Auszubildenden und auch von ehrenamtlichen Mitarbeitern.

Nach dem Schichtwechsel spricht mich Dieter Geuß an, er ist der Leiter des stationären Hospizes, bei ihm habe ich mich vor einigen Wochen vorgestellt. Auf meine Anfrage, ob ich in seinem Haus hospitieren könne, ich hatte ihn per E-Mail kontaktiert und war wenig zuversichtlich, weil ich Tage zuvor die Absage von einem anderen Haus erhalten hatte, kam umgehend seine Zusage: »Bitte, besuchen Sie uns gerne!« Ich stellte mich daraufhin vor. Herr Geuß führte mich durchs Haus, ohne Hast, zeigte mir die Räumlichkeiten, den Raum der Stille, in den sich Mitarbeiter oder Angehörige zurückziehen können, er zeigte mir ein Zimmer für Angehörige, die übernachten wollen, die große Gemeinschaftsküche, die Terrasse, den Garten, ein leeres, nicht bewohntes Gästezimmer. Die anderen Türen blieben zu.

Mit Blick auf mein vollgeschriebenes Notizbuch bittet mich Herr Geuß nun um Vertraulichkeit und Diskretion. Gewiss, Vertraulichkeit! Alles, was ich beschreibe, hat so stattgefunden, aber natürlich ist das hier meine Geschichte, mein Blickwinkel, mein subjektives Erleben, meine Akzentuierung, meine Wortwahl, mein Gedächtnis. Jeder andere wäre zu einem anderen Bild gekommen. Die Namen der Sterbenden, die ich im Hospiz antraf, werde ich ändern, ihre Biographien leicht verändern, um sie für die Öffentlichkeit unkenntlich zu machen. Nur in einem Fall will ich eine Ausnahme machen und den Namen eines Gastes, einer Reisenden, einer Sterbenden nennen, denn mit ihm, mit ihr, hat es eine besondere Bewandtnis; es ist eine Geschichte, die auch mein Leben gekreuzt hat, ohne dass ich zum Zeitpunkt der Übergabe von der Frühschicht zur Spätschicht wusste, dass ich sie hier antreffen würde, die Geschichte, die Frau, den biographischen Faden, der uns miteinander verband.

Nach dem Schichtwechsel bleiben Armin und ich allein zurück. Er will mir jetzt erklären, wem ich in den nächsten Stunden begegnen werde. Er ist für die Gäste zuständig, die

340

im Erdgeschoss wohnen. Er betreut die Gäste der Zimmer 101 bis 104. In Zimmer 101 liegt ein junger Mann, der genau wie ich fünfundvierzig Jahre alt ist. Er leidet an einem Hirntumor. Nennen wir ihn Michael. Im Zimmer 102 wohnt eine Frau, die zehn Jahre älter ist. Sie ist an Lungenkrebs erkrankt, und der Tod steht schon an ihrem Bett. Die letzten Nächte hat sie auf einer Matratze auf dem Boden verbracht, weil immer wieder die Gefahr bestand, dass sie aus dem Bett fällt und sich verletzt. Sie soll hier Frau Aller heißen. In Zimmer 103 schläft eine alte Dame, sie ist einundachtzig Jahre alt, mit sehr hellen, klaren Augen, die den Eintretenden manchmal betrachten oder aber auf eine unendliche Reise gehen. Auch in ihrer Brust frisst sich das dunkle Tier satt. Und im Nachbarzimmer 104 liegt ebenfalls eine Frau. Sie ist vierundsechzig Jahre alt, sie ist auch an Lungenkrebs erkrankt, der Hirnmetastasen ausgebildet hat. Diese Frau hat einen Namen, und als ich ihn aufschreibe, Barbara Korth, schreibe ich ihn auf, wie ich jeden fremden Namen aufgeschrieben habe.

Doch während wir noch über die vier Gäste sprechen, über ihre Krankengeschichte, über ihren Beruf und ihre Familienangehörigen, fängt etwas in mir zu kratzen an. Etwas reibt, juckt, hebt den Finger, will Aufmerksamkeit. In meinem Kopf rollt jetzt eine schimmernde Flipperkugel, sie plingt und plongt, sie verschwindet in einem Loch, wird ausgespuckt, gleich tilt es, aber dann schwirrt die Kugel doch wieder los, und endlich plockt es, das war jetzt das Freispiel, und trotzdem lasse ich die Kugel ins Leere, ins Aus, ins Fassungslose laufen.

»Ich kenne Frau Korth!«

Frau Korth ist die Grundschullehrerin meines Sohnes. Sie hat ihn in den ersten beiden Klassen unterrichtet. Und die erste Szene, die mir dazu einfällt, ist die Einschulungsfeier. Sie steht auf der kleinen Bühne des Gemeinschaftsraumes und begrüßt die neuen Erstklässler und ihre Familien. Sie macht das auf eine nette, floskelfreie Weise, ohne großen Ton und Gesten, aber doch mit dem Gespür für die Sorgen und Hoffnungen der Eltern. Sie hat schon in viele erwartungsvolle Elterngesichter geblickt, sie hat schon viele Schüler kommen, heranwachsen und gehen sehen. Dieser Tag ist gerade einmal drei Jahre her, und ich sehe noch die schlaksige Frau mit den halblangen blonden Haaren, von der es hieß, sie sei eine unaufgeregte und liebevolle Lehrerin. »Ach, dein Sohn kommt zu Frau Korth? Dann habt ihr aber Glück gehabt.« Solche Sätze bekam man zu hören, wenn die Rede auf Frau Korth kam, und solche Sätze hören Eltern gerne, solche Sätze suchen Eltern, deren Kinder zur Schule kommen, an solchen Sätzen hält man sich fest, mit solchen Sätzen nimmt man sich selbst die Furcht. Dass sie Barbara hieß, hatte ich vergessen, und auch sonst habe ich sie nicht sehr gut kennengelernt. Hier und da ein »Guten Morgen!«, »Hallo!« und »Tschüs!«, vielleicht auch noch »Frohe Ostern!« oder »Schöne Ferien!«, immer zwischen Tür und Angel, aber das war's. Ein längeres Gespräch hatte ich nie mit ihr geführt, denn zu den Elternsprechstunden bin ich nicht gegangen. Allerdings kannte ich sie aus den Erzählungen meines Sohnes, der mir zwar kein scharf konturiertes Bild ihrer Person vor Augen stellte, der sie aber mochte. Das allein zählte! Dann war sie ein Jahr früher als geplant in den Vorruhestand gegangen; sie sei erkrankt, hieß es, aber Genaueres wusste ich nicht. Eine junge, sympathisch wirkende Kollegin übernahm – wie ohnehin geplant – die Klasse, und so verschwand Frau Korth langsam und undramatisch aus meinem Gesichtskreis und dem Leben meines Sohnes. Und so wäre ihr Bild in mir immer blasser und undeutlicher geworden, wenn wir uns hier nicht wieder begegnet wären. Und während ich diese versunkenen Eindrücke im Gespräch mit Armin hervorsuche, merke ich, wie sich meine Augen mit Tränen füllen, was mich selbst überrascht.

Ich bin dankbar, dass in diesem Moment die Tür aufgeht. Es ist Sandra, eine junge Frau, Mitte zwanzig, die hier einen Teil ihrer Krankenschwesternausbildung absolviert. Armin ist ihr Mentor. Unsere Köpfe wenden sich ihr zu. Wir merken, dass sie etwas Unaufschiebbares sagen will.

»Armin, die Frau Aller hat es jetzt geschafft. Sie ist gegangen!«

Armin steht sofort auf, ich folge ihm, wir gehen zum Zimmer 102. Armin öffnet behutsam die Tür. Mitten im Raum steht das Bett. An seiner Seite sitzt eine Frau. Obwohl ich inzwischen viele Tote gesehen habe, erschrecke ich mich doch. Das Gesicht, das dort auf dem Kissen ruht, wirkt hässlich. Hässlich? Ich kann es zunächst nicht einordnen. Es entzieht sich den Koordinaten des Lebendigen. Der Mund der Frau, die ich nicht als Frau erkenne, steht weit offen. Die Frau hat starken Bartwuchs. Ein Speichelfaden spannt sich reglos zwischen Ober- und Unterlippe. Die Augen sind geschlossen. Die Haare sind kurz, ein dünner Flaum. Jeder Tote sieht immer wieder anders aus, aber sie alle wirken, als seien sie aus einem unzerstörbaren Holz geschnitzt, als seien sie aus Granit gemeißelt; dabei sind sie weich, noch voller Leben, und sie beginnen bereits zu zerfließen, während wir sie noch für Monumente halten. Armin unterhält sich mit der ehrenamtlichen Sterbebegleiterin.

»Es ist eine gute Atmosphäre im Raum. Sie ist schon unterwegs. Das hat sie sich gewünscht. Sie wird schon bei ihrer Freundin sein!«, sagt Armin.

Er tritt an die Tote heran. Betrachtet sie aus kurzer Distanz. Fühlt noch einmal, ob Leben in ihr ist. Streichelt ihre Hand, ihre Wange. »Na, Frau Aller? Jetzt haben Sie es geschafft!« Wir stehen in stiller Andacht. Ich weiß nicht, wohin mit den Händen, Armin verschränkt die Arme vor der Brust, die Ehrenamtliche hat sie wie zum Gebet ineinandergelegt, ich tue es ihr nach, dann stecke ich sie in die hinteren

Taschen meiner Hose, dann lasse ich sie schlaff am Körper herunterhängen, dann ist es egal. Wir schweigen. Armin zieht die Gardinen auf, strahlender Sonnenschein fällt ins Zimmer, ein Fenster steht offen. Ich rieche nichts, die Luft ist nicht schwer, nicht stickig. Ich werde die nächsten zwei Stunden in diesem Zimmer zubringen, die Tote betrachten, sehen, wie sich ihr Gesicht verändert, ich setze einige Puzzleteile ihres Lebens und Sterbens zusammen. Da die Angehörigen der Toten in Süddeutschland leben und erst am nächsten Tag eintreffen werden – sie sind bereits verständigt –, möchte Armin ein kleines Ritual für sie begehen.

»Wollt ihr bleiben? Oder wollt ihr lieber nach draußen gehen?«

Wir bleiben.

Er spricht das »Memento«, ein Gedicht von Mascha Kaléko.

Vor meinem eigenen Tod ist mir nicht bang,
nur vor dem Tode derer, die mir nah sind.
Wie soll ich leben, wenn sie nicht mehr da sind?

Allein im Nebel tast ich todentlang
und lass mich willig in das Dunkel treiben.
Das Gehen schmerzt nicht halb so wie das Bleiben.

Der weiß es wohl, dem Gleiches widerfuhr –
und die es trugen, mögen mir vergeben.
Bedenkt: Den eigenen Tod, den stirbt man nur;
doch mit dem Tod der anderen muss man leben.

»Ich verbeuge mich vor ihrem Leben!«, sagt Armin.

Wir verbeugen uns.

Ich bin kein gläubiger Mensch, das Wort Spiritualität erzeugt in mir ob seiner modischen Unverbindlichkeit, seiner weitläufigen Dehnbarkeit Abwehrreflexe, und dennoch komme ich nicht umhin, die Tote staunend zu betrachten. Während Armin das Gedicht spricht und ich dem Sinn dieser Lyrik nachgehe – sind das nicht eher Zeilen für die Lebenden als für die Toten, sind Gedichte nicht immer Nachrichten vom Ende –, kommt es mir vor, als verändere sich ihr Gesicht. Der Mund hat sich ein wenig geschlossen, die steinerne Härte, die noch eben auf den Zügen lag, ist fort. Das Gesicht fließt, etwas leuchtet. Mir kommt es vor, als lächle die Tote, und ein Wort, dem ich ebenso wenig traue, drängt sich auf: Es ist »Präsenz«, das mag ich hier nicht als Hilfsmittel einsetzen, aber irgendeine Kraft, irgendein vitaler Impuls geht von der Toten aus. Lächelt sie? Nein, Unsinn! Lächelt sie nicht doch? Unfug, Physiologie und Physik! Lächelt sie? Wahrnehmungsstreiche, Illusionen! Lächelt sie nicht doch? Sie lächelt. Schreib's hin: Sie lächelt. Vielleicht findet sie das komisch, diese drei an ihrem Bett, oder es ist das Gedicht, vielleicht mag sie es nicht, vielleicht ist sie aber gerührt und betrachtet uns nachsichtig: »Was wisst ihr schon!« Okay, sie lächelt, lass es gut sein. Und überhaupt ist dieser Eindruck schnell verflogen. Die Zeit bleibt nicht stehen. Wer aber jemals bei einem Toten gewacht hat, weiß, dass die Zeit in seiner Gesellschaft eigenwillig ist.

Wir waschen die Tote, wir trocknen sie ab. Noch ist sie warm. Armin wäscht ihr den Mund aus, entfernt den stählern-starren Faden zwischen ihren Lippen, er rasiert sie. Die Tote wird noch einmal mit den Körperölen, die sie mochte, eingerieben. Wir ziehen sie an. Es ist nicht gleichgültig, wie wir mit den Toten umgehen. Sie sind unter uns. Sie sind wir, wir sind sie. Die Lieblosigkeit, mit der man sie vielerorts immer noch behandelt, schneidet schmerzlich. Würden wir uns vergegenwärtigen, wohin wir die Toten bringen, wo sie liegen, in den kalten Leichenhallen, in den unterirdischen Kellern, weggeschoben zwischen Gerümpel und rostigem

Gerät, eingezwängt in stählerne Regale oder schwere dunkle Särge, abtransportiert in dunkel getönten Wagen, grob angefasst, hochgestemmt wie einen Sack Zement, achtlos behandelt – würden wir uns das vor Augen halten, stünden wir vor uns selbst beschämt da. Der Tote mag tot sein, aber er stirbt noch. Das Leben zieht sich aus ihm zurück, aber ein anderes Leben regt sich in ihm. Der Tote trägt die Spuren eines langen Lebens, er ist dick oder dünn, es ist ein gepflegter oder ungepflegter Körper, er ist alt oder jung, durch Krankheit entstellt oder ganz frisch, es ist immer ein Körper, der Zeugnis vom Leben ablegt, es ist ein Körper, der wie ein offenes Buch vor uns liegt und gelesen werden kann. Warum lesen wir die Toten nicht? Warum lernen wir nicht von ihnen? In Amerika wurde gerade eine Schauspielerin, die wiederholt als Diebin auffällig wurde, dazu verurteilt, in einer Leichenhalle sozialen Dienst zu tun. Eine weise Richterin war das, aber wir sollten die Toten nicht beleidigen, indem wir ihnen nur die Diebe und Drogensüchtigen zuführen, nein, wir alle sollten uns mit ihnen verabreden. Es ist keine Strafe.

Armin arrangiert einige Zeichen. Er holt eine Zigarettenschachtel der Toten, öffnet sie, zieht eine Zigarette einladend heraus, nimmt noch ein Feuerzeug und legt beides auf einen Beistelltisch. Auf einen zweiten Beistelltisch legt er fünf Fotos im Glasrahmen, die die Tote mit ihren Freunden zeigen. Das Foto, das Frau Aller mit der Liebe ihres Lebens zeigt, es ist eine Frau, legt er neben ihren Kopf aufs Bett. Er entzündet einige Kerzen, holt noch einige Blumen und platziert sie zwischen den Fotos und vor der Tür. Im Treppenhaus des Hospizes wird eine Kerze entzündet, die die Eintretenden darauf hinweist, dass sich ein verstorbener Gast im Haus befindet. Es ist Armins ganz eigene Art, mit den Toten umzugehen, aber jeder verantwortliche Pfleger im Haus hat sein eigenes Ritual, seine eigene Art, Lebewohl zu sagen.

Nichts ist vorgeschrieben oder zwingend, es hängt von den Umständen ab, von der Persönlichkeit des Verstorbenen, aber auch von der Beziehung, die die Pfleger zu den Gästen entwickelt hatten. Der Raum wirkt jetzt festlich, ohne überladen zu sein.

Ich darf bei der Toten bleiben. Nein, es ist keine Zwiesprache. Es bleibt Distanz, ich kannte die Frau nicht und will mich jetzt nicht in ihr Leben drängen. Aber ein Teil ihres Lebens schaut auf mich. Sie hat gemalt. An den Wänden hängen drei Bilder, erotische Darstellungen, zwei gezeichnete Akte, eine Frau zeigt sich freimütig und deutlich, wie auf den Bildern von Egon Schiele, dem Betrachter. An der Wand gegenüber hängt ein Gemälde, auf dem eine nackte Frau zu sehen ist, die von zwei farbigen Männern von hinten lustvoll umschlungen wird, während eine phallische Schlange zwischen den Beinen der Frau hervorzüngelt und aus dem Bild zu springen scheint. Die Sexualität dieses Lebens hat viele Seiten gehabt, auch dunkle und schmerzvolle. Warum sind ihr diese Bilder bis in dieses Sterbezimmer gefolgt? Die große Liebe ihres Lebens starb bereits vor fünf Jahren, auch an Krebs, und Frau Aller hatte oft gesagt, sie würde bald in den Armen der Verlorenen liegen. Damals, als die Freundin unheilbar auf ihrem Bett lag, hatte Frau Aller Sterbehilfe geleistet. Die Fotos zeigen eine lebenshungrige, genussfreudige Frau im Kreise ihrer Freunde. Man trinkt kühlen Wein in südlichen Gärten, man segelt, man isst zusammen, auf allen Bildern ist spürbar, dass es sich um Auszeiten, um Urlaube, um besondere Augenblicke handelt. Das Leben zwischen diesen Bildern wird nicht sichtbar. Vielleicht doch etwas: Auf keinem der Bilder lacht sie, sie schaut glücklich, ja, zufrieden, ja, entspannt, ja, aber es bleibt ein dunkler, lächelnder Ernst.

Ich hatte gedacht, es wird ein langer Tag im Hospiz, doch obwohl es ein langer Tag wird, läuft er schnell an mir vorbei, obwohl ich das Gefühl habe, alles ganz langsam und bedächtig zu tun. Aber die Eindrücke sind so eindringlich und vielfältig, die Gespräche mit Pflegern und Angehörigen, der Kontakt mit den Gästen, die Gedanken über den Sinn und den Unsinn des Lebens, dass ich das Gefühl habe, aus dem ansonsten reißenden Zeitstrom herauszutreten. Und dabei bin ich noch gar nicht zu Frau Korth ins Zimmer getreten, habe noch gar nicht mit ihr gesprochen.

Ich habe sie nicht wiedererkannt. Das schmale Gesicht, das ich kannte, war vom Kortison geschwollen.

»Ich seh' ja aus wie ein dicker Buddha, schrecklich!«, kommentiert sie ihr Aussehen und lacht. Wenn sie den blühenden Garten hinter dem Haus besucht oder auf der Terrasse in der Sonne liegt, trägt sie einen Strohhut, der ihr ausgezeichnet steht.

Ach, Frau Korth, hätte ich doch die Gabe, einen langen Dialog, so wie er tatsächlich stattgefunden hat, aufs Papier zu bringen. Wo fange ich an? Wir haben lange gesprochen. Über meinen Sohn. Natürlich! Über die Gelegenheiten, bei denen wir uns begegnet sind. Sie meinten später, Sie könnten sich an meine Mundpartie erinnern, über dieses Detail, diesen Ausschnitt hätten Sie Ihre Erinnerung an mich aktivieren können. Ich habe Ihnen von meinem Buch berichtet, und später hatte ich das Gefühl, viel Unsinn erzählt zu haben. Sie haben auf mein Notizbuch geschaut und gesagt: »Das ist ja meines, so eines habe ich auch.« Darf ich sagen, dass wir uns sympathisch waren in dieser Stunde? Wir einigten uns schnell darauf, dass wir dem Tod ohne Jenseitserwartung ins Auge sehen. Sie sprachen von Ihrem Leben. Wie Sie Ihre beiden Söhne großzogen, wie Sie mehrere Jahre mit ihnen in Italien lebten, wie Sie nach Berlin zurückkehrten, wo Sie längst zu Hause waren, wo Sie sich mehr und mehr in die

Stadt einfanden. Es wurde sehr schnell klar, dass Sie Ihr Leben sehr aktiv gelebt haben. Ich fragte Sie, ob Sie ein ängstlicher Mensch seien, und das verneinten Sie klar und deutlich. Sie seien, so beschrieben Sie sich selbst, eine Frau, die von Tag zu Tag geht, mit einer gewissen Erwartung und Spannung, aber ohne Angst. Sie sagten, dass Sie in Italien, dem fremdem Land, gelernt haben, sich für die Leute nackt auf den Tisch zu legen, also nicht mehr scheinen zu wollen, als man ist, mit dem, was man ist, einzustehen für seine Entscheidungen. Das sei übrigens nicht Ihre Formulierung, nackt auf den Tisch legen, sagten Sie, aber Sie hatten vergessen, woher dieses Bild kam. Am nächsten Tag fiel Ihnen dann ein, dass die Zeile aus einem Lied von Wolf Biermann stammt. Diese Haltung habe Ihnen auch hier im Hospiz geholfen, und Sie betonten, wie zufrieden Sie mit der Wahl dieses Hospizes waren, wie gut Sie hier ver- und umsorgt werden. Und endlich könnten Sie all die alten Filme sehen, die Sie nie hatten sehen können, weil die Kinder klein waren oder weil Sie den nächsten Tag vor der Klasse stehen mussten. Es ist offenkundig, dass Sie es verstehen, auch hier im Hospiz etwas zu genießen und sich neue Dinge zu erschließen. So saßen wir zusammen. Sie rauchten, das Fenster stand offen, die Vögel zwitscherten, und wir beide waren, glaube ich, erstaunt, dass wir uns unter diesen Umständen näher kennenlernten. All meinen Fragen nach dem Tod, dem Sterben und dem Abschied sind Sie keinen Millimeter ausgewichen. Alles steht Ihnen klar vor Augen, und Sie neigen nicht dazu, die Dinge sentimental zu betrachten.

Ich wollte von Ihnen wissen, wo Sie beerdigt werden. Und so erzählten Sie mir, dass Sie das alles bereits geregelt hätten, das sei ein altes Bedürfnis von Ihnen gewesen, diese Sachen ins Reine zu bringen. Sie sind zu einem Bestattungsunternehmen gegangen. Dort nahm Sie eine junge Frau in Empfang, und auf die Frage der jungen Frau, um wessen Beisetzung es denn gehe, sagten Sie: »Es geht um mich.« Sie sind mit der jungen Frau sogar in ein Krematorium gefahren, um sich über die Abläufe genau zu informieren. Sie wollen auf dem Magdalenen-Friedhof in Neukölln anonym beerdigt werden, es soll keinen Grabstein geben. Ja, sagten Sie, Sie hätten vom sogenannten »Leichentourismus« gehört, wo die Toten bis in die Tschechei gefahren werden, um sie möglichst kostengünstig in Asche zu verwandeln. Sie sind solchen Fragen und Aspekten nicht ausgewichen. Sie haben die junge Frau, die Sie beriet, gefragt, warum sie denn Bestatterin geworden sei und welchen anderen Beruf sie gerne ergriffen hätte. Sie sagte, sie wäre gerne Pathologin geworden. Sie lachen. Wir verabredeten uns für den nächsten Tag, und Sie wollten sich überlegen, in welcher Weise Sie in diesem Buch auftauchen sollten. Endlich bin ich gegangen. Auch ich habe Ihnen viel erzählt von mir, sehr viel mehr als man sonst einem Fremden erzählt.

Die Spätschicht endet um zehn, aber ich gehe bereits um neun. Ich habe heute so viel erfahren. Wie soll ich das alles aufschreiben? Das, was hier steht, ist nur ein kleiner Teil meiner Eindrücke. Ich steige auf mein Fahrrad. Durch die alte Kastanie, die dort steht, wo die Kant- und die Lessingstraße zusammentreffen, geht ein Rauschen.

In Zimmer 101 liegt Michael, der Riese, der noch nicht gehen will.

In Zimmer 102 liegt die tote Frau Aller, die morgen abgeholt wird.

In Zimmer 103 liegt die alte Dame, ganz leicht und matt und müde.

Und in Zimmer 104 liegen Sie, Frau Korth, und schauen sich die norwegische Tragikomödie »Elling« an. Ihr Fenster steht offen.

Ich fahre dieselbe Strecke zurück. Es ist noch warm, ich trage nur ein Hemd, keine Jacke. Auf den Balkonen und in den Biergärten sitzen die Menschen und genießen die milde Luft. Das letzte Stück meiner Strecke ist abschüssig, und ich brauche nicht in die Pedale zu treten. Ich richte mich auf, stehe jetzt auf den Pedalen und gleite nahezu lautlos über die leere Seitenstraße. Die Autos flankieren meine Schussfahrt.

Der Himmel sieht aus wie eine alte Kinderlaterne, in der eine heruntergebrannte Kerze ein schwaches Glimmen, einen letzten matten Schein auf das bunte Papier malt. Gleich ist der Docht ohne Wachs, gleich sinkt der schwarze Stummel und fällt, oder es ist das Kind, das die dürftige Flamme ausbläst? Ob es den dünnen Rauchfaden noch sieht, der die dunkle Hülle nach oben verlässt?

Hospiz: Der zweite Tag

Obwohl die Sonne an diesem Tag genauso strahlend scheint wie am Tag zuvor, obwohl ich wieder in der Spätschicht mitlaufe, wieder an der Seite von Armin, und obwohl der Tag erneut mit der Übergabe von der Frühschicht zur Spätschicht beginnt, wird er einen ganz und gar anderen Verlauf nehmen.

Am Vormittag hatte ich für Frau Korth Schokolade und eine Flasche Crémant gekauft, weil ich wusste, dass sie sich darüber freuen würde. Ich war gespannt auf unsere zweite Begegnung. Während der Übergabe heißt es, vielleicht habe sie sich etwas zu lange auf der Terrasse in der Sonne aufgehalten, sie sei jedenfalls erschöpft, müsse sich erst mal schonen und möchte ein wenig schlafen. Und da am frühen Nachmittag ihr älterer Sohn erwartet wird, ist rasch klar, dass ich sie, sofern es ihre Kraft erlaubt, heute erst am frühen Abend sehen werde. Kaum ist die Übergabe beendet, die genauso sachlich und konzentriert geführt wird wie gestern, eilt ein Teil des Teams ins Souterrain. Plötzlich ist eine andere Gruppenenergie spürbar, die Geschwindigkeit, mit der die Teammitglieder die Treppe hinuntereilen, zeigt an, dass hier etwas Ungewöhnliches bevorsteht, dass etwas aus der Reihe der üblichen Abläufe ausschert. Armin klärt mich auf, dass eine Supervision für die MitarbeiterInnen angesetzt worden sei, deshalb sei er jetzt auch erst mal zwei Stunden weg, und da die Supervision vertraulich ist, könne ich nicht daran teilnehmen. Ich kann mir also meine Zeit frei einteilen, beobachten, aufschreiben, versuchen, mit Pflegekräften, Gästen oder Angehörigen ins Gespräch zu kommen. Der

Riese in Zimmer 101 hat Besuch von einer Freundin, die verstorbene Frau Aller aus Zimmer 102 ist bereits von einem Bestatter abgeholt worden, die alte Dame in 103 blickt in den Himmel, und in Zimmer 104 ruht sich Frau Korth aus. So setze ich mich in die Gruppenküche im ersten Stock und versuche, meine bisherigen Eindrücke zu sortieren und sie zu durchdenken.

Noch einmal steigen die Bilder des gestrigen Tages herauf: Der schwebende Mann und die tote Frau Aller in ihrem lichtdurchfluteten Zimmer. Oben auf ihrem Kleiderschrank stand ein schwarzer Rollkoffer. Wohin wird er reisen? Sie trug eine Cartier-Uhr am Handgelenk. Die Uhr blieb um zehn Minuten vor 18.00 Uhr stehen, Frau Aller starb jedoch um 15.00 Uhr. Ich erinnere mich an das Gespräch mit der ehrenamtlichen Sterbebegleiterin, die gerade die Praxisstunden für ihre Ausbildung absolviert. Wie viele andere ehrenamtliche Sterbebegleiter auch war sie durch ein privates Erlebnis animiert worden, Sterbende in ihren letzten Wochen und Tagen zu begleiten. Sie hatte ihre Mutter in den letzten Wochen ihres Lebens gepflegt. Sie wird um die fünfzig sein, dachte ich gestern, als ich ihr zusah, wie sie die Tote behutsam und liebevoll eincremte, so als sei dieser Körper noch am Leben. Sie erzählte, dass sie als siebzehnjähriges Mädchen eine Ausbildung zur Krankenschwester in der Charité begonnen hatte. Weil sie einmal den Chefarzt nicht in vorgeschriebener Weise gegrüßt hatte, musste sie zur Strafe eine Sitzwache bei einem sterbenden alten Mann halten. Damals wurden die Sterbenden in den Krankenhäusern noch versteckt, abgeschoben in Waschräume oder lausige Kammern, damit sie den Betrieb nicht störten und ungesehen blieben. So saß sie eine Woche in der Ecke eines dunklen Zimmers auf einem kargen Stuhl und hörte das Röcheln und Schnaufen des Alten. Sie war mit der Situation überfordert. Dass die Sterbenden so beiseitegestellt und ausge-

354

sondert wurden, erlebte sie in den Jahren ihrer Ausbildung noch oft.

»An Frau Allers Seite zu sein, ihre Hand zu halten und zu sehen, wie man hier stirbt, wie man hier begleitet wird«, sagte sie, »hat mich mit meinen damaligen Erfahrungen ausgesöhnt. Es hat sich viel geändert. Zum Guten!«

Während ich die Erinnerungen notiere, kommt eine Frau in die Küche, die einen abgemagerten Mann im Rollstuhl schiebt. Es ist ein Paar. Er ist todkrank, die Wangen sind eingefallen, die dunklen Augen treten übermäßig stark hervor. Wir grüßen uns. Sie bereitet ihm einen Tee und stellt einen Joghurt vor ihn hin. Der freundliche Raum steht allen jederzeit offen. Ein Mitarbeiter des Hauses, den ich noch nicht kenne, kommt in die Küche und beginnt, die Blumen zu gießen. Auf den Fensterbänken stehen weiße und lilafarbene Orchideen, deren Blütenstand wie eine tanzende Schmetterlingsfamilie aussieht. Ich spreche den Mann an, frage ihn nach den Blumen, und er erzählt, dass er ein Orchideenliebhaber sei, deswegen stünden im ganzen Haus auch so viele von ihnen. Er stellt sich als Koordinator für den ambulanten Hospizdienst vor. Mit diesem Dienst sollen Sterbende zu Hause versorgt und gepflegt werden, so dass sie, wenn möglich, bis zum Tod in ihrer gewohnten Umgebung bleiben können.

Ich sage zu ihm, dass man es merke, ob die Blumen nur eine schnell angebrachte Zierde seien oder ob sich wirklich jemand um sie kümmert, ob sie einfach hingestellt wurden, weil es zum Ausstattungskonzept gehört oder weil jemand einen Dialog mit ihnen führt. »Man sieht, dass Sie die Blumen mögen!« Der Mann mit seinem weißen Eimer wandert weiter, die anderen Stockwerke müssen auch noch versorgt werden. Ich trete ans Fenster. Unten sitzen einige Gäste auf der Terrasse, Jogger laufen vorbei, vom nahen Sportplatz ertönen Rufe und Kindergeschrei.

Sicher, denke ich, das Wetter tut das Seinige dazu, aber die Werbebroschüre des Hospizes hat nicht übertrieben. Man kann diese Foto-Momente, diese Szenen des Lächelns, diese fürsorglichen Gesten und mitfühlenden Handreichungen hier wirklich erleben. Worauf kommt es an? Was macht ein Hospiz zu einem guten Hospiz? Was hast du bislang gesehen? Der Dialog zwischen Innen und Außen ist wichtig. Wo befindet sich das Hospiz? Wie ist es in das Viertel eingebunden? Schottet es sich gegen das Außen ab oder öffnet es sich? In diesem Fall befindet sich die Terrasse direkt zur Straße hin, so dass die Gäste, die Todkranken, fast auf dem Bürgersteig sitzen, also unumstößlich zum Straßenbild dazugehören. Aus allen Fenstern, soweit ich die Zimmer betreten konnte, hat man einen freien Blick, zur Straße, in den Garten, immer schiebt sich das Grün der Bäume ins Gesichtsfeld. Man sieht, auch wenn man liegt, etwas von den Nachbarn. Der eine schneidet seine Hecke, der andere streicht einen Zaun, jemand holt Post, stellt den Wagen in die Garage.

Zum Innen-Außen-Dialog gehört ebenso das Engagement der ehrenamtlichen Mitarbeiter, die die Tätigkeit der professionellen Kräfte ergänzen und bereichern. Sie tragen noch einen anderen Blick, eine andere Perspektive ins Haus, ihre Fürsorglichkeit hat einen anderen Hintergrund. Ob ein Hospiz funktioniert, wird wohl auch davon abhängen, welche Energien die Profis und Ehrenamtlichen miteinander entwickeln. Und noch wichtiger für die Balance von Innen und Außen ist wohl die Kommunikation zwischen den Gästen, ihren Angehörigen und den Pflegekräften. Es ist nicht nur so, dass die Gäste auf die Pfleger angewiesen sind, umgekehrt sind die Pfleger auch von den Fähigkeiten und der Mitteilungsbereitschaft der Sterbenden abhängig. Entließe man den Sterbenden aus der Verantwortung für den Ort, an dem er stirbt, würde man ihn schon zu Lebzeiten als Toten betrachten. Der Sterbende mag reduziert und geschwächt sein, auf seinen Abschied fixiert und voller Trauer, aber doch ist er nicht vollends abgeschnitten von seiner Biographie, seinen Erfahrungen und Fähigkeiten. Er hat etwas mitzuteilen, er hat etwas zu sagen, gerade weil er denen, die noch nicht so weit sind wie er, etwas voraus hat. So können Gäste und Wirte die Rollen tauschen und das Zwanghafte für Momente abstreifen. Der Wirt tritt in die Herberge des Sterbenden ein und nimmt Platz in einem Raum voller Einsichten und Erkenntnisse. Der Gast wiederum spendet demjenigen, der noch durchs Leben hetzt und eilt, der sich an seiner Biographie abarbeitet, ein Asyl, eine Heimat, die den Ruhelosen zur Ruhe kommen lassen kann. An diesem Ort der Zwiesprache braucht es keine Religion, keinen Glauben, keinen Spiritualismus, keine Ideologie. Es braucht Zeit, Verständigungsbereitschaft, Offenheit, Mut, Einfühlungsvermögen, Toleranz, Interesse, Selbstverzicht, Fragelust, Geduld, Besinnlichkeit.

Klar, wenn die Rahmenbedingungen nicht stimmen, bleiben all das schöne Worte! Aber ich wäre nicht auf diese idealtypische Skizze verfallen, wenn ich hier im Hospiz diesen Dialog nicht erlebt hätte. Der Dialog zwischen dem Innen und Außen hat noch viele weitere Aspekte. Welche Disziplinen finden im Hospiz-Team zusammen? Wie wird das Team fachlich von außen betrachtet, eingeschätzt und wenn nötig korrigiert? Wie weit muss die biologische und biographische Anamnese der Gäste gefasst werden, und wie können diese Lebens- und Leidensgeschichten ins Team transportiert werden? Wie viel müssen und wie viel dürfen die Wirte über ihre Gäste wissen? Mit welchem Bewusstsein und Selbstbewusstsein tragen die Wirte die Botschaft ihrer Profession nach außen? Dieter Geuß, der Leiter des Hospizes, hatte mir bei unserer ersten Begegnung erzählt, dass einige Mitarbeiter des Hospizes am Karneval der Kulturen teilgenommen hatten. Für diesen Umzug durch die Straßen von Kreuzberg, der von mehreren Hunderttausend Zuschauern begleitet wird, hatte man eigene Kostüme und Choreographien entworfen, um den Tod als Teil des Lebens darzustellen.

Ein hochgewachsener Mann betritt die Küche. Wir grüßen uns. Er tritt an den großen Kühlschrank und entnimmt ihm mehrere Frischhalteboxen, die er auf den großen Tisch stellt, an dem ich sitze. Er ist etwas verlegen, er sucht für seine Frau ein Portionspäckchen Frischkäse und öffnet eine Box nach der anderen. Er hat seine Brille vergessen. Später kommt ein zweiter Mann, der ebenso wie sein Vorgänger an die achtzig Jahre alt sein dürfte. Seine Hände zittern. Auch er, erfahre ich später, betreut hier seine Frau, die unheilbar erkrankt ist. Beide Ehepaare haben ihre goldene Hochzeit gefeiert, in beiden Fällen ist die Frau sterbenskrank (meistens ist es umgekehrt), in beiden Fällen sind die Männer noch rüstig genug, um ihre Frauen zumindest zu besuchen, ihnen Mahlzeiten zu reichen, um kleine hygienische Bedürfnisse zu stillen. Sie sind tapfer, tatkräftig, sie versuchen zurechtzukommen. Man spürt, wie sie sich zusammennehmen, wie sie sich selbst an die Hand nehmen. Sie sind mit ihren Frauen einen langen, einen sehr langen Weg gegangen. Komm, das Stück schaffen wir auch noch! Aber wie es dann weitergeht, wissen sie selbst noch nicht.

Während dieser zwei Stunden, die ich in der Küche sitze, kommt es immer wieder zu kurzen Begegnungen und Gesprächen mit Pflegekräften und Angehörigen. Im Vergleich zu vielen anderen Alltagssituationen gewinnen die Gespräche schneller eine große Offenheit und Tiefe, man hört einander zu, spricht freier. Es ist gar nicht so, dass der Tod stumm macht, machen muss. Ulrike, eine Pflegekraft, treffe ich mehrfach. Sie sagt, dass sie die Arbeit im Hospiz »glücklich« mache, ja, sie empfinde es als Privileg, dort zu arbeiten, auch weil sie ihre Fähigkeiten in dieser Situation besser einbringen kann als im normalen Krankenhausbetrieb. In einer auf Effizienz und Flexibilität getrimmten Krankenhausmaschinerie sind ältere Krankenschwestern mit der Fähigkeit, gut zuhören zu können und dabei das Gefühl der Geborgenheit zu stiften, schon beinahe Störenfriede im Betrieb. Doch hier im Hospiz, wo der Tod der Beschleunigung in die Parade fährt und mit den Uhren macht, was er will, können solche Eigenschaften eine wichtige, bereichernde Rolle spielen. Wir kommen auf Frau Korth zu sprechen. »Sie gibt uns allen viel Kraft!«, sagt sie, und ich weiß jetzt, was sie meint.

Ulrike muss los, ein Gast ruft sie. Jeder der Gäste trägt, an einem Band um den Hals, einen Rufknopf, der mit minimalem Kraftaufwand gedrückt werden kann. Doch ich bleibe nicht lange allein, denn jetzt kommt Gisela, eine Freundin des Riesen auf Zimmer 101. Wir kommen ins Gespräch. Gisela fragt, was ich hier mache, und ich erkläre ihr mein Vorhaben. Sie besucht Michael, so oft sie kann. Er ist, er war ihr Chef. Früher, erzählt sie, war er ein erfolgreicher Anwalt, der sich auf Wirtschaftsprozesse spezialisiert hatte. Er hat rund um die Uhr gearbeitet, das war sein Leben. Immer der Letzte, immer der Erste im Büro. Dass die Familie zu kurz kam, sagt sie nicht, ich denke es. Nachdem die Krankheit in der Kanzlei bekannt wurde und klar war, dass Michael nicht zurückkehren wird, hat sie ihn oft zu Hause besucht. »Nein, nein«, wehrt sie ab, »ich bin nicht seine Freundin, auch wenn das alle immer denken. Ich verstehe mich auch sehr gut mit seiner Frau. Ich kann ihn nur nicht alleine lassen in dieser Situation. Es ist das erste Mal, dass ich so was erlebe, und ich muss es jeden Tag wieder lernen.« Sie erzählt, dass Michael ein gläubiger Mensch ist. Als kürzlich ein Pfarrer bei ihm war, hat er es abgelehnt, bereits die Sterbesakramente zu empfangen, »Noch nicht!«, habe er gesagt. Heute Nachmittag werde sie ihn in den Garten schieben, in der Sonne sitzen und mit ihm ein Eis essen. Er hänge am Leben, nimmt noch alles mit, auch wenn man nicht mehr genau wisse, was er noch mitnehmen kann. Für seine Kinder sei die Situation sehr kompliziert, weil die Eltern ohnehin ein problembeladenes Verhältnis haben und weil die jüngste Tochter, sie ist sechzehn, früher an Leukämie erkrankt war und sie die Krankheit ihres Vaters daher in besonderer Weise berühre und quäle. Und auch seine Frau habe es sehr schwer, weil Michael wenig geregelt habe und sich die Teilhaber seiner Kanzlei uneins seien, wie man nach seinem Ausscheiden weitermachen solle. Natürlich geht es auch um Geld.

Gisela und ich tauschen Adressen, Michael wartet. Die Supervision ist beendet, die Mitarbeiter kommen zurück. Armin hat Lust, eine zu rauchen. Wir setzen uns in den Garten, wo Frau Korth mit ihrem Sohn sitzt. Ich winke ihr zu. Auf Armins Schachtel steht: »Rauchen kann tödlich sein!« Ich tippe auf die Warnung: »Und? Schreckt dich das nicht?« – »Ich nehme das Risiko in Kauf.«

»War die Supervision anstrengend?«

»Nein, eigentlich nicht!«

»Supervision meint doch, dass jemand von außen zu euch kommt und ihr eure Tätigkeit zusammen mit ihm fragend überprüft? Also ihr reflektiert eure Rollen oder Konflikte im Team und versucht, Abläufe und eure Teamfähigkeit zu verbessern?«

»Ja, so kann man das ungefähr sagen. Heute hat sich ein neuer Supervisor vorgestellt, weil wir jetzt sechs oder sieben Jahre denselben Supervisor hatten. Das war vielleicht schon zu eingespielt, da fehlte vielleicht auch Distanz.«

Ich frage Armin, wie lange die Gäste durchschnittlich im Hospiz seien, ehe sie sterben.

»Das ist sehr unterschiedlich. Im Durchschnitt, würde ich sagen, sind sie zwei bis drei Wochen bei uns, aber es ist alles dabei, von wenigen Stunden bis zu einem Jahr, das haben wir auch schon erlebt.«

»Du hast gestern von einem Fall gesprochen, der dich in besonderer Weise betroffen und berührt hat, magst du davon erzählen?«

»Klar!«

Er sucht den Anfang, besinnt sich.

»Das war im letzten Jahr, und der Fall hat mich so beschäftigt und so aggressiv und hilflos gemacht, dass ich therapeutische Hilfe gesucht habe, um mich selbst kritisch zu hinterfragen. Der junge Mann, er war etwa in deinem Alter, kam an einem Tag zu uns, als ich Nachtwache hatte. Er war an Bauchspeicheldrüsenkrebs erkrankt, das ist ein besonders aggressiver Krebs. In dieser Nacht haben wir uns das erste Mal gesehen, und vielleicht war er mir gegenüber deshalb besonders offen. Vielleicht fühlte er sich besonders schwach, weil er zu uns verlegt worden war.«

»Kam er nicht aus Berlin?«

»Nein, er lebte irgendwo in Norddeutschland und war aus einer Spezialklinik aus Kiel zu uns gekommen, weil hier in Berlin seine nächsten Angehörigen lebten. Er selbst hatte keine Frau und keine Kinder, er war immer allein geblieben. Er hatte sich ganz und gar auf seine Karriere als Banker und auf seinen Sport konzentriert, da muss er richtig gut gewesen sein.«

»Was für Sport hat er gemacht?«

»Ich glaube sehr viel Leichtathletik. Er hat mir Fotos gezeigt, da war er als durchtrainierter Sportler zu sehen, bei Wettkämpfen, bei Siegerehrungen, das muss er sehr intensiv betrieben haben. Er hat sich sehr stark über diesen durchtrainierten Leistungskörper definiert. Deshalb musste die Erkrankung ihn in besonderer Weise angegriffen haben, weil sie alles zerstörte, was ihm wichtig war.«

»Und das hat er dir alles in dieser ersten Nacht erzählt?«

»Ja, da war er sehr zugänglich. Diese Offenheit war dann später wie weggewischt. Er war auch so merkwürdig zwiespältig. Einerseits war er sehr bescheiden, andererseits war er unglaublich fordernd und wollte jedes Detail bestimmen. Er ist schließlich sieben Monate bei uns geblieben und hat mich wirklich an den Rand meiner Kräfte gebracht.«

»Wodurch?«

»Er hat mich abgelehnt, nicht mehr an sich herangelassen. Dann war er beim Thema Körperpflege zwanghaft an bestimmte Rituale gebunden. Hinzu kam, dass ihm ein künstlicher Darmausgang und ein Blasenkatheter gelegt worden waren. Das hat sein Körperbild vollkommen zerstört. Ich denke, er hat sich vor sich selbst geekelt. Ich erinnere mich daran, wie er oft geklagt hat: ›Ich war so sportlich, jetzt bin ich gar nichts mehr.‹ So hat er empfunden: ›Jetzt bin ich gar nichts.‹«

»Und«, frage ich, »was war mit seinen Angehörigen? Eltern? Geschwister?«

»Ich denke, damit fing seine Geschichte … sein Drama an. Das Verhältnis zum Vater war von Hass bestimmt. Sein Vater machte ihn dafür verantwortlich, dass die Mutter gestorben war.«

»Warum hat er das getan?«

»Der Vater behauptete, der Sohn habe die Mutter als Kind einmal an die Brust gestoßen und dadurch habe sie ein Brustkarzinom entwickelt, was medizinisch natürlich Unsinn ist. Er hat seinen Sohn als Kind auch regelmäßig verprügelt!«

»Und darüber hast du auch mit ihm gesprochen?«

»Ich habe lange mit seinen Geschwistern gesprochen, die sich sehr liebevoll um ihn gekümmert haben.«

»Und was hat dich so an ihm gefordert, was hat dich so mitgenommen?«

»Das war diese Zurückweisung, dieses Ablehnen, er hat mir ganz klar vermittelt, dass er mich ablehnt. Dieses Verhalten wechselte aber wieder mit Phasen, in denen er einen an sich heranzog, sich öffnete, und dann stieß er einen wieder weg. Ranziehen, wegstoßen. Er war auch mit seinem Leben völlig uneins und klagte und schrie. Er schrie aber nicht so sehr vor Schmerz, sondern vor Wut, vor Enttäuschung, vor Hass. Manchmal wirkte dieses extrem laute Schreien auf mich übertrieben, fast gespielt, als wolle er etwas anderes ausdrücken. Er kam einfach nicht klar mit sich und seiner Situation. Ich habe dann auch die Kollegen gebeten, dass ich von seiner Betreuung entbunden werde. Es ging nicht. Ich war von mir selbst abgestoßen, weil ich mit diesem jungen Menschen, der so viel durchgemacht hatte, nicht mehr Mitleid empfinden konnte, sondern ihm gegenüber sogar Aggressionen verspürte. Das ging auch anderen Kollegen so, das war nicht nur mein Problem. Solche Konflikte werden natürlich im Team thematisiert, und da habe ich mir auch von außen Hilfe geholt. Diese Monate sind mir sehr an die Substanz gegangen.«

»Aber schließlich hat sich etwas verändert?«

Armin greift nach der Zigarettenschachtel, zündet sich eine neue Zigarette an und atmet tief durch. Frau Korth fährt vorbei, ich lächle ihr zu.

»Es hat sich alles geändert. So etwas habe ich auch noch nicht erlebt, und wenn ich das jemandem erzähle, dann schauen mich die Leute entweder verständnislos an oder ich merke, sie denken, na, der erzählt aber schöne Geschichten aus Hollywood. Eines Tages veränderte er sich. Er war bei uns angekommen, er war im Reinen mit sich. Ich weiß nicht, warum. Er blieb dann durchgehend freundlich. Er war – ich sage das jetzt mal ein bisschen zugespitzt – erst ein Horrorgast und wurde dann zum Lieblingsgast. Er hatte eine Lieblingspflegerin, die sagte: ›Wenn ich bei Ihnen sitze, komme ich aus dem Lachen nicht mehr heraus.‹ Und das stimmte auch, er scherzte, riss Witze, hatte immer einen Spruch auf den Lippen. Schließlich hatten wir alle auch ein gutes Verhältnis zu seinen Geschwistern entwickelt, man nahm sich in den Arm, da war eine große Innigkeit in diesen sieben Monaten entstanden.«

»Und dann ist er gegangen?«

»Als er starb, saß ich mit seiner Schwester an seinem Bett. Sie saß rechts von ihm und ich links. Wir hielten seine Hände. Er atmete schon sehr schwer und hatte die Augen geschlossen. Plötzlich machte er noch einen tiefen Atemzug, schlug die Augen auf, sah seine Schwester fest an und sagte nur noch: ›Ja!‹ So ein richtig befreites, langes, zustimmendes Ja! Und dann war er tot!«

Wir blicken in den Nachbargarten, wo ein Mann auf einer Leiter steht und das Astwerk eines Baumes kürzt.

Die Erzählung ist Armin unübersehbar nahegegangen. Wieder einmal sind die Uhren stehengeblieben. Wie lange haben wir im Garten gesessen? In welcher Zeitzone waren wir unterwegs? Es ist später Nachmittag. Wir gehen hinein. Armin muss zu Michael in Zimmer 101. Ich bleibe auf dem Flur zurück und blättere im Gästebuch, in das viele Besucher etwas schreiben, um sich bei dem Team für die herzliche Aufnahme und Betreuung zu bedanken. Auf der letzten Seite, der Eintrag ist nur einige Tage alt, bedankt sich eine Frau für die Pflege ihrer Großmutter. Und sie schließt ihre Ausführungen mit einem Zitat des dänischen Philosophen Søren Kierkegaard: »Es bedeutet nicht so viel, wie man geboren wurde. Es hat aber unendlich viel zu bedeuten, wie man stirbt.« Ich schaue in das Zimmer 102. Es ist leer. Frau Aller ist fort. Aber ihre Bilder, ihre Fotografien und der Koffer sind noch da.

Die Sonne ist bereits hinter den Nachbarhäusern verschwunden, als ich zu Frau Korth ins Zimmer trete. Dieses Treffen, hatte sie gebeten, solle nicht so lange dauern. Es war ein anstrengender Tag. Wir sehen uns an. Sie sagt, sie habe nachgedacht. Gestern Abend und spät in der Nacht.

»Ich habe es mir überlegt. Ich möchte doch nicht in Ihrem Buch vorkommen. Können Sie das verstehen?«

»Das verstehe ich, natürlich, das akzeptiere ich. Sie müssen das auch gar nicht erklären. Ich hatte nur gehofft …«

»Setzen Sie sich doch!«

»Ich habe Ihnen was mitgebracht!«

Ich stelle die Flasche Crémant und die Schokolade auf den Beistelltisch und setze mich in den Rollstuhl, der neben Frau Korths Bett steht.

»Wissen Sie, ich hatte die verrückte Hoffnung, dass Sie etwas für das Buch schreiben, dass Sie etwas hinterlassen, in dem Ihre Haltung, die hier allen so imponiert, zum Ausdruck kommt.«

Frau Korth zieht eine Zigarette aus ihrer Schachtel. Ich frage sie, ob ich auch eine rauchen dürfe.

Wir rauchen. Ich bleibe dann doch ein bisschen länger als geplant. Ich schütte mein Herz aus. Altmodischer Ausdruck, Frau Korth, oder? Jedenfalls kommt es mir im Rückblick so vor. Ich, Ihr Gast, werde von Ihnen eingeladen, einzutreten in Ihre Herberge. Wie heißt die Herberge? Zimmer 104? Halt inne? Zur geborgenen Zeit? Keine Angst? Zum reichen Troste? Für die Beladenen? Sie sollten den Zimmerpreis erhöhen, Frau Korth! Ihr Fenster ist wieder offen. Die Vögel singen. Der Abend färbt den Himmel ein, der Wind legt sich, die Bäume werden still. Sie finden meinen Gedanken, dass Sie etwas zum Buch beisteuern, gar nicht so abwegig. Sie überlegen. Sie zeigen mir die Briefe, die Sie an Freunde geschrieben haben. Ihr Laptop steht neben dem Bett, und Sie erledigen jeden Tag Ihre Post. Sie sagen, Sie haben immer gerne geschrieben. Wir geben uns die Hand. Ich schreibe mir Ihre Mail-Adresse auf.

»Ich schicke Ihnen eine Mail, dann haben Sie alle meine Kontaktdaten! Guten Abend und gute Nacht!«

Am nächsten Morgen bin ich früh auf. Ich setze mich an

den Schreibtisch und schreibe die angekündigte E-Mail. Es ist halb acht.

Guten Morgen, liebe Frau Korth,
*   na, jetzt bin ich gespannt, ob meine Mail ankommt. Es ist Freitag früh, die Sonne scheint, und während ich das schreibe, frühstücken und packen die Kinder, denn sie fahren gleich zu ihrer Großmutter. Ich bleibe hier und schreibe.*

Ich wünsche Ihnen einen guten Tag.
Liebe Grüße Ihr Torsten Körner

Es vergeht kaum eine halbe Stunde, da ist schon ihre Antwort eingetroffen und macht mich glücklich.

auch einen guten morgen!
*   natürlich ist sie angekommen, die mail!*
*   habe beschlossen, im bett zu frühstücken, aber dann mit der tageszeitung und ihrem speisewagenbuch auf der terrasse oder in diesem wunderschönen garten den warmen tag zu genießen.*
*   und dann: lohn für ihre geduld (den sekt, die schokolade???!!!). bin nun doch voll bei ihrem buchprojekt dabei. schreiben sie, wie sie es brauchen, damit es ins konzept passt! überzeugt hat mich übrigens ihre offenheit. brauchen sie nun noch etwas von mir? warum der abschied vom »normalen leben« so wichtig war? was hier so schön ist? ...*
*   nur schade, dass sie den ausflug zur großmutter nicht mitmachen können.*
*   einen erfolgreichen tag für sie, und ich bin neugierig,*
*   barbara korth*

Nachdem ich meine Frau und die Kinder zum Bahnhof gebracht habe, kehre ich gleich nach Hause zurück. Das Viertel ist sehr ruhig. Viele Familien haben über die Feiertage die Stadt verlassen. Plötzlich gähnen riesige Parklücken dort, wo sonst Stoßstange an Stoßstange kratzt. Ich möchte gleich mit unserem Kapitel beginnen. Die zwei Tage im Hospiz begleiten mich. Ich ahne, was es heißt, dort Tag für Tag zu arbeiten. Ich wandere in Gedanken durch die Zimmer 101 bis 104. Ich denke an die vielen guten Gespräche, die ich führen konnte.

Ich habe das Bedürfnis, Ihnen eine Mail zu schreiben und Ihnen von meinem Tag zu erzählen. Sie antworten fast immer umgehend. An dieser Stelle möchte ich aus unserem Mailwechsel – was sagt man da eigentlich, klingt ja alles komisch, Mailverkehr, Mail-Ping-Pong, Mailverlauf, Mailaustausch, Maildialog, Mailfluss, Mailkorrespondenz?? – zitieren:
Ich schreibe Ihnen am 23. April:

Liebe Frau Korth,
ich habe noch mal Ihre vorangegangene Mail gelesen und dabei erst verstanden, dass Sie eine Frage gestellt haben. Ob ich noch etwas brauche von Ihnen in der Form von etwas Geschriebenem. Ja, das wünsche ich mir sehr. Ich hatte Ihnen erzählt, dass in der Übergabe von der Früh- zur Spätschicht häufig Ihr Name fiel und Sätze wie »Frau Korth gibt uns allen Kraft« etc. Diese Ihre Präsenz wünsche ich mir auch im Buch. So in der Art, wie wir es besprochen haben.

Ich hatte einen guten Tag. Ich bin gut in das Kapitel hineingekommen, das ist für mich eigentlich immer das Schwierigste. Wie fange ich an? Was sind die ersten Sätze? Mit was für einer Szene beginne ich? Mit einem Bild? Mit der Beschreibung einer Szene, mit einem Dialog oder einer These etc.

Während ich heute Morgen etwas größere Ostereinkäufe machte, die Wohnung aufräumte, frühstückte, überlegte ich hin und her, wie ich das Einstiegsproblem löse, bis ich eine gute Idee hatte (ich hoffe, dass sie gut ist).

Heute werde ich wieder laufen, das ist immer die Belohnung für einen erfolgreichen Tag. Die Schokolade gestern war auch gut, Lindt, Vollmilch mit Haselnüssen. Ich mag keine Schokoladen mit Chili und exotischen Gewürzen, auch keine Bitterschokolade. Wie geht es Ihnen? Ich meine mit dem Schokoladengeschmack?

Wenn ich schreibe, stehe ich nach einer halben Stunde auf und gehe einmal durch die Wohnung, schaue aus den Fenstern im Hinterhof oder zur Straße und setze mich dann wieder. Als ich heute in den Hinterhof blickte, fiel mir auf, dass der Efeu, der dort den Boden bedeckt, in diesem Jahr ein ganzes Stück den Ahornbaum hochgeklettert ist.

Falls Sie irgendeinen Schokoladen-, Film-, Alkohol-, Literaturwunsch (oder anderen Wunsch) haben, den ich erfüllen kann, sagen Sie bitte Bescheid. Ich z. B. mag auch gerne weiße Schokolade und auch Eis.

Ich hoffe, ich schockiere Sie nicht mit diesen Bekenntnissen eines Zuckerabhängigen. Ich wünsche Ihnen einen guten Abend.

LG Ihr Torsten Körner

Und Sie antworten am 24. April kurz nach Mitternacht:

lieber torsten körner,

oh je, ich dachte, vom schreiben wäre ich jetzt etwas befreit, weil ich mich so vorbehaltlos in ihr projekt begeben habe. nun muss eben die zweite hälfte der leckeren schokoladentafel dran glauben. was natürlich kein opfer ist!

dass ich kraft weitergebe, ist mir nicht bewusst, denn solch ein dankesbrief an das pflegeteam und die leitung ist für mich ziemlich selbstverständlich. intensiver sind die gespräche, die sich nachts, aber auch tags ergeben, wenn zeit dafür ist. da ich jetzt auch etwas kontakt mit zwei damen habe, die hier auch gäste sind, habe ich etwas andere einblicke. da wird viel auf besuch gewartet, auf abwechslung. wohingegen ich mich heute tierisch freute, dass es keinerlei termin gab! so konnte ich sehr müßig in der wärme draußen liegen, zuweilen meine neuen »freundinnen« beobachten und ausfragen. besonders schön aber waren die eigenen gedanken zu meiner situation, also die muße dazu. es ist schon erstaunlich zu beobachten, wie der körper seine funktionen immer stärker einstellt. ich wüsste gern, ob das vorprogrammierte oder eher persönliche wege sind. die muße ermöglicht naturgemäß auch die zufriedenheit mit meiner situation. der abschied, und auch die rechtzeitige planung dieses abschieds vom normalen alltagsleben zuvor und der umzug hierhin, macht alles leichter. in diesem zimmer werde ich sterben, mein anderes leben ist vorbei, und ich habe auch nicht das bedürfnis, da auch nur besuchsweise wieder reinzuschauen. es ist schon so, dass ich hier vieles habe, was aus meinem alten leben stammt, aber das war nicht der gesichtspunkt fürs aussuchen. ich würde ja gerne mal in die anderen zimmer spickeln, ... sie haben sie ja zum teil gesehen. unterschied?

pünktlich läutet die nahe kirche jetzt das osterfest ein! das ewige leben, die wiederauferstehung feiernd.

solch ein neuer lebensabschnitt hat auch etwas belebendes, wenn er bewusst gewählt ist. ich glaube, viele gäste sind einfach hier, weil sie gut betreut sein wollen. will ich auch und genieße, dass das in

dieser weise möglich ist. aber ich will auch wissen, wie das denn
jetzt so geht, weitergeht.

nun habe ich nur noch den wunsch, die augen zu schließen, in
ihrem buch kein wort heute gelesen. schade.

hoffe, sie sind heiteren gemüts, wenn auch sicher ausgelaugt
vom laufen zurückgekommen.

gute nacht,
barbara korth

Wir sind verabredet. Die Flasche Crémant steht kühl. Wenn
ich das Manuskript abgegeben habe, schon bald, leeren wir
sie und lassen keinen Tropf übrig. Hoffentlich ist es so warm
wie heute, dann können wir uns in den Garten setzen. Ich
freue mich auf diesen Tag, also bis dann.

Ich bin froh, dass er weg, dass er tot ist

»Mein Mann war ein böser, alter Hund. Wenn er von der Arbeit nach Hause kam, setzte er sich ins Wohnzimmer in seinen Sessel und beobachtete hinter der Gardine die Nachbarn. Wenn ihm etwas nicht gefiel, dann knurrte er. Wenn die Kinder im Hof spielten, dann knurrte er, und wenn sie zu laut waren, öffnete er das Fenster und bellte. Dann sind die Kinder weggelaufen, weil sie Angst hatten. Wenn Herr Plaggenborg seinen Einkauf nach Hause brachte, sagte er: ›Säufer!‹ Kam Frau Riether in Begleitung eines Mannes zurück, sagte er: ›Schlampe!‹ Wenn das Ehepaar Schmitt am Sonntag zur Kirche ging, schimpfte er: ›Heuchler!‹ Und wenn der Student von oben sein Fahrrad durchs Treppenhaus trug, knurrte er: ›Dussel!‹ Das alles war schlimm genug, aber das Schlimmste war, dass ich gar nicht verstanden habe, was er aus mir gemacht hat. Wir hatten keine Kinder. Lange Zeit durfte ich nicht arbeiten. Er wollte das nicht. Er verdiente genug. Fand er. Er ging ins Amt, wälzte Akten, packte sein Butterbrot aus, weil er nie in die Kantine ging, und dann machte er pünktlich Feierabend. Ich war ja ganz ungebildet, als wir heirateten; alles, was ich jetzt so kann und denke, habe ich mir selbst geholt, selbst gelernt, von zu Hause hatte ich ja nichts mitbekommen. Zeitung lesen, das habe ich lernen müssen, das habe ich mir richtig beigebracht.

Als mein Mann beerdigt wurde, habe ich sehr geweint. Aber nicht, weil er tot war, sondern weil ich gemerkt habe, was er für ein Mensch war. Zur Beerdigung ist eigentlich niemand gekommen. Er hatte ja keine Verwandten. Die Einzigen, die kamen, waren ein Kollege vom Amt und der Fritz

371

vom Kiosk, wo er jeden Tag seine Zigaretten und seine Zeitung geholt hat. Das waren die Einzigen. Sein Kollege vom Amt hat mir sein Beileid ausgesprochen und dann, er hat einen Moment gezögert, hat er gesagt: ›Ich weiß, Sie haben es nicht immer leicht gehabt mit ihm.‹ Ich hatte den Mann nie gesehen, und als er das zu mir sagte, obwohl wir uns gar nicht kannten, war mir klar, was mein Mann für ein Mensch gewesen sein muss. Ich hätte ja auch denken können: ›Was bildet der sich ein, hier am Grab so was über meinen Mann zu sagen?‹, aber mir war sofort klar, dass er mir was Nettes sagen wollte. Kinder wollte mein Mann nicht, er war ja fast zwanzig Jahre älter als ich. Und ich fühlte mich geehrt, dass so ein Mann mit Anzug und Schlips mir den Hof machte. Wir hatten ja nichts, meine Eltern und ich. Nichts! Und da war so ein Mann mit einer Stellung schon eine große Sache. Sie müssen sich das auch anders vorstellen als heute. Heute sind die Frauen ja ganz … gebildet … selbstbewusst, aber damals? Und erst bei seiner Beerdigung wurde mir wirklich klar, dass er ein alter, böser Hund war, der auch mich immer nur angebellt hat. Wann gibt es Essen? Wo ist meine Zeitung? Warum ist die Küche noch nicht aufgeräumt? Wo ist die Fernbedienung? Nach seinem Tod habe ich erst mal Geld abgehoben und mir ein schönes Kleid gekauft. Und ich habe keinen Tag etwas Schwarzes angezogen, obwohl man das in meiner Generation ja noch macht. Nur auf dem Friedhof habe ich Schwarz getragen. Sie kennen mich ja. Finden Sie nicht auch, dass ich ein ganz anderer Mensch bin, seitdem er tot ist? Entschuldigen Sie, ich weiß, Sie verstehen mich, ich bin froh, dass er weg, dass er tot ist. Richtig froh!«

Finsternis bedeckt mein Herz

Wenn man einen schwarzen Club besuchen will, einen Gothic-Tempel, eine Emo-Disco, fragt man am besten Herrn
und Frau Tod nach dem Weg, wenn man den Ort nicht findet, sich verirrt, plötzlich in einem anderen Stadtteil steht,
wo Kampfhunde und Skins vorbeikommen, wo aber auch
kein Mensch zu sehen ist, wo auf einmal kaum noch ein
Licht zu finden ist, kein Laden; wenn man schon mit dem
einen Bein in Lichtenberg steht, aber nach Friedrichshain
will, dann fragt man am besten dieses schwarze Paar in seinen bis auf den Boden reichenden Mänteln, diese zwei mit
den langen, schwarzen, sorgfältig gekämmten Haaren und
den schwarz umrandeten Augen, mit einer Blässe, die ange-
boren ist oder geschminkt oder gepflegt oder alles zusammen. Diese schwarzen zwei, Mitte zwanzig, sind die Einzigen, die mich hoffen lassen, dass es den Club überhaupt
gibt, der nun vom Erdboden verschwunden zu sein scheint,
obwohl doch seine Präsenz im Netz unzweifelhaft vorhan-
den ist, und hier und heute eine »schwarze Nacht« gefeiert
werden soll auf vier Dancefloors, mit einer Band und einem
DJ namens »Lord Noir«.

»Entschuldigung, könnt ihr mir sagen, wo ich das K 17
finde?«

Sie kichert, er grinst.

»Einfach geradeaus und dann rechts!«

Sie gehen weiter.

Ich folge ihnen, aber sie biegen nicht nach rechts, sondern
nach links ab, und ich frage mich, ob es hier einen zweiten
Gothic-Tempel gibt oder ob sie nach Hause gehen oder ob

sie mich einfach verarscht haben. Sie verschwinden in einem Hauseingang, ich bleibe zurück. Gehe noch einmal an die Stelle, wo ich sie traf, und folge noch einmal ihrer Wegbeschreibung und sehe schließlich einen mit weißer Farbe aufgemalten Hinweis, der den Interessierten in einen Hinterhof führt. Jetzt bin ich an Ort und Stelle, jetzt hat alles ein Gesicht, eine Farbe und seine Richtigkeit. Der Türsteher sieht so aus, wie man es bei einem Laden wie diesem erwarten darf. Zwar ist er einen Kopf kleiner als ich, aber dafür ist er breit wie ein Ohrensessel, er trägt ein Knopf-Piercing in der Nase, die Schatten zahlreicher Tattoos wachsen ihm vom Hals ins Gesicht, und seine Pranken sind groß wie Bratpfannen. Aber die Stimme, die aus dem Mund unterhalb der gedengelten Stirn kommt, ist lammfromm, ganz weich und freundlich, so als ob mir ein Junge vom Dorf jetzt sagt: »Die Bäckerei öffnet erst um sieben, aber wenn du freundlich anklopfst, verkauft Frau Gröneweg dir auch schon jetzt ein paar Brötchen.« Da ich wirklich überhaupt nicht weiß, wie die Codes in einem Goth-Club zu lesen, geschweige denn einzuhalten sind, habe ich mir vorgenommen, wie ein freundlich-ahnungsloses Kind an die Sache heranzugehen und so viele dumme Fragen wie möglich zu stellen. Mit meiner tölpelhaften Mimikry komme ich mir allerdings schon jetzt albern vor, ich habe eine schwarze Baumwollhose und ein schwarzes Hemd angezogen, sehe aber nach einem ersten vergleichenden Blick in die Runde wie ein in die Jahre gekommener Priester aus und nicht wie ein zünftiger Goth oder ein Emo.

Der Hinterhof, den ich jetzt betrete, dient als Imbisszone, es riecht nach gebratenem Fleisch, nach Bier. Links dröhnt aus einer Konzerthalle dumpfes Hämmern, Eintritt 20 Euro, rechts geht es durch einen unscheinbaren Eingang zu den Dancefloors, die im Gesamtpaket für 6 Euro zu haben sind. Das Treppenhaus ist eng, speckig, weiß gekalkte Wände. Bei

Gegenverkehr muss man sich an die Wand oder ans Treppengeländer drücken. Der erste Eindruck ist enttäuschend. Die Goths und Emos der Stadt scheinen noch zu schlafen, dabei hat Berlin eine der größten schwarzen Szenen, mit zahlreichen Läden und Angeboten. Gleich neben dem »K 17« lädt ein »Dark Hostel« Gäste aus aller Welt zur Übernachtung ein, und eine Black-Metal-Kneipe liegt auch gleich um die Ecke. Doch jetzt, es ist kurz nach Mitternacht, wirkt der gesamte Komplex dramatisch unterbesetzt. Auf keiner der vier Tanzflächen wird getanzt, an den Rändern lungern ein paar Leute herum, bewegen sich nur verhalten, die Tresenkräfte stehen reglos in Erwartung eines großen Andrangs. Im ersten Stock öffnet sich der Raum, hier ist es etwas voller, die Wände beben wider vom Schlagen der synthetischen Sounds, die der DJ wie Hämmer auf die Köpfe niederfahren lässt. Gleich am Eingang sitzt ein Typ, den ich anspreche, weil ich sonst nicht weiß, was ich machen soll, weil ich mich orientieren will, weil ich sehe, dass auch er sich langweilt, den Kopf in beide Hände gestützt.

»Ist das immer so leer hier?!«

»Um die Uhrzeit …!? Das geht erst um drei so richtig los. Aber ich bin auch das erste Mal seit zwei Jahren wieder hier!«

Man muss jedes Wort herausschreien, sonst hat man gegen den DJ keine Chance. Ich lade ihn auf ein Bier ein. Darko arbeitet als Programmierer, ist siebenunddreißig Jahre alt und stammt aus Kroatien. Vor Jahren war er hier Stammgast, aber nein, er sei kein Goth, sondern er habe einfach die Musik geil gefunden. Damals sei er aber immer besoffen gewesen, deshalb jetzt nur ein Alkoholfreies. Ihm gefällt »ebm«, das steht für electro body music, die auf diesem Floor gespielt wird.

Es wird voller. Man kennt sich. Viele kommen herein, werfen jubelnd die Arme in die Höhe, fallen sich um den

Hals. Die Gesten sind durchweg expressiv. Die ersten Tänzer machen sich an die Arbeit, der Barmann mixt. Darko flucht. Nein, er habe die Schnauze voll vom Programmieren, und heute Abend gab es dicke Luft zwischen ihm und seiner Freundin, deshalb musste er raus.

»Weißt du, das Programmieren ist wie Schach spielen, so sitze ich den ganzen Tag und schreibe Zahlen. Abends stemme ich Gewichte. Am liebsten würde ich nach Istrien gehen und Fischer werden. Wie meine Vorfahren. Netze auswerfen. Aber jetzt bin ich ein Programmierer und sitze auf meinem Arsch wie ein alter Hund. Ich bin siebenunddreißig und ein alter Sack.«

Die Frauen tragen schwarze Kleider oder Röcke mit viel Rüschen, die Haare sind zu wilden Nestern gesteckt und getürmt oder brav auf die Seite gelegt. Einige Tänzer operieren mit Leuchtstäben, die sie wild herumwirbeln oder bedeutungsvoll bewegen, so als ob sie der Nacht leuchtende Briefe schreiben. Einer trägt eine schwarze Gasmaske, Arme und Beine sind vielfach verschnürt, seine Montur sieht aus wie ein glänzendes Spinnennetz und er selbst wie ein höllischer Ork. Die Musik hat etwas Peitschendes, sie fährt wie eine Geißel über die Tänzer, die zucken, als würden sie es genießen, ausgepeitscht zu werden. Andere führen Handkantenschläge aus oder schichten imaginäre Steine, so als ob sie Mauern bauen. Dann klingt der Sound plötzlich wie das Kreischen einer Säge, die die Schädel spaltet. Hier und da trägt einer einen Totenschädel auf dem T-Shirt, »Purer Hass« steht auf einem oder »Tödliche Dosis«. Darko erzählt, dass er einige Jahre in Stuttgart gelebt habe, dort gäbe es auch eine Gothic-Szene, sie sei jedoch viel kleiner als in Berlin und auch spielerischer. Da stecke hinter den finstersten Gesichtern eben doch ein Bürokaufmann, der ganz lieb sei und brav. Aber hier, er zeigt auf die mittlerweile gut gefüllte Tanzfläche, laufen Typen herum, die können nichts anderes als Goth. Die haben keine Wahl, die sind so traurig, so kaputt, die kannst du ansprechen, nichts passiert. Da ist keine Tür mehr, kein Fenster, alles irgendwie zu. »Ich hab die Goth-Frauen auch nie kapiert, ich habe nie eine gesprochen. Aber ich war ja auch zu betrunken.«

Darko und ich schweigen und sehen den Tanzenden zu. Er ist nicht in Stimmung. Er sieht jetzt müde und enttäuscht aus. »Ist wohl meine Midlife-Crisis!«, sagt er. »Fischer werden! Netze auswerfen. Scheißcomputer!« Wir trinken noch ein Wasser, dann steht er auf und geht. Zum Abschied überreicht er mir seine Karte. »Du kannst dich mal melden, wenn du magst!«

Ich verschaffe mir einen Überblick, indem ich in kurzen Abständen zwischen dem Erdgeschoss, dem ersten und zweiten Stock hin und her pendele, treppauf, treppab, und die Tanzflächen und ihr jeweiliges Publikum vergleiche. Härte und Schnelligkeit der Musik scheinen von Stockwerk zu Stockwerk zu wachsen, unten soft, oben hardcore. Im Erdgeschoss ist das Emo-Reich, melodiöser Rock, häufig deutsche Texte, es befinden sich mehr Frauen als Männer auf der Tanzfläche. Im ersten Stock knallt electro body music. Der Zusammenhang zwischen Musik und Körper ist evident. So muss sich ein Herzkammerflimmern anfühlen, die Musik lässt meinen Brustkorb vibrieren, die tiefen Bässe fahren in die Glieder, für einen Moment bin ich euphorisch wie ein Davongekommener, den der Defibrillator zurück ins Leben geschockt hat. Diese Musik ist härter als die Emo-Beats, peitschender, ein böser, schwarzer, kriegerischer Synthezizer-Stechschritt. Hier tanzen vor allem Männer in engen schwarzen Hosen, knappen schwarzen Shirts, die Haare zum Kamm, einer Bürste oder einem kleinen Dreieck rasiert. Man sieht viele kahle Schädel, trainierte Muskeln. Einige Männer, dünne Windhunde, sehen aus wie urbane Indianer, die einen Tomahawk am Gürtel tragen könnten. Wie Raubvögel blicken sie auf die Tanzenden. Mit monotoner Grabesstimme verkündet ein Sänger: »Erst kommt Hass, dann kommt die Nacht, Steine sind Steine, ohne rote Macht. Erst kommt Stolz, dann kommt dein Land, Steine sind Steine, alle an die Wand, sei stolz, Deutscher, sei stolz.«

Ein Stockwerk darüber folgen zwei Tanzflächen nebeneinander, nur getrennt durch einen Stummelflur und eine niedrige Tür. Hier sind überwiegend Männer anzutreffen, es wird Death-, Speed- und Trash-Metal gespielt, Musik, die einem wie ein Fußtritt in die Magengrube fährt. Dass es sich um Death- und Speed Metal handelt, weiß ich ehrlich gesagt nicht, aber der Typ, den ich frage. »Was ist denn das für Musik?« – »Slayer!« – »Nein, ich meine die Stilrichtung!« – »Trash Metal.« Er sieht aus wie Hogwarts bärtiger Wildhüter Hagrid. Er blickt gnädig, aber auch erstaunt auf mich herab, als sei ich ein merkwürdig deplatziertes, verirrtes Wesen inmitten seines düsteren Zauberwaldes, und dennoch fühle ich mich für einen Moment beschützt von seiner Aura, bin ein tschilpender Vogel, der in diesem riesigen Bart ein Nest bauen könnte.

Am Eingang stehen zwei schwarze Mädchen, die sich nicht recht hereintrauen und dem Death-Metal-Treiben belustigt zusehen. Sie tragen Zöpfchen, ihre großen, schwarz schattierten Augen sehen aus wie tiefe Brunnen, die Bluse der einen ist gepunktet, die andere trägt ein Top mit baumelnden Fransen.

»Entschuldigung, ich kenn' mich nicht so aus, seid ihr Emos?«

Die beiden sehen sich an und prusten in die Hände wie Schulmädchen.

»Das ist ja mal 'ne komische Angrabung!«

»Also, wirklich … ich bin fünfundvierzig und das erste Mal hier und …!«

Giggelgewitter.
»Ich erzähl dir mal 'nen Witz. Übrigens nennt man Emos
auch Heulsusen, aber scheiß drauf. Also, was passiert, wenn
man fünf Emos in einen Raum einsperrt?«
»Einer stirbt, weil er keine Ecke zum Heulen gefunden
hat!«
»Wir sind keine Emos, wir sehen nur so aus!«
Plötzlich ergreift die andere, die Kleinere, das Wort und
spricht sehr ernsthaft, als würde sie vor einer Klasse dozie-
ren. »Natürlich sind Emos gefühlvoll, Emos sind die Alter-
native zum Krieg. Wir töten niemanden, nicht mit Waffen,
nicht mit Worten. Ich persönlich esse kein Fleisch, keinen
Fisch. Ich trage immer ein Handy bei mir, denn wenn es
einem Freund einmal richtig schlechtgeht, soll er mich erreichen. Manchmal hängt das Leben von solchen Kleinig-
keiten ab.«
Das Handy der Kleineren klingelt. Sie winken mir zu, ent-
fernen sich. Ich gehe wieder nach unten in den Emo-Ball-
saal, der mittlerweile gut gefüllt ist, es ist halb drei. In der
Mitte der Tanzfläche tanzen zwei sehr korpulente Frauen,
die die meisten Texte mitsingen können, die ihre Arme zur
Decke ausstrecken, auf ihr Herz pressen, sich niederknien
und einander umarmen. Auf allen Ebenen des schwarzen
Clubs geht es um das große Drama, das große Gefühl. Im
Erdgeschoss wird gelitten, im ersten Stock marschiert, und
im zweiten Stock wird rebelliert. Manchmal geht auch alles
durcheinander: Die rebellierenden Gefühle marschieren in
den Krieg gegen die Kälte. Hardcore-Krieger sind sie alle,
aber irgendwie ist alles auch nur eine Spielart des Schlagers.
Obwohl hier so viel von Mord und Selbstmord, von Gewalt
und Vergänglichkeit die Rede ist, will hier niemand sterben.
Es sind düstere Epikureer, die die Todeswelten als Aus-
drucksform benutzen, die in den Zeichen des Ablebens, in all
dem Moder etwas Wahres und Wahrhaftiges, etwas Warmes

und Wunderbares suchen. Da draußen ist alles kaputt, weil es sauber ist und clean, weil alle den Göttern Gegenwart und Geld hinterherlaufen und weiße Augenblicksverherrlichungswölkchen ablassen, weil alle so aalglatt sind und unangreifbar. Aber diese hier, wir, die schwarzen Seelen, sind keine Zyniker, im Gegenteil, hier regiert ein verwundbares Pathos, denn hier trägt jeder sein Leid oder seine Lust unmissverständlich auf der Haut, hier geht keiner in Deckung. Die Emos haben auf den ersten Blick den größten Hang für theatralische Gesten. Ich verstehe immer wieder Textfetzen wie »Selbstmordgedanken«, »Spürst du die Sehnsucht, spürst du die Seele«, »friss mich« oder »Schmerzen, Lust und Nacht«, es wird viel gestorben in diesen Erzählungen, auch lustvoll, auch devot, aber auch anklagend, sadistische und masochistische Impulse wechseln einander ab. Das alles wirkt gar nicht besonders depressiv, sondern verspielt, auf eine altmodische Art und Weise verständlich und greifbar: Schmerz, Trauer, Wut, Verzweiflung, Hass, Tod, Sterben, Blut! Wer könnte da nicht mitfühlen und die Zeichen lesen? Ich gehe noch einmal nach oben, Abschied nehmen vom großen Metal-Hammer. Im Treppenhaus stehen meine beiden Emo-Mädchen eng umschlungen in einer Ecke, die kleinere scheint zu weinen, aber vielleicht lacht sie auch lautlos in sich hinein. Ich kehre um. Es ist mittlerweile drei Uhr morgens. Ich werde mich noch einmal unter die Emos mischen und dann nach Hause fahren. Es wird jetzt irgendetwas von Depeche Mode gespielt, ich tanze. Ein Typ mit schwarzer Lederhose, schwarzem T-Shirt und Nietenarmbändern, an dessen Rücken ich eben noch gestoßen bin, singt und schreit mit, aber er hält sich nicht an den Text des Originals, sondern ruft – soweit ich das verstehen kann – Sätze wie »Finsternis, Finsternis, Finsternis bedeckt mein Herz!«. Oder singt er doch »Finsternis, Finsternis, sei mein Schmerz!«? Dazu stößt er im monotonen Maschinentakt die geballten Fäuste wie ein seelenloser Roboter nach vorn. Ich würde ihn gerne ansprechen, doch bevor sich eine Gelegenheit ergibt, wird er von einer schwarzen Goth-Diva gekapert und zum Tresen abgeführt. Die Nacht ist noch kalt. Die Straße ist wieder so leer wie vor drei Stunden. Nur Herr und Frau Tod lassen sich nicht mehr blicken. Da liegt jemand mit dem Oberkörper auf der Motorhaube eines parkenden Autos. Ich überlege, ob ich weitergehen soll. In großen Städten kann man nicht jeden aufheben. Kein Mensch weit und breit. Ich könnte weitergehen, ich könnte stehenbleiben und den Oberkörper schlagen, niemand würde es registrieren. Der Oberkörper stöhnt. Bewegt sich. Es ist das Emo-Mädchen mit der gepunkteten Bluse. Ich frage, ob ich helfen kann. Ihre Augen sind halbgeöffnet. Sie ist betrunken oder was anderes, auf jeden Fall vollgepumpt, kaum fähig zu stehen. Sie richtet sich auf, zittrig auf den Beinen. »Kann ich dir helfen?« – »Mein Schlüssel ist in der Tasche!« Sie trägt keine Tasche mit sich. »Jackentasche!« Sie wühlt in den Taschen ihrer Jeansjacke, der Schlüssel fällt zu Boden. Bei dem Versuch, ihn aufzuheben, fällt sie wieder mit dem Oberkörper auf die Motorhaube. Ich nehme den Schlüssel und biete ihr den Arm an. »Wohin? Wo wohnst du?« – »Na hier, hier. Hier!« – »Wohnst du in der Pettenkoferstraße?« – »Nein, nein, Fi … Fi … Finowstraße!« Ich weiß, wo die Finowstraße ist. »Wo ist deine Freundin?« – »Alles Scheiße, alles, alles. Mein Kopf tut weh! Bring mich weg, bring mich nach Hause!«

Sie ist leicht, sie ist klein. Vielleicht sind wir jetzt Herr und Frau Tod. Ein Typ mit schwarzer Hose und Hemd, der wie ein in die Jahre gekommener Priester aussieht, und eine junge Frau Mitte zwanzig, die so bleich ist wie ein blutleerer Vampir. So gehen wir. An der Frankfurter Allee bleiben wir an der roten Ampel stehen. Ein Rettungswagen fährt mit Blaulicht vorbei, der Bürgersteig ist mit Scherben übersät, eine Gruppe junger Männer, es sind ausländische Touristen, grölt, lacht, stößt und rempelt sich voran. Ich dirigiere uns dicht an die Schaufenster, damit wir ihnen nicht in die Quere kommen. Ein Obdachloser liegt in einem Hauseingang, ein Haus weiter sitzt ein schwarzes Pärchen auf den Stufen und steckt verliebt die Köpfe zusammen. Ein normaler Partysamstag in Berlin-Friedrichshain. Wir stehen vor dem Haus. Ich öffne die Tür. Sie hat nicht viel gesagt. »Schaffst du es jetzt?« – »Erster Stock!« Sie erwartet, dass ich sie nach oben bringe. Wir sind jetzt schon ein gutes Team. Sie sagt nichts, und ich rede lautlos mit mir selbst. So schaffen wir es. Die Tür springt auf, sie lässt mich nicht los, obwohl ich denke, hier müssen wir jetzt mal einen Punkt setzen, aber andererseits soll man eine Geschichte, die man angefangen hat, auch zu Ende bringen, und außerdem – ich gebe es zu, ich bin nicht frei von solchen hyänenhaften Erwägungen – wäre es vom Standpunkt des Berichterstatters geradezu fahrlässig, jetzt aus diesem kleinen Roman auszusteigen und die Schlusspointe zu vermasseln. Ich merke, dass ich abschweife. Ich beschließe, ein nettes Arschloch zu sein. Helfen ja, aber nicht das eigene Interesse außer Acht lassen. Geben und Nehmen, so ist das Leben.

Ich denke, es ist okay, wenn Du das lesen solltest. Niemand wird Dich erkennen, vielleicht Deine Freundin, falls es sie gibt. Ich schließe die Tür auf und finde den Lichtschalter. Die Wohnung macht auf den ersten Blick einen überaus geordneten Eindruck. Kleiner Flur, zwei Zimmer, kleine Küche. Für Momente zeigt mein Mädchen jetzt Eigeninitiative, sie steuert auf eine Tür zu. Es ist offenbar das Schlafzimmer. Das Bett, ein Sessel, das Fernsehgerät. An den Wänden hängen Poster von jungen, hübschen, sehr schlanken Mädchen, die sicher allesamt keine Emos sind. Bikini-Girls, im Hintergrund, und in ihren Seelen muss immer die Sonne scheinen, ihre Zähne sind so weiß wie ein Gletscher, die

Haut makellos. Im Sessel liegt eine Katze. Neben dem Bett sitzt eine weitere Katze auf einem Nachttisch. Sie ist merkwürdig reglos und starr. Die im Sessel rührt sich, atmet, doch diese da hält wohl die Luft an? Sie beobachtet uns mit weit geöffneten Augen und zeigt keine unmittelbare Reaktion. Was für eine stoische Katze, denke ich, stoisch oder gelassen oder phlegmatisch, aber eben eine Katze, und ich mag Katzen, aber ich muss sofort an meine Katzenallergie denken, und ich spüre, wie meine Nase zu kribbeln anfängt, wie sich mein Fell sträubt und aufrichtet. Das Mädchen fällt aufs Bett, fast wäre sie auf den Nachttisch gefallen, auf die Katze gefallen, doch das Tier ist tot. Es ist eine ausgestopfte Katze! Ich lege die abgeknickten Beine des Mädchens aufs Bett. Sie schläft schon, wälzt sich zur Seite, zieht die Knie hoch an den Körper. Das wird ein Scheißsonntag, denke ich, für dich. Die Katze im Sessel öffnet die Augen, dehnt und streckt sich, springt dann aufs Bett hinüber und legt sich an den Rücken ihrer großen Freundin. Ich sehe noch einmal dem ausgestopften Tier in die Augen. Ich streichle es, es fühlt sich gut an und echt. Und dann sehe ich das dritte Tier. Diese Katze, eine bunte, ist auch ausgestopft. Sie liegt auf einer Kommode auf einem roten Kissen. Es ist ganz offenbar eine professionelle Arbeit, denn auch diese sieht für den flüchtigen Betrachter ganz und gar lebendig aus. Seid ihr eine Familie gewesen? Eine Katzenfamilie? Geschwister? Oder Eltern-Kind? Oder seid ihr einfach aufeinander gefolgt? Hat sie euch aus dem Tierheim geholt? An einem Strand aufgelesen? Oder von einer Bekannten geschenkt bekommen? Wie lange habt ihr sie begleitet? Und wie lange werdet ihr noch bleiben?

Ich lege den Schlüssel auf den Küchentisch. Im Erdgeschoss stopft der Zeitungszusteller den Briefkästen das Maul. Dieser Tag soll mild werden, die ersten Vögel fangen an zu singen. Drei Männer in schwarzer Uniform laufen über die Frankfurter Allee, sie streifen weiße Einweghandschuhe über. Auf der Fensterbank eines Handy-Shops sitzt eine alte Frau, die starr vor sich hin sieht. Sie sieht aus, als sei sie von einer Station für Demenzkranke geflohen. Sie sieht aus, als wüsste sie nicht, wer und wo sie ist. Ihr Oberkörper wiegt leicht hin und her. Die drei Männer bauen sich vor ihr auf. Und ziehen noch einmal an ihren Handschuhen.

Sehr geehrter Herr Baumgart,

ich wünschte, ich könnte diesen Brief in einen Umschlag stecken, eine Marke aufkleben und ihn in den Briefkasten werfen. Aber ich kenne die Postleitzahl nicht, die zu Ihrem Bezirk gehört. Manchmal muss ich an Sie denken. Wenn ich durch die Straßen gehe, kommt es mir vor, als sähe ich Sie. Ich sollte es besser wissen! Sie starben vor acht Jahren, völlig überraschend. Sie hatten gerade Ihr Erinnerungsbuch »Damals« beendet. Das letzte Kapitel begannen Sie mit dem Satz: »Das Buch ist zu Ende, mein Leben nicht.« Als Sie das schrieben, konnten Sie nicht ahnen, dass der Tod etwas gegen diesen Satz hatte. Ich habe in den letzten Jahren gelernt, dass man Dinge nicht aufschieben soll, und da ich Ihnen zu Ihren Lebzeiten nie geschrieben habe, schreibe ich Ihnen jetzt, zu meinen Lebzeiten, solange es geht und ich den Mut dazu habe.

Ich bin 1992 zu Ihnen gekommen. Eine Freundin hatte mir von Ihnen und Ihren Seminaren erzählt. Ich studierte an der Freien Universität in Dahlem. Ich war unzufrieden. Was ich suchte, hatte ich nicht gefunden. Was ich stattdessen gefunden hatte, verstellte mir den Blick auf das, was ich wollte: Literatur! Sprache! Schreiben! Lesen! In den Massenseminaren an der FU saß man manchmal dicht gedrängt auf dem Boden, und vorne stand ein Professor, der mit alchimistischen Theorien die Verwissenschaftlichung seines Faches betrieb. Von Ihnen jedoch hörte man anderes. »Kennst du Baumgart? Der ist an der Technischen Universität und lehrt dort Germanistik!« Und man fragte erstaunt zurück: »Wie das? An der TU?« Was macht der bekannte Literaturkritiker da zwischen angehenden Ingenieuren und Architekten? Man horchte auf, war irritiert. Ein kleines philologisches Institut an der Megamaschine TU? Und was hörte man weiter?

Dieser Baumgart sei ein lebens- und literaturnaher Professor,
der hin und wieder durchblicken ließ, dass er mit Peter Handke
Tennis gespielt, mit Uwe Johnson die Mauer inspiziert hatte und
mit Ingeborg Bachmann und dem halsbrecherischen Chauffeur
Thomas Bernhard in dessen Mini Cooper unter Lebensgefahr
durch Wien gerast war. Also nichts wie hin zu diesem Teufels-
kerl, der groß gewachsen vor den Studenten stand, braunge-
brannt fast immer, entspannt, aber auch manchmal zweifelnd,
nicht aber verzweifelnd, ob er den Kontakt zu dieser jungen
Generation von Studenten noch findet, denn schließlich waren
Sie sechzig, als Sie in Berlin Ihre Professur antraten.
    Ich besuchte zwischen 1992 und 1994 einige Ihrer Seminare.
Wir sprachen damals darüber, dass ich später vielleicht bei Ihnen
promoviere, Uwe Johnson sollte das Thema sein. Es kam anders.
Ich entschied mich für eine Doktorarbeit über Heinz Rühmann,
die von dem Filmhistoriker Karsten Witte an der FU betreut
werden sollte. Doch Witte, dieser so detektivische Filmfährten-
leser und polyglotte Flaneur, starb 1995 im Alter von nur ein-
undfünfzig Jahren an den Folgen von Aids.
    Und dann, Herr Baumgart, kam ich wieder zu Ihnen. Sie stan-
den unmittelbar vor Ihrer Emeritierung. Würden Sie mich über-
haupt noch als Doktoranden annehmen, und was hielten Sie von
einem so schillernden Thema wie Heinz Rühmann? Sie sagten:
»Ja! Machen wir!« Und dabei zogen Sie die Augenbrauen hoch,
und ich wusste nicht, ob das ein Heiterkeitszeichen war oder ein
optimistisches:»Leinen los!« Sie nahmen sich des Themas an, wie
es Ihre Art war, großzügig, unideologisch, unbürokratisch, her-
zensoffen. So hatte ich Sie als Lehrer erlebt. Sie hatten keine Theo-
rie, die kannten Sie alle, lebten sie aber nicht. Sie verließen sich
lieber auf Ihr Ohr, ein feines Ohr, mit dem Sie den Texten das
Leben ablauschten, das in den Sätzen steckte. Und Sie hörten auch
da noch etwas, einen Laut, ein mattes Seufzen, ein frühes Ächzen
oder ein verstecktes Wimmern, wo andere den Text schon aufge-
geben hatten, ihn für stumm und leblos hielten. Wo andere nur

Strukturen sahen, sahen Sie ein Begehren, ein Ungenügen, eine Unrast, ein Manöver des Herzens oder abgründige Heiterkeit, verzweifeltes Flügelschlagen. Sie waren ein zärtlicher Detektiv, der niemandem das Herz herausriss, aber nicht darauf verzichten wollte, es schlagen zu sehen, zu hören. Man konnte von Ihnen das Spüren lernen, das man ja bekanntermaßen nicht lernen kann, aber Sie führten uns vor, dass zwischen den literarischen Gestalten und der literarischen Gestaltung viele Lebenswege hin und her gehen, dass die Energien des Lebens alle Künste der Verstellung beherrschen und dass jede Maskerade Zwiesprache hält mit den verborgenen und den verlorenen Gesichtern eines Autors.

Wir haben uns nur flüchtig, nur in formalen Bahnen gekannt, aber dennoch vermisse ich Sie von Zeit zu Zeit. Dass dieser Brief an Sie zugleich einer an mich ist, wird keiner besser verstehen als Sie. Ich erinnere mich an meine Disputatio. Einige Freunde und Bekannte versammelten sich in Ihrem Universitätszimmer. Wo blieb der zweite Doktorvater? Er ließ auf sich warten. Warten! ... Warten! ... Schließlich griffen Sie zum Telefon. Der Professor hatte mich vergessen. Er versprach, sich zu beeilen. Wir warteten. Das Taxi fuhr erschütternd gemächlich vor. Sie quittierten die Angelegenheit mit einem Lächeln, dem das Gift fehlte, das aber kopfschüttelnd und gleichzeitig entspannt über der Runde schwebte. Der Vermisste nahm schnaufend Platz, und ich verteidigte meine Thesen. Im Anschluss an die mündliche Darlegung meiner Arbeit standen wir beisammen, tranken Sekt, und ich glaube, es war Ihre liebenswürdige Frau, die darauf hinwies, dass Sie in Ihrer Jugend ein begnadeter Heinz-Rühmann- und Theo-Lingen-Imitator waren. Ja, und dann ließen Sie es sich zu unser aller Freude auch nicht nehmen, eine kleine Kostprobe vorzuführen. Sie näselten wie Theo Lingen, zogen dazu Ihr Gesicht in eine blasiert-komische Länge, dann krähten Sie hell wie Heinz Rühmann und zeigten sein pausbäckig rundes Jungengesicht. Sie wagten es, ein Kindmann zu sein, Sie scherten für einen Moment aus dem Zeremoniell aus, und ich wusste wieder, warum ich zu Ihnen gekommen war. Ich glaube, bitte korrigieren Sie mich, ich war Ihr letzter Doktorand; wir haben uns nach diesem Vormittag im Winter des Jahres 2000 nicht wiedergesehen.

Als ich hörte, dass Sie gestorben seien, machte mich das traurig. Eine Tür hatte sich unwiderruflich geschlossen.

Sie stehen mir ganz klar vor Augen, und ich höre Ihre Stimme sehr wohl. Sie war tief und männlich, warm, irgendwie rund, auch bedächtig. Ich bin überrascht, wie gut ich Sie nachahmen kann, wenn ich Sie jetzt, probend, tastend, am Schreibtisch aus meiner Erinnerung zu bergen versuche. Es macht mir sogar Vergnügen! Jetzt recke ich auch das Kinn so hoch, wie Sie es oft taten, was Ihnen den Ausdruck eines selbstbewussten Schelms verlieh.

Ich möchte nur noch eine Stelle aus Ihrem Buch »Damals« zitieren, bevor ich mich verabschiede. Vielleicht schütteln Sie jetzt den Kopf. Nein, ich will hier keine Ihrer Begegnungen mit Thomas Mann, Jürgen Habermas, Ingeborg Bachmann, Rudolf Augstein oder Willy Brandt hervorkramen. Ja, die kannten Sie alle. Und? Mir ist eine andere Szene willkommener, näher. Darin schildern Sie, wie Sie in der Schwabinger Leopoldstraße auf einen Wiedergänger aus Ihrer Jugend gestoßen waren, der sich in unheimlicher, sklavischer Weise an Ihren Lebensweg klammerte und ihn zu kopieren versuchte. Doch auch an dieser Szene, die an Kafkas Zwangswelten erinnert, gefällt mir vor allem ein unscheinbares Detail, das Sie mir jedoch als Menschen nahebringt. Als Tchibo seinen Kunden noch nicht jede Woche eine neue Welt versprach, dafür aber duftenden Kaffee ausschenkte, waren Sie dort Stammgast:»An diesen Stehtischen trank ich damals immer am frühen Nachmittag eine oder zwei Tassen Kaffee, aß ein Stück Kuchen, zur Not auch zwei, das war die einzige Unterbrechung eines normalen Arbeitstages, die einzige Mahlzeit vor dem Abendessen draußen in der Familie.« Warum diese Szene? Weil sie mich an meinen Alltag erinnert? Weil Sie – lustwandelnd im Stehen – gleichsam zwischen der schwankenden Anzahl der Tassen Kaffee und der Stücke Kuchen schweben? Ein Stück, zur Not auch zwei? Und was meint »draußen in der Familie«? Natürlich meint das »draußen« in erster Linie die Lage Ihres Hauses vor den Toren der Stadt, aber meint es nicht auch den Mann, der von Zeit zu Zeit von seinem eigenen Leben abstehen muss, um es zu verteidigen, der sich fremd machen muss, um heimkehren zu können? Draußen und in! Dabei und doch Distanz! Zu Hause in der Familie und der Welt und manchmal auch im Riss zwischen diesen stehend und beobachtend. Sie wirkten auf mich immer frei und geborgen, und das ist es wohl, was ich mir für mein Leben auch wünsche: diese Pole zu versöhnen.

Ich mag an dieser Tchibo-Szene aber auch einfach das Bild, die Wertschätzung des alltäglichen Tuns, und ich stelle mir vor, wie Sie dem Leben nachschauen, wie Sie den Kuchen bedächtig essen, Sätze aufschnappen, wie Sie die Straße abfühlen, Gesichter einsaugen, Gesten archivieren und dabei gleichzeitig auf den Blättern Ihres Tages hin und her wandern und auf eigene und fremde Worte lauschen.

Lieber Herr Baumgart, ich weiß nicht, wo Sie gerade sind, aber ich würde Sie gerne einmal besuchen. Das nächste Mal, wenn ich in München bin, werde ich in der Leopoldstraße nach dem Tchibo Ausschau halten. Wenn Sie mögen, auf ein Stück oder – aber nur zur Not – auch zwei?

389

Was man mir in den Sarg legen soll

Ich möchte, dass man mich in einem schönen Anzug in den Sarg legt. Mit einer schönen Krawatte. Meine älteste Tochter soll sie aussuchen. Zu selten habe ich ihr den Wunsch erfüllt, einen Schlips zu tragen. Mein Mund soll nicht vernäht werden. Ich finde, mein Mund darf ruhig ein bisschen offen stehen. Von meinen Kindern wünsche ich mir jeweils einen Brief für den Sarg, in dem sie ein paar Szenen oder Geschichten festhalten, die von ihnen und mir handeln. An das, woran sie sich gerne erinnern, oder das, was ihnen wehgetan hat. Gerne auch Geschichten, die gar keinen richtigen Sinn machen, die nur etwas festhalten, eine Geste, einen Spleen, ein Lieblingswort von mir oder eine Macke. Vielleicht lerne ich mich, wenn ich tot bin, ja besser kennen als jemals zuvor. Jetzt, wo ich noch da bin, kenne ich mich oft selbst nicht richtig, so viel Durcheinander ist da, so viel Widerstreitendes, so viel Zersprengtes, so viele schwer zueinander findende Puzzleteile. Ob der Tod alles zusammenfügt? Mir wäre auch wichtig, dass meine Kinder ihre älteste Erinnerung aufschreiben, in der ich auftauche. Falls Ihr den Brief mit der Hand schreibt, macht Euch bitte eine Kopie, dann können auch Eure Kinder die Geschichten noch lesen. Nein, es geht hier nicht um mich, es geht um Euch, es ist Eure Geschichte. Wenn Ihr mir noch etwas zu sagen habt, was Ihr mir bei Lebzeiten nicht sagen konntet, holt es ruhig am Sarg nach. Ich höre zu.
Dann wünsche ich mir noch eine sehr gute Tafel Schokolade, keine bittere Schokolade, die könnt Ihr gleich selbst aufessen, willkommen sind einfache Vollmilchschokolade,

auch solche mit Nüssen, mit Mandeln oder mit Joghurt, aber bitte nicht so einen Quatsch mit Chili oder anderen exotischen Gewürzen. Ich kann da sehr ungehalten werden, Ihr wisst das. Werther's Echte Sahnetoffees wären auch nicht übel. Auch um ein Buch bitte ich, und zwar um den ersten Band von Marcel Prousts »Auf der Suche nach der verlorenen Zeit«, aber bitte im Original, vielleicht kann ich dort, wo ich dann bin, Französisch. Es ist nie zu spät, noch mal von vorne anzufangen. Oder?

Von meinem besten Freund, Du weißt, wen ich meine, wünsche ich mir eine Eintrittskarte für das erste Heimspiel von Werder Bremen nach meiner Beerdigung; ich kann nur hoffen, dass ich nicht in der Sommerpause sterbe (obwohl, so schlecht wäre das nicht, dann bliebe ich nicht im Unklaren, wer Meister geworden ist). Sieh zu, wie Du das Problem löst. Falls Du vor mir stirbst, werde ich Dir einen ähnlichen Wunsch erfüllen, ich weiß, Du wärst damit einverstanden, wenn ich im Weser-Stadion Deine Karte auf den leeren Sitz neben mir legen würde. Wie auch immer es kommt, wir werden am Ende immer zu selten ins Stadion gegangen sein. Vielleicht sollten sie in der Bundesliga einmal über ungewöhnliche Maßnahmen nachdenken. Der Tote an und für sich spielt doch im Fußball noch gar nicht die Rolle, die er spielen könnte. Ist irgendjemand auf dem Spielfeld begraben? Geheiratet wird im Stadion, warum nicht auch mal gestorben? Mit einem Jubel auf den Lippen gehen! Gibt es eigentlich Logen für die Toten? Hat man die Toten jemals als werberelevante Zielgruppe ins Auge gefasst? Da fällt mir ein alter Witz ein, den ich Dir hier erzählen will, weil ich ihn sicher vergessen habe, wenn wir uns das nächste Mal sehen:

Das Stadion brodelt, es platzt aus allen Fugen. WM-Endspiel! Die Welt schaut zu. Was ist das? Ein leerer Platz? Ein Nachbar blickt irritiert auf den leeren Platz und fragt den Mann, der auf der anderen Seite des leeren Platzes sitzt, wem der unbesetzte Sitz wohl gehört. »Er gehört mir!«, antwortet der Mann ruhig. »Das ist ja unglaublich! Das ist das WM-Endspiel, warum sitzt dort niemand? Jeder würde sich darum reißen!« – »Nun, der Platz gehört meiner Frau, die kürzlich verstorben ist. Das ist das erste WM-Endspiel, das wir uns nicht gemeinsam ansehen können, seitdem wir geheiratet haben.« – »Oh, das tut mir sehr leid«, sagt der Nachbar, »aber wollte denn niemand von Ihren Verwandten oder Freunden anstelle Ihrer Frau mitkommen?« Der Mann schüttelt den Kopf: »Nein, die sind doch alle auf der Beerdigung!«

Ehrlich gesagt, weiß ich noch nicht, auf welchem Friedhof ich beerdigt werden möchte. Auf jeden Fall in Berlin. Entweder auf dem Stubenrauchfriedhof am Südwestkorso oder auf dem Alten St. Matthäus-Kirchhof in Schöneberg. Für die Stubenrauchstraße spricht die wunderbar irdische Dreifaltigkeit Schule, Kuchen, Fußball. Meine Töchter sind hier zur Schule gegangen, und von ihren Klassenzimmern kann man auf den Friedhof blicken. Der Ort ist also mir und ihnen sehr vertraut, viele schöne Erinnerungen sind hier angesiedelt. Dann ist da der Bäcker an der Ecke, den ich so gerne mag. Und drittens hört man auf dem Friedhof auch die Schreie der Fußballer, die Pfeife des Schiedsrichters. All das gefällt mir, und hübsch ist der Friedhof obendrein. Noch hübscher ist natürlich der Alte St. Matthäus-Kirchhof, den ich schon sehr lange kenne, und mit den Brüdern Grimm würde ich hier gerne liegen. Dieser Friedhof in Schöneberg lebt, weil es hier Menschen gibt, die mit ihren Toten sprechen und leben.

Ich glaube, ich möchte nicht auf dem Rücken liegen. Auch möchte ich nicht, dass man meine Hände faltet. Am liebsten wäre es mir, man legte mich auf die rechte Seite, so bin ich auch immer eingeschlafen.

Sterbenslauf

Mein Sterben hat begonnen
als ich den ersten Atem tat
Mein Sterben hat gewonnen
das ist des Lebens neue Saat.

Die Äpfel fallen stets im Herbst
und ich stieg kühn auf Bäume
was du von deiner Mutter erbst
sind leicht verderblich' Träume.

Bald ist das Kind kein Kind
es fühlt den Tod als Frage
es weht ein erster kalter Wind
und Abschied nimmt die Sage.

Die Sonne und die Hitze
sie blenden jetzt den jungen Mann
er reißt schon müde Witze
ob er der Zeit entkommen kann.

Die ersten Schläge treffen dich
sie beugen, schneiden, nagen
du prüfst dich in- und äußerlich
entdeckst ein Heer von Plagen!

Glück befragt das Beben
und lädt das Sterben ein
zusammen mit dem Leben
ein Teil von sich zu sein.

Jetzt bin ich alt und klein
der Vogel sitzt und wartet
im Schnabel einen Totenschein
ich hab ihn längst erwartet.

Probeliegen

Nach dem A kommt das U, dann das G, das E, es folgt das N, an das sich das B anschließt, gleichwohl tut sich ein Abgrund aus Silbe und Sinn zwischen ihnen, zwischen Auge und Blick auf, nach dem B kommt das L, das schließt Freundschaft mit dem I, das sich mit dem C einlässt und damit auch dem K verbunden ist. A-U-G-E-N-B-L-I-C-K!

Augenblick! Was bleibt von dieser Buchstabenfolge, die eins ist mit dem Moment, den ich hier entfalte am Tisch eines Speisewagens auf der Fahrt von Überlingen am Bodensee bis nach Berlin? Der Augenblick wandert von der Spitze des Stifts in meinen Computer, durch das Netz zum Verlag, vor die Augen der Lektorin, er wandert von dort in die Druckerei, dort wird er vom Setzer dingfest gemacht und kehrt zurück zum Verlag, wieder zu mir, noch mal zurück, und nach dem A kommt das U, und es folgen noch viele Augenblicke und Wege, bis dieses gedehnte Stück Zeit jetzt Ihnen vor Augen tritt.

Dann steht der Augenblick im Regal, beschützt von Buchdeckeln, durch Sätze gerettet, durch Sätze zerstört. Was bleibt? Von diesem Augenblick? Von mir? Was bleibt von den Menschen, die aus dieser Welt gehen, weil sie sterben, weil ihr Vorrat an Augenblicken aufgebraucht ist? Ich weiß es nicht! Obwohl das doch mein Thema war: Endlichkeit, Vergänglichkeit, Sterben und Tod. Was habe ich gefunden in der Begegnung mit Sterbenden und Toten, bei den Probebohrungen in mir? Banale Sachen! Wir sind endliche Wesen, die Addition unserer Augenblicke wird sich irgendwann erschöpft haben, und die Summe heißt dann: Das war's. Das

passt zwischen zwei Daten eines Grabsteins, das passt in eine
Todesanzeige, das passt in einen Augenblick.

Ich bin weg, die Welt nicht. Kann ich etwas dagegen
unternehmen? Nein? Gegen den Ratschlag, das kurze Leben
zu nutzen, so gut es eben geht, wird niemand etwas einwen-
den. Geschenkt! Es steht auf jedem Teebeutelfähnchen.
»Ernte die Früchte des Augenblicks!« Jeder lebt danach auf
seine Weise. Auf dem Bahnsteig steht eine Frau und raucht.
Ihre Züge sind hastig, sie presst den Rauch stoßweise durch
die Nase. Ihre Lungenzüge werden immer schneller, aber sie
will die Zigarette noch nicht aufgeben. Erst jetzt, jetzt, jetzt,
die Türen pfeifen, springt sie auf den Zug, die Zigarette fällt
aufs Gleis. Auf meinem papierenen Tassendeckchen steht
»Leben und genießen«. Stünde dort »Sterben und genießen«, wäre das geschäftsschädigend.

Ich möchte die Essenz meiner Erfahrungen festhalten,
möchte überhaupt irgendetwas festhalten, damit es nicht
verschwindet. Alles wird verschwinden! Ist das tröstlich?
Und was hat es damit auf sich? T findet R und das malt das O,
das dem S entgegenrollt, das anstößt und stockt, stillsteht
am T. T-R-O-S-T! Trost! Gibt es etwas, was mich tröstet?
Eine Lebenskunst habe ich nicht im Gepäck. Eine Kunst des
Sterbens? Die vielbeschworene Ars moriendi? Wie könnte
die Zweite ohne die Erste zu haben sein?

Am leichtesten ging ich durch Straßen, wenn ich aus
Krankenhäusern kam, aus Altersheimen, Hospizen, wenn
ich Friedhöfe verließ oder Beerdigungsinstitute. Noch mal
davongekommen? War ich nur froh, kein Mitglied im Club
Moribundi zu sein? Wir gehen oft im Schatten, so oft fehlt
das Licht! Vieles bleibt diffus, verschwommen, und wir sehnen uns nach Klarheit und Durchblick. Vom Tod fällt ein
scharfes Licht auf das Leben. Wann unser Licht entzündet
wird, entscheiden nicht wir, aber wir können uns in den
Lichtkegel der anderen stellen, für die der Faden schon

glüht. Wer das Diktum des Todes anerkennt, wird die Diktate des Lebens nicht mehr so leicht hinnehmen. Es ist leicht, solche Sätze zu lesen, leicht, sie zu schreiben, aber lebendig und ganz verständlich werden sie erst, wenn man diese Wortwege selbst beschreitet, wenn man sie zu Lebenswegen macht. Es ist ein Geschenk, dem Tod zu begegnen, wenn man es sich selbst aussucht.

Die Würde meines Sterbens zu sichern, ist eine Aufgabe, die ich nicht erst auf dem Totenbett in Angriff nehmen kann, sonst ist es das Bett, das über meine Würde entscheidet. Die Würde meines Sterbens muss ich verteidigen, solange ich noch nicht sterbe. Wenn Ständeordnungen oder Gesetze die Würde meines Sterbens bestimmen, wenn Maschinen oder ideologisch gebundene Menschen entscheiden, was mir an Leben zusteht, wenn mein klar formulierter Wille, wie ich Abschied nehmen möchte, mir durch die Macht eines medizinischen Apparats genommen wird, dann bin ich ausgelöscht, bevor ich den letzten Atemzug getan habe.

Zwei Eintracht-Frankfurt-Fans gehen durch den Speisewagen. Sie sind nervös, die Eintracht befindet sich im Abstiegskampf, das heutige Spiel muss, muss, muss gewonnen werden. Der eine sagt: »Mir ist so schlecht, wenn die das heute vergeigen, sterbe ich!« Haben sie eine Vorstellung davon, wer an ihrem Totenbett sitzen wird? Ihr Lieblingsverein? Das Fernsehen? Das Internet? Ihr Handy? Es wird doch wohl eher ein Mensch sein. Aber woher nehmen? Wollen sie auf die Gnade des Augenblicks hoffen? Hoffen, dass ein Pflegeengel vom Himmel fällt und ihnen die Hand hält? Dass ein Schutzengel mit Sterbegebrauchsanleitung auftaucht? Ärzte haben keine Zeit, an ihrem Bett zu sitzen, und Dr. House käme allenfalls auf ein paar Folgen vorbei. Wer sein Leben in tröstlicher Begleitung beenden will, sollte sein Freundschaftstalent überprüfen. Wer niemanden sucht, wird nur noch vom

Tod gefunden. Das ist ein kalter, unnahbarer Geselle, distanziert, so hockt er da. Und ob er uns einen Augenblick schenkt, der alle anderen aufwiegt, einen, in dem alle geborgen und erleuchtet werden, können wir nicht wissen. Ich würde gerne im Freien sterben, mit Blick auf einen See oder unter einem Baum. Das wäre ein Zimmer, das man nicht zusperren kann.

Der Zug hält jetzt in Frankfurt, und weil das ein Kopfbahnhof ist, lauter tote Gleise, wechselt der Zug die Richtung und macht aus dem Vorne ein Hinten und aus dem Hinten ein Vorn. Einfach mal die Richtung wechseln. Ein Flugzeug macht sich zur Landung bereit und sinkt tiefer und tiefer. Die Flugzeuge, die landen, sehen die nicht, die jetzt weit über ihnen den Himmel signieren. Unsere Leben sind so wie die Botschaften, die die Flugzeuge mit Kreide auf die blaue Tafel schreiben: Der Wind wischt sie fort.

Hinter uns liegt die große Stadt, rostige Gleise zerschneiden Kleingärtensiedlungen, der Zug hält in Hanau, er stöhnt und kreischt, ein Wunder, dass so ein hochtechnisches Ding wie ein Zug heutzutage noch solche Geräusche macht.

Wenn wir unsere Endstation erreichen, kann es sein, dass wir ohne einen Laut gehen. Es kann aber auch sein, dass wir ein Lautbild malen, das die anderen schreckt. Unser Atem wird rasseln, wir ächzen, seufzen, unser Brustkorb wird zum schaurigen Blasebalg. Einige werden beten, andere fluchen, manche rufen nach ihrer Mutter, viele sind still und bewusstlos. Ich wünschte, es wäre jemand da, der sich nicht nur auf Worte versteht, sondern auch auf Laute und müde Lippen, jemand, der keine Angst hat, wenn ich keuche, wenn mein Brustkorb in Agonie wie ein ramponiertes Schifferklavier orgelt und seufzt und die letzten Atemzüge aus dem Körper presst. Der Mensch, der zum Stillstand kommt, der Mensch, dessen Herz aufhört zu schlagen, dessen Blut sich in stillen, reglos schwarzen Seen im Körperinnern sammelt, ist ein komisches Ding.

Jetzt – die halbe Strecke zwischen Überlingen und Berlin liegt hinter dir – wäre es da nicht Zeit für ein paar klare Durchsagen? Denk dran, morgen musst du den Text abgeben. Keine Verlängerung, kein Aufschub! Sprich mit den Toten! Hol dir ihren Rat! Sie sind doch allgegenwärtig, sie liegen da und dort, sitzen in den Bäumen oder in den großen Sesseln des Lebens. Wir sind oft blind für schmerzhafte Einsichten, weil wir nur die Treppen hinauf-, aber nie hinabgehen wollen. Die Toten sind die dunkelsten Wege von allen gegangen. Ihre Augen haben sich an die Dunkelheit gewöhnt, und wo wir nur noch im Finstern gehen, können sie uns an die Hand nehmen. Die Gesellschaft, in der wir leben, fordert Lebendigkeit, verlangt Lebendigkeit, spricht sie heilig und frisst unsere Lebendigkeit. Die Toten, das Blut und das Sterben muten wir uns nur dort zu, wo wir aus sicherer Distanz den Kitzel spüren, wo wir als Zuschauer einen abenteuerlichen Film konsumieren.

Warum wollen wir unbedingt den toten Terrorfürsten sehen? Warum lechzen wir nach seinem Blut? Warum stürzen sich die Medien auf die Toten des Flugzeugabsturzes, die seit einem Jahr im schwarzen Wasser liegen und, so heißt es in den Meldungen, aussehen wie »aus Gips«? Warum schlachten wir das Sterben medial so lustvoll aus? Mit diesen hochwillkommenen Todesbildern bannen wir die Bilder, die uns wirklich nahekommen können, weil sie mehr sind als Bild, nämlich unser Leben, Szenen, in denen wir nicht Darsteller sind, sondern Menschen ohne Regisseur und Drehbuch. Die mediale Nekrophilie ist dort obszön, wo sie unsere Augen für den eigenen Tod verschließt.

Sei aufmerksam gegenüber den Leichen! Vor deinen Augen verwandeln sie sich vom Menschen zum Ding, und solange du sie berührst, wachen sie über dich. Was wir ihnen antun, sie in die entlegensten und dunkelsten Ecken und Keller schieben, sie von Fremden über Autobahnen chauffieren, damit sie möglichst billig verbrannt werden, sie aus dem Haus werfen, sobald sie den letzten Atemzug getan haben, sie wort- und blicklos ausweisen aus unserem Lebenskreis, all das, was wir ihnen antun an liebloser Kälte, das tun wir uns an. Der zeremonielle Abschied von einem Menschen baut uns Brücken zu einem tieferen Verständnis des Lebens, weil wir uns darauf besinnen müssen, wer dieser Mensch war und mit welchen Zeichen wir ihn aus unserer Mitte ziehen lassen können, ohne uns selbst zu beschämen.

Nur wir selbst können das Todesurteil gegen uns aufheben jeden Tag, indem wir die anderen, die wir auch sein könnten, freisprechen vom Ballast des Sterbens. Geht es nicht ein bisschen genauer, konkreter? Sieh zu, sag ich zu mir selbst, was du damit machst. Du bist wie jeder, vom Säugling bis zum Greis, zum Sterben alt genug, aber auch jung genug, um all das zu tun, was du tun willst, was du noch nicht getan hast, weil du dich fürchtest. Was mich hindert, hinderte, ist kleiner geworden, weil ich ihnen, all diesen Hindernissen und Hürden, im Angesicht des letzten großen Hemmschuhs, der da heißt Tod, nicht mehr das Gewicht einräumen mag wie bisher. Ich habe den Tod schamlos bestohlen, denn der der anderen ist auch meiner. Ich denke, der Tod mag diese Indiskretionen nicht, ich glaube, er kann es nicht leiden, wenn man ihm auf die Finger schaut, weil ein Großteil seiner Kraft darauf beruht, dass wir ihn fürchten. Unsere Furcht ist sein Sauerstoff. Das professionalisierte Sterben in den Krankenhäusern, den Heimen und Hospizen hat immer blinde Flecken, weil es den Menschen, der unter seinen Händen stirbt, nicht kennt und ihm damit einen Teil seines Lebens verwehrt, obwohl er noch lebt. Aber der Sterbende braucht seine Geschichte, so wie wir, die ihm noch nicht folgen, aber irgendwann seine Geschichte brauchen. In uns, den Lebenden, holen die Toten erzählend Atem. Wenn die Erfahrungen des Sterbens nur noch an die Professionellen delegiert werden, verschwinden wichtige Bindungs- und Intensitätspunkte in den familiären Erzählungen. Wenn wir nicht mehr wissen, wie unsere Großeltern, Eltern, Geschwister und Freunde sterben, woher sollen wir dann wissen, wie wir selbst unseren Tod wünschen? Sterbewege sind immer schwere Wege, aber eben auch solche, die, weil sie schwer sind, große Bindekräfte, wertvolle Intimität und große Gefühle schaffen. Keine Familie, ganz gleich wie sie beschaffen ist, kann auf den Tod als Ratgeber verzichten, und kein Sterbender sollte auf eine Familie verzichten, die ihn im Augenblick des Sterbens an seinen langen Weg erinnert.

Die Höhe einer Zivilisation bemisst sich nicht danach, wie kunstvoll sie den Tod versteckt und das Sterben unserem Bewusstsein entzieht. Unsere Bühnen quellen über vor Tod und Schmerz, Leid und Verwesung, aber während die Schauspieler vorne wieder einmal massakriert werden, sterben hinter den Kulissen die Menschen, die sich in keine Rolle retten konnten. Wir, die wir an das Bett eines Sterbenden treten oder die wir selbst auf ihm liegen, sollten kein Theater mehr machen. Der Augenblick, in dem wir gehen müssen, wird ein guter sein, wenn wir das Gefühl haben, keines anderen Rolle mehr spielen zu müssen. Was habe ich erreicht, weil ich es erreichen wollte? Ist das, was hinter mir liegt, etwas, in dem ich mich vollenden konnte? Haben sich meine Wünsche erfüllt oder blieb mir alles versagt, was ich erhoffte? Jemand kann allein sterben, aber er wird nicht einsam dabei sein, wenn er nicht einsam gelebt hat.

Die institutionalisierten Sterbeorte brauchen uns, die Angehörigen, die Freunde, die Menschen, die sich engagieren, um nicht selbst zu erstarren, um nicht selbst gegenüber dem Tod zum Tod zu werden. Diese Orte brauchen den Dialog zwischen Innen und Außen, sie brauchen offene Fenster und Türen, Besucher, die kommen und gehen und vom Sterben erzählen wie von einem Fest, von einer Lesung, einem Gottesdienst oder einem Konzert. Die professionelle Empathie, die an diesen Orten immer in der Gefahr steht, zu geübt und zu flink zu werden, die letztendlich auch durch den Kostendruck deformiert wird, braucht immer wieder Ergänzung und Auffrischung, auch Ein- und Widerspruch durch uns, die nicht mit diesen Orten beruflich verbunden sind. Der Innen-Außen-Dialog muss wechselseitig gepflegt werden.

All meine Verabredungen mit dem Tod waren Termine zum Probeliegen. Nicht, dass ich nun wüsste, wie es ist, auf meinem letzten und unabänderlich steifen Rücken zu liegen, denn das ist ein Privileg, das nur die Toten voll und ganz auszukosten wissen. Doch nichts, was kleiner ist als der Tod, soll mich fortan abhalten können, das Leben zu lieben und seine Jahre, Monate, Tage, Stunden, Minuten und Augenblicke zu feiern. Ich kann kein Jenseits und Diesseits aufbieten, ich weiß nichts von Himmeln und Höllen, und Götter und Gespenster stehen nicht in meinem Telefonbuch. In jedem Einkaufszentrum sollte ein Sarg zum Probeliegen stehen, mancher Fehlkauf ließe sich vermeiden. Im Bundestag sollten fraktionsübergreifende Särge zum Probeliegen bereitgehalten werden, manches dumme Gesetz würde überflüssig. Im Bundeskanzleramt sollte sowieso immer ein Sarg stehen. Und in den Schulen auf den Pausenhöfen, in den Banken, in den Stadien und in den Theatern. Jeder Mensch sollte einmal im Leben einen Toten waschen dürfen, einem Sterbenden die Hand reichen oder ein Grab schaufeln. Wer das Wort »Pietät« benutzt, sollte es vorher dreimal im Kopf und im Munde wenden, ehe er es ausspricht. Und wer es hört, sollte sich nicht Bange machen lassen.

Langsam nähere ich mich dem Ende meiner Reise.

Da sind sie wieder, die vielen Windräder vor Berlin.

Ich saß sieben Stunden an diesem Tisch. Oh, so viele Augenblicke nach innen, außen, hinten, vorne und zurück. Was habe ich nicht alles gesehen in den letzten Stunden, ein Meer von Geschichten, die alle ohne mich auskommen. Ich sah die französische Mutter, die ihrer Tochter die Fingernägel lackierte.

Einen norwegischen Studenten, der Paris verlassen hatte, um in Berlin Jazz zu studieren, und Englisch sprach.

Die Eltern, die sich in vier Sprachen miteinander unterhielten, und ihr weinendes Baby trösteten, während sie aßen.

Die alte Frau mit der Sonnenbrille, die Stieg Larssons Roman »Verblendung« las.

Den gehetzt wirkenden Mann, der die Mitreisenden fragte, ob er ihre leeren Pfandflaschen haben dürfe.

Eine Sängerin, die in eine Partitur versank und leise, leise sang und murmelte.

Einen alten Mann, der seinen zerkratzten Handrücken wieder und wieder wie einen Acker bearbeitete. So viele Leben habe ich gesehen, Leben, die irgendwann abreißen, ohne dass ich es wissen werde, so viele Leben, die nichts wissen werden von meinem Tod.

Und dann lag da noch die rote Cocktailtomate auf dem Boden, sieben Stunden lag sie dort, und draußen blühten die Rapsfelder so wahnsinnig gelb, und der Kellner servierte zehnmal die fleischlosen Bio-Ravioli mit grünem Pesto, und der Himmel spannt sich hier genauso blau über die Stadt wie Stunden zuvor über den Bodensee, wo ich losfuhr.

Kennen Sie die Friedhöfe Ihrer Stadt? Kennen Sie Ihren Platz? Ein Friedhofsbesuch wiegt viele andere Besuche auf.

Wer dem Tod den Tod überlässt, hat im Tod nichts zu melden. Wer meint, der Tod ginge ihn nichts an, steht dem Leben ohne Neugier gegenüber.

Was würdest du heute deinen Kindern sagen, wenn du morgen sterben müsstest? – Wer auch immer diese Frage aufgeworfen hat, wusste nicht, was Kinder wissen. Ich würde die Frage umdrehen. Wenn ich morgen sterben müsste, würde ich meine Kinder fragen, was ich heute tun soll. Ich bin mir sicher, dass sie das Beste aus diesem Tag machen würden, denn sie würden sagen: »Heute? Wieso heute? Wir sagen dir, was du jetzt tun sollst! Spiel mit uns! Lies uns etwas vor! Geh mit uns auf den Sportplatz! Kauf uns ein Eis! Mach es jetzt!« Wie man sich in Augenblicken zu Hause fühlt und diese füllt, bis sie zerspringen vor Glück, darin sind Kinder unübertroffen.

Warum ist die Angst immer so groß, zu spät zu kommen? Warum laufen wir immer dem Zug hinterher, als ob es unser letzter wäre? Wir werden immer ankommen, so viele Züge wir auch verpassen mögen, und wir würden uns freuen, wenn der letzte Zug des Lebens die größtmögliche Verspätung herausfährt.

Wir fahren in den Hauptbahnhof ein. Ich bin, für heute, am Ziel, aber noch nicht tot. Ich sterbe, aber das Wie und das Wo bleibt vorerst einem anderen Erzähler überlassen. Ich werde gleich in den Bus steigen und hoffen, dass er zu spät kommt, denn obwohl ich mich auf mein Zuhause freue, auf meine Kinder und meine Frau, so sehr genieße ich doch die Sonne, die diesen Augenblick zu einem Augenblick macht, der auf die Reise geht.

Literatur

Augustin, Michael: Mehr nicht! Letzte Augenblicke berühmter Männer und Frauen, München 2000.

Barthes, Roland: Die helle Kammer. Bemerkungen zur Photographie, Frankfurt am Main 1989.

Baum, Stella: Plötzlich und unerwartet. Todesanzeigen, Frankfurt am Main; Wien; Berlin 1981.

Baumann, Zygmunt: Tod, Unsterblichkeit und andere Lebensstrategien, Frankfurt am Main 1994.

Becker, Barbara, Irmela Schneider (Hrsg.): Was vom Körper übrig bleibt. Körperlichkeit, Identität, Medien, Frankfurt am Main 2000.

Benkard, Ernst: Das ewige Antlitz. Eine Sammlung von Totenmasken, Berlin 1926.

Böttger, Conny, Cardorff, Peter: Mein letztes Wort. Der Grabstein als Visitenkarte, Berlin 2003.

Brodkey, Harold: Die Geschichte meines Todes, Hamburg 1998.

Cioran, E. M.: Die verfehlte Schöpfung, Frankfurt am Main 1979.

Didion, Joan: Das Jahr magischen Denkens, Berlin 2006.

Dietze, Gabriele (Hrsg.): Todeszeichen. Freitod in Selbstzeugnissen, Frankfurt am Main 1989.

Elias, Norbert: Über die Einsamkeit der Sterbenden, Frankfurt am Main 1990.

Gronemeyer, Reimer: Sterben in Deutschland. Wie wir dem Tod wieder einen Platz in unserem Leben einräumen können, Frankfurt am Main 2008.

Harrison, Robert: Die Herrschaft des Todes, München und Wien 2006.

Knausgård, Karl Ove: Sterben, München 2011.

Koch, Werner (Hrsg.): Vom Tod. Ein Lesebuch für Jedermann, Frankfurt am Main 1987.

Laager, Jacques (Hrsg.): Ars moriendi. Die Kunst gut zu leben und gut zu sterben, Zürich 1996.

Lange, Hartmut: Das Konzert, Zürich 1988.

Maak, Geert: Wie Gott aus Jorwerd verschwand. Der Untergang des Dorfes in Europa, München 2007.

Maigler, Peter (Hrsg.): Besuch bei Toten. Ein imaginärer Friedhof, Frankfurt am Main 1985.

de Montaigne, Michel: Die Essais, Leipzig 1989.

Möller, Josef (Hrsg.): Das alte Kirchspiel Barssel von Roggenberg bis Harkebrügge, Barßel 1994.

Nette, Herbert:»Hier kann ich doch nicht bleiben.« Eine Sammlung letzter Worte, München 1983.

Noll, Peter: Diktate über Sterben und Tod, München 1988.

Nölke, Matthias, Sprang, Christian: Aus die Maus. Ungewöhnliche Todesanzeigen, Köln 2009.

Nuland, Sherwin B.: Wie wir sterben. Ein Ende in Würde?, München 1984.

Pascal, Blaise: Gedanken über die Religion und einige andere Themen, Stuttgart 2010.

Pessoa, Fernando: Das Buch der Unruhe des Hilfsbuchhalters Bernardo Soares, Frankfurt am Main 2008.

Prosinger, Wolfgang: Thanner geht. Sterbehilfe – Ein Mann plant seinen Tod, Frankfurt am Main 2008.

Putz, Wolfgang, Gloor, Elke: Sterben dürfen, Hamburg 2011.

de Ridder, Michael: Wie wollen wir sterben? Ein ärztliches Plädoyer für eine neue Sterbekultur in Zeiten der Hochleistungsmedizin, München 2010.

Segebrecht, Wulf (Hrsg.): Poetische Grabschriften, Frankfurt am Main 1987.

Shatulin, Roger (Hrsg.): Der verlachte Tod. Heitere Grabinschriften, Nekrologe und Mementos, Zürich 2005.

Simm, Hans-Joachim (Hrsg.): Orte der Seele. Gedanken über das Jenseits, Frankfurt am Main 1998.

Sontag, Susan: Das Leiden anderer betrachten, Frankfurt am Main 2005.

Student, Johann-Christoph (Hrsg.): Das Hospiz-Buch, Freiburg im Breisgau 1999.

Student, Johann-Christoph (Hrsg.): Im Himmel welken keine Blumen. Kinder begegnen dem Tod, Freiburg 2005.

Student, Johann-Christoph (Hrsg.): Sterben, Tod und Trauer. Handbuch für Begleitende, Freiburg 2006.

Updike, John: Die Tränen meines Vaters und andere Erzählungen, Hamburg 2011.

Waller, Friederike (Hrsg.): Alles ist nur Übergang. Gedichte und Texte über das Sterben, Frankfurt am Main 1991.

Wils, Jean-Pierre: ars moriendi. Über das Sterben, Frankfurt am Main und Leipzig 2007.

Winkler, Josef: Leichnam seine Familie belauernd, Frankfurt am Main 2003.

Danksagung

Ulf Albert, Dieter Anschlag, Claudia Bayer, David Benseler, Stefan Beyer, Jens Birkenbeul, Grete Blömer, Bernd Boßmann, Nils Brinkmann, Gwendolyn Buller, Claas Buschmann, Sabine Ehl, Helmut Eschke, Janina Eschke, Werner Ettl, Ralf Faulhaber, Eckhard Friedreich, Geertje Froken-Bolle, Stephan Fugel, Leni Fugel, Silvia Gehrmann, Heike George-Nasseri, Dieter Geuß, Mark Grünert, Anke Hahn, Bobby Hirsch, Janosch Hoffmann, Mai Horlemann, Merle Horlemann, Mitja Horlemann, Ursula Karl, Dorle Kopetzky, Steffen Kopetzky, Barbara Korth, Alexandra Kosian-Krishnabhakdi, Christa und Johannes Körner, Ute Lehmann, Burkhard Müller, Joachim Müller, Maria Niehaus, Ulrike Oel, Armin Oemmelen, Hildegard Priewe, Manfred Rauch, Martin Regenbrecht, Bruno Reineke, Oliver Remme, Diemut Roether, Felix Rudloff, Frank Rüdiger, Bodo Rüdiger, Hanne Schmidt, Dirk Sonnenburg, Joachim von Stackelberg, Judith Stadie, Matthias Struch, Petar Vrankic, Sabine Wohlfarth, Uli Zeisberger, Yvonne Zimmerer.

Ich werde – ich kenne mich – hier sicher einige Menschen vergessen haben, die ich an dieser Stelle nennen sollte. Ich bitte um Nachsicht, auch an Euch geht ein herzliches Danke!

Torsten Körner
Götz George
Mit dem Leben gespielt
Band 16972

Götz George ist nicht Horst Schimanski. Hinter dieser berühmten Kultfigur verbirgt sich nicht nur einer der letzten großen Stars des deutschen Films und Fernsehens, sondern vor allem ein besonderer Mensch mit außergewöhnlicher Begabung.

Torsten Körner ist es als Erstem gelungen, den als pressescheu bekannten Schauspieler von einer Zusammenarbeit zu überzeugen: Sein Buch beleuchtet die gesamte Karriere des Künstlers, zeigt viele bislang unveröffentlichte Dokumente und Fotos und lässt in Interviews über hundert Zeitzeugen, Kollegen, Freunde und Familienangehörige zu Wort kommen. Ein Werk, das den Schauspieler und Menschen von seiner sehr persönlichen und berührbaren Seite zeigt.

Fischer Taschenbuch Verlag

fi 16972 / 1

Torsten Körner
Geschichten aus dem Speisewagen
Unterwegs in Deutschland
Band 18273

Im Speisewagen der Bahn bereist Torsten Körner ein Jahr lang das Land, beobachtet und spricht mit Reisenden, die ihm und anderen ihre (Lebens-)Geschichten anvertrauen. Für wenige Stunden legen sie die Anonymität des Reisenden ab, um sich in intimen Gesprächen zu öffnen. Egal, ob Studentin, Handwerker, Rentnerin oder Professor: Sie alle erzählen nicht nur von ihrem Lebensglück, sondern teilen ihre Geheimnisse und Ängste mit völlig unbekannten Menschen. Von diesen besonderen Begegnungen erzählt Körners einzigartiges Gesellschaftsporträt, das das verborgene Gesicht der Bundesrepublik jenseits aller Klassen- und Altersgrenzen widerspiegelt.

Fischer Taschenbuch Verlag